中国民间文化探索丛书

民间文学的文本观照与理论视野

万建中◎著

北京师范大学出版集团
BEIJING NORMAL UNIVERSITY PUBLISHING GROUP
北京师范大学出版社

总　序

（一）

人类的一切文化都是为满足一定群体生存、发展的要求，而产生、存在、传承和演变的。民俗是一种普遍存在的文化，它当然也是遵循这种规律而产生和发展的。

民俗文化是在一定群体成员生活中，最基础的，也是极为重要的一种文化。因为世上没有比民俗文化，更为广泛地贴近群众生活、渗透群众生活的文化现象了。

从考古学上的资料看，远在旧石器时代，在那些过着原始生活的人群里，就有一些最简单的习惯存在，即后来民俗的幼苗存在。随着他们生活的不断前进，原始的习惯就更加增添和巩固起来了。

人类群体在进入有文字、制陶术、冶金术

的所谓文明时期的社会后，这种风俗、习惯，当然就会随着社会脚步不断前进。同时，由于群体的分化（阶级产生），本来全民性的风习，也随着产生了一定的分化。但是历史沿袭下来的习俗，在整个民族文化生活中，仍然是主体，是基础。辛亥革命以前，中国社会在广大的农村、小市镇的民俗文化状态基本上还是如此。

在已经进入文明时期的社会，上层文化的保存和继承，大都凭借文字记录。但是广大民众没有学习和使用文字的机会，他们的民俗传承，只有依靠历史因袭的形式，即行动传承、口头传承和心理传承。这些传承往往是互相关联和交错的。这种传承方式形成了民间文化的重要特点——与文籍文化相对立的民间传承文化。

民俗文化是对应作为群体的人们的需要而产生的。人们的需要是多种多样的（从基本物质生活的需要到各种精神生活的需要），为他们而产生和存在的民俗文化的机能，自然不可能是单纯的、独一的。但是，这种功能概略地总括起来，不外两点——顺利生活和轨范生活。

（二）

民俗学，是以上述文化为对象而进行考察、描述和研究的学问。我国严格意义上的民俗学，虽然历史不到百年，但是它的史前史却源远流长。

仅从历史文献看，我国在先秦的典籍中就有许多关于古代民俗事项的记录或片断的论述，甚至有比较集中的资料辑集，如《诗经》中的国风部分和《山海经》。东汉西晋以来，关于民俗的谈论和描述著作就相继出现了。到了宋元时代，不仅关于本土的民俗著作不断涌现，连关于域外的民族地区的民俗记述著作也相继刊行了。中国这方面著述的丰富，恐怕在世界上应该是名列前茅的。

中国现代意义上的民俗学，诞生于1918年。它是作为新文化运动的一翼而产生和存在的。它在中国学术界已经历了八十年的岁月。

中国民俗学的经历，虽然总的说来，是在前进，但行程上却是相当曲折的。二十年来，由于学术环境的宽舒，学界同志们的热心努力，这学科已然呈现出喜人的景象。

当前，我们这个学科，各方面都有新的进展。学术机构遍立于各省市，专业人才队伍扩大并加强了，各种层次的著作也都出现在书店和图书馆中。更使人高兴的，是这个原来不登大雅之堂的学科，被教育部正式列入高等院校（包括研究院）学生学习和研究的科目中。民俗学一时差不多成了时代的"显学"。

北京师范大学的中国民间文化研究所，成立已经四年。它是一个专门培养民俗学人才和进行这方面学术研究的机构。这套丛书就是它的成员研究成果的一部分。

由于主观和客观条件的限制，我们的成果并不十分成熟。但我们从事学术的心是诚挚的，进行研究的态度也是认真的。如果这份学术的礼物，能够作为一捆柴、一把草，投向正在熊熊燃烧的民俗学的洪炉中，为它增添一股热力、一点火焰，那就是我们的无上光荣了。

钟敬文

一九九八年十一月三日于北师大

时年九六

目　录

民间故事文本类型

现代民间故事学史

民间叙事文本

民间文学理论

"民间文学志"概念的提出及其学术意义

2005 年，山东教育出版社出版了一套《中国民俗通志》，共 22 卷，其中有《民间文学志》（上、下）。这大概是目前为止唯一一部民间文学志方面的书籍。此书主要是全面反映了民间文学在全国流行的概貌，资料来源几乎都是现有的调查和研究成果。这与基于田野作业基础上的民间文学志大相径庭。2006 年，笔者在《民间文学引论》中率先提出了"民间文学志"的田野作业概念，并对这一概念加以定义和阐释。

民间文学田野作业要书写出两种产品：一种是民间文学作品，即民间文学的记录文本。记录文本就是把当地人所表演的内容变成可理解的书写样式。另一种是民间文学志，着重考察民间文学的表演过程。民间文学志与民族志甚至民俗志不完全相同，是紧紧围绕文学（文艺）表演活动的书写成果，其语境可能与一般的仪式过程没有关系。对表演过程中审美体验和文学场域的把握，应该是民间文学志的独异性之所在。这方面"深层描绘"的要求就是，生动地告诉人们"表演是如何进行的"。①

这一概念提出之后，并未得到学术界的响应。这一方面是由于民间文学研究范式表现为执着的延续性，学者们运用现有的研究范式得心应手，驾轻就熟，怠于创新和突破。另一方面也说明民间文学志概念提出的理由和学术意义还需进一步阐发和论证，以期得到学界广泛的接受和理解。

一、民间文学就是民间文学生活

民间文学作为一种文化形态，是生命的文化，是没有从生活中挣脱出来的文化，所以又称之为民间文学生活。这一民间文学生活是审美意识的起点，属于人类必需的文化形态。民间文学生活充溢着身体和精神的快感，能够给参与者带来身体和精神的欢愉。

民间文学作为民众最基本的生活样式，之所以得以传承，不是依靠信仰的支撑，也不是依附仪式的神圣，而是出于民众对审美和美感的基本需要和满足。"日常生活中的满足是两种主要成分，即愉快和有用性。……在这两个因素中，愉快同日常生活尤为相关。可以把它界定为伴随和渗透给定时间我们的生理和精神状态的肯定的感情。"② 之所以定义为民间文学生活，有两个重要的事实依据：这是一种重复性的文学实践，任何一个民间文学文本都会成就无数次演述活动，从而形成关于这一文本的行为模式和认知模式；这也是一种"自在性"和"自为性"的

---

① 万建中：《民间文学引论》，308页，北京，北京大学出版社，2006。

② ［匈牙利］阿格妮丝·赫勒：《日常生活》，242页，哈尔滨，黑龙江大学出版社，2010。

文学活动，这两个特性构成了日常生活的基本图式。

民间文学作为一种具有审美效应的日常生活形态，往往与其他生活形态融为一体。

民间文学区别于作家文学的本质在于其具有"情境性"，或者说，其是在特定的生活场合中表现出来的。民间文学的演述始终与某一生活情境联系在一起。民间文学与生活情境之间的联结最为牢固，同时也具有多向度的社会意义。只有在民间文学演述的各种因素的关联情境中，以及从头至尾的过程中把握民间文学的生活形态，民间文学才得以被全面理解。譬如，独龙族的"门主"（民歌）贯穿于独龙族社会生活的方方面面，打猎、砍火山、种庄稼、起房盖屋、婚丧嫁娶、采集捕鱼、逢年过节，都要围在火塘边对唱、合唱，倾吐自己的喜怒哀乐。① 这种民间文学现象在少数民族地区尤为普遍。倘若脱离了这些具体的生活情境，民间文学便无以演述，也失去了演述的必要。在以壮族为主的地区，情歌只有在歌墟的情境中才能充分显示出生活的价值。有情境的民间文学活动才能成为重复性实践和相对稳定的仪式，即我们所谓的习俗和口头传统。

民间文学生活并非我们观察到的那么简单，分析起来，其中存在各种错综复杂的关系。当一个村落或社区进行传统民间文学活动时，是从当地人亲身经历和感受的日常出发的，伴随着自己对传统的眷恋和相关的知识积累，演述可以让在场者达到共鸣。这已远远超越了艺术欣赏的层次，是一次历史血脉的神圣的洗礼，并且使在场者融为一个整体。按照胡塞尔的观点，"只有当个体对其周围的世界拥有一定的稳定性和确定性感受时，人类生活才能够运行"②。相应地，在一个乡村或社区，个体对民间文学生活秉承一贯的感受和体验时，民间文学活动便得以正常

---

① 参见杨元吉：《独龙族民间音乐》，载《民族音乐》，2006（5）。

② ［英］戴维·英格利斯：《文化与日常生活》，15 页，北京，中央编译出版社，2010。

展开。

民间文学作为一种日常生活，是可以给予解释和进行描述的，因为这又是一种传统的文化现象。在民间文学生活中，表现出一种恒常状况以及惯有的情绪和情感。正因如此，民间文学生活才能够被观察、记录和分析，民间文学志才能够被书写。

尽管所演述的并非高雅的文学精品，甚至可能有些俗气，但由于演述的形式和内容都关涉在场者自身，人们便情不自禁地投身其中，相互感染，沟通心灵，抒发情感。这种反复出现的文学体验和经历将延伸至演述场域之外的生活空间，进而改善个体之间和家庭之间的相互关系。"相比之下，这种情形在'未受教育'和'文盲'接受者那里，比在那些习惯于接触艺术和艺术品，习惯于为艺术品所'占据'的接受者那里更有可能发生。在后者那里，艺术体验是非自然状态的：在欣赏之后，欣赏者没有任何改变，又回到与艺术根本不同的日常生活。"[1] 高雅艺术与生活是割裂的，而民间文学本身就是一种富有情感的生活方式，并且是最有效地提升人们生活品质的生活方式。生活知识和情感总是在民间文学之中表达，说笑的生活、歌唱的生活、叙事的生活、表演的生活，同时又是交往的生活、对话的生活和沟通的生活。所谓的恶意攻击、尔虞我诈等不和谐现象，在民间文学生活中都没有市场。民间文学是当地人的自我意识，是共同的文学性记忆。没有一个社会团体和生活方式能够脱离民间文学。民间文学是我们生活中不可分割的组成部分。较之其他区域，在民间文学活动十分兴盛的乡村和社区，民众的生活更加美好和幸福。

二、作品与"志"的不同学术诉求

民间文学作品只是能够用于人物形象、思想意义、文化内涵、象征

---

① ［匈牙利］阿格妮丝·赫勒：《日常生活》，105 页，哈尔滨，黑龙江大学出版社，2010。

符号、表现方法以及母题（主题）、类型、异文、原型、流变和结构形态方面的分析。茅盾的《神话研究》、闻一多的《神话与诗》以及郑振铎的《汤祷篇》奠定了之后民间文学研究的学术基调。毋庸置疑，迄今为止，这些方面的成果占据了民间文学研究的主要部分，而且是最值得肯定的部分。这些研究具有明显的文学性质，我们可以定义为"作品分析"，换句话说，长期以来，我国民间文学学科一直处于"作品分析"的时代。

长期以来，民间文学研究形成了一种顽固的路径，就是执着于对作品的分析。"事实上，现有民间文学的学科体系主要是依据记录文本建立起来的。没有民间文学的记录文本，就不可能建构民间文学的学科体系，也不可能将民间文学进行比较明确的分类，神话学、史诗学、故事学、歌谣学、传说学等也无从产生。"① 对民间文学作品的迷恋，原因有二：一是受到作家文学作品批评的影响。相当一批卓有成就的民间文学学者的学术背景是文学理论，老一辈以周作人、闻一多、茅盾、郑振铎、钟敬文等为代表，长辈中以乌丙安、刘魁立、刘锡诚、段宝林、陶阳等为代表。依据他们的理解，民间文学即是民间文学作品。各类民间文学作品集充塞他们的书架，成为他们经常翻阅和研究的主要文本。二是延续了神话研究的范式。神话是文学的母胎，神话研究似乎也成为民间文学学科的母胎。尽管神话研究专注于文献文本，但却获得了令人喜悦的成就，形成了诸多流派，如语言学派、心理学派、历史学派、人类学派、结构主义学派及女性主义学派等。民间文学学者奢望在口承文学的其他领域复制神话研究的辉煌。殊不知，民间文学的当下性和生活样态为民间文学研究提供了更为广阔的视域。

这种研究景况显然为学科中人所不满。因为，民间文学并不完全隶属于文学。美国当代叙事学学者华莱士·马丁（Wallace Martin）比较了

---

① 万建中：《民间文学引论》，332 页，北京，北京大学出版社，2006。

口头故事和作家文学之后，指出以口头叙事为研究对象的人类学和文学批评之间存在一些根本性的差异。

人类学家碰到的不是原创的、写实的、印刷出来的故事，而是一大堆口头故事，其中许多彼此之间仅有细微的差别。这些口头故事经常包含一些神魔事件，而这些事件与它们在其中被讲述的那些社会的"现实"没有任何明显的关系。几乎在所有的方面，人类学家必须回答的问题都与文学批评家提出的那些问题相反：不是"为什么这个故事是独特的?"而是"它如何以及为什么与其他故事如此相似?"不是"这个（可确认的）作者意味着什么?"而是"当这一（无署名的）集体神话在某些场合被重述时，它发挥什么作用?"对于批评家来说，单独的作品是意义的所在地；而人类学家却至少也要处理一个故事的一系列变体。叙事与日常现实的关系在一种情况中是明显的，在另一种情况中则是隐晦的。视点，人物塑造，描写和文体这类对于文学批评家如此重要的特性在口头故事中几乎是不存在的。批评家的精密的解释方法对于人类学家则几乎毫无裨益。①

对民间文学文本批评的全面反思兴起于表演理论的引入。表演理论对中国民间文学研究的主要贡献不是研究方法，而是研究观念。民间文学演述的过程、行为（act/action），以及叙述的文本与叙述的环境之间的关系成为学者们讨论的主要问题。然而，尽管学界对表演、语境、互文性等概念有了比较深刻的认识，但真正意义上的民间文学志一直没有出现。原因在于"表演只能作为分析文本时的背景，从某种意义上来说，还只是被作为附带性的东西来看待的。如果文本就只是文本，演出的状况，或社会、文化脉络就只是作为文本的脉络来加以并列地记述的话，

---

① ［美］华莱士·马丁：《当代叙事学》，9—10 页，北京，北京大学出版社，2005。

那么，即使记述的范围扩大了，也谈不上是什么方法论上的革新了"①。记录文本或者说作品，依旧是叙述和讨论的中心，只不过围绕这一中心，视野更为开阔而已。

民间文学学者绝对不会将自己归为文学批评者的行列。民间文学研究一直没有摆脱文学批评的樊篱，原因在于没有建立民间文学生活的观念。"民间文学不是一般意义上的文学，不仅仅指民间文学作品，民间文学作品是采风的成果，是对民间文学部分的记录。现有的民间文学作品都没有也不可能涵盖民间文学的全部……真正的民间文学存在于生活当中，其中的许多部分很难被'采风'，并用文字描述出来。"② 如果把歌谣从它生存的具体环境中剥离出来，没有"抒情意味""活跃气氛""舞蹈的节奏"等，只有记下来的歌词，艺术魅力就大为减弱，特别是经过文字处理的歌词，往往又失去原歌的意境、格律、韵味，会使人感到兴味索然。往往有这样的情况，人们在生活中或现场听歌手演唱，被感动得热泪盈眶，可记下歌词一看，就不感人了，道理就在这里。

民间文学的演述是声音和肢体语言的结合，而民间文学作品是部分声音的记录，与肢体语言无关。然而，实际上民间文学是身体技能的表现，口腔运动仅仅为身体机能的一部分。民间文学与其他文学形态的主要区别就在于宣泄的效果更依赖于身体技能的展示，与作家文学朗诵者的字正腔圆和身体的优雅形成鲜明的对比。民间文学的演述大致表现为两种状态：一是在场者都是演述者，譬如，阿里里是纳西族自娱性集体歌舞，因歌舞中的"阿里里"衬词而得名，多在节日喜庆时欢歌，歌者手拉手，肩并肩，围成圆圈，自左向右舞动，三步一甩手抬脚，由一人领唱，众人随和。不论跳多久，都是基本动作的重复，旋律欢快，节奏鲜明，舞步轻盈。在这样以众人"在场为特征的情境中，个体有理由希

---

① ［日］井口淳子：《中国北方农村的口传文化——说唱的书、文本、表演》，114 页，厦门，厦门大学出版社，2003。

② 万建中：《民间文学引论》，28—29 页，北京，北京大学出版社，2006。

望一方面自己是人们的一部分，同时也可以偶然引人注目，这是完全可以理解的。如果与其他所有人的不同会导致别人以一种令人尴尬和羞辱的方法来看待自己，那么极少数人会希望自己与他人不同"①。一是演述者只有一位，其他人皆为观众。演述者能够得到其他在场者的肯定回应，并充分施展自己的身体技能以影响周围的人。不论是哪种状态，演述都是由所有在场者共同完成的，在民间文学传统模式的主导下，演述者与演述者之间、演述者与观众之间构成了互动及协调的关系。即便某位在场者不发出声音、不做动作，他的眼神、他的在场本身就是在烘托现场的演述气氛。

有些民间文学难以用"作品"的形式表现出来，如日常禁忌语。"按作家文学的标准，此种语言绝不能纳入文学的范畴，因为它既非抒情也非叙事，仅仅是民间某种信仰心态的话语呈现，而从民间的角度，它却是地道的民间语言艺术，与民众的一些基本生存观念密切相关。"② 民间文学这一概念委实让人产生误解，以为是与作家文学相对应的一种文学形式，殊不知，它与"创作"出来的作家文学有着天壤之别。

民间文学志记录的是民间文学工作者在田野的调查行为，即"我"与当地民间文学生活的关系。将"我"参与民间文学活动的真实过程呈现出来。民间文学工作者身临其境，体验和感受当地的民间文学。不仅重视演述了什么，而且密切关注演述是如何展开、如何进行、谁在演述及在场者的构成的。这些都需要"我"的观察、参与、记录和阐述。如果仅仅依靠第三者的转述，或者说离开了"我"的在场，显然难以书写民间文学志。

民间文学记录文本，即民间文学作品则不同。民间文学作品完全可以是第三者的转述，民间文学作品的采集人允许不在场，甚至大部分民

---

① ［英］戴维·英格利斯：《文化与日常生活》，74页，北京，中央编译出版社，2010。

② 万建中：《民间文学引论》，268页，北京，北京大学出版社，2006。

间文学作品本身就是转述中的转述。而且，仅就记录文本而言，我们很难区分现场演述的直接记录和第三者的转述。对民间文学记录文本而言，要求提供演述者和记录者的基本信息。然而对研究者来说，这些信息毫无用处，充其量只是起到版权认定的作用：一是因为对研究者而言，这些信息诸如人名永远是陌生的、孤立的，不能引起丝毫的学术联想和启示。二是这些信息与作品之间缺少内在的关联性，所标示的姓名似乎在告诉我们"谁在演述"，可在学术层面，这种人名与"谁在演述"风马牛不相及。

从这一侧面可以看出，民间文学作品与民间文学志的田野作业有着巨大的差异性。出于某一学术动机，民间文学志的书写者和演述者需要建立观察与被观察的定向机制。民间文学工作者有可能不知晓演述者的真实姓名，却熟悉演述者，了解演述者的演述行为和身体技能，以及演述者与所演述的民间文学之间的表达关系。

三、民间文学志写作的必然趋势

民间文学志的提出受到民族志诗学的启示。因为"民族学诗学的主要目的就是希望把简化为文本的僵化的文学还原为具体传播情境中丰富而多彩的活的文学。这一目标首先意味着文学批评家向人类学家学习田野作业的考查方式，尝试从交往和传播情境的内部来体认口传文学存在的条件，进而发现和描述从口传到书写的文学变异，以及由此而产生的信息缺失、传达变形、阐释误读和效果断裂"①。民间文学生活是一个整体，脱离了上下文的记录文本，作品很可能陷入被歪曲的境地，加上对"文学性"的追求，加工和添油加醋也在所难免。"在从演述到文字的转换过程中，民间真实的、鲜活的口头文学传统在非本土化或去本土化的过程中发生了种种游离本土口头传统的偏颇，被固定为一个既不符合其

---

① 叶舒宪：《文学与人类学——知识全球化时代的文学研究》，115—116页，北京，社会科学文献出版社，2003。

历史文化语境与口头艺术本真，又不符合学科所要求的'忠实记录'原则的书面化文本。"① 因为这些不真实的书写行为无从考察，故也无从追究。而且，由于缺少具体语境，这类文本即作品反而被随意地、不断地复制和阅读。民间文学志则要求书写某一次民间文学行为的具体过程，明确时间、地点和人物三要素，以保证记录和书写的本真性。《中国民间文学三套集成》之所以遭到诸多诟病，正是由于它是纯粹的作品，而非民间文学志。

民间文学志的写作也是田野作业的必然要求。随着被发明的"传统"的流行，人们对民间文学的演述已不再是为了延续祖先的记忆或是传承口头传统，而是为了满足广大游客对异域说唱方式的体验欲望，游客总是在追寻天然的、本土的民间说唱和演述。民间文学演述的场景中已不再是一个村落、一个寨中熟人的聚集，还有游客的参与，故而，民俗主义的视角必须打开。民间文学成为向游客们兜售经过包装并且易于吸引消费的展示资源。在这种市场经济和地方政府政绩观的直接支配下，演述了什么便显得无足轻重。为了适应游客的口味，演述的内容被大肆加工，甚至篡改，已远离了原本的状态。民间文学本身拥有的"固有"品质只存在于当地人的记忆中。民间文学的演述演绎成为取悦游客的人文场景的呈现。民间文学已然上升为文化产品，甚至有人对演述进行专门设计，有的演述模式是某些文化精英的得意之作。这种改变深深地影响了人们对民间文学的理解以及回应它的方式。如此景况，单纯地记录演述的内容便失去了学术意义，重要的是如何演述和为什么演述。因此，民间文学志就充当了民间文学田野作业的唯一成果，也只有民间文学志才能将民间文学传统"现代化"的状况和意义表达出来。

如今，在大部分乡村，人们已听不到村民演述农耕生活的各种口头文学了。以民间故事为例，晋代干宝《搜神记》中有"毛衣女"篇，开

---

① 巴莫曲布嫫：《"民间叙事传统格式化"之批评（下）——以彝族史诗〈勒俄特依〉的"文本迻录"为例》，载《民族艺术》，2004（2）。

头指明故事发生在豫章新喻，即现在的江西省新余市。此篇被公认为是毛衣女故事（又称为天鹅处女型故事、羽衣仙女故事、天鹅女故事和七仙女故事）最早的记录。刘守华在《中国民间故事史》中指出，日本学者君岛久子认为"《毛衣女》的产生地——豫章，六朝时原是苗族和瑶族聚居的地方。因此她断定，此故事最早当是苗、瑶族故事，在长期历史发展中得到广泛传播。它不只是中国此类故事的故乡，也是东方此类故事的发祥地"①。据此，新余市政府将此故事申报国家级非物质文化遗产，却因未能提供活态的故事口传文本而被淘汰。在日常生活中，除了新余仙女湖和仙女洞的导游，现在谁还会演述这一故事呢？这一故事早已失去了演述的环境，口传的链条已然断裂。然而，在新余，还有以仙女命名的学校、道路、村落以及人文景观，许多年轻男女还特意到仙女湖畔集结良缘，仙女故事的符号频频出现，并得到广泛应用。这是以现代生活样式讲述着毛衣女的故事。民间文学作品难以寻觅，而民间文学生活仍在持续、方兴未艾。在汉族地区，传统的民间文学的命运大体如是。

基于这种现实，《中国民间文学三套集成》那样的田野作业已变得不太可能，"后集成"时代的显著标志就是单纯以搜集作品为目的的田野作业已一去不复返了。20世纪七八十年代流行的"采风"的概念已极少有人使用，"采风"成为过时的田野作业。民间文学的实际状况让民间文学研究遭遇前所未有的挑战，即城乡一体化进程导致民间文学口传文本的枯竭，民间文学研究不可能从田野中获得源源不断的文本资源。这就迫使我们改变原有的民间文学即民间文学作品的立场，在生活世界的层面树立崭新的民间文学观。一味沉溺于民间文学作品分析的研究不可能重现辉煌，挑战总是与机遇并存。民间文学学科的发展应该正视现实，与时俱进，谋求适应新时代要求的更为广阔的发展空间。民间文

---

① 刘守华：《中国民间故事史》，284页，武汉，湖北教育出版社，1999。

学志的提出正是这一背景下的突破性呼吁。

甚至注重语境的民间文学表演理论也不合时宜，民间文学与日常生活的关系自然而然成为民间文学志书写的主要内容。"在后现代主义（post-modernism）看来，文本并非作品，而是语言活动的领域，但文本并不以所指（signified）为中心，反而是以能指（signifier）为中心。文本无意将词与事物一一对等起来，它只重视言说行为本身，不太注重所表达的意义。民间文学本身就是一个言说（演说）的过程，恰好可以满足后现代主义的研究路径，而不需要刻意以文本取代作品。"① 要求跳出"文学"来理解民间文学，在演述行为和过程的语境中考察民间文学，关注身体、声音、场景、行为、对话、互动、演述技艺、演述者的身份与关系及民间社会等以演述为中心的各种维度。

演述者是田野作业重点关注的对象，田野作业的过程就是民间文学工作者对演述者了解、认识和描述的过程。然而，对演述者的了解、认识和描述需要先期理解当地的口头文学传统。不论是演述的内容还是形式，都不是演述者创造和独享的，演述者只是依据口头传统践行自己的演述。民间文学演述是潜在的"集团行为参照系"（reference group behaviour），成为不断被模仿的样板。表演者和观众一般不以好坏、新旧等标准进行评判。在一个村落或小镇，人们倾向于坚持那些祖祖辈辈传下来的口头传统，倾向于坚持那些已经熟悉的且已建立起来的演唱行为方式。因此，仅仅对某一次民间文学活动的考察还不足以完成民间文学志的写作，全面了解和把握当地的口头文学传统及演述群体，是民间文学志写作的必然要求。这对民间文学志的写作提出了更高的要求。这大概也是真正的民间文学志至今没有面世的主要原因。

四、民间文学视域的拓展

民间文学学科的发展面临前所未有的瓶颈，似乎路径越来越逼仄，

---

① 万建中：《民间文学引论》，32 页，北京，北京大学出版社，2006。

难以寻觅到新的学科增长点。学术方式表现为极端的重复和单调，根源在于对民间文学学科研究对象的理解和把握缺乏开放意识。如果仅把民间文学视为可供阅读的记录文本，却对演述的实际状况和生动的过程视而不见，民间文学只能沦落为被拆分的词语（符号）、结构、情节单元、人物和母题，与作家文学只不过是下层与上层的区别。在民间文学界，如今最前沿的研究是立足于表演中的民间文学文本，强调文本与语境的结合，这种仍以文本（表演了什么）为中心的文学思维范式并没有开辟民间文学学科新局面。倘若我们采纳广义的文本概念，将具有娱乐或审美性的民间文学生活当作完整的文本，即民间文学生活文本，这就给研究开掘出蕴含多种可能性的开放的文本资源。这一认定必然给民间文学的发展和变异赋予自由空间和充满活力的生活态势，让我们不再因传统的口头文学的失传而感到失落。因为民间文学生活总是具有开辟自己生存空间和领域的内在机制。

面对这样一种充满活力和与时俱进的演述的生活文本，唯有民间文学志的书写可以满足其各种潜在的学术需求。民间文学生活是所有生活中最充满魅力的生活，喜庆、愉悦、狂欢让各族人民在这种生活中乐此不疲。当然，这也是最能引发学术兴趣和想象力的生活方式，学者们在田野中可以从不同角度对演述的生活文本进行富有创建的解读和建构。运用相关学科，诸如历史学、宗教学、人类学、民族学乃至社会学的方法，也变得理所当然起来，并且可以最终跳出文学思维范式的传统套路，张开最为开阔的研究视角。

现今，民间文学大都不是单独的文学活动，民间文学文本被分割得七零八落。于是，采集传统的民间文学文本变得异常艰难。然而，围绕民间文学所呈现的各种关联因素和利益指向，却可进入民间文学志书写的策略当中。民间文学志关注的是民间文学生活的事实，至于文本是否传统、是否口耳相传并不在意。新余市仙女湖和仙女洞景点的导游不停地向游客讲述毛衣女的故事，目的在于招揽顾客，为了当地旅游业的兴盛，并非有意识地传承这一民间故事。导游的口传技艺是严格培训的结果，因为面对同一景点，所有导游讲述的内容都大同小异。毛衣女故事俨然成为景区景点的有机组成部分。民间文学志的书写显然不能只是讲了什么，而应涉及为什么要这样讲，毛衣女故事之于景区开发的意义，游客的认同度，以及景点设计与毛衣女故事的关联性等问题。这些问题皆为民间文学志所要解答的。

母题（主题）、类型、异文、原型、流变和结构形态等这些经常出现的关键词已成为民间文学学科发展的桎梏。民间文学学科之所以在教育部的学科目录上没有独立的位置，变得萎靡不振，缺乏朝气，是与陈旧的学术范式休戚相关的。一些原本从事民间文学研究的学者纷纷倒戈民俗学，也是因为民间文学学科的不景气。民间文学志是重振民间文学学科雄风的有效途径，可以为多学科交叉研究提供诸多可能性。相对而言，民间文学作品是固定的、相对不变的，即便有异文，也是大同小异。而民间文学志面对的是群体共同参与完成的开放性的文本，有确定的时间和地点（每次演述都不一样），表现为无限的意义生成。文本的开放性给予民间文学更宽阔的生存空间和多向度的发展机遇，其生活意义远远超越了记录文本的意义。

尤其可贵的是，民间文学志注意到了在场者的热情与主动，把"人"（而非仅仅是演述者）当作考察的重点。在场者对民间文学文本的参与和建构，使得民间文学文本形态更加丰富、更加富有感染力。在场者在体验民间文学生活时，总是与自己的民间文学经验分不开，一旦自己的经验与演述的内容合拍，参与的热情便更加高涨，快感也更加强烈。在场者对演述的某种理解和与演述主题相契合所产生的快乐正是民间文学志应该着重表达的方面。同时，也没有忘记"我"（学者）也是在场的一员。"我"成为凸显民间文学文本主体性的一个关键要素。就民间文学文本来说，不在乎文本本身是谁演述的和由哪些人完成的，而是在意文本本身的意义的生发与阐释。不同的民间文学演述场合、不同的演述过程、不同的书写角度和书写动机都给予"我"主体性权力。作为开放性的文本，民间文学的主体性不仅反映了民间文学生活的丰富性和独特性，而且让解释文本拥有了方法的多样性和广阔的学术空间。

原本非物质文化遗产可以成为民间文学学科发展的一个契机。然而，由于固守陈旧的民间文学观念，非但没有帮助民间文学学科走出困境，反而进一步加剧了人们对民间文学即民间文学作品的刻板认识。在非物质文化遗产的语境中，民间文学几乎都以作品的面貌出现，并进入省级和国家级非物质文化遗产名录。在非物质文化遗产框架里，民间文学成为一成不变的、毫无生活气息的记录文本。这大概也是民间文学未能进入联合国教科文组织非物质文化遗产名录的原因。受到"作品"的严重掣肘，在十大非物质文化遗产门类中，民间文学代表作的申报书写得最没有生气。一般都是将传承人抬出来撑撑门面，把民间文学的传承和可持续全部托付给了歌手和故事家们，有的为了申报成功而刻意为之。其实，即便有位老年人会讲某一地方传说，也只能说明当地人对此传说仍有记忆，传承的环境却可能早已荡然无存，因为此传说不再传也不再说了。民间文学志则无须囿于这些局限，它本身就是可持续的文本。记忆和传承民间文学的不仅仅是传承人，更是民间文学生活本身。纵使没有了传承人，一些地方传说成为文人创作的素材，或演变为地名、村落名，或与某处风景直接相关，出现在当地民间文学作品集中，或得到当地文化精英重点关注，或申报了各级非物质文化遗产名录，这些难道不是记忆，不是传承吗？

从民间文学志的角度审视民间文学类非物质文化遗产，可以回归民间文学的本真，还原民间文学的本来面目。不仅如此，民间文学志还能够避免为申报而申报的绝对功利性态度，迫使人们（特别是地方文化精英）关注民间文学的生存环境、演进状况和日常生活的意义，并且考量民间文学的发展境遇，引导人们面向民间文学的未来。表面上看，这似乎偏离了民间文学，事实上恰恰相反，民间文学志注重的是民间文学的生产过程、生存状况、命运和现代价值，这正好符合非物质文化遗产名录申报的宗旨和动机。

（原载《云南师范大学学报》2015 年第 6 期）

民间文学本体特征的再认识

　　"什么是民间文学"，似乎是早已解决了的问题。"民间文学是劳动人民的口头创作，它在广大人民群众当中流传，主要反映人民大众的生活和思想感情，表现他们的审美观念和艺术情趣，具有自己的艺术特色。"① 这是 30 多年前的权威性定义。如今，关于什么是民间文学的认定并没有发生多大变化，依旧认为，"民间文学是一个民族集体创作、口耳相传的语言艺术。它既是该民族人民的生活、思想与感情的自发表露；又是他们关于历史、科学、宗教及其他人生知识的总结；也是他们的审美观念和艺术情趣的表现形式"②。这种对民间文学的理解、界定显然是纯文学化的。仅仅把民间文学看成是与作家文学并行的一门独特的语言艺术，并

---

① 钟敬文主编：《民间文学概论》，1 页，上海，上海文艺出版社，1980。

② 刘守华、陈建宪主编：《民间文学教程》，5 页，武汉，华中师范大学出版社，2002。

不全面，极大地限制了民间文学学科的发展空间。

一、从口头到书面

"民间文学"这个学术名称是从国际术语 Folk-lore 发展来的。Folk-lore 的原文是"民众的智慧、民众的知识"，到了 19 世纪 70 年代，这个术语被西欧学者广泛使用，并确定为"民俗学"的含义（即"关于民众智慧的科学"的意思）。在当时，它的概念显然是广义的，凡是民间生活中的一切事物，像村制、族制、婚姻、丧葬、产育、社交、节日、信仰、祭仪、居住、饮食、服饰、农耕、技艺以及民间文艺、民间口头传统等，都属于民俗学研究的具体内容。在民俗学的发展过程中，随之又出现了 Folk-lore 的狭义概念，即专指民间文学创作。五四时期，中国学者将这个名词解释成"民俗学"，同时又具体地译为"民间文学"，即专指"民俗学"当中的口头艺术部分。

可见，民间文学并不是与作家文学相对应的一种文学，这一现代学科概念也不是以作家文学为参照提出来的。"民间文学"作为一门相对独立的学科和这门学科研究的对象，都不是由"文学"分化出来的，它有着完全独立的形成和演进轨迹，并不完全属于文学的范畴。"文学理论"不能涵盖民间文学，它可以解决什么是文学的问题，但不能解决什么是民间文学的问题。民间文学不是一般意义上的文学，不仅仅指民间文学作品。民间文学作品是"采风"的成果，是对民间文学部分的记录，但不是民间文学的全部。民间文学是和作家文学并行的一种文学，但两者的呈现方式并不完全一致。作家文学等于文学作品，民间文学作品属于民间文学，但民间文学不是民间文学作品。

民间文学是一个区域内广大民众集体创作和传播口头文学的活动。记录下来的书面文本不可能是民间文学的最初样式，因为此前这一作品已流传了很长时间；也不可能是最后的样式，因为此作品还会继续流传下去。口头文本从来就没有一个"最后的定稿"或文本"原型"。文本和演说情境是不可分离的。脱离了演说情境，文本就可能会被误读。文本是由演说者和听众或观众共同建构起来的，文本要通过语境才能被充分理解。民间文学的创作和传播过程，实际上就是在特定场域中发生的言语和情感的交流行为。严格说，只有进入这一演说场域，才能真正接受和享用被演说的民间文学。

记录也有可能是不真实的或拙劣的。"某一口头文学传统事象在被文本化的过程中，经过搜集、整理、迻译、出版的一系列工作流程，出现了以参与者主观价值评判和解析观照为主导倾向的文本制作格式，因而在从演述到文字的转换过程中，民间真实的、鲜活的口头文学传统在非本土化或去本土化的过程中发生了种种游离本土口头传统的偏颇，被固定为一个既不符合其历史文化语境与口头艺术本真，又不符合学科所要求的'忠实记录'原则的书面化文本。而这样的格式化文本，由于接受了民间叙事传统之外并违背了口承传统法则的一系列'指令'，所以掺杂了参与者大量的移植、改编、删减、拼接、错置等并不妥当的操作手段，致使后来的学术阐释发生了更深程度的误读。"①当然，并非所有的民间文学记录文本都是如此，事实上许多记录文本具有旺盛的生命力。如果我们否定记录文本是民间文学，那么我们的研究就无所适从了。

当"书写时代"到来之后，在几个世纪里，书写主要还是对口传表演进行记录、加工与整理。六朝志怪小说、唐宋明清传奇小说，其中的故事，无论是有历史依据的，还是想象的，最初都被民间说书人在勾栏瓦舍宣讲、说唱。历代的文人和民间艺人从事口头创作、编写、收集、抄写故事，只是为了谋生，而且只限于口头讲述、说唱，父死子传，子死孙继。直到印刷术在市井流传开后，才照原来的手抄本印行。一般说来，《搜神记》《聊斋志异》《清平山堂话本》《三国演义》等，其每个故事都各有它的作者以及无数的传抄者和讲述者。书写形式的宋元话本，

---

① 巴莫曲布嫫：《"民间叙事传统格式化"之批评（下）——以彝族史诗〈勒俄特依〉的"文本迻录"为例》，载《民族艺术》，2004（2）。

仍是保持了"说书人"口头表演的风格。明清章回小说也常常是用说书人的技巧写成的。这是一种尚未与口传文学及其口头传统相脱离的书写活动。在当时，评判那些用纸笔录下的原有故事的标准为记录下来的东西同众多无名的讲故事的人的口头表述区别最小的，就是好的、受欢迎的。对文人的笔记小说的评判也是如此。

然而，一旦对民间口头文学的记录成为一种"采风"活动，记录就不是出于记忆的需要，记录的文本就不是可供演说的"脚本"，而是为了民间文学学科研究的需要，或者是出于固存口头文化传统的目的。因此，所谓的"田野作业"的学者们在从事从口头到书面的工作时，很少有努力让记录接近于口头传统的意识。记录下来的东西再难以诉诸口头，或者说，根本不能用当地的口头语言来表达；相反，为使记录文本具有广泛的读者面，记录时基本抹去了口头文本最重要的地域特色。一个明显的表征是，民间文学的书面文本最需要注释，而我们现有的民间文学作品基本没有注释。一个符合当地口头传统的记录文本必须要有注释，否则，局外人难以读懂。因为局外人根本不了解当地的口头传统。

我们一贯强调"忠实记录"，这主要指不要篡改演说的内容，即对所记的内容要做到忠实，至于如何记、记什么则没有忠实的要求。现已出版的《中国民间文学三套集成》，是人人都能读懂的文本，它们与一般通俗文学的区别似乎只是"来自"民间。而且，不同省、不同地区、不同县、不同乡、不同村的记录文本似乎也不存在根本差异。经过那些语言功底过硬的人的加工、润饰，所有文本似乎来自同一口头传统，甚至根本就不是来自口头传统。

我们很留恋20世纪初一大批民间文学的记录文本，毋庸讳言，它们的确更接近口头，更接近当地的口头传统。当然，作为民间文学的关注者，我们更留恋口传传统风行的时代，但是，文化的主要传播方式早已从口传让位于书写。不论多么"接近"，"说"与"写"的经验之间始终存在着根本差异。显而易见的是，民间文学的演说者在演唱或讲故事时极为自然地把说变为一种表演、一种戏剧化的形式。演说者不仅是一个故事的叙述人，还分身术似地模拟故事中不同人物的口吻、音容、举止，以有声有色的方式富有临场感地叙述民间故事或英雄史诗的场面。当采风者试图写下这些故事时，口头语言的千变万化的色调、神韵与情趣随着听众的缺席便缺少了临场感。民间文学的书面记录和书写活动如同被统一、被规范了的汉字一样，变得规范和统一起来，成为人人都可以随意使用的廉价的、浅陋的读物了。

口传方式向书写方式的变迁伴以生活方式的变迁，口传经验的丧失、集体经验或史诗经验的衰落、经济个人主义与私人生活空间的出现，使得叙事艺术开始逐步进入孤立的个人化处境，即进入强调个人独创性的时代。与口头语言相比，书写语言从公开表达偏向了具有独白性质的表达。然而，民间文学的记录文本应该游离于这种时代的趋势之外，努力保存其应有的口传经验和集体经验，这是民间文学工作者的神圣使命。

二、民间文学的生活属性

民间文学的创作和流传过程是民众重要的生活方式之一，和民众其他的生活方式融为一体，并非是一个单纯的创作和审美过程。民间文学是文学，但又确非文学。首先，文学是一种写作，而民间文学显然不是写出来的；其次，"文学是一定社会生活在人们头脑中的反映的产物"①，民间文学与社会生活的关系显然不完全是反映与被反映的关系，两者之间并没有距离；最后，文学或审美的属性不能涵盖民间文学的所有特征。民间文学具有浓厚的生活属性，民众在表演和传播民间文学时，是在经历一种独特的生活，一般不会意识到自己在从事文学活动。民众的创作活动，基本上是一种无意识，或下意识。这就是说，民众在创作和表演民间文学时，并不把它当作艺术创作来对待，民间创作活动常常是伴随

---

① 《辞海》（文学分册），1 页，上海，上海辞书出版社，1979。

着物质生产和精神生活一道进行的。民间文学是在一定的民众生活中产生的，离开了民众生活，民间文学就不是真正的民间文学。另外，民间文学是一个民族的历史、宗教、信仰、伦理、民俗等留有先民的心理痕迹和经验残余的语言符号，是一个族群的心理生活和现实生活在历史的进程中不断出现和逐渐演化的产物的记载。这些，均与作家文学和其他文学形式有很大的区别。因此，民间文学在全方位的审视中，与其说它是文学的，不如说它是生活的；与其说它是审美的，不如说它是历史的、文化的。

运用口头语言是民间文学生活属性最重要的范式。民间口传话语与当地口传传统融为一体，丰富而鲜活，但民间口头话语的表达又自相矛盾地呈现为模式化与重复。对某一作品的反复演说而使之成为老生常谈，因其为当地人耳熟能详而显得贫乏。就民间口头话语的高度生活化、具象化而言，民间口头话语的确成为形象而又生动的表达。篇幅短小的民间表达，已成为俗话、格言、谚语、谜语和歇后语。只有重述才能使一句话成为格言、谚语。它被创造出来正是为了被重述，正像一个故事或一个传说。其他篇幅较长的民间表达也是如此，它们无一例外都是模式化与重复的。神话、传说、故事、歌谣、俗话、格言、谚语等是非个人化的、集体生活的隐喻。它是以共同体为前提的，并诉诸某一区域公众的面对面交流；同时，作为当地人都能听懂的方言，成为一种隐去说话人个性的语言，它使说话人成为一个融于话语共同体的成员。因而，这些民间口头的文学并不含有未知、暧昧与歧义，只要是当地人，都能领悟。没有个性也许正是民间生活的一个温和的强制特性。民间生活传统注重观念的认同而非特异性。民间文学能够被反复演说正是基于民间生活的这种特性。

中外民间文学学者大多关注民间文学的文学属性，而没有认识到其生活属性或排斥其生活属性。民间文学学科的正规名称是"民间文艺学"，是和作家文艺学相对的文艺学。这足以表明以往人们对民间文学的考察和研究主要是基于文艺学或文学的视角。民间文学被记录下来，变成了与作家文学同样的文学文本。民间文学研究的主要流派，有神话学派（包括语言学派）、功能学派、人类学派、心理分析学派、原型批评学派、流传学派、结构学派、符号学派等。这些流派的研究对象一般也是民间文学的文学文本，即记录文本，而不是民间文学的生活文本。

从民间文学生活属性的角度考察民间文学，则可以更科学、更全面地认识民间文学；将民间文学复归为原本的生活状态，从实际生活中考察其生存空间，才能真正理解什么是民间文学。同时，对民间文学现实意义的把握，也只能在现实生活的宽广维度中进行，否则，这种把握就是不充分的和不全面的。

只有理解了民间文学的生活特征，才能真正认识民间文学的现实意义。以往对民间文学现实意义或价值的认识与作家文学区别不大。事实上，只有将民间文学置于其生存的环境中加以考察，才能凸显许多作家文学所不具有的现实意义和价值。以传说为例，传说属于"社会叙事"（social narrative），叙事就是"讲故事"。"讲故事"是"叙事"这种文化活动的一个核心功能。古往今来的不少批评家都注意到讲故事是人类生活中一项不可或缺的文化活动。同样，没有传说的村落也是不存在的。如果一个传说为全村落所共享，那么，它便成为村落记忆。在村落内，叙事和记忆相互支撑，共同创造了村落的口述史。

传说、记忆和口述史往往三者合一，成为具体时空中人们共同拥有的传统。那么，在一个村落里，哪些历史事件能够演化为传说，或者说传说是如何被建构？建构传说具有哪些社会功能呢？要解决这些问题，仅仅依赖传说的记录文本是远远不够的，必须进入传说生存的具体环境之中。

确立了民间文学的生活属性，就给我们研究民间文学提出了理想的目标。这就是摒弃记录文本而直接对处于"声音"和演说状态的民间文学进行研究。在"声音"和动作的层面把握民间文学的演说规律和结构功能，那么，所得出的"类型""程式""结构"等，可能与现在的结论南辕北辙，"口头程式理论"才有可能名副其实。在"听"和"说"的情境中考察民间文学是可能的，这对研究者提出了更高的知识和能力的要求，最主要的是应熟悉当地的方言和文化传统。我们呼唤这种生活状态的民间文学研究成果的诞生，它们可能要全面颠覆现有的民间文学的理论方法和观点。因为对当地人而言，现有的民间文学的理论方法和观点是"陌生人"的"臆想"。

三、民间文学的本体特征

民间文学是以传统的民间形式展示自己的，它诉诸口头语言系统，创作和流传都由某一特定的集体共同完成，是一种活态的文学，流传中有变异，变异时有流传。这是界定民间文学范围的显著的外部标记，也是它在创作和流传方式上的特征。现在所有的学者在确定民间文学的基本特征时，几乎都以口头性、集体性、变异性和传承性作为界定的标准。这四个基本特征是30多年前确立的。随着对民间文学认识的不断深化，对这四个基本特征的把握应该更加科学和全面。

1. 口头性

口头性（orality）是民间文学最显著的外部特性。在中国古代，民间文学很少得到研究，古代文学家们理所当然地认为，"文学"本身就含有文字书写的要求，不成"文"的东西不能算是文学。在过去，广大民众不识字，不能运用文字进行交流和表达思想感情，他们从事的文学活动只能停留在口头语言的层面。因此，民间文学只能口头创作、口头交流。民间文学的口头交流依靠的是记忆，而人的记忆力是有限的，时间长了便会遗忘。民间文学如果没有得到及时记录，许多作品就会像风一样消失，所以需要"采风"，即及时搜集和记录被演说的民间文学的内容。

作家书面文学作品，本来也可以口头背诵或讲述，但是，对于以文字写作为表达形式的作家创作来说，这种口头方式并不是必需的方式。例如，诗词的吟诵、散文的朗读都是辅助性的、第二义的，文字写作才是必需的、第一义的方式。相反，民间文学也可以用书面文字记录下来，但是，对于广大民众来说，文字形式也不是必需的表达形式，它也只是对民间文学的流传起辅助性作用的第二义的方式。因此，民间文学的明显标志，正是体现在民众口头上的语言艺术特色。民间文学是存在于民众口耳之间的活着的文学。如果"民间文学"只能转换成文字的存在方式，那么可能变成另一种形态的"通俗文学"，而非"民间文学"。"民间文学"可以被采集，以"文字"方式出现，但其真正的生命还是在"语言"上，只有还原到"语言"的表达形式和情境，才能体会到民间文学的浓厚情感。只有在民众中口耳相传的民间文学，才能真正展示其艺术和生活的魅力。

民间文学是民众在生产和生活过程中产生和传播的，民众不是专业作家，一般没有专门的时间学习文学创作、从事文学活动，不能离开生产和日常生活专心伏案写作。由于运用的是口头语言，且运用口头语言交流的能力是自然生成的，故不需要进行专门的学习。民众在创作和传播民间文学时，不需要纸和笔，一般也不需要腾出专门的时间和空间，也就是说，不会影响民众正常的生产和生活。创作和交流民间文学本身就是民众不可缺少的生活样式，它和民众其他的生活样式共同构成了民间生活的有机整体。

在过去，民众不可能拥有书写、印刷的传播手段。民众在很长的历史阶段中，始终只能使用口头语言传播自己的思想和感情，就是民间传唱艺人和小戏职业演员的学艺，也都一直沿袭着"口传心授"的方式。"口传心授"即面对面的交流，构成了一种彼此互动的具体情境。没有交流就没有民间文学，人们面对面的交流是民间文学最基本的生存状态。美国的表演理论大师理查德·鲍曼（Richard Bauman）"所说的'表演'，是交流实践的一种模式（one mode of communicative practice），是在别人面前对自己的技巧和能力的一种展示（display）"①。传统的村落就是一个口头交流的社会，社会生活完全诉诸口头交流，人们在不断的口头交流中形成了种种民间文学的范式。

民间文学的口头交流实际为一种表演（performance）活动，美国"口头程式理论"（oral formulaic theory）大师米尔曼·帕里（Milman Parry）和艾伯特·洛德（Albert Lord）认为，口传的艺术（verbal art）与其说是记忆的复现，不如说是演说者在同参与的听众一起进行表演的一个过程。② 口传的内容、形式、特定的时空，口传活动的参与者包括讲者和听者，研究者与社会文化背景，共同构成一个特定的演说舞台，文学的过程远远超越了文学的意义而表现为以文学为纽带的个人与个人、个人与社会的多向互动，这种互动表达了种种情境、种种社会关系和文化历史脉络。鲍曼主张，应关注口承文艺表演的过程、行为（act/action），以及叙述的文本与叙述的环境之间的联系，具体主要落实在以下五个方面。

（1）演说时的技艺与其所含意义，包括演说时的语速、腔调、韵律、修辞、戏剧性和一般性表演技巧等。

（2）演说过程中所有参加者，包括"作者"、演说者、听众、观众、所有在场者，以至于研究者之间的各种互动关系。

（3）民间文学意义的表达及作用的呈现有时不单依靠口头语言系统，其他各种非口语（non-verbal）的因素，包括表演动因、情感气氛、形体姿态，甚至演说的时间、地点、环境，包括音乐、布景、服装、颜色、舞蹈、非口语的声音等，也有传递和表达的功能。

（4）演说者的个人特性、身份背景、角色以及其所承袭的文化传统。

---

① 杨利慧、安德明：《理查德·鲍曼及其表演理论——美国民俗学者系列访谈之一》，载《民俗研究》，2003（1）。

② 参见叶舒宪编：《文化与文本》，153页，北京，中央编译出版社，1998。

（5）演说时的情境（context）。

所有民间文学的创作和传播，都是一个表演的过程。当然，在歌谣和戏曲这类口头传承的形式中，信息交际的语境因素显著，表情和动作语言的表意功能也很突出。因此，表演色彩浓厚、表演行为的语义具有至关重要的理解价值。民歌的文学成分——歌词，与它的音乐成分——曲调，密不可分，有的还结合着舞蹈动作、歌舞表情。民间故事和曲艺也有表演或表情的成分在内。民间文学的表演过程，与单纯文学性的作家创作大不相同。作家可以创作供人读的诗，而民间文学中则没有这种"诗"，即便是史诗，也是由歌手演唱出来的。如果忽视这种演说特点，只孤立地看它的歌词，往往不能对史诗有全面的了解，这对欣赏与研究都不利。

民间文学作为口头的综合艺术，和音乐、舞蹈、表情、动作等艺术手段结合起来，会产生更强的艺术表现力。这就逐渐形成了民间文学语言艺术本身的一系列特点。可以说，民间文学的传统艺术形式及传统艺术特色主要是由其口头演说决定的。民间文学的确是一目了然的，听或看懂了，即能理解其全部的意思。通俗、篇幅短小（除史诗外）的民间文学，外显至可供民众欣赏和接受的层面。由于流传的久远和广泛，同集体生活关系密切，授受之间的直接口头交流等，使之相对作家文学，在许多方面具有明显的优势。民间文学内涵之丰富同样排除了每个人成为意义揭示者的可能。尽管情节较简单，人物很单纯，但民间文学并非不需要解释者，还是有其解释的必要和深层空间的。因为任何演说的表面下都隐藏着难以从表面上显示的意义和功能。

需要特别指出的是，民间文学口头性特征的形成和存在，不仅有上述社会历史根源，同时也有口头语言本身的因素。口头语言是一种最灵便的交流工具，既便于传，又便于记，民众用口头语言反映生活会非常及时、方便和生动。有些人认为，口头创作是民众在未能掌握文学时不得不如此的一种表达方式，一旦广大民众掌握了文字，口头创作存在的可能性就消逝了。这种看法是错误的。口头语言表达的优越性使得广大民众在掌握了文字之后，仍会进行口头演说，只要口头语言存在，民间文学就不会消亡。其实，"口语文学远较书写文学更为普遍。普遍的意义是双层的：前面曾说过，书写的文学是仅限于有文字的民族，没有文字的民族是不可能有书写的文学的。可是口语文学不但流行于没有文字的民族，同时也流行于有文字的民族，与书写的文学并存。另一方面，书写的文学是属于知识阶级的人所有，而口语文学则不论识字或不识字的人都可以接触到它"①。还有，现实生活中的许多内容，如带有讽喻性的笑话、歌谣等，就不能进入当下社会的主流话语之中，也不能"白纸黑字"地公开诉诸文字或各种大众传媒。这类作品只能口头交流，并在口耳相传中不断得到修改和完善。

当然，我们不能机械理解和把握民间文学的口头特征，尽管面对面的口头交流仍为民间文学演说的主要形态，但随着大众传播媒介的介入，一些民间文学的传播不再依靠面对面的口头交流。大众传媒的新的视听感觉，在某种程度上，使现代社会返回早期的部落团体——数百万人看同一个节目，为同一个喜剧而笑，崇拜同一个明星。大众传播媒介与口头传承之间的关系，可以从两个方面来理解。在较浅的层面，一方面，大众传媒在很大程度上取代了民间文学的口头交流；另一方面，它又帮助仍然存在的口头传承得以顺利完成。在较深的层面上对二者之间关系的探讨，需要回答海尔曼·鲍辛格（Hermann Bausinger）提出的问题。他认为，民间文学研究最紧迫的问题之一："是不是我们这个时代口头讲述的基本需要还没有被各种完全不同的媒介，如电影、电视、某些阅读材料等所满足。毫无疑问，这些媒介在今天比以往任何时候都有更多的接受者。"②

---

① 李亦园：《从文化看文学》，载《中国比较文学》，1998（2）。
② 转引自吴秀杰：《当代民俗学的新课题》，载《民间文学论坛》，1995（2）。

2. 集体性

这是民间文学在创作流传方式上的本质特征。一般认为，民间文学由集体创作，集体流传，为集体服务并为广大民众所共有。在这一点上，它和作家书面文学有着明显的区别。作家所创作的作品本身和整个创作过程全归属个人，至少作家个人的成分重些。因为，作家创作的整个作品中的内容必定要由作者个人去感受、去构思，并最后写出来。它们无论如何都应当被看成是作家个人精神活动的产物。

民间文学是广大民众集体所有的财富，是集体创作的，它既不署某个创作者的名字，也不为某个创作者所私有，民众既是创作者、修改者，又是传播者、演唱者和听众。"在民间文学的讲述和演唱活动中，讲者和听者经常处于互相转化之中。此时此地的讲者，到彼时彼地，可能又是听者，而此时此地的听者到彼时彼地又可能是讲者。因此，听者、讲者是相对的。听者并不是永远处于被动地位。他不仅同时是保存者，传播者，而且也参与创作过程，成为集体创作的一员。当他由听者转为讲述者之后，他的创作活动便开始了。"①

民间文学是集体的创作，但并不都是你一句我一句拼凑起来的。一般情况下，常常是先由个人创作出来，然后逐渐在流传中得到润色加工。这种润色加工主要是不自觉的，也是必然的。其流传过程就是创作过程，传播者自觉不自觉地参与到创作中来，这就使民间文学成为集体智慧的结晶。英国民间音乐家塞西尔·夏普（Cecil Sharp）经过长期对民歌的田野调查，于1907年出版了《民谣》一书，书中有如下结论。

民谣的每一行、每一词最初是从某个人（某个吟唱者、行吟诗人或农民）的头脑里冒出来的，正如一首民歌的每个音符、每个乐段当初都是从某一个歌唱者的嘴里发出来的一样。共同的活动从来

---

① 张紫晨：《民间文学的讲者和听者》，见《张紫晨民间文艺学民俗学论文集》，129页，北京，北京师范大学出版社，1993。

不曾创造一歌一曲，也不可能创造一歌一曲。共同创作是不可思议的。毋庸置疑，集体发挥着作用，不过，那是在较后的阶段，是在个体的创作已经大功告成之后，而不是在此之前。在这个阶段，集体来衡量，筛选，也就是从大量个人创作中选取那些最能准确地表达了流行的趣味和民众的理想的作品，而舍弃其余；然后，在集体不断地重复中产生更多的变异，如此一而再，再而三。这一过程持续不断，民谣也就生生不已。当然。如果有受过教育的歌唱者参与这一过程，使它纳入印刷品，这一过程就会受到影响。①

以往讨论民间文学的集体性特征时，主要局限于创作的过程，其实，任何一个民间文学的表演场合，都是由集体组成的。集体中的听众（观众）不会像读者或电视观众一样只是被动地接受，他们也是表演的积极参与者，构成了民间文学口头传统的有机组成部分。没有听众（观众），民间文学的表演就难以进行下去。正是在表演者与听众（观众）的互动关系中，表演才得以真正完成。

民间文学在创作、流传、演唱过程中，形成了集体共享的状况，这一过程表现了鲜明的历史特征。在不同的历史发展时期，民间文学的集体属性有不同的表现。

原始公社时期民间文学的特点，就是集体性与个人特性无条件的融合和统一，这时的个人特性必然是从属于集体性的，这一点，得到原始文化史和民间文学发展史的共同确认。任何民间文学活动都不是个体的，而是集体的，具有强烈的展示性。过去，民间文学的传播表演及其力量的释放主要集中在神庙、祭祀场、竞技场等公共场所。人们常常在这些公共场所表演、祭祀、聚集、歌舞、庆贺等，举行场面宏大的公共仪式，所有的人都是仪式的参加者，同时又是民间文学的传播者。此时，民间

---

① 转引自 [美] 阿兰·鲍尔德：《民谣》，6—7 页，北京，昆仑出版社，1993。

文学的能量在瞬间聚集、释放，人们在刹那间融为一体。

随着阶级的出现，整个文学的创作活动有了变化，出现了专门从事文学创作的个别人。但这个时期民间文学的创作和流传依然存在。一方面集体创作方式继续存在，并进一步得到发展；另一方面民众中的某些人也逐渐擅长口头文学的创作和演唱，有一些人甚至脱离了群众的劳动生产，成了民众中的职业口头创作家和演唱家（即职业艺人）。这种现象的出现与集体性非但不矛盾，而且是统一的。民间文学的集体属性与独创性是辩证统一的两个方面。本来集体就是由个人组成的。创作者是集体而演唱者常常都是个人，许多即兴的歌谣和故事常常是由个人触景生情创作出来的，尤其是民间艺人和歌手的个人创造性就更大了。因此，我们在理解民间文学的集体性特征时，不要片面夸大集体性而忽视了民间文学的独创性和个体性。

我们说，民间文学是特定集体共同创造和流传的，但事实上，民间文学是特定集体中一小部分人创造和流传的，"个别人"的作用往往是至关重要的。以甘肃东南部洮河唱花儿的场景为例。洮河流域花儿会上的对唱，不是个人对个人，而是集体对集体。因此，双方都把对方视为最重要的听众。一个演唱小组，必然是在一位"花儿把式"（又叫"串把式"或"花儿行家"）的率领下，由五、六人组成。"花儿把式"这个重要角色，总是由那些具有丰富创作和对唱经验的歌手担任。他的主要任务是应付对方的挑战，在极短的时间内编好歌词，并把这首歌词及时口述给自己小组的各位歌手，由大家一人一句地轮流去唱。"花儿把式"是一个演唱小组的灵魂和主心骨，这个小组赛歌的成败，主要取决于这个核心人物的应变能力和创作质量。①"花儿把式"传承"花儿"的作用显然远远大于一般歌手，不是"花儿会"上所有的人都能成为"花儿把式"。民间文学其他体裁作品的创作和流传情况也是这样。瑞典学者卡

①　参见柯杨：《听众的参与和民间歌手的才能——兼论洮岷花儿对唱中的环境因素》，载《民俗研究》，2001（2）。

尔·威廉·冯·赛多（Carl Wilhelm Von Sydow）指出：民间故事"在很大程度上是以一种散漫的状态流传的，只有极少的有好记忆、生动的想象力和叙述能力的积极的传统携带者们才能传播故事，仅仅是他们才向别人讲述故事。在他们的听众里，也只有极少的一部分人能够收集故事以便复述它。而实际上这样去做的人就更少了，那些听过故事并能记住它的大部分人保持着传统的消极携带者状态，他们对一个故事的连续生命力的重视程度主要取决于他们听一个故事然后再讲述它的兴趣"①。民间文学被演说时，在场的观众和听众中绝大多数人并不会成为传承的演说人，"积极的传统携带者"毕竟是少数，甚至是"个别人"。因此，应该辩证把握民间文学在创作和交流过程中集体和个人的关系。

捷克的东方学家普实克认为，"在中国的话本小说里，追求不同语言风格的可能性是不存在的。首先，职业说书人所说的故事或小说的概念，就与那种可能性相抵牾，因为它意味着应采取某种公认的风格"②。作为话本小说前身的民间文学更是如此。集体性除了上面直观或者说外显的表征之外，更应该理解为民间文学的所有演说活动都不可能超越当地的文化传统。格言、谚语、俗语、传说和故事等使民间话语倾向于成为一种隐去说话人个性的语言，它使说话人成为一个融合于话语共同体的成员，语言的个性属于共同体（相对于另一话语共同体），而非个别的成员。当地人作为一个集体即共同体，拥有同样的方言、民间艺术的表现形式、表现空间和时间，乃至所要表现的内容等，一句话，拥有完全一致的口头传统。

一个区域民间文学演说风格在一定程度上的陈陈相因，主要是因为口耳相传这一传播方式。在并不强调个体意识、个人经验，以及文化产

---

① 转引自［美］阿兰·邓迪斯：《世界民俗学》，323 页，上海，上海文艺出版社，1990。

② 转引自周发祥编：《中外比较文学译文集》，234 页，北京，中国文联出版公司，1988。

品的署名权的口传文化的领域，无论是一则寓言、一篇笑话、一个传说，还是一个部落或一个民族的神话与史诗，都是无数代无名无姓的成员共同参与口耳相传的结果。故事的作者是匿名的，或者说一种话语共同体才是其恰当的作者。而每一个听众都是另一次讲述的合法的演说人。共同体成员在口耳相传中分享这一话语共同体所创造的集体经验、集体智慧与集体想象。

3. 变异性

民间文学的不断变异是由民间文学的集体口耳相传导致的，其变异的程度远远高于书面文本。因为民间文学是口耳相传的，为集体创作，作者不可能署名，这就形成了民间文学的"无名性"（又称"匿名性"）。在流传过程中，作品不归一人所有，人人可以改动，所以作品常常是不固定的，它的内容和形式不断处于变化中，于是就产生了同一"母题"（motif）的不同"异文"或版本。另外，民间文学能跨时空的传承，但是，由于社会客观环境诸种因素的变化及民间文学自身的局限，它在传承中要原封不动地流传下来，在实际中是罕见的，一般或多或少要发生变异，这是民间文学传播中的一个重要状况。当然，变异并非随意的改变，事实上，演说者总是努力保持演说作品传统的一贯性，同一作品类型的核心情节和基本母题总是不断被重复讲述的。

"民间文学的一个本质性的创作机制，在于它不是一次完成、一劳永逸的过程。它似乎永远没有绝对的定本。在历史的长河中，在流传过程中，它在不断更新，不断变异。"①变异性是民间文学的生命所在。其存在的条件是演说者不受完全固定的文本的限制；当演说者依据固定文本演说时，他们就成为复制者而非再创作者，相应地，被演说的作品再也不会出现真正的异文，因为文本已经固化和单一化了人们的记忆。

异文是民间文学在流传过程中出现的必然现象，即同一母题在不同

---

① 刘魁立：《刘魁立民俗学论集》，97 页，上海，上海文艺出版社，1998。

时空流转之下会产生诸多的变体。《中国民间文学大辞典》对"异文"一词做了解释：由于民间文学自身存在的口头性和变异性的特点，同一作品流传于不同的国家、民族、地区，会产生这样或那样的变化，形成差异，从而导致一个作品同时以几种不同的形态存在。它们互有差异，却又是同一作品，因而称之"异文"。①

需要特别强调的是，民间文学的变异不仅表现在流传过程中，在演说的情境中同样有突出的展示。阿兰·邓迪斯（Alan Dundes）说："史诗歌手的每次演唱都是与以往不同的重新创作，他们利用从传统程式中所抽取出的某个择选，来填充整个主题空间中每个转折当口的空位。"②史诗是这样，民间文学的其他体裁也是如此。民间文学演说者的每次实践活动，都是创造性的即兴表演，是特定情境中的特定的文学交流。即便同一表演者表演同一作品，每次也都是有差异的。艾伯特·洛德说："每一个文本都代表一位歌手的一次表演，无论是以演唱的方式、背诵的方式，还是以口述的方式；每次表演都是唯一的，独一无二的，每一次表演都带有歌手的标记。"③ 在同一部书中他又指出："每次表演都是一首特定的歌，而同时又是一首一般的歌。我们正在聆听的歌是'这一首歌'（the song），因为每一次表演都不仅仅只是一次表演；它是一次再创作。"④ 对于听众（观众）和表演者而言，一次表演活动，就是生活经历，而生活具有不可重复性，以后不可能被复制和得到完全追忆。民间文学的变异既来自表演环境的改变，也是由表演本身造成的，任何表演都不是简单的重复，而是创造性的发挥。

民间文学的每一次演说，就是一个相对独立的异文。演说者被允许

---

① 参见姜彬主编：《中国民间文学大辞典》，上海，上海文艺出版社，1992。

② ［美］约翰·迈尔斯·弗里：《口头诗学：帕里—洛德理论》，"编者前言"35 页，北京，社会科学文献出版社，2000。

③ Albert Bates Lord, *Epic Singers and Oral Tradition*. New York：Cornell University Press，1991. P. 12.

④ *Ibid*. P. 42.

有所遗漏和添加，当地的听众依据已掌握的口头传统，可以填补演说者的遗漏，或者有选择性地接受添加的部分。实际上，异文是研究者的发现，因为研究者可以获得从不同地区搜集到的同类型的作品。当地的民众一般不会意识到异文的存在。因为当地民众被演说的所有信息和情境所吸引，也能够理解和获得被演说的所有信息。研究者或局外人关注的主要是记录下来的文本，而变异恰恰主要表现在记录文本方面，他们不可能像当地人那样理解和获得演说的所有信息。一个地方的口头传统是当地人所独有的，研究者或局外人不可能完全拥有，拥有口头传统的当地人是不会在意同一作品每次演说的差异的。

处于生活状态中的民间文学包括文本（text）、表演情境、特定的时间和地点、伴随事件（行为）、表演者和观众、表演功能等，鲍曼将这些因素概括为三个层次：被叙述的事件、叙述的文本和叙述的事件；换句话说，就是演说过程中伴随发生的事件、文本和语境（context）。在每次表演中，这些因素都会发生不同程度的变化。我们以往讨论民间文学的变异，主要指文本的变异，其实，其他因素的变异同样值得关注，它们对文本的变异具有重大影响。仅就文本的变异而言，"变异的模式包括细节的精雕细刻、删繁就简、某一序列中次序的改变或颠倒、材料的添加或省略、主题的置换更替，以及常常出现的不同的结尾方式等等"[1]。而且，民间文学演说者的每次实践活动，都是创造性的即兴表演，是特定情境中的特定的文学交流。即便同一表演者表演同一作品，每次也都是有差异的。对于听众（观众）和表演者而言，一次表演活动，就是生活经历，而生活具有不可重复性的特点，以后不可能被复制和得到完全追忆。民间文学的变异既来自表演环境的改变，也是由表演本身造成的。任何表演都不是简单的重复，而是创造性的发挥。因此，对民间文学的变异，需要在民间文学演说的过程加以把握和认识。

---

① ［美］约翰·迈尔斯·弗里：《口头诗学：帕里—洛德理论》，101页，北京，社会科学文献出版社，2000。

变异作为民间文学的一个特征，是一个相当普遍的现象。变异不仅导致民间文学出现大量不同的版本，即异文，同时也引出许多文本上难以见到的、唯有在演述现场的互动情境中才能释放出的民间文学的附加意义。

民间口头创作的变异不仅是由集体的口头创作与流传所造成的，还是由以下几种客观的外在原因造成的。

（1）民间创作是依靠记忆保存的，而记忆往往不能做到像文字固定下来那样保持原状。因此，作品的"大同"部分（即作品的基本内容）比较容易保存下来，但在流传时不免要出现各种各样的"小异"。而且，民众对自己的口头文学并不要求固定化，相反，他们永远是要求活生生的。

（2）口头文学的创作没有创作权观念，演说者可以因时、因地、因人，对所记忆的民间文学文本进行词语、内容，乃至主题方面的改动，不必承担任何责任。口头作品的传播者与创作者几乎没有任何区别，传播本身就是再创作活动。这样，口头作品的不断变化就自然形成了。作家书本文学的任何改动都需经作者同意，编辑不得擅自删改。对民间文学创作活动来说，这样的观念不存在。口头作品不断传播的过程，就是不断删改和加工的过程。

（3）不同地域的生活习惯、风土人情也是造成民间文学创作必然变化的根源之一。同一个故事在乙地就不一定要讲得和甲地一样。民间文学在横向传承中，糅入了民族性、地方性的变迁踪迹。

（4）时代的演变使民间文学增添了或改换了内容，社会生活的巨大变革往往使民间创作发生本质的变化。民间口头创作在代代相传中，不断以当代的生活内容为补充或改换了原作的内容，这完全是自然的事。民间文学的纵向传承变异是研究同一类型民间文学过去和未来的一把钥匙。这对了解民间文学的源起和社会诸因素的关系，以及预测其将来的发展趋势而言，都是必不可少的。

4. 传承性

一部民间文学作品一经"说定"，就会不断得到演说。民间文学的变异是有规律的，"万变不离其宗"，它只能在传承口头传统（oral tradition）模式的基础上发生变化。民间文学在流传过程中，一方面不断增多异文，另一方面又趋于模式化。"在口头传统中存在着某种叙事的模式，围绕着这种核心模式的故事会千变万化，但是这种模式仍具有伟大的生命力。它在口头故事的文本的创作和传递过程中起到组织的功能。"①

变异并非随意的改变，事实上，演说者总是努力保持演说作品传统的一贯性，同一作品类型的核心情节和基本母题总是不断被重复讲述。"即使是从同一歌手的角度看，每一次演唱之间的稳定性，并不在于文本的词语层面上，而是在主题和故事类型的层面上。"②每一次演说都是一次再创作，但这种再创作不是对传统规范的超越，因为听众或观众对演说模式耳熟能详，已经习惯接受这种模式，一旦演说脱离了演说模式，听众或观众便难以接受，演说也难以进行。任何民间文学都属于一定的模式，假如一位演说人完全不顾模式而演说某一叙事文本，那么听众很可能觉得这位演说人不会演说。相对稳定的模式，对听众而言是一种"预期"，对演说人而言是"依据和标准"。任何一次演说，演说者都有意无意因循着传统模式。民间文学的传承性，实际上指的就是演说模式的相对稳定。落实到文本，就是"叙事范型"或"故事范型"（story pattern）的相对稳定，"在口头传统中存在着诸多叙事范型，无论围绕着它们而建构的故事有着多大程度的变化，它们作为具有重要功能并充满着巨大活力的组织要素，存在于口头故事文本的创作和传播之中"③。

民间文学的变异主要表现在内容上，但在艺术模式上则不会有突然

① 尹虎彬：《古代经典与口头传统》，159 页，北京，中国社会科学出版社，2002。

② 同上书，157 页。

③ ［美］约翰·迈尔斯·弗里：《口头诗学：帕里—洛德理论》，109 页，北京，社会科学文献出版社，2000。

的巨变。民间文学的艺术传统有很大的稳固性，如果脱离了传统模式，就不可能被民众所接受，当然也就不称其为民间文学了。"民间文化事象的雷同性、重复性和不断再现性，是以这些事象的稳定性，或者说传统性，以及它们的变异性为前提的。如果没有前者，就不存在所谓不断重现的特点。如果没有后者，一切比较研究，也就变得毫无意义、毫无价值了。"①

民间文学作品在生活中一旦形成，就可以自我调节演进的方向，并以相对的稳定性陈陈相因、延续承袭。只要适合这一民俗事项的主客观条件不消失，传承的步伐就不会中止。某一民间文学一旦流传开来，就成为一个自控又自动的独立系统，这是由其本性所决定的。民间文学和一般静态的文学模式，如作家文学不一样，它是动态的文化模式。这种动态，也不像电影画面一样，属于机械的光电流动，它是一种自然的流动，如同风一样，无阻碍地口耳相传。民间文学的这种"动势"是其本性的一部分，它在民间文学形成时，就被组建进去了。此外，任何一个冠之为民间文学的作品，都不是一蹴而就的，它本身也是一种动态积累的产物。

民间文学作为一种重要的口头传统，在流传的层面上与书面传统有一明显的区别：前者必须得到反复复制（表演）才能延续下来，某种民间文学作品一旦停止了演说，也就失去了生命力。道理很简单，民间文学是"表演中的创作"，只有在表演中才能显示其真正的社会价值和文化魅力，如果某种民间文学长期没有被表演，人们便会逐渐失去对它的记忆。而书面传统则可以借助文字确保其永久的存在。真正的口头传统是不能完全诉诸书面的。而且，一部作品在确定为民间文学之前，也经历了反复表演的过程。任何民间文学类型都有相对固定的模式，模式普遍存在于各种民间文学样式之中，所以，普洛普才能建立"故事形态

---

① 刘魁立：《刘魁立民俗学论集》，96页，上海，上海文艺出版社，1998。

学"，帕里和洛德才能创设"口头程式理论"。幻想故事和史诗是这样，民间文学的其他样式也是这样。显而易见，民间文学的传统模式不是一次性就能被建构出来的，必须在不断的演说中才能形成。

在一个文本的真正的口传阶段，任何后续的部分都可能被纳入记录文本之中，《摩诃婆罗多》或《格萨尔王传》在传播的过程中，像滚雪球一样扩展着自身。但当口头叙述被记载下来，由于文字所具有的"圣言"性质，也由于文字的确定性，口头文本的更进一步的扩展就终止了。即使有后续的部分也会被排斥在记录文本之外，以便限定记录亦即权威文本的含义，而不使它陷入多义性和歧义性中。口传似乎不如书写那样具有权威性，口传文本的演说者是寻常百姓或演唱艺人，而笔录者和书写者则身居庙堂之上。口传文本是可以在口传中随时添加的，记录文本则是处在被反复"引用"的权威地位。

以上我们重新认识了民间文学形式上和流传方式上的四个特点。掌握了这四个特点，就可以正确划分民间文学同俗文学、大众文学、群众文学的界限。民间文学有两个主要标志，这两个标志缺一不可：第一，必须是一个特定区域内民众自己演说出来的，没有脱离当地民众的生活环境和生活实践。第二，必须是用当地民众最熟悉的传统形式创作和交流的，一般而言，它靠口耳相传，为某一集体共有，在交流中发生变异。

（原载《北京师范大学学报》2004 年第 6 期）

民间文艺认定的三个维度

——基于民间文艺认识误区的反思

民间文艺是指一个地区传统的民间表演形式，表演具有审美的观赏性和文化价值及鲜明的地方性特征，种类有民间歌谣、民间舞蹈、民间乐曲、民间小戏和民间说唱等。作为和作家文艺相对应的民间文艺活动，其开展的动机，首先在于能够使参与者和在场者身心愉悦并产生快感。人们之所以热衷于参与其中，也主要在于可以获得审美享受。

民间文艺是民间文化当中的一个核心概念。什么是民间文艺，似乎是早已解决了的问题。但在实践的层面，尤其在民间文艺的保护和传承方面，对民间文艺的把握和处理存在严重误区，即将民间化或具有民间性的文艺等同于民间文艺。那些经过大肆改编并且脱离了原发地的艺术家们的表演被标榜为民间文艺的正宗，得到相关部门的高度重视，而原生态的、亟待保护的民间文艺反而处于自生自灭的状态。这种认识上的偏差导致民间文艺的保护和利用偏离了正常的轨道。对民间文艺的把握必须包括三个方面：第一，民间文艺嵌入当地生活语境当中，秉承当地历史文化的血脉，除了专门的仪式场合的文艺表演之外，绝大部分民间文艺都是没有脱离日常劳动和日常行为的；第二，在空间维度上，营造了群体参与的表演场域，当地民众是民间文艺的表演者和拥有者；第三，在时间维度上，形成延续性和重复性的表演模式，表演是对传统的继承，具有相对的稳定性。这是认定民间文艺的三个基本维度，也是区分民间文艺与民间性文艺的边界。

一、生活范式的表演状态

专业的文艺及文艺生产形式是社会分工的结果，是社会发展到一定阶段而成为一种相对专门和独立的创作者和美学活动。一些具有文艺才能的人专门从事文艺创作，文艺也成为一项相对独立的审美活动，于是便有了精英文艺。精英文艺力求超越生活，追求生活的理想境界，以塑造典型人物和颂扬崇高精神为己任。但是，由于精英文艺处于社会上层，以阳春白雪自居，难以眼光向下地看待文艺的全貌，仍处于日常生活状态的民间审美活动便成为其视野的盲区。

文艺美感是人类的基本需求之一，从古至今，民间一直延续着自己独有的审美生活。在极少流行作家艺术品的一些农村、山区，没有歌剧院，没有音乐厅，也几乎没有专门而又独立的艺术时间和空间，但人们依然舞之蹈之歌之，同样充溢了欢歌笑语。这种文艺作为生活的一部分，与当地的生产行为和生活样式融为一体，并未演变成超越于当地日常生活之上的纯粹的艺术实践。

民间文艺被文艺精英所忽视的原因，在中国民间文艺研究的先驱者胡适的题为《中国文学过去与来路》的演讲中，给出了明确答案。胡适认为，民间文艺有三个方面的缺陷。其中"第二缺陷，因为这些是民间细微的故事,如婆婆虐待媳妇,丈夫与妻子吵了架啰……那些题目、材料,都是本地风光,变来变去,都是很简单的,如五、七言诗。同曲等也是极简单不复杂的,这是匹夫匹妇、旷男怨女思想的简单和体裁的幼稚的缘故,来源不高明,这也是一个极大的缺陷。"① 胡适自己都没有意识到,这段话揭示了民间文艺最本质的特征,即它属于民间日常世俗的世界。毛泽东同志说,文学艺术来源于生活,又高于生活。这是毛泽东在《在延安文艺座谈会上的讲话》中着重阐述过的文论观点。其实,就民间文艺而言,并不比生活更高,而是民间生活方式的有机组成部分。

日常生活处于混沌状态,还没有从知识体系中分离出来,处于各种相对独立的学科中间,是一个自然综合状态的和处于基础层中并被边缘化了的广阔世界。西方学界公认的"日常生活批判理论之父"列斐伏尔在《日常生活批判》一书中指出:"日常生活是一切活动的汇聚处,是它们的纽带,它们共同的根基。也只有在日常生活中,造成人类的和每一个人的存在的社会关系总和,才能以完整的形态与方式体现出来。"② 民间文艺正是"以完整的形态与方式体现出来"的其中的表演部分。仡佬族的"地戏、踩堂舞、牛筋舞、嘣嘣鼓等,就是把宗教、舞蹈、娱乐、体育融为一体,既有娱乐、健身的作用,又有艺术欣赏的价值"③。按照马克思主义日常生活理论,日常生活是以实用主义和功利主义建构起来的。除了获取生存所必需的物质资料以外,娱乐身心同样是实用和功利的基本范畴。就人类的生存意义而言,民间文艺绝不是可有可无的,否则,民众就难以享受喜悦和表达喜悦。民间文艺是日常生活中不可或缺的诗性元素。

---

① 《大公报》,1932 年 1 月 5 日,天津。

② Henri Lefebvre, *Critique of Everyday Life*, trans, Jhon Moore, London:Verso, 1991, P. 97.

③ 李明刚:《仡佬族传统体育文化研究》,载《山西财经大学学报》,2011 (S2)。

正是由于民间文艺保持了本然的生活属性，便秉承了古代生活和原始文化的古朴特质。"在人类最初所作的一个简单声音，一个简单举动都是与现实生活相关的，都是与劳动有关的，唱歌与舞蹈的初基，即由劳动生活中发展而来，人类劳动所创造的歌舞，也远非其它鸟兽所能比拟。"[①]在相当多的所谓的经济不发达地区，当地的艺术形式都是直接来源于传统的生产实践活动的。尽管后来有些劳作模式和行为被注入审美要素，甚至拥有表演的意义，但依旧属于生产和生活方式及行为的自然延伸。这种表演的形式、内容、表演者及表演的语境，都是完全归属于当地的和传统的，是当地日常生活和生产劳作审美化的表现，可谓生活中的审美，审美化的生活。表演者即为当地民众，他们在从事民间文艺活动的时候，只是把这一活动当作一种必需的生活方式。民间文艺行为，基本上是按部就班的，即按照一年四季时序的习惯展开的。这是说，民众在从事民间文艺活动时，不能清晰地意识到自己是在艺术表演，只是完全出自生活节律和身体释放的需要。这等民间艺术至今仍顽强地存在着，并且持续地自我发展。民间文艺和艺术家作品实际上是两个完全不同的平行的发展系统。民间文艺实际为民间文艺生活。"民间文艺生活"是基于民间立场的理解和指称，如果这一概念能够被普遍接受并广泛使用的话，那么在理论和实践层面，民间文艺事业都将步入崭新的发展境界。

然而，自官方主导民间文艺以来，摆脱生活语境来从事民间文艺活动成为主流，民间文艺经过大肆创编，逐渐被搬上舞台，变为专门的表演。这是一种"陌生化"的艺术处理方式。文学理论家什克洛夫斯基（Viktor Shklovsky）在《作为技巧的艺术》一文，提出了"陌生化"（defamiliarization）这一概念。他将此概念阐述如下：艺术的技巧就是使对象陌生，使形式变得困难，增加感觉的难度和时间长度，因为感觉过程本身就是审美目的，必须设法延长。而民间文艺的"陌生化"不单指艺术

---

① 常任侠：《中国原始的音乐舞蹈与戏剧》，载《人民戏剧》，1950（6）。

技巧，更指让民间文艺远离原本的生存环境和生活状态，使之上升为纯粹的文艺品种。

如今，大多民间文艺被连根拔起，脱离了其生长的环境，演变为无须生活语境的专门供人观赏的表演，不可避免地搬上了聚光灯照耀下的舞台，其标志就是参加各种全国性的会演和竞赛，以获得佳绩及光荣称号为荣。仅以土家族为例，舞蹈"肉莲花"原本的场域是田埂河岸，只在劳作空闲时或庆典日子表演。20世纪末，这一民间文艺形式开始出现在舞台上，并在各种全国性的歌舞竞赛中屡获金奖。2008年，入选中央电视台七套"九亿农民的笑声"春晚节目，在全国产生了广泛反响。① "跳丧鼓"最初主要出现在土家族丧葬仪式上，近些年，成为文化旅游资源，在旅游观光景点、荧屏、舞台等场合展演。② 这似乎已成为民间文艺发展不可逆转的趋势。但是，这些从生活中抽提出来的民间文艺，已脱离了其赖以生存的表演土壤，只是"来自民间的文艺"，或谓之"以民间传统为取向的表演"，而非真正意义上的民间文艺了。正如美国实用主义美学大师舒斯特曼所言：日常生活和审美体验之间有了裂隙之后，就有了存在于现实世界中的日常生活实践，与脱离了日常生活而进入博物馆、剧院或音乐厅的引发人们思考和遐想的艺术之间的巨大差异。③

如今，民间文艺的发展已越来越市场化，一些地方政府为了发展经济，把民间文艺遗产当作文化资本加以利用。有学者就此提出了一些意见，2007年，王文章参加了"中国成都国际非物质文化遗产节"，针对当时非物质文化遗产保护情况，发表了自己的看法："在服务于旅游开发的目的下，原生态的歌舞，按照当代肤浅时尚的审美趣味加以改造；……从表面上看，似乎是被保护项目的繁荣，实际上是对非物质文化遗产的

---

① 参见许义坤：《民族体育舞蹈奇葩——"肉莲花"》，载《当代贵州》，2010（16）。

② 参见周耘：《土家族"跳丧鼓"现状考察报告》，载《交响》，2012（1）。

③ 参见［美］理查德·舒斯特曼：《实用主义美学》，41—43页，北京，商务印书馆，2002。

一种本质性伤害。"① 这种伤害主要在于把民间文艺和其生存环境割裂开来，使之成为以趋利为目的的表演。

其实，改造是为了满足市场和游客的审美趣味，这并不是问题的关键。需要特别警惕的是，在学界和社会上，某些地方话语权的强势导致了对民间文艺认识上的严重错位，即认为被扶持和标榜的精致化了的、被注入了民间元素的文艺才是正宗的地道的民间文艺，那些活跃在舞台上的来自民间的歌手和创编者被确定为民间文艺的传承人。相反，那些仍处于土生土长状态的没有从生活中挣脱出来的民间文艺，因其粗放、随性、局限于某一区域及非纯粹的审美意向，则未能获得应有关注，陷入自生自灭的困境。久而久之，便可能消亡殆尽或改弦易辙了。

二、群体营造的表演场域

民间文艺是由一个特定的群体在其原生场域共同实现的。群体这一概念指的是生活在同一地区、承袭同一文化传统的一群人，即通常所说的具有草根性质的当地族群、本地或当地人、部落、原生地居民等。他们拥有共同的民间文艺传统，一直处于社会的底层，从来就没有远离自己的家乡，秉承共同的历史记忆、生活知识、文艺技艺和乡土情感。只有在民间文艺流传地才能构成一个群体，任何民间文艺都是属于一个特定群体的，同时，任何民间文艺的表演场合，都是由群体组成的。

群体中的任何一员，都不是被动的接受者，而是表演的积极参与者。"人们不是袖手旁观，而是生活在其中，而且是所有的人都生活在其中。"② 无所谓演员，无所谓观众，无所谓舞台，无所谓表演的法则，只是生活本身的一场文艺活动。尽管在表演技能方面有所差异，但所有人

---

① 王文章：《非遗保护，问题何在？》，载《人民日报》（海外版），2007-06-05。

② ［苏联］巴赫金：《巴赫金全集》第六卷，19页，石家庄，河北教育出版社，1998。

都拥有民间文艺的知识产权和表演的欲望。因为民间文艺作为一种文化传统，不专属于个人，而是先辈们经过长期的文艺实践所延续下来的表演遗产。民间文艺有自己的历史，却没有创编者。民间文艺是传承性的审美表演，隶属于某一族群或集体，既没有创作者和发明人，也不是某一位艺术家的私有产品，当地民众共同拥有民间文艺的版权，他们表演和传承民间文艺，集表演、创作和传承于一身。任何个人企图从民间文艺的创作中捞取名利和财富都是徒劳的。

民间文艺以群体表演为特征，几乎排斥了个人单独的表现行为。以民族舞蹈为例，许多民族歌舞几乎找不到独舞的形式，如土家族摆手舞；怒江傈僳族"无伴奏哇其"的群体环舞；在德宏州景颇族聚居地，目瑙纵歌节期间，人们纵情歌舞二至四天，每次有几千人，甚至上万人参加；在蒙古族"那达慕大会"，不分男女老少，自觉地聚集在一起，围着篝火热情狂舞；土族和藏族村庄每年举行的"六月会"大型仪式活动，期间，全村近百名舞者在拉瓦带领下跳莫合则舞蹈。在民间文艺的表演过程中，个体都是依照传统的艺术规范展示自己的表演姿态，努力使自己的表演动作与大家协调一致，进入一个以快乐为准则的整体。个体服从和融入群体，大家动作协调一致，共同目标就是完成既定的传统表演。①歌唱不是对唱，就是合唱，人人都可以展示自己的歌喉。全民性的参与构成了浩大、壮观的文艺场面，散发出动人心魄的魅力和震撼力。群体性民间文艺才能持久延续，民间文艺的持久进行需要群体性作为保障。

当然，也不排除某些人凭借特殊的文艺才能，渐渐远离当地民众和生活，吸纳上层艺术手法，从事个人的民间文艺再创作。他们传承了地方性身体记忆与文艺技艺，介于群体与艺术家之间，或者说具有群体和艺术家的双重身份。具有民间艺术家和非物质文化遗产传承人称号的莫不如是。这些从民间走出来的文艺家们的创作所表现的主客体关系更为

---

① 参见张群利、黄小明：《论壮族舞蹈的文化蕴涵》，载《民族艺术》，1996（3）。

复杂。但无论如何，他们的产品和表演活动已不能称之为民间艺术，而是属于具有民间性的文艺。现今大量号称民间的曲艺、民间的歌舞、民间的戏曲、民间的表演等都是加工、改造和提升了的民间性的文艺。这类具有民间性的文艺大多以趋利为目的，并不断精品化，与自然状态下的艺术已不可同日而语。需要指出的是，如今得到广泛关注的恰恰是民间性的文艺，或者说是地方文化精英的文艺，而不是真正的民间文艺。通过简要辨析可以看出，民间文艺活动完全是在群体生存必需的物质生产和精神生活中进行的。在民间，没有文艺家，只有民间艺人。民间艺人可以成为文艺家，而文艺家永远不能转变为民间艺人。相应地，民间文艺可以上升为文艺家的文艺，而文艺家的文艺不可能回归到民间文艺。

与民间有关的文艺队伍由三部分组成：原住民、原住民出身的专业文艺工作者、艺术学院和文艺团体培养出来的文艺人才。其中，原住民人数最多，难以胜数，他们构成了民间文艺的群体，而后两者都是以个体的面目出现的。那些拥有双重身份的文艺工作者，倘若要列举出来的话，著名的就有一连串。这部分人运用原本的群体身体知识重构民间文艺，可谓"次生群体"。尽管他们与出身于学院派的民间文艺的教育者不同，但他们已跻身为职业文艺工作者了，游离于"大传统"和"小传统"之间，并不断地向"大传统"靠拢。他们逐渐远离了自己原本赖以生存的民间文艺土壤，所构成的表演场域已不属于纯粹的民间，因为民间文艺场域是由"无名氏"的身份群体营造起来的。但他们迎合了主流意识形态，以民间文艺的代言人自居，在民间文艺的认定、表演等方面都拥有绝对的话语权。譬如，著名民间舞蹈教育家许淑媖教授成为教授之前，一直生活在乡土民间，接受民间文艺的滋润；成为教授之后，乡土文艺成为她在中国舞蹈最高学府"元素化"教学的素材，民间已然是高大上文艺的一个陪衬。①

---

① 参见刘建、赵铁春：《身份、关系与角色扮演——当代中国民间舞的三个身份群体探究》，载《北京舞蹈学院学报》，2013（5）。

现如今，民间文艺已和民间艺术家们紧密联系在一起，似乎民间文艺就是民间艺术家的文艺，是他们传承和弘扬了民间文艺。官方和社会所接受和认可的也是他们重新编排的民间文艺。业内人士就宣称"舞蹈家杨丽萍编创的作品就将傣族舞蹈推上了一个制高点"①。这一评价的问题在于，杨丽萍的作品只是包含傣族舞蹈元素，而非真正的傣族舞蹈。有一种令人啼笑皆非的文化现象很能说明问题：民间文艺家们送欢乐下乡，演出当地的民间文艺，似乎他们比当地人更擅长当地的民间文艺。"他者"俨然以主体的面目出现。对民间娱乐的加工和改变无可厚非，重要的是这种传统娱乐的再创作能够为当地人所认可并流传开来。民间文艺传统不仅没有成为著名的表演艺术家赖以生存和发展的支撑，相反，作为民间文艺传承的群体反而需要得到这样的"大腕"的支持，依靠他们来扩大影响和提高知名度，"大腕"对民间文艺群体的表演水平具有极强的提升作用。② 他们引领民间文艺的发展走向。不可否认，他们确实将偏居一隅的民间文艺带出了偏僻的乡村和边远的草原，使其获得了国家乃至国际上的声誉，增强了民族自信心和自豪感。但这同样存在对民间文艺过度改编，导致民间文艺扭曲发展之弊。

　　本来，无名氏的民间文艺表演群体是最值得珍视的，因为他们在求得心身愉悦的同时，表演的动机即是具有原始意识的祛邪与纳吉，"南傩北萨"依旧如此，傩舞者和萨满巫师沿袭了一贯的表演愿望。人们之所以愿意融入傩和萨满这一神圣的氛围之中，除了宣泄祛邪与纳吉的意愿外，也获得了平时难以获得的神圣的欢乐。这让民间文艺仍处于自娱自乐和原汁原味的状态。一旦民间文艺传统被改变，或者表演走了样，其神圣性可能会受到损害，导致当地人心理受到影响。当地人才是民间文艺的"民"。然而，民间艺术家与"民"毕竟身份等级差异巨大，民间

---

① 孙丽娜：《杨丽萍舞蹈作品中的音乐特色》，载《金色年华》，2011（8）。
② 参见郑智武：《论民间表演艺术表演者集体权主体》，载《现代法学》，2012（1）。

文艺的表演主体被无情地颠覆了，沦落为被遗忘的群体。正如民族舞蹈研究专家刘建所言："当下沸沸扬扬的民间舞'非遗'保护的核心应该是'以人为本'的民间艺人的保护，农民身份的民间艺人没有了，民间舞其实就名存实亡了。"① 结果是他们为了生计，大多被迫偏离生活语境，摇身一变，成为专业或半专业的民间艺人，专门给游客献艺。

三、重复经历的表演范式

之所以把"次生群体"的文艺归为民间性的文艺，主要在于其有所创新，改变了民间文艺原本的运行轨迹。

任何民间文艺都会得到不断地表演，因为这是特定区域内人们娱乐和欢庆的固定样式。我们说，民间文艺具有传承性，这种传承性正是嵌入在反复表演的过程当中的。不断重复的文艺行为又必然塑造成模式化的表演形式。凡是被冠以"民间"二字的行为方式都是习惯性的，民间文艺的表演亦非例外。民间文艺表演延续着传统的样式，年复一年不断重复，成为生活的仪轨和审美模式。这种稳定性的表演范式奠定了民间文艺发展的理性基调，我们可称之为民间表演的潜在的"集团行为参照系"（reference group behaviour），成为后辈民间文艺表演的样板。某种民间文艺形式在确定之前，也经历了从不稳定到相对稳定的无数次的编排过程。民间文艺不需要专业编导，一旦进入表演程序，就可以伴随时代的发展和群体审美趣味的变化而不断自行调节，自然而然地延续自身。这就是所谓的民间文艺具有的传承性。

民间文艺的表演需要在模式化了的套路中进行。河北乐亭大鼓长篇"大书"鼓词的演唱实践就是一个很好的例证：大书书词分为"死词"或"淌水"两种类别。如字义所示，"死词"指已有的固定书词；"淌水"的本意是"流动的水"，指在演出现场即兴编成的书词。没有或记

---

① 刘建：《中国民间舞的本质与价值认知》，载《民间文化论坛》，2014（6）。

不住"死词"的时候，不得已才用"淌水"。有一些艺人觉得自己说唱的书词被人看成"淌水"是一种不光彩的事。① 这一表演现象符合"口头程式理论"的法则。每一次表演，参与者都有意无意地遵循既定模式，努力与以前的表演保持一致。即便有不同，也只能在表演传统（performance tradition）模式的基础上发生变化。民间文艺的喜闻乐见，原因正在于此。

在一个村寨或小镇，人们倾向于坚持那些已经熟悉的且已建立起来的表演行为方式。因为人们从小就接受民间文艺的熏陶，逐渐拥有民间文艺的所有话语系统和身体技艺，在耳濡目染中获得了当地民间文艺的感悟和体认，并由衷地喜爱和眷恋自己熟悉的民间文艺。对当地人而言，审美体验不追求标新立异和陌生感的刺激，而是轻车熟路地融入和表达。同样的时间、同样的地点、同样的肢体语言、同样的表现形式，"这种富有指向性的心理定式一旦与具体的民间文艺作品相遇，触发了他曾经历过的、产生过共鸣的某种审美体验，唤醒了他内心最深处的民族集体无意识的记忆"②。不需要专门排练，拒绝一切紧张和心理负担，表演的有效性与释放出的意义也是一致的，并给予在场者欣赏的"预期"。重复的美感经历凝结为牢固的群体归属意识，在人们内心深处涌动着强烈的认同情感。

民间文艺植根于当地的社会土壤，其持续表演有着与生俱来的保障机制。一是用当地方言说唱。民间文艺从一开始就用方言表演，并不是有了文字才有唱词和说词，唱词和说词就是方言。方言与民间文艺构成了亲缘关系，方言的声调、语调、语速、语气等对民间文艺的表现形式、语汇、旋律、音调、节奏、调式乃至艺术风格，有着最直接的影响。方言圈与民间文艺的地域性叠合在一起。河北乐亭"以语音为基础的影戏

① 参见［日］井口淳子：《中国北方农村的口传文化——说唱的书、文本、表演》，96—97 页，厦门，厦门大学出版社，2003。

② 参见黄原：《论接受者的文化心理结构》，载《民间文学论坛》，1989（4）。

一旦走出乐亭地区这个方言圈就不能被接受，因此自然只能在这个圈内演出"①。

二是一脉相承的审美表达和身体叙事。在普米族，歌唱被称之为"古里"。其曲调、唱词都是古人传唱下来的，程式大体不变。② 古歌，是怒族诉唱本民族、本寨古老历史的歌体。"依饭舞"动作的形态以罡步为主，是祖传的用于祭祀的步法。民间文艺的内容和形式无一例外都是传统的，当地人用自己的语言和肢体演绎着祖先传下来的故事。"在口头传统中存在着某种叙事的模式，围绕着这种核心模式的故事会千变万化，但是这种模式仍具有伟大的生命力。它在口头故事的文本的创作和传递过程中起到组织的功能。"③ 民间文艺展演的程式、动作和审美意象在表演的过程中起着至关重要的作用，这是不言而喻的。

三是民间文艺表演与当地其他活动形式融为一体，各种仪式活动、节日庆典都是民间文艺展演的时机和场合。民间文艺与其他民间生活和文化形态牢不可破的关联在一起，它们相互依存，夯实了可持续发展的基础。南宋周去非在《岭外代答》卷七《乐器门·平南乐》中就记述了壮族的歌唱风习："广西诸郡，人多能合乐，城郊村落，祭祀、婚嫁、喜葬，无不用乐，虽耕田，亦必口相乐之。盖日闻鼓笛声也，每岁秋成，众招乐师，教习子弟，听其音韵。"土家族和白族的傩愿戏就是祭中有戏，戏中有祭。日常生产生活和节日庆典有着强烈的流传惯性，是一种超稳定性的民间常态。依附于年复一年的日常行为和综合性的大型节日活动的民间文艺，得到不断的重复展演，形成了良性的传承和演进的轨范。"狂欢节、节日庆典这些带有强烈快感体验与秩序颠覆性的时刻成为

---

① ［日］井口淳子：《中国北方农村的口传文化——说唱的书、文本、表演》，52 页，厦门，厦门大学出版社，2003。

② 参见潘秉正：《普米族民间音乐介绍》，载《人民音乐》，1984（6）。

③ ［法］利奥塔：《后现代性与公正游戏》，168 页，上海，上海人民出版社，1997。

审美生存的理想状态。"① 摒弃了名誉、等级和金钱的民间文艺融入仪式化的语境中，专注于传统表演模式的维系，并将快乐、奔放的情绪释放到极致。相应地，几乎所有的仪式通过舞蹈、吟唱、演奏等表演活动，生动地诠释和宣扬仪式主题，使在场者的心灵都获得恰如其分地感化和慰藉。② 仪式和民间文艺形影不离、唇齿相依。这与其说是民间仪式活动的特点，不如说是民间文艺鲜明的地域表征。譬如，著名的土族"纳顿节"从农历七月十二日开始，一直持续到九月十五日。"纳顿"为土语译音，意即"娱乐"。从迎神到送神，中间穿插十多个仪式环节，每个环节都伴随群体性的歌舞表演，这本身就是一个能够吸引全民参与的娱乐场合和过程。即便是祭拜神灵的仪式，也是在手舞足蹈的表演行为中完成的，更毋庸说纯粹的文艺活动了。较之精英文艺，民间文艺有着更为得天独厚的传承条件和环境。

尽管具有民间色彩的文艺精品也在反复上演，但这种反复远离了民间土壤和当地历史文化的根基，与民间文艺的这一质性不可同日而语。而且，不论精英化了的来自民间的文艺如何备受欢迎，它们都是面向"外部"的，而民间文艺始终面向内部，立足自身。由于需要扩大影响，这些文艺精品在反复演出的同时，被裹上了一层厚厚的民族民间的外衣。对于绝大多数没有领略过民间文艺魅力的海内外观众而言，反复演出很可能成为误导，以为艺术家们表演的就是民间文艺。

民间文艺向民间化的文艺的转换，根源在于精英文艺的强势介入，当然也肇始于群体社会结构的肢解、审美价值判断的转向、口头传统的疏离、身体经验优势的丧失和艺术精致主义思潮的风行，来自民间的艺术家运用得天独厚的话语权，俨然成为民间文艺的代言人。"从中国民间

---

① 艾秀梅：《日常生活如何成为艺术——论日常生活审美化的两种实践》，载《艺术百家》，2006（4）。

② 参见罗惠翔：《从人类学视野看宗教仪式的社会功能》，载《新疆师范大学学报》，2009（1）。

文化到其所属的中国民间舞，它们都像惊呆了的孩子，唯有听命于身边又立的两位大人——地方文化工作者和职业民间舞者。"① 尽管如此，在广袤的中华大地，原生态的民间文艺仍富有顽强的生命力，并用祖传的艺术形式上演祖先的事迹。那些没有取得民间艺人身份合法性的农民、渔民、游牧民及手工业者们仍然我行我素，没有中断用民间文艺的形式抒发真情实感。民间文艺的存在是一种标志，昭示了那些所谓兼容并蓄、不断创新，打着民间文艺的旗号的只是具有民间元素的文艺，而非名副其实的民间文艺。

四、结语：为民间文艺正名

目前，在非物质文化遗产的语境中，"民间文艺"成为一种标榜身份的招牌，有被滥用的现象。以民间性的文艺代替民间文艺是极为流行的文艺现象，导致仍处于社会底层的真正的民间文艺陷入自生自灭的困境。只有由当地民众共同参与，在原生地的日常生活形态中不断重复的文艺表演，才是民间文艺，这是认定民间文艺的基本准则，否则，只能是带有民间元素的文艺。为"民间文艺"正名，是保护和传承民间文艺的基础，旨在避免民间文艺沦落为脱离民间的文艺，也是为难以胜数的民间文艺的拥有者争取合法权益的必要前提。

（原载《民族艺术》2016 年第 4 期）

---

① 刘建：《中国民间舞的本质与价值认知》，载《民间文化论坛》，2014（6）。

《中国民间文学三套集成》学术价值的认定与把握

　　《中国民间文学三套集成》（以下简称"三套集成"）工程从起步到最终完成，经历了极其漫长的时间。早在 1981 年，中国民研会常务理事扩大会议就决定编辑《中国民间故事集成》《中国民歌、歌谣集成》和《中国谚语大观》。在 1983 年 4 月召开的中国民研会第二届学术讨论年会及 1983 年工作会议上，提出了编辑《中国民间故事集成》《中国歌谣集成》和《中国谚语集成》三套丛书的意见草案，并得到文化部和国家民委的支持。1984 年，由文化部、国家民委和中国民研会联合签发了《关于编辑出版〈中国民间故事集成〉、〈中国歌谣集成〉、〈中国谚语集成〉的通知》［文民字（84）第 808 号］，简称"808 号文件"，该文件和同时发出的《关于编辑出版民间文学三套集成的意见》、1985 年 11 月中宣部《转发民研会〈关于编辑出版中国民间文学集成第二次工作会议纪要〉的通知》（中宣办发文〔1985〕1号），以及1986年5月第三次集成工作会议制定的《中国民间文学三套集成编纂总方案》，成为"三套集成"工作的总的指导性文件。

2009年10月，"三套集成"全部出齐，从工程启动到最终谈成历经28年，共298卷，440册，4.5亿余字，加上县级卷、地区级卷本，总字数达40亿。时间跨度如此之大，产品数量如此之多，声势极为浩大，成果卷帙浩繁，这在中国乃至世界文化史上也是绝无仅有的。这是中国民间文艺学史及中国民间文化史上的一件大事。这件功在千秋的伟业既保存了民间文化，又为日后的民间文学研究奠定了基础。

制作"三套集成"的首要目的在于"汇集和编纂全国各地区、各民族民间文学搜集整理的成果，保存各族人民的口头文学财富"[①]。"让民间文学更好地为人民服务，在社会主义物质文明和精神文明建设中发挥应有的作用；同时也为民间文艺学和社会科学领域中有关学科的研究，以及文学艺术创作的借鉴提供较完整的资料"，这一目的对"三套集成"，特别是民间故事集成的最终文本形态，产生了重要的影响。

从20世纪90年代起，一些学者开始对"三套集成"，包括民间故事集成的本真性进行反思，提出了许多质疑意见。但令人遗憾的是，对于"三套集成"这一重大的学术史事件的研究仍属凤毛麟角，虽然学界的呼声很高，但直接以"三套集成"作为考察对象的研究难以见到。在工程圆满结束之际，需要对其进行学术清理、总结和肯定。对待"三套集成"工程应该持辩证的学术立场，并进行学理性思考。

一、对"三套集成"缺陷的辩证理解

制作"三套集成"的理念和规程是相当先进的。《中国民间文学集成工作手册》（以下简称《工作手册》）中强调，搜集、记录和整理是整

[①] 中国民间文学集成总编委会办公室编：《中国民间文学集成工作手册》，1页，1987。

个"三套集成"工作的核心环节,"这个环节做好做不好,既直接影响到民间文化的保存,也影响到民间文学的建设,更影响到传世的民间文学的质量。"按照《工作手册》的要求,在搜集整理过程中要特别注意"科学性"和"全面性"的问题,并同时注意发现有代表性的作品。鉴于以往搜集整理中存在的"不科学"的问题,"特别是民间故事,贯彻科学性尤其重要,也尤为困难"①。"三套集成"总编委会在《工作手册》中,就搜集、记录和整理进行了详细的指导性说明。按照《工作手册》的指导意见,在搜集的过程中,应当在"讲述的同时""当场记录",记录与搜集的过程是同一的。"根据回忆来记录作品"被认为"不是搜集工作的科学方法"。在"条件不允许或不得已的情况下"采用听后补记,要力求讲述者能重新讲述,并进行复核。对于记录,《工作手册》仍然贯彻"忠实记录"的传统原则,也就是"讲什么、记什么,怎样讲就怎样记"。由于笔录还是当时工作中绝大部分地区的主要的,甚至是唯一的记录手段,因此也特别提到了记录的"完整性"问题,要求"逐字逐句地记,全面地记",题材相同或大同小异的作品"遇到一次搜集一次,同样认真记录"②。只记录情节,而不记录原讲述的语言,被认为是有违记录原则的做法。

在搜集、记录完成后,口头讲述的内容离开原来的语境而进入以文本为载体的状态。《工作手册》提出,"为使口述的原材料更好地呈现在书面上,就需要对原材料进行一定的整理工作"。强调这项工作的性质是,"在忠实于民间作品原貌的前提下","更好地体现原作的思想与形貌",而不是"体现个人的创造性,表现个人的文学水平"。

然而,这些记录要求在实践中并没有得到真正落实。展开任何一部省卷本民间故事集成,用"表演理论"和"民族志诗学"的学术眼光加

---

① 许钰:《口承故事论》,296 页,北京,北京师范大学出版社,1999。
② 中国民间文学集成总编委会办公室编:《中国民间文学集成工作手册》,56 页,1987。

以审视，似乎就能发现一些明显的不足。相对于六朝志怪小说、唐代及宋明清传奇小说，集成作品书面改造的痕迹过于明显，而那些典籍中的故事，无论是有历史依据的，还是想象的，最初都被民间说书人在勾栏瓦舍宣讲、说唱，即便是重在说理的《论语》，也是口头叙事的书面形态。历代的文人和民间艺人从事口头创作、编写、收集、抄写故事，只是为了谋生，而且限于口头讲述、说唱，父死子传，子死孙继。直到印刷术在市井流传开后，才照原来的手抄本印行。书写形式的宋元话本，仍是保持了"说书人"口头表演的风格。明清章回小说也常常是以说书人的技巧写成的。这是一种尚未与口传文学及其口头传统相脱离的书写活动。在当时，评判那些用纸笔录下原有故事的标准是：记录下来的东西同众多无名的讲故事的人的口头表述区别最小，就是好的、受欢迎的。

我们一贯强调"忠实记录"，这主要指不要篡改演说的内容，即对所记的内容要做到忠实，至于如何记、记什么则没有提出忠实的要求。现已出版的"三套集成"，是人人都能读懂的文本，它们与一般通俗文学的区别似乎只是"来自"民间。而且，不同省、不同地区、不同县、不同乡、不同村的记录文本似乎也不存在根本差异。对此，刘魁立先生也感叹道："口头语言是民间叙事交流的一个根本手段，如果连语言部分也未全面保留，被我们部分地弄丢了或者改造了的话，那我们接触到的这个具体文本就已经不是原来的文本，而是另外一个文本了。用我们现在常用的话说，实际上就是一个格式化了之后的文本。"① 经过那些语言功底过硬的人的加工、润饰，大部分文本似乎来自同一口头传统，甚至根本就看不出是来自哪个地区的口头传统。

另外，记录也有可能是不真实或拙劣的。"某一口头文学传统事象在被文本化的过程中，经过搜集、整理、迻译、出版的一系列工作流程，出现了以参与者主观价值评判和解析观照为主导倾向的文本制作格式，

---

① 刘魁立：《民间叙事机理谫论》，载《民俗研究》，2004（3）。

因而在从演述到文字的转换过程中，民间真实的、鲜活的口头文学传统在非本土化或去本土化的过程中发生了种种游离本土口头传统的偏颇，被固定为一个既不符合其历史文化语境与口头艺术本真，又不符合学科所要求的'忠实记录'原则的书面化文本。而这样的格式化文本，由于接受了民间叙事传统之外并违背了口承传统法则的一系列'指令'，所以掺杂了参与者大量的移植、改编、删减、拼接、错置等并不妥当的操作手段，致使后来的学术阐释发生了更深程度的误读。"①

这些不足主要肇始于制作"三套集成"的现代宗旨。一旦对民间口头文学的记录成为一种缘于学术的"采风"活动，记录就不是出于记忆的需要，记录的文本就不是可供演说的"脚本"，而是为了民间文学学科研究的需要，或者出于固存口头文化传统的目的。因此，所谓的"田野作业"的学者们在从事从口头到书面的工作中，很少有努力将记录接近于口头传统的意识。记录下来的东西难以再诉诸口头，或者说，根本不能用当地的口头语言来表达；相反，为使记录文本具有广泛的读者面，记录时基本抹去了口头文本最重要的地域特色。一个明显的表征是，民间文学的书面文本最需要注释，而我们现有的民间故事集成作品基本没有注释。一个符合当地口头传统的记录文本，必须要有注释，否则，局外人难以读懂，因为局外人根本不了解当地的方言和口头传统。

然而，尽管"三套集成"存在种种不足，但这些不足其实并非事实，而是由人们对民间文学书写文本的美好想象所导致的。由于主客观条件的限制，记录不可能完美；而且，即便是受过民族志诗学严格训练的记录者，也不可能用他的笔涂写出学者们臆想中的记录文本。只要是书面语言，就不可能完整地再现当地人说话的声音以及民间文学演述的具体情形。"说"与"写"的经验之间始终存在着根本的差异。"表演本身包含着许多文字以外的因素。有经验的歌手就会充分地利用这种与听

---

① 巴莫曲布嫫：《"民间叙事传统格式化"之批评（下）——以彝族史诗〈勒俄特依〉的"文本迻录"为例》，载《民族艺术》，2004（2）。

众面对面地交流所带来的便利，他的眼神、表情、手势、身体动作、嗓音变化、乐器技巧等等，都会帮助他传达某些含义。这些却不能体现在文本之中。通过文本阅读来欣赏史诗的人，也无从去体会那些话语以外的信息。"① 因此，对"三套集成"的种种挑剔更多是出于对学术的癖好。当然，民间文学的记录文本应该尽量接近口头演述的状态，这倒是合理的要求。

二、"三套集成"不等于民间文学

我们应该辨析两个极易混淆的基本概念，即民间文学和民间文学作品。"三套集成"属于后者。民间文学不是一般意义上的文学，不仅仅指民间文学作品；民间文学作品是采风的成果，是对民间文学部分的记录。现有的民间文学作品都没有也不可能涵盖民间文学的全部。

因此，在全方位的审视中，与其说民间文学是文学的，不如说它是生活的；与其说它是审美的，不如说它是文化的。民间文学具有浓厚的生活属性，民众在表演和传播民间文学时，其实是在经历一种独特的生活，一般不会意识到自己在从事文学活动。民众的创作活动，基本上是一种无意识或下意识的。这就是说，民众在创作民间文学作品时，并未把它当作艺术创作来对待，民间创作活动常常是伴随着物质生产或生活一道进行的。另外，民间文学是一个民族的历史、宗教、信仰、伦理、民俗等留有先民的心理痕迹和经验残余的语言符号，是一个区域民众的心理生活和现实生活在历史的进程中不断演化的展现。这些均与"文学"有根本性的区别。

生活当中民间文学并不能完全进入书面系统，其中的许多部分很难被"采风"，并用文字描述出来。"说唱的文本始终仅仅存在于说唱演出的时间中。作为声音使空气发生振动而出现的文本随着声音的沉寂而销

---

① 朝戈金:《口传史诗诗学:冉皮勒〈江格尔〉程式句法研究》，236 页，南宁，广西人民出版社，2000。

声匿迹。然而我们所收集记录下来的文字文本却一直在桌子上纹丝不动，其存在与时间无关。我们没有留意到那些由于对文本做收集记录而丢失了的东西，而一直认为通过文字化的工作即可使文本变为分析的对象。"① 按法国解构理论大师雅克·德里达（Jacques Derrida）的理解，"文本"（text）有广狭两义。狭义的"文本"是我们通常意义上所说的一种用文字写成的有一个主题、有一定的长度的符号形式，是形诸文字的文学作品；广义的"文本"指的是某个包涵一定的意义的微型的符号形式，如一个仪式、一种表情、一段音乐、一个范畴、一个词语等，它可以是文字的，也可以是非文字的。本真状态的民间文学文本是一个表演的过程，它由声音、表情、动作以及现场的其他符号形式共同构成。此种意义上的"文本"相当于人们常说的"话语"（discourse），是人们组织现实表演的最基本的符号形式。德里达所说的"文本之外无物"（There is nothing outside of the text）中的"文本"就属于此类。如果我们否定两者之间有着本质性的差异，以民间文学作品替代民间文学，自然难免对民间文学作品包括"三套集成"说三道四，百般责难。

芬兰学者劳里·杭柯（Lauri Honko）认为，即便是根据民族传统中大量的口头文本进行修改、加工、整理而成的芬兰民族史诗《卡勒瓦拉》（Kalevala），也有着其独特的学术价值。他提出了"以传统为取向的文本"（tradition-oriented text）的概念，"这类文本是由编辑者根据某一传统中的口传文本或与口传有关的文本进行汇编后创作出来的。通常所见的情形是，将若干文本中的组成部分或主题内容汇集在一起。经过编辑、加工和修改，以呈现这种传统的某些方面，常常带有民族性或国家主义取向"②。这类文本属于杭柯所说的"民俗学过程"（folklore

---

① ［日］井口淳子：《中国北方农村的口传文化——说唱的书、文本、表演》，10—11 页，厦门，厦门大学出版社，2003。

② ［美］马克·本德尔：《怎样看〈梅葛〉："以传统为取向"的楚雄彝族文学文本》，载《民俗研究》，2002（4）。

process）的产物，"至少对探讨在'民俗学过程'中形成的搜集和改编等文化翻译（cultural translation）环节上为我们和后人提供了不无裨益的例证。除此之外，这类文本的产生和形成，也反映了一个时代的要求，反映了一种历史的经历"①。这才是科学的学术态度，我们不能一味地否定那些有"问题"的记录文本，而应该通过比较，从具体的语境中分析这些文本，对之加以充分利用。

我们可以把民间文学的记录文本看成是一种社会记忆。对"三套集成"，不能一味揭露它有什么不足，不能反复衡量它的科学性或可行性到底有多大，否则，就可能成为"文献考据"。"三套集成"是在一种"情境"（context）下产生的，我们可以讨论它如何被"制造"，在什么"规范"下被"制造"，如何被操弄，又是如何被"使用"的，努力发掘"三套集成"背后的东西。"三套集成"的工作虽已结束，但其制造过程和使用过程是非常有意思的现象，完全可以作为一个专题加以讨论。

三、"三套集成"的学术意义

前文指出：与其说民间文学是文学的，不如说它是生活的；与其说它是审美的，不如说它是文化的。这是对处于"表演"状态的民间文学所下的判断，即田野语境中的民间文学不是真正的民间"文学"，而是音乐、舞蹈和文学等浑然一体的表演文本。从"文学"的角度关注民间文学，民间文学可以与田野没有关系。因为田野中的民间文学已不是纯粹的文学，而是文化与生活。纯粹的民间文学指的就是"三套集成"这样的记录文本。"三套集成"生产的过程就是认识民间文学和将口头演述转化为纯文学文本的过程。

响应罗兰·巴特（Roland Barthes）"作者已死"的学术呼唤，民间文学的研究完全可以放弃不切实际的田野作业，可以理直气壮地宣告，

---

① ［美］马克·本德尔：《怎样看〈梅葛〉："以传统为取向"的楚雄彝族文学文本》，载《民俗研究》，2002（4）。

民间文学的讲授者并不存在。记录文本具有独立于田野之外的意义，以田野语境去衡量记录文本是徒劳的。"三套集成"尽管远离了现实生活和口头语言系统，却更加容易进入学术话语系统之中，自在地展开学术历程。以记录文本为考察对象，有着与表演理论和民族志诗学迥异的学术路径，沿着这条路径，产生了扬名四海的"故事形态学""口头程式理论"和"结构主义分析方法"。记录文本的生命力不在于作品本身的流传，而在于不断被阅读和学者们的学术话语之中。

中外民间文学学者大多关注民间文学的文学属性，而没有认识到其生活属性或排斥其生活属性。民间文学学科的正规名称是"民间文艺学"，是和作家文艺学相对的文艺学。这足以表明以往人们对民间文学的考察和研究主要是基于文艺学或文学的视角。民间文学被记录下来，变成了与作家文学同样的文学文本。唯有"记录"，民间文学才能抖掉沉重的生活属性，留下纯粹的文学性。民间文学研究的主要流派，有神话学派（包括语言学派）、功能学派、人类学派、心理分析学派、原型批评学派、流传学派、结构学派、符号学派等。这些流派的研究对象一般也是民间文学的文学文本，而不是民间文学的生活文本。

其实，现有民间文学的学科体系主要是依据记录文本建立起来的。没有民间文学的记录文本，就不可能建构出民间文学的学科体系，也不可能将民间文学进行比较明确的分类，神话学、史诗学、故事学、歌谣学、传说学等也无从产生。记录文本可以让我们更为静态地、清晰地把握各种民间文学的体裁特征。一个无可辩驳的事实是，民间文学的文本研究已经取得了十分丰硕的成果。"回顾近百年学术史，在民间文学研究方面取得瞩目成就的，多立足于文本批评。仅以神话为例，像茅盾、顾颉刚、黄石、闻一多、徐旭生、丁山、袁珂、钟敬文、萧兵、叶舒宪、何新等人的研究成果，可以说主要是建立在文本批评之上的。我们不能笼统地将文本批评斥为'书斋学者'而否定其成果的价值。……民间文学的语法论、结构论、类型论、母题论、意象论等等，离不开对文本的细读。中国文学史中民间文学部分的深入研究，也离不开高水平的文本批评。"① 中国是如此，在西方现代话语的语境中也是这种情况。美国耶鲁大学的哈维洛克（E. A. Havelock）教授 1986 年出版了《缪斯学写：古今对口传与书写的反思》（*The Muse Learns to Write*）一书，提出了"文本能否说话"（Can a text speak）的著名论断，并尝试让古希腊的文本重新"说话"，使记录的民间文学作品进入民族志诗学和人类学研究的视野之中。研究民间文学的一个重要路径，就是通过对文本的阅读实例揭示出潜藏在这些文本下面的文化无意识，因为如果我们调动一切可资借鉴的手段（诸如符号学、结构主义、原型批评、语义学及传统的文化人类学等），对之进行适当的质询，文本必然会显示出它表面上试图掩盖的东西。

尽管"三套集成"是对活态口承表演的记录，但每部作品的基本内涵是相对稳定的。本特·霍尔拜克明确表示，"民间文学作品的含义不是一面每人都能从中看见自己的映像的镜子，而是实实在在的存在于本文之中。他认为如果含义不存在于本文之中，就很难解释大量的相对稳定和相对独立的故事类型的存在，也不能解释每个讲述者都有一些不同的讲述作品这一事实"②。更普遍的情况是，倘若硬要把民间文学三套集成拽回其原本生存的地域空间（很多情况下往往是不可能的），就会陷入一种不能自拔的阐释困境。更何况，如果是对"三套集成"文本作"类型"或说是整体的把握，就不可能把涉及的众多文本全部压缩在具体的社区生活空间里面，否则的话，无疑是在作茧自缚。

"三套集成"不仅是艺术的、情感的、鉴赏的和审美的，也是历史的、社会的、民族的和传统的，研究作家文学的方法、视角、观点及理论等均可纳入文艺学学科，而对民间文学的研究则是民间文艺学难以单

---

① 陈建宪：《略论民间文学研究中的几个关系——"走向田野，回归文本"再思考》，载《民族文学研究》，2004（3）。

② 阎云翔：《国外民间文学研究新动向拾零》，载《民间文学论坛》，1995。

独胜任的。尽管"三套集成"属于纯文学的范畴,但其毕竟来源于民间的社会生活,本身的特质远远超越了文学本身,为各种人文社会科学的研究提供了可能。"三套集成"为开创我国民间文学研究的新局面奠定了坚实的基础,可以说现在已进入了研究民间文学条件最好的时期,难以胜数的民间文学作品足以满足研究者们各方面的需求,将其纳入学术话语系统之中乃当务之急。

（原载《广西民族大学学报》2010 年第 1 期）

忠实记录、立体描写与生活相：三个本土出产的学术概念

　　按理，我国民间文艺学科是有条件并应该建立本土的学术话语体系的，因为我国民间文艺的历史极为悠久，资源极为丰富。据此，钟敬文先生才倡议建立中国学派。然而，目前的状况是，中国学派的民间文艺话语体系不仅未能形成，而且在国家教育体制的学科目录上也失去独立的言说地位。话语体系建立的基础是学术概念，纵观现代民间文艺学科发展史，出现过诸多出自本土的值得阐释和运用的关键词。这些关键词是在本土经验中孕育出来的，倘若对其内涵和外延进行系统梳理，并不断加以延伸，必然有助于中国学派话语体系的营造。从中国民间文艺学研究的走势来看，除了从西方引入的一些所谓的前沿性的理论方法，我国学者早已有自己的话语表达。遗憾的是，这些出自本土学者的学术概念和理论创建并未获得广

泛的呼应和使用，更没有成为民间文艺学的核心概念。

一

"忠实记录"可以说是"五四"歌谣运动开始以来，一个恒久不变的核心理念。① 早期，学者们注意到方音、方言对歌谣表达的重要意义，认为这是歌谣的"精神"所在。因此，诸多学者在搜集歌谣时，将注意力投向了方音、方言的记录与解释。例如，致力于淮南民歌搜集整理的台静农，他在故乡霍邱，以半年的时间，搜集了当地歌谣 2000 多首，并陆续在《歌谣》周刊发表了 100 多首。此外，他还撰文，将他的整理方法概括为"（1）音注、（2）意注、（3）标题与分类"等几个步骤。到中华人民共和国成立初期，此时的搜集整理工作虽有较大发展，但是"忠实"的核心仍是对字、音和演唱内容的准确记录。

刘魁立先生是第一个较为系统地论述了民间文学搜集工作的学者。1957 年 1 月，莫斯科大学文学系民间文学教研室组织了一个民间文学作品搜集队，正在莫斯科大学学习的刘魁立也参加了此次搜集活动。后来，他根据此次搜集的经验，在《民间文学》1957 年 6 月号上发表《谈民间文学的搜集工作》一文，提出了忠实于演唱和演唱者的记录，引发广泛讨论。在《民间文学》1960 年 5 月号上又发表《再谈民间文学搜集工作》，申述自己的见解。文中，主要探讨了两个问题，即"记什么"和"怎么记"。"准确的记录当然也还要求尽可能地把那些没有用语言表达出来的部分（如手势、音调、表情）也标记出来。"

1958 年 7 月，国家组织召开了全国民间文学工作者第一次代表大会。此时的民间文学采集活动，已经不再是学者或爱好者的个人活动，而上升为国家层面的、为民族国家建设服务的政治活动。在这次会议上，

---

① 参见段宝林：《民间文学科学记录的新成果——兼谈一些新理论的创造与论争》，载《广西师范学院学报》，2008（3）。

总结提炼出了 16 字方针，即"全面搜集、重点整理、大力推广、加强研究"①。其中前八个字，又可演变为"全面搜集，忠实记录，慎重整理，适当加工"。对此，时任《民间文学》执行副主编的贾芝先生，在 1961 年的少数民族文学史讨论会上曾做过一次长篇发言，专门对此进行了论述。

> 我是同意当面逐字逐句记的。……逐字逐句当面记录，保留的东西显然会更多，可靠性也更大些。不管采取什么方法，都应以达到"忠实记录"为准。而由于记录口头文学最大的问题是保持民间语言的问题，因此逐字逐句记录，应当是我们努力学习采用的一个比较好的方法。②

多年之后，钟敬文先生在给马学良《少数民族民间文学论集》所作的序中，再一次强调了忠实记录原则的重要性。③ 虽然"忠实记录"在"五四"歌谣运动中成为实践准则，在 20 世纪 50 年代的搜集工作中就已提出，并在集成《工作手册》中反复强调，然而对于"如何做到忠实记录？除口头文本外，哪些方面也需要忠实记录？"则没有更加具体的要求。

二

第一次把"忠实记录"与"表演"结合起来进行较为系统地阐述，并拓宽了记录者视野以及明确了深度表达范式的是段宝林先生，他于 20

---

① 参见李韵：《从民间来 到民间去——民间文艺学家贾芝的理论探寻之路》，载《光明日报》，2013-06-20。

② 贾芝：《拓荒半壁江山——贾芝民族文学论集》，141 页，北京，文化艺术出版社，2012。

③ 参见钟敬文：《忠实记录原则的重要性——序马学良〈少数民族民间文学论集〉》，载《思想战线》，1987（2）。

世纪 80 年代发表了一篇经典的论文。

如今国内外注意记录的科学性往往只讲"一字不动"文字上的忠实，而不注意这种表演性的描写再现。其原因还是因为对民间文学的立体性缺乏认识，似乎表演性只在特殊情况下才重要，没有把它看成是区别于作家创作的一个基本特点——立体性的一种表现。民间文学的表演同作家创作的电影、戏剧、歌曲等的表演是不一样的。民间文学的表演者不是只管背台词、唱现成歌词的演员，他如只是背台词进行朗诵，就不成其为民间文学了。民间文学的表演者就是创作者，表演中有创作，表演的过程，也是创作的过程，二者是紧密结合着的。要记录一个作品，不看到它作为综合艺术的立体性，不看到它既是时间艺术，又是空间艺术，就会忽视它的民间文学特点而把它同作家文学等同看待。如今记录作品只记本文，只看到它作为口头语言艺术的一面，而不重视表演情况的立体描写，正是对立体性在理论上缺少认识的结果。有时只是在感性上有所认识，不深入它的本质，也不能对这一特性作全面的把握。这种情况在国内外似乎都是如此。①

他的这一论述，在两方面有助于民间文学特点的把握。第一，他认识到了表演和创作的密切关系。正如阿尔伯特·贝茨·洛德在《故事的歌手》一书中所判定的，一位好的歌谣吟诵者，最重要的并不是一个好记性的背诵者，而是一个能即兴创作的现场表演者。段宝林在此书引介我国 20 年前（洛德此书于 1960 年出版，我国在 2004 年经尹虎彬翻译出版），就能提出这一见解，确实有着非凡的洞见。第二，正因为他认识到了表演和创作的关系，所以才提出了民间文学的立体描写概念。提倡应

① 段宝林：《论民间文学的立体性特征》，载《民间文学论坛》，1985（5）。

将口头语言之外的动作、表情、现场互动等诸多维度的事项一一记录下来。这些论述，对于"忠实记录"的丰富、完善和具体化，有着极为重要的意义。

在征集歌谣八十周年纪念之时，段宝林曾撰文从四个方面对这段历史的经验教训做过较为深入的总结。其中，在"立体描写"问题上，认为当时的多条采录要求，已经符合立体描写的标准，确属"难能可贵"。①提出"立体描写"这一概念，显然也是对五四歌谣运动以来民间文学田野书写经验的总结和升华。

段宝林之所以能够提出"立体描写"这一田野书写的理论与实践的构想，主要得益于他对民间文学深刻的体悟和认识。他最早意识到民间文学是表演的，而非陈述的。"（民间文学）可能在劳动中配合一定动作演唱，也可能配合音乐舞蹈载歌载舞，甚至穿插进日常谈话，或者为了劳动、宗教、教育、审美、娱乐等实用目的的各种场合或仪式上说唱而表演。"②"民间文学的表演性使其形成多面立体。"③ 因此，仅仅记录叙述了什么远远不够，还需要书写怎么叙述，描绘出影响表演的其他因素。民间文学田野作业应该关注的是"表演"和表演的现场。在1980年版的《中国民间文学概要》中，他就注意到了歌谣演唱过程中"语境"和"表演"的因素，因此他强调诉诸田野的要素中，应包括"演唱的风度：姿势、面部表情、语气以及速度。把他作为一个艺术家来描述"，"观众、听众的反映、评语。包括：听众的成分（青年、老年、妇女、儿童还是其他），肯定的和否定的批评等（这些最好能记进正文中去，放在括号里，

---

① 参见段宝林：《80年历史回顾与反思——纪念北大征集歌谣八十周年》，载《民间文学论坛》，1998（2）。

② 段宝林：《加强民族民间文学的描写研究》，见段宝林：《立体文学论——民间文学新论》，10—16页，北京，高等教育出版社，2007。原文发表于《广西民间文学》1981年第5期。

③ 段宝林：《论民间文学的立体性特征》，载《民间文学论坛》，1985（5）。

如笑、大笑、鼓掌、欢呼，或'可惜'、'好！'等等）"。① 这一颇具操作性的"立体描写"办法，至今仍值得民间文学田野记录所遵循。遗憾的是，在 20 世纪民间文学搜集实践过程中，只得到了部分的响应。

尽管段宝林当时就指出了民间文学的"立体性特征"，提倡"立体描写"也是"忠实记录"的延伸和深化，可是大家仍执着于"一字不动"的记录规范，对于民间文学的表演性、生活性，仍缺乏足够的认识。因此，原本各具特色、异彩纷呈的民间文学表演，经过受了标准化培训的采录人员的搜集、整理、迻译，最终成了似曾相识甚至是千篇一律的文字，如果不经注释，大部分作品已经看不出来自何处。不仅如此，在采录过程中甚至"出现了以参与者主观价值评判和解析观照为主导倾向的文本制作格式，因而在从演述到文字的转换过程中，民间真实的、鲜活的口头文学传统在非本土化或去本土化的过程中发生了种种游离本土口头传统的偏颇，被固定为一个既不符合其历史文化语境与口头艺术本真，又不符合学科所要求的'忠实记录'原则的书面化文本。而这样的格式化文本，由于接受了民间叙事传统之外并违背了口承传统法则的一系列'指令'，所以掺杂了参与者大量的移植、改编、删减、拼接、错置等并不妥当的操作手段，致使后来的学术阐释发生了更深程度的误读"②。造成偏离"忠实记录"境况的根本原因主要不在于对内容的篡改，而是没有将文本置于具体的表演环境当中加以书写，未能按照"立体描写"的理念进行田野操作。

三

实际上，早在 20 世纪 50 年代，我们就曾和"表演""语境"等概念擦身而过。在《记录民间文学的技术》一文中，对于表演、语境、民

---

① 段宝林：《中国民间文学概要》，306 页，北京，北京大学出版社，1981。
② 巴莫曲布嫫：《"民间叙事传统格式化"之批评（下）——以彝族史诗〈勒俄特依〉的"文本迻录"为例》，载《民族艺术》，2004（2）。

族志的书写，就有极为精彩的论述。由于篇幅的关系，这里只录一小段，如下文所示。

> 除了传达演唱者的履历外，还必须把他当作一个艺术家加以评论，描绘出他的风度：讲述的速度，姿势，手势，面部表情，他对自己的创作所抱的态度，在他自己的节目中，他最珍视哪一些，他用什么引子开头，用什么伴奏。①

在这篇文章中，作者并没有采用如今时髦的理论词汇，但对于民间文学真谛的把握却是极为准确的。可是我国的学者在选择理论范式时，往往出现"一边倒"的情况。20世纪五六十年代，是全面倒向苏联，而到了20世纪末，则是一味仰视欧美。如此一来，曾经很有说服力的理论被学界弃之不用，但经过西方的学术包装之后，却又被当作全新的概念将其重新学习一遍。实际上，不仅对于苏联的理论我们已弃如敝屣，对于自己擅长的本领，我们也常常缺乏自信。20世纪初，董作宾将国学研究中的训诂、考据等方法与西方比较研究相结合，开创了我国歌谣研究的一个高峰。然而到了20世纪末，大约是嫌之不够时髦，或是搜集过于烦琐，已鲜有人重拾类似的学术指向了。

世纪之交，在表演理论和民族志诗学的感召之下，"语境"一词成为民间文艺学圈内使用频率最高的词汇之一。其实，早在这一概念传到中国之前，也就是1984年，钟敬文先生提出了一个非常中国化的用语——"生活相"，与"语境"同义。他强调民俗学研究"不能固守英国民俗学早期的旧框框"，要研究"现代社会中的活世态"，"拿一般民

---

① ［苏联］В·Ю·克鲁宾斯卡娅、В·М·希捷里尼可夫：《记录民间文学的技术》，载《民间文学》，1958（4）。

众的'生活相'作为直接研究的资料"的对象。① 就民间文学而言，"生活相"意指民间的文学生活、民间的文学生活方式。

在更早的 1979 年，钟先生曾有过一段关于民间文艺的颇为深刻的言论："如果我们在接触它的同时，不注意到那些有关的实际活动情况，那么，对它的内容以至形式，是不容易充分理解的。我国好些兄弟民族，现在还存在着赛歌的风俗（汉民族一般已经消失了这种风俗），这是群众性的艺术节日，它往往还和他们的婚姻选择和宗教行事等联结在一起。……要深入了解这些歌，参与和重视这种风俗活动是决不可少的。"② 民间文学不是单纯的审美活动，它是与其他生活样式融为一体的。不难看出，这与他后来提出的民间文学"生活相"概念一脉相承，或者说是这一概念的具体化。在这里，钟先生对民间文学的洞察已超越了记录文本，甚至也超越了表演语境，复归到最为底端的生活形态。

然而，"生活相"也终究未能成为日后审视民间文学的一种观念、立场及衍生为研究的一条路径。至今，仍没有专文对"生活相"展开论述，似乎"生活相"不是学术概念和理论，不是研究范式。只有等到表演理论输入之后，"语境"话语才一时风靡起来，这一话语却与"生活相"没有任何联系了。

20 世纪末，在学科危机感的促使下，为了摆脱学科式微的阴影，国内民间文学研究者开始努力探索新的研究模式。表演理论、民族志诗学等理论方法陆续传入我国。也许就如刘晓春所言，中国民俗学研究的范式，已完成了从"文本"到"语境中的民俗"的转变。③ 可是这种转变意味着什么？是否就是摆脱死胡同的一条无限通途呢？也许丁晓辉的一

① 参见钟敬文：《〈民俗学入门〉序》，见［日］后藤兴善等：《民俗学入门》，北京，中国民间文艺出版社，1984。
② 钟敬文：《把我国民间文艺学提高到新的水平》，见《钟敬文学术论著自选集》，34 页，北京，首都师范大学出版社，1994。
③ 参见刘晓春：《从"民俗"到"语境中的民俗"——中国民俗学研究的范式转换》，载《民俗研究》，2009（2）。

串发问，值得我们深思："这种转换是从民俗到语境中的民俗？还是从民俗到民俗的语境？具体到民间文学研究，这种转换是从文本到语境中的文本？还是从文本到文本的语境？按照目前的转换趋势，民间文学研究的中心是否实际上已经在走向语境？而文本研究是否已经被视作过时遭遇彻底的边缘化？"①

除此之外，更值得我们思考的是，在研究本土人民、研究本土民间文学文本、研究本土民间文化生活的过程中，研究者有没有本土的理论和方法呢？不论是注重文本研究时期的历史地理学派、口头程式理论、故事形态学，还是注重语境研究时期的表演理论、民族志诗学，这些理论方法无一不是从西方引入我国的。

在各式理论丰富中国民间文学研究的同时，也出现了"理论消化不适"的问题。一方面，在尽情拥抱西方现代理论的同时，忽视了本土理论的魅力。另一方面，则体现在西方众多理论涌入民间文学领域之时，民间文学的本土意识却逐渐地淡漠。我国民间文学理论的建构本应从本土的民间文学实践中提炼出关键词和范畴，并且着重阐释这些本土滋生出来的关键词和范畴，诸如"忠实记录""立体描写"和"生活相"之类。然而，直至今日，西方话语的霸权仍然畅行无阻，似乎没有西方的"语境""表演""程式"等概念，我国各民族的民间文学活动就与语境、表演和程式无关；或者说唯有舶来品，这些词汇才是概念和范畴，使用起来才正当合理。中西结合应该是能够达成共识的途径，但中西结合不只是用西方理论方法分析中国民间文艺资料，也包括各自学术概念和范畴的相互融合。

（原载《民间文化论坛》2017 年第 2 期，与寥元新合作）

---

① 丁晓辉：《"语境"和"非遗"主导下的民间文学研究——以 2009 年民间文学理论研究为例》，载《广西师范学院学报》，2014（1）。

民间文学的现实意义

　　民间文学的生活意义，是指作为一种生活文化现象的民间文学，在一个民族的文化体系和实际生活中所发挥的效用。以往对民间文学生活意义的认识，主要以作家文学为参照，本文拟从民间文学自身的立场出发，重新把握民间文学的生活意义。我们知道，人类为了生存需要而创造文化，文化是一个有机整体，由各个互相联系的文化要素所构成，其中每一个要素都起着一定的作用，实现着自己的生活意义。民间文学广泛地存在于社会生活之中，涉及民众生活的方方面面。民间文学不仅是一种文学，更是一种文化和生活。因此，民间文学的社会功能具有多形态性、多层次性，下面论述的五个方面，仅仅是其生活意义的一部分。

一、讲述者的魅力

　　民间文学的作用不仅表现在"结果"，也展

示于其演说过程本身。任何民间文学活动都不是个体的，而是集体的，具有强烈的展示性。过去，民间文学表演和民间文学力量的释放主要集中在神庙、祭祀场、竞技场等公共场所。人们常常在这些公共场所表演、祭祀、聚集、歌舞、庆贺等，举行场面宏大的公共仪式，所有的人都是仪式的参加者，同时也是民间文学演唱者，没有专门的观众。此时，所有的能量在瞬间聚集、释放，人们在刹那间融为一体。这种高度的集体性使得民间文学的传统力量得到极大的发挥，似乎威力也更为强大。

古往今来的不少批评家都注意到讲故事作为人类生活中一项不可缺少的文化活动的意义，不讲故事则不称其为人。正像世人皆知的《一千零一夜》所喻指的：从人最终的命运来看，"叙事等于生命，没有叙事便是死亡"。这本故事集的起因是暴虐的国王山鲁亚尔每天娶一个王后，第二天即将其杀死。宰相聪明的女儿山鲁佐德为使其他女子免遭厄运，自愿嫁给国王。第一夜她给国王讲故事，引发国王的兴趣，没有杀害她。此后她夜夜给国王讲故事，一直讲了一千零一夜。最后国王悔悟，和山鲁佐德白头偕老。《一千零一夜》除了山鲁佐德讲故事这一线索贯穿始终外，故事中的一些人物也讲故事，形成了大故事套小故事的结构。它用无穷无尽的故事赞美了故事本身，赞美了讲故事的人。将这部百科全书般的故事集译成中文的纳训先生在"译后记"中提到，伏尔泰说，读了《一千零一夜》四遍以后，算是尝到了故事体文学作品的滋味。

德国哲学家瓦尔特·本雅明（Walter Benjamin）在《讲故事的人》（1936）一文中说："民间故事和童话因为曾经是人类的第一位导师，所以直至今日依旧是孩子们的第一位导师。无论何时，民间故事和童话总能给我们提供好的忠告；无论在何种情况，民间故事和童话的忠告都是极有助益的。"[1] 在这篇著名文章中，本雅明解释了民间文学教育作用的来源：故事讲述者拥有丰富的生活经验，他们有两类人。一类是远游者，

---

① [德] 瓦尔特·本雅明著，陈永国、马海良编：《本雅明文选》，309 页，北京，中国社会科学出版社，1999。

讲故事的人都是从远方归来的人，"远行者必会讲故事"。这样一种人见多识广，比当地其他人有着更为广泛的社会阅历，在崭新的生活道路上行进又不深陷其间。《一千零一夜》中的故事大多来自从遥远地方归来的商人和商船上的水手；中国上古神话中有大量关于远国异人的描绘，《禹贡》《山海经》等都是有关殊方绝域、远国异人的故事。远游者的讲述魅力在于空间方面，在于他们和另一空间的联系和有关的知识。人们总想知道山外的世界，远游者拓展了人们的生活空间，这是神秘的、异质的、充满悬念的、可以引发人们不断追问的生活空间。从此，为人们的生活增添了一种崭新的空间上的联系、比较和向往。

故事讲述者的另一种类型是当地德高望重者，他们是一群了解本地掌故传说的人。他们同样见多识广，比当地其他人有着更为深刻的社会阅历，在传统的生活道路上行进并延续传统。他们是深深了解时间的人，是当地历史记忆的代表和讲述者，其行为是在积极延续当地的口头传统，其故事和知识来自于对历史和传统的掌握。讲述的魅力在于将过去与现在相联系，人们通过聆听故事，知道了现在的生活是对过去的延续，更加理解当下生活的意义和合理性。

因此，两类故事讲述人"代表着人们生活和精神世界在空间和时间两个维度上的联系的维持与拓展"①。因此，这种讲述活动的教育意义是全方位的，不仅是知识、道德及宗教信息的传输，而且让一个地方的文化传统在代与代之间得到不断传承，使当地人从故事中获得生活时空坐标上的恰当认定。

二、实施传统道德教育

民众运用民间文学进行传统道德教育，这对我国民族品格的形成起了良好的影响。我国的传统道德思想有相当部分存在于民间文学之中，

---

① 耿占春：《叙事美学——探索一种百科全书式的美学》，21 页，郑州，郑州大学出版社，2002。

并借助民间文学得以传播。在民间，传统道德教育主要是通过民间文学的形式得以实施的。

下面以地陷型传说为例，说明民间文学的道德教育功能。地陷型传说属中国洪水神话的一个亚型，下面举一故事文本。

> 从前东京城里有个孝子，老母在堂。有一晚，他梦见一个仙人对他说："这个城快要沉没了！你如果见到城隍庙前石狮子的眼睛出了血，此城马上沉没，赶快驮了你的母亲逃走！"那孝子信以为真，每日在天未亮之前先到城隍庙前看石狮子眼睛有没有出血。一连好几天，天天碰到杀猪摊的。杀猪的奇怪他的行为，盘问明白那孝子的原委。于是在第二天大清早，杀猪的把手上的鲜血预先涂抹在狮子的眼睛上。等到孝子一到，看见石狮子的眼睛果真出了血，马上回家驮了老母就逃。他的前脚刚跨出，身后那片地就已沦为湖了。于是那东京城就沉没为湖，崇明岛却渐渐地矛了起来。①

此型传说又可归为地方传说（place legend）类。此传说含有一个禁忌主题，就是不能为恶，为恶者必有报应。禁忌主题附丽于具体、直观的地方景点（如崇明岛），会平添几分真实和可信。尤其是将毁灭性的自然灾害与人的善恶行为联结为直接的因果关系，令禁忌主题更具振聋发聩的威慑效果。人与动物相区别的不是死的意识，而是对死的逃避。按美国学者诺尔曼·布朗（Norman O. Brown）在《生与死的对抗》一书中的说法，死是生固有的一个组成部分，但人们却可以努力地延长两者之间的距离。② 此型禁忌主题告诫我们，"延长"的唯一有效的方法是精神修炼，而非身体的营养（杀猪的自然可食足够的肉），道德说教一旦融

---

① 陈志良：《沉城的故事》，《风土什志》（成都）第17卷第3期，1940年。

② 参见［美］诺尔曼·布朗：《生与死的对抗》，贵阳，贵州人民出版社，1994。

入生死选择的对照中，即会激起乐生惧死的中国民众强烈的共鸣和战栗。①

道德力量的释放往往是在故事的讲述中完成的，讲述者和听众共同营造了神秘的训诫和警示的氛围。"故事中的事件被看作他们生活的一部分，而不是与他们分离的或者是发生在别人身上的。我们每个人的身上都存在善和恶的潜能，因此每个角色体现了一个完整的人的某一部分。"② 故事戏剧性地表现了这些部分，用形象来提醒人们：应该如何行为举止，可能在哪里误入歧途。故事讲述完后，在场的人会有一番交流和讨论，这种讲述空间、故事和故事之后的讨论都是一个完整过程中的要素。在这个过程中人们（尤其是年轻人）认识到道德的生命意义，从而使人们的行为都符合道德规范。

民间文学对青少年的教育作用更为明显。儿歌、童谣、童话等迎合了儿童的审美趣味和接受习惯，在相互传唱或传说过程中，儿童自然而然地受到传统道德观念的熏陶。童话中往往出现魔物母题，如何使用魔物，既是故事情节发展的重心，也是两种道德观念交锋的焦点。魔物实际上是诱使矛盾对立的双方充分表现各自品格和品性的道具。在使用魔物的过程中，善与恶、无私与自私、正义与邪恶、高尚与卑鄙相互对照和衬托，前者建设力的高扬和后者破坏力的放纵泾渭分明。这是借用神灵的手笔摹写人世间善良、憎恶及贪婪的剧本。魔物母题故事非常巧妙地制造了谁也难以摆脱其诱惑的魔物道具，让把玩它的人不得不暴露自己的道德景况。当正义最终战胜邪恶时，儿童在获得愉悦之余也被注入了高尚的情愫。

其他民间文学样式同样拥有教化功能。许多谚语，如"狗嘴里吐不出象牙来"；"种瓜得瓜，种豆得豆"；"与人方便，自己方便"；"一口吃

---

① 参见万建中：《地陷型传说中禁忌母题的历史流程及其道德话语》，载《广西民族学院学报》，2001（2）。

② ［美］麦地娜·萨丽芭：《故事语言：一种神圣的治疗空间》，载《广西民族学院学报》，2003（5）。

不成个胖子";"善药不可离手,善言不可离口"等,都是历史悠久、流传很广的,充分体现了民众的道德情操和生活经验。

三、历史在口述中传播

我们所谈论的历史,是通过与历史有关的话语获得的,也就是说,任何事件都需要用语言描述,否则,历史的信息就无从表述,也不能获得。历史的遗迹只有进入某种话题,才能变成历史的知识。我们已经很难把历史事实和叙述这一事实的语言分开。历史话语是历史学家对所掌握的历史资料的阐释。美国历史学家海登·怀特(Hayden White)在《"描绘逝去时代的性质":文学理论与历史写作》一文中说:"历史话语所产生的是对历史学家掌握的任何关于过去的资料和源于过去的知识的种种阐释。这种阐释可以采取若干形式,从简单的编年史、史实目录直到高度抽象的'历史哲学'。"也可以说,传说也是一种历史话语,是一个特定的群体对所记忆的历史事实的阐释。只不过传说的制造者和传说者们并不是历史学家。

民间文学是进行历史教育的工具。在文字产生之前,历史主要是靠口头文学来记忆和记载的。在很多少数民族地区,这些口头文学还没有用文字记录下来,当地的历史传统主要通过口述得以延续,民间文学是传授历史知识的唯一媒介。正如钟敬文先生所说:"民间文学,在今天我们的眼里看来,不过是一种艺术作品。但是,在人类的初期或现在的野蛮人和文化国里的下层民众(后者例如我国的大部分的农民),它差不多是他们立身处世一切行为所取则的经典!一则神话,可以坚固全团体的协同心;一首歌谣,能唤起大部分人的美感;一句谚语,能阻止许多成员的犯罪行为。在文化未开或半开的民众当中,民间文学所尽的社会教育的功能,说来是使人惊异的。"[①] 即便在民众基本上具有书写能力和

---

① 钟敬文:《钟敬文文集·民俗学卷》,269 页,合肥,安徽教育出版社,2002。

普遍使用文字的地区，民间口头文学同样是历史的承载者，历史同样需要借助民间文学获得记忆和延续。正是基于这种客观事实，当代史学以历史重构为目的，关注口述历史和口头传统，当"口述"与"历史"两个概念组合在一起时，它便产生了颠覆的意义。在某种程度上，民间文学就是历史，演唱民间文学，其实是历史教育活动。

有一个被人们普遍关注的现象，山西洪洞古大槐树成为闻名海内外的明代移民遗址，是海内外数以亿计的大槐树移民后裔寻根祭祖的圣地。数百年来"问我祖先何处？山西洪洞大槐树。祖先故居叫什么？大槐树下老鹳窝"；"谁是古槐迁入人，脱履小趾验甲形"等民谣和相关的传说在我国广大地区祖辈相传，妇孺皆知。在这些民间口头文学的推动下，洪洞大槐树被构拟为认祖归宗的符号和象征，被当作"家"，被称为"根"，成为亿万人心目中神圣的故乡。"特别是地方风物传说，它可以帮助我们了解历史，充实当地的历史，某种意义上说，一本地方风物传说，就是一本乡土教材，它是没有写进历史书的历史，它反映了当时那个时代的风貌。"①

另外，像《三国演义》《隋唐演义》《杨家将》《水浒传》等历史小说，之所以能够家喻户晓，正因为它们是以民间文学的形式，在传说、歌谣和曲艺、地方戏等演出中广泛传播的。

四、民众狂欢的主要形式

在民众广泛参与的各种活动中，必然会涌现民间文学；民间文学成为民众在一些特别的场合抒发情感和表达思想的不可缺少的形式。

依据俄罗斯著名文艺理论家巴赫金（1895—1975）的狂欢化诗学理论，民间文学集中演说的时节、场合，就是民间的狂欢节。狂欢节的主要特点表现为：（1）无等级性，每个人不论其地位如何，不分高低贵贱

---

① 金天麟：《风物传说独特的时代生活意义》，见《中国民间传说论集》，59页，北京，中国民间文艺出版社，1986。

都可以以平等身份参加；（2）宣泄性，狂欢节期间，人们可以纵情欢悦，摆脱种种现实心理重负；（3）颠覆性，狂欢节中，没有权威，没有管束，甚至没有政府，人们可以无拘无束地颠覆现存的一切，重新构造和设计自己的理想；（4）大众性，狂欢节是所有人都可参与的一种活动，是适合民众口味并与上层文化相对的一种文化活动。人们暂时取消了一切等级关系、特权、规范和禁令，完全沉浸在自由的欢乐之中。民众需要这种狂欢和诙谐，在狂欢中获得各种满足和精神愉悦。

在民间文学得到集中演说的场合中，上层与民间、统治者和民众的边界可以从一定程度上被消解。在民间文学演唱活动中，人们的身份会发生明显改变，一方面，领导者在努力去掉自己的权威，包括说话的口吻、语气、内容等；另一方面，当地民众是主角，他们的演技得到充分展示，所有的人为他们喝彩。如果领导者仍为主角，演说活动就会被异化，失去其本真。领导者融入表演场域，甚至参与演说，也满足了当权者与民狂欢的需求。在这样的场合，并不会损害领导者的形象，反而有助于其形象的塑造。这是民间给予领导者话语的自由。因此，民间文学表演的狂欢是社会的需求，是上层和下层交流、融合的最好场合，可以化解对立和矛盾。同时，又是民间所定义的正义的张扬。

在民间、在乡村的公共空间，在游艺场和集市的戏台上，狂欢的人们用杂语说着笑话；用地方传统的方式和语言，演述着故事诗、笑话、故事、街头歌谣、民间小戏、谚语、趣闻等。1925年，周作人就曾登文征集过诙谐歌谣，这些歌谣中包含大量的诙谐成分。"在当下中国的文化情境下，如果要问何种民间文化尚保留着其自身所具有的本质性狂欢特质的话，我们大概只有在民谣当中寻找了……我们说只有民谣依然保持着民间文化的狂欢色彩，是从民间文化与主流意识形态之间关系的角度进行理解的。"① 民谣是对话化了的杂语。"沿着语言生活里集中倾向的

① 刘晓春：《当下民谣的意识形态》，载《新东方》，2002（3）。

轨迹发展而诞生与形成的语言哲学、语言学和修辞学，忽视体现着语言生活离心力的这一对话化了的杂语。因此他们也就不可能理解语言的这样一种对话性……不妨直接地说，语言的对话因素及与之相关的一切现象，直到现在仍然处于语言学的视野之外。"①

诙谐的源泉是上古初民娱神的仪式，当神圣的表层随着神的死亡而不断脱落时，剩下的便是纯粹的诙谐式欢乐，故而，诙谐就是民间文化的基本特征之一，它存在于民间生活的各种灰色地带。人们并不是因受压抑才诙谐，诙谐是本能的宣泄，因而民间既不存在压抑也不存在升华或替换，民间就是民间，它不需要外在的拯救。诙谐是民间人生中重要的精神现象，绝不能将之当作休息时的消遣、无足轻重的游戏。

在民间，现实生活中的所有民间文学活动都是在自然、自由的状态下进行的，狂欢中的诙谐，诙谐中的狂欢，这是活动的主要基调，与官方活动的严肃性形成鲜明的对照。巴赫金认为，狂欢式的诙谐"具有深刻的世界观意义，这是关于整体世界、关于历史、关于人的真理的最重要的形式之一，这是一种特殊的、包罗万象地看待世界的观点，以另一种方式看世界，其重要程度比起严肃性来，（如果不超过）那也毫不逊色……世界的某些非常重要的方面只有诙谐才力所能及"②。

五、为学术研究提供多种可能

民间文学不仅是艺术的、情感的、鉴赏的和审美的，更是历史的、社会的、民族的和传统的，研究作家文学的方法、视角、观点及理论等均可纳入文艺学学科，而对民间文学的研究却是民间文艺学难以单独胜任的。民间文学本身的特质远远超越了文学本身，它为各种人文社会科

---

① ［苏联］巴赫金：《小说话语》，见《文学与美学问题》，86—87 页，莫斯科，莫斯科文艺出版社，1975（俄文版）。

② ［苏联］巴赫金：《弗朗索瓦·拉伯雷的创作与中世纪和文艺复兴时期的民间文化》，296 页，莫斯科，莫斯科文艺出版社，1990（俄文版）。

学的研究提供了可能。

譬如，以史学研究为例，从神话和史诗中发展而来的民间叙事结构，既意味着对一系列历史事件的口头语言的讲述，也意味着一种虚构话语的力量。作为对历史事件的叙述——尽管其中包含着叙事话语所特有的虚构因素——叙事是对历史人物及其行为的模仿，但由于其口头叙述的特性，实际已洞穿了文学和历史的边界，否则，民间便没有真正属于自己的历史了。在本质的层面，民间文学与典籍史料有着同等意义的学术生活意义。对此，作为史学家的郭沫若先生很早就有明确的阐述："民间文艺给历史家提供了最正确的社会史料。过去的读书人只读一部二十四史，只读一些官家或准官家的史料。但我们知道民间文艺才是研究历史最真实、最可贵的第一手材料。因此要站在研究社会发展史，研究历史的立场来加以好好利用。"① 这段话尽管带有浪漫主义的味道，但对民间文学史学的意义做了充分肯定。

民间文学无疑属于口头传统或口述传统。路丝·芬尼甘（Tuth Finnegan）在《文化人类学百科词典》（1996）中，对人类学研究口述传统可能涉及的主要问题进行了如下探询。

人类学家也对口述传统的种种功能和过程（不仅仅是产品）感兴趣，并进入其文化语境之中去观看这些功能和过程，就像把口述传统作为当地"信息系统"的组成部分去分析一样，人类学家和其他学者已经把注意力集中于这样一些过程。"传统"是如何通过这些过程得以创造、明确和维持的，或者它们是如何在特定的历史条件下适合特殊的兴趣和价值的。……人类学家如今都转向研究以下问题：非书面的传统实际上是怎样被激活、被创造乃至再创造的，稳定和变化之间的关系，这些问题与诸如政治操纵之类的主题之间

---

① 郭沫若：《我们研究民间文学的目的》，见《民间文艺集刊》第一集，9页，上海，上海文艺出版社，1981。

的关联，对于谁对传统的要求应该被表现的争论的可能性，以及影响现状的社会记忆过程和社会忘却过程。①

美国学者 E. 希尔斯曾对"传统"做了这样的界定：传统"就其最明显、最基本的意义来看，它的含义仅是世代相传的东西（traditum），即任何从过去延传至今的东西。……决定性的标准是，它是人类行为、思想和想象的产物，并且被代代相传"②。美国学者罗伯特·雷德菲尔德（Robert Redfield）提出了著名的"大传统"和"小传统"的理论模式。大传统是指一个社会中占优势的文化模式，尤其是都市文明的文化模式；而小传统是指复杂社会中具有地方社区或地域性特色的文化模式。作为口头传统，民间文学显然是小传统。民间文学是集体记忆的，法国学者莫里斯·哈布瓦赫在其名著《论集体记忆》中，把"集体记忆既可以看作是对过去的一种累积性的建构，也可以看作是对过去的一种穿插式（episodic）建构"，是"立足现在而对过去的重构"③。传统是现代社会重构的产物，民间文学这一称谓或者说其文学属性，恰恰揭示了其重构传统的本质。对民间文学的研究，肯定可以回答诸如此类的问题："人们究竟记住了什么，又忘却了什么？底层记忆和表述与大的社会历史变迁、与支配和治理有着怎样的联系？"④ 当然，回答这些问题仅靠民间文艺学是不够的。

（原载《社会科学战线》2006 年第 1 期）

---

① 转引自许斌、胡鸿保：《对口述传统的纵横思考》，载《思想战线》，2004（6）。

② ［美］E. 希尔斯：《论传统》，15 页，上海，上海人民出版社，1991。

③ ［法］莫里斯·哈布瓦赫：《论集体记忆》，53 页，上海，上海人民出版社，2002。

④ 郭于华：《口述历史——有关记忆与忘却》，载《读书》，2003（10）。

民间文学：社会主义核心价值观的传统载体

培育和践行社会主义核心价值观，首先在于宣传和普及，使人们都能够记住和体悟 12 个词汇。那么，如何使这 24 个字家喻户晓、妇孺皆知呢？这就需要寻求简易、方便，又行之有效的方式。民间文学作为在民众间流行最为广泛的文学活动样式，一直秉承民众思想道德教育的职能，最有利于核心价值观的传播和培育。

一、民间文学蕴含核心价值观

新华社北京 2014 年 7 月 25 日电：为更好地培育和践行社会主义核心价值观，发掘、传承中华优秀传统文化，努力实现中华传统美德合理性转化、创新性发展，努力使中华民族最基本的文化基因与当代社会的精神境界相协调，人民网、新华网、光明网定于 2014 年 7 月下旬起至 2014 年 9 月举办"聚焦核心价值观——中国传统名诗词、名故事、名折子戏推荐活动"。这一活动说明，党委宣传主管部门已认识到，培育和践行社会主义核心价值观需要民间文学。

民间文学作为历史文化传统，本身就蕴含中华民族的精神实质，其中就包括社会主义核心价值观。民间文学作为流传最为广泛的文化现象，必然与同样是最为深入人心的社会主义核心价值观相契合的，只有这样，才能成为助推社会发展的良好动力，成为实现伟大中国梦的强大的社会动力。在传承民族民间文学传统的同时，核心价值观也得到了弘扬。为此，民间文学学者应该肩负起学术义务和责任，充分运用民间文学遗产，发挥民间文学独有的文体优势，有针对性地、富有成效地宣扬社会主义核心价值观。

社会主义核心价值体系是对中国传统文化的创造性继承，其中就包括传统的民间文学。以核心价值观中的"爱国"为例，民间文学是方言的文学、家乡的文学，也是带有情感的文学。这种情感首先是对家乡的情感，也是爱国主义情感。爱国主义只有建立在家、家乡观念的基础上，才能落到实处。中国人具有强烈的家和家乡观念，而"家"与"国"唇齿相依，故称国家。中国人非常爱国，与这种家国文化的特质有关。民间文学的传承和演述活动极大地强化了特定区域人们的乡音和乡恋的情愫。因此，开展民间文学演述活动，就是在践行社会主义核心价值观。作为民间文学学者，应该有意识地以弘扬民间文学传统为己任，通过发掘和阐释民间文学的核心价值元素，让社会主义核心价值观伴随民间文学活动而传播。

培育和践行社会主义核心价值观之所以需要民间文学，主要基于三个方面：一是民间文学是宝贵的历史文化遗产，是中华民族祖祖辈辈集体智慧的结晶，积淀着中华民族特有的和极为丰富的思想道德和文化意识形态。二是民间文学是民众自己的文学和学问，具有最广泛的人民性，没有哪一种文学艺术形式拥有如此多的作者和观众。在潜移默化中，这种文学形态对人们的生活方式和思想观念所产生的影响也是最为深刻和久远的。三是民间文学是民众最喜闻乐见和熟悉的审美方式，也是最便利的文学活动形式。每个地方都有祖辈延续下来的故事传说、歌谣谚语、小戏说唱等，为当地人耳熟能详。这些民间文学一旦进入当地人的生活世界，便能释放出强大的感化能量。

培育和践行社会主义核心价值观需要优秀的民族民间文化传统。社会主义核心价值观，立足于民族民间优秀文化传统，它是从历史文化遗产包括民间文学中凝聚提炼出来的分别指向国家、社会和公民个人的价值目标、价值取向和价值准则，而这种公民个人的价值准则在不断规范人的成长，塑造人的品格。尽管核心价值观的12个词汇不是直接从民间文学中生发出来的，但已然成为许多民间文学的主题或母题。诚然，核心价值观都是面向当下和未来的，但也是对中国传统文化包括民间文学的概括和升华，具有鲜明的历时性向度。

民间文学作为中华民族先祖们的口传遗留物，是传播于广大底层民众当中的华彩乐章，是各民族人民所创作、鉴赏和世代享用的视听盛宴以及认识表达、情感抒发的普遍样态。流行于现实生活当中的活态的民间文学，虽然存在巨大的民族和地域差异，表现形式迥然有别、五彩缤纷，但基于中华民族血脉相连的大一统的思想基础，民间文学毫无例外地宣扬了中华各族人民共同的精神境界和美好的中国梦，激荡着亘古以来连绵不绝的社会底层民众淳朴的道德情怀和精神意识流，并由此构成了培育和践行社会主义核心价值观的基础之一，在历史的民族的层面奠定了培育和践行社会主义核心价值观的理性和情感的基调。

民间文学作为民族民间文化传统，可以在流传过程中不断调整自己的流传方式和内容，并注入当代性的思想意识，在核心价值观的培育过程中再现富有时代特征的生命活力。美国学者 E. 希尔斯曾对"传统"做了这样的评判：传统，就其显而易见的通常的意义而言，其基本实质表现为世代相传，即任何从古代一直延续下来的事物。其中起决定性作用的法则是，传统表现为人类的言行、思想和想象，并且一代一代流传至今。① 民间文学作为传统的一部分，是集体记忆的产物，法国学者莫里斯·哈布瓦赫在《论集体记忆》中，把"集体记忆"视为对以往的一种不断积累的建构，同时又作为对过去的一种穿插式（episodic）建构，是"立足现在而对过去的重构"。传统是依据过去而面向当今社会重构的产物，其实，民间文学的表现形式已然发生了诸多变化，其内涵也在不断偏向社会主义的思想需求。从民间文学中凝练社会主义核心价值观，既是传承本身的累积性建构，也是基于当今社会思想建设的穿插式（episodic）建构。结合社会主义核心价值观，开展民间文学推荐和讲述活动，让传统口头文学焕发出时代意义，恰恰揭示了其重构传统的本质。

二、民间文学适合核心价值的培育

为了引导民间文学学科研究体现社会主义核心价值观，将民间文学中的社会主义核心价值意识充分释放出来，我们需要对民间文学展开这方面的专题研究。运用民间文学进行潜移默化的道德教化，本身就是我国各民族的优良传统，这对中华民族民族品德的铸就和个体人格的塑造都具有显著效果。中华各民族的传统道德思想在民间文学中都有生动的体现，并借助民间文学形象化的演述获得富有实效的传播。作为礼仪之邦，我国传统道德教育不断演绎着至今仍为人们津津乐道的诸多成功实践，这些实践经验进入民间文学并成为恒常主题，通过口传的形式得以广泛灌输。培育和践行社会主义核心价值观，民间文学同样具有不可替代的作用。民间文学作为民众最擅长的艺术方式，可以让核心价值观得到最为生动的诠释。

有则名为《善良的书生》的故事情节是这样的：有一个书生，三次应试未中。听说诸葛亮能推会算，便满怀希望去隆中问问诸葛亮第四年的应试有何结果。一路上，有三人寻知书生会拜会诸葛亮，就分别托书

---

① 参见［美］E. 希尔斯：《论传统》，15 页，上海，上海人民出版社，1991。

生请诸葛亮帮他们解答问题。到了隆中，诸葛亮只能回答书生三个问题。书生为了信守诺言，帮助别人解决难题，便放弃了自己想问的问题。书生这种行为后来得到好报。故事结尾点题：与人为善，如眠锦帛。这个故事是典型的"三段式"结构，应试了三次，路上走了三天，遇到三件事，被托问三个问题。此故事运用"三段式"结构模式，显扬了友善与诚信的为人处世观念。

"反贪"是民间故事一个常见主题。中国人传统的生活态度是知足者常乐，对那些贪得无厌的行为总是深恶痛绝。一则流传十分广泛的民间故事是这样的，有一位名叫良心的小伙子，捕到一条天鲤神鱼，便以要杀死这条神鱼作为威胁，迫使神鱼不断满足他越来越大的贪欲。最后，这个叫良心的小伙子得到了应有的惩罚，正所谓"不讲天理（鲤），没有良心"。

其实，民间文学所承载的观念涉及社会主义核心价值观的方方面面，蕴含着中国各民族人民的一切基本的意识形态，诸如生活观、家庭观、爱情观、价值观、生命观等。在回族流传一则名为《沙姑》的传说。故事讲的是，一位名叫沙姑的姑娘，是马家的儿媳，她勤劳善良，孝敬公婆，博得所有人的喜爱。一次偶然机会，她救了神灵仙姑，并获得一枚仙姑赠送的金戒指。后来，皇帝逼迫沙姑进宫，沙姑全家在仙姑的帮助下，迁到自由自在的天山里面，摆脱了皇权的控制。一代又一代，马家在这里繁衍生息。这一带的回族大都姓马，回族人家姑娘订婚、出嫁都戴金戒指。这个故事说明一个道理：自由比富贵更重要。

在传统社会里，民间文学的演述不只是娱乐的，更是陶冶性情的和铸就情操的。伴随着民间文学的演述过程，道德力量在不知不觉中被释放出来，在场的所有人共同完成了一次心灵的洗礼和道德的评判。有则名为《挑铜钿还赌债》的民间故事讲述道：儿子赌博竟然输掉了父亲苦心经营的一半产业。父亲让儿子挑着铜钿，一家一家去还赌债。在这还赌债的艰难过程中，儿子醒悟过来，重新做人。所以，诚信的行为本身可以教育人和感化人的，也可以得到自我救赎。这位父亲没有一味地指责儿子，而是让儿子步入诚信的轨道，通过诚信行为获得一种感恩和悔过之心。在故事讲述的过程中，故事中发生的事情被我们看作自己生活的一部分，而不是虚妄的或者是发生在其他人身上的。所有人的身上都潜藏着善与恶的基因，因此，故事中每个角色都折射出一个完整的人的某一方面。① 二元对立是民间文学常见的结构形态，善与恶、美与丑、高尚与卑鄙的对立是民间文学的常见主题，善有善报、恶有恶报的结局告诫人们：如何做人才是人性的和符合道德规范的，我们最可能在哪些方面道德沦丧。故事结束了，绝非一笑了之，在场者全都进入思虑的境界，这种讲述空间、故事完结之后的讨论及对心理沉渣的过滤，构成一个完整的故事演述过程中的基本环节。透过这个由讲述者和听众共同完成的叙事，人们（尤其是青少年）认识到道德和价值的生命意义，从而引导人们做出符合社会行为准则的行为，让人们崇尚社会价值。

如今，青少年享用的现代娱乐方式往往远离传统道德和价值观，民间文学对青少年的道德感化和价值观的塑造尤为重要。儿歌、童谣、童话等迎合了儿童的接受心理，引导儿童在幻想的美好世界里遨游，并逐渐使之养成健康的身心和高尚的情操。一位著名学者的话引发我们思考童话世界想象境界的无限与永恒。他说，如果我们认真地思考这样一个问题：在我们这个社会，有什么力量能够抑制成人欲望的恶性膨胀呢？"恰恰由于一代代的儿童不是在成人实利主义的精神基础上进入成人社会的，而是带着对人生、对世界美丽的幻想走入世界的……才使成人社会不会完全堕落下去。"② 童话中往往出现宝物或者魔物，不同道德品格的人，对待宝物的方式迥然不同，显示出贪婪、邪恶、自私与无私、正义、

---

① 参见［美］麦地娜·萨丽芭：《故事语言：一种神圣的治疗空间》，载《广西民族学院学报》，2003（5）。

② 王富仁：《呼唤儿童文学》，见《现代中国儿童文学主潮》，"序言"14页，重庆，重庆出版社，2000。

高尚的极度反差，后者正能量的高扬和前者破坏力的危害泾渭分明。最后总是后者战胜了前者，品德败坏者受到严厉惩罚，情操高尚的主人公过上了美好的生活。当善良最终战胜了卑鄙，在满足了儿童审美愉悦的同时，也向他们灌输了高尚的道德情愫。民间文学一贯以这种"大团圆"的结局引导人们放弃以身试法，选择崇善憎恶，向往美好的未来，并树立自己坚强的信仰。

曾几何时，广大民众不拥有读写能力，村史、寨史、镇史及其他地方史都是通过民间口头文学的形式代代传承的，民间文学成为传授历史知识的唯一媒介，也是进行历史教育的唯一教材。相应地，一个区域内的传统规训和行为准则也借助于当地民间文学的演述和说唱，一直延续下来，成为维系地方安定和调节社会关系的传统范本。譬如，彝族流传的后羿射日和洪水神话故事，反映了彝族祖先在人类文明进程中所做出的伟大贡献。故事的结尾点出各民族和谐发展的主题：我们各个民族都是一个爹妈生的。各民族血脉相连、同根同源，这是各民族友好相处、共同发展的基础。对于当地人而言，民间文学是先于他们而存在的，是祖先遗留下来的经典，自然会被奉为道德遗训和行为的圭臬。正如钟敬文先生所说：民间文学，依据现今人们的看法，只是一种创作出来的文艺作品。然而，在原始初民那里或现在仍存在的野蛮人群中和文明国度的底层社会的民众中，民间文学几乎是他们安身立命和一切行为方式的准则！"一则神话，可以坚固全团体的协同心；一首歌谣，能唤起大部分人的美感；一句谚语，能阻止许多成员的犯罪行为。"在文明程度不高或未开化的民族当中，民间文学所能够发挥的社会教育功能，着实令人感到惊异。① 随着社会的发展，广大民众都能够通过书面的形式表达思想感情，然而，由于民间口头文学具有一些书面文学无法比拟的优势，民间口头文学依旧大量流行，同样承载着历史文化与价值观念，仍然显现

---

① 参见钟敬文：《钟敬文文集·民俗学卷》，269 页，合肥，安徽教育出版社，2002。

出强大的社会教化功能。社会主义核心价值观是可以以民间文学的形式来获得培育和践行的。

三、民间文学传衍核心价值观

民间文学肇始于没有读写的原始社会，而且一直伴随着社会文明的进程而演变，出于寓教于乐的需要，道德规范的元素便不断被注入文本之中。这一动态的文学特征赋予民间文学以其他文学形态，尤其是作家文学所不具有的优势和职能，即将贯彻国家层面的价值目标、社会层面的价值取向和公民个人层面的价值准则作为自身传承的一种重要指向。任何一种民间口头传统的产生，尤其是持续下去，必定需要民众有共同的接受心理，或者，以远古信仰观或伦理道德原则为前提。由于流传历史的久远，古人的一些思想意识逐渐在一些民间文学文本中积淀下来，这些民间文学文本成为古代人们思想观念的共同记忆，是民间思想意识的历史载体。这些思想意识尽管不能等同于社会主义核心价值观，但孕育了社会主义核心价值观的基本元素，最为广泛和生动地阐发了核心价值观的具体指向。在民间文学研究的功能学派看来，神话故事、歌谣、民间说唱、民间小戏等无论是在强化传统、信仰和文化，还是在树立道德、伦理、爱国情操及促进社会和谐等方面，都具有不可替代的社会功能。

社会主义核心价值观延续着民族精神，承载着民族精神的民间文学在培育和践行社会主义核心价值观中的作用便举足轻重。我国源远流长的民间文学，一直以来都是民众传承自己的历史和生产生活知识，以及民众施行为人处世之道的主要途径。民间文学抒发了广大民众基本的情感态度，张扬了中华民族基本的思想道德准绳，从根本上使社会主义核心价值观与广大民众的理想追求相吻合，并且迎合了社会发展的进程。可以肯定，一旦民间文学衰落，培育和践行社会主义核心价值观便丧失了民间的根基和最具广泛性的文学推动力；同时，也就表明民众对核心价值观没有了精神的依托和传播的欲望。在文学的层面，实现中华民族伟大复兴的中国梦，当然需要输入国外历代作家们的伟大创作，但最切合中华民族思想和精神特质的，符合中华民族思维和叙述范式的岂能是舶来品？唯有包括民间文学在内的中华民族宝贵而又崇高的文学传统，才可当此大任。

民间文学绝非普通的文学，它是一个民族或地区祖祖辈辈智慧的结晶，凝聚了民众集体的表演才华和宣泄意愿。与作家文学不同，民间文学的创编、演述、享用和修改等环节是同时进行的。在这一过程中，民间文学文本不断渗入主流意识形态，完成自我调节，迎合当下社会发展对文学的政治需求。秉承集体性的民间文学表达一个民族或地区共有的思想观念和情感态度；同时又是民众不可缺少的基本的生活样式，带有强烈的生活属性。民间的歌舞、说唱及其他口头演述和民众的生产生活方式融为一体，构成了带有审美情趣的日常生活图式。鞭挞、嘲讽、褒扬、歌颂等爱憎分明的民间文学题材永远是社会发展的正能量。在一定意义上，广大民众自发形成的民间文学活动就是社会主义核心价值观的形象阐发和弘扬。

民间文学的创作与传播和人们的生产生活融为一体并使生产生活具有了美感情趣。作为文学的民间口头样式，民间文学的结构形态及内涵呈现都是按照当地人传统的美感习惯设置和传习的，当地人在演述和传播自己最为熟悉的文学传统时，可以获得最大化的审美享受。民间文学的所有社会功能都是建立在其独有的审美性基础上的。美国民间故事学家珍妮·约伦（Jane Yolen）指出："无论是口头流传的故事还是写在书上的故事——是个好故事，这才是最要紧的。在书面故事这张广阔的锦缎上，同时也织入口头与记录的故事传统。梭子来回编织，将各种丝线混合在一起。现在，只有最孜孜不倦的学者才能追溯哪一条丝线源于何处。然而在这样做的过程中，这些分析学家和考证家们经常忽视了整匹锦缎的美。"① 民间文学的演述，便构筑起轻松、欢乐、温馨的民间场域，能使大家从紧张的工作节奏中暂时解脱出来，适时地放松心情，获得心身的愉悦和满足。社会主义核心价值观包含在民间文学文本之中，演述民间文学作为一种常见的审美活动，其实就是培育和践行社会主义核心价值观的过程。社会主义核心价值观由 12 个概念组成，本无所谓形象和生动，然而，一旦进入民间文学的审美范式，便成为一个传说、一则故事、一篇说唱、一折民间小戏，甚至是一句谚语，穿上了为人们喜闻乐见的文学外衣。民间文学作为一种不可或缺的生活样式，历来就不是一种单纯的以娱乐为目的的审美活动，而是沿袭了一种与历代人民的基本生活和文化传统浑然交合的发展趋向，并且连续性地自我完善，这种完善自然也包括中华民族基本价值观的强化和显现。我们的祖祖辈辈用民间文学这种古朴又易于接受的审美方式，传衍着富有中华民族特征的价值观念。也正是价值观渗入民间文学文本及演述当中，才显示出民间文学审美的正当性、合理性及持续发展的内在动力。

民间文学每个作品的具体内容各不相同，但其所体现的情绪、思想倾向、生活理想有一定的共同性。因此，在演述活动中，作品本身这种共同性经过演述者的发挥，很容易和听众（观众）发生心理共鸣，被听众（观众）接受，使"个体知觉变成集体知觉"，达到人们的共识和共有的精神趋同，即"共同感"或"我们感"。关敬吾在描写故事讲述活动中的这种情形时说："随着故事情节的发展，不管它的主人公是人，是动物，是天狗，还是老山妖，故事里的主人公、讲故事的人和听众们能完全融为一体。人们沉浸在故事里，形成了一种精神集体。"② 演述的过程，达至在场者的心灵，演述活动这种现场气息无疑起着将基本的精神

① ［美］珍妮·约伦：《世界著名民间故事大观》，9—10 页，上海，上海文艺出版社，1991。

② ［日］关敬吾：《日本民间故事选·致读者》，5 页，北京，中国民间文艺出版社，1982。

价值转化为叙事的作用，演述者和观众围绕共同的口头文学传统分享祖先遗留下来的智慧、知识、情感和文化认同。倘若在这一过程中有意识地注入和凸显社会主义核心价值观，可以达到意想不到的培育效果。

马克思和恩格斯早就认为：我们的历史是在目的十分明确的前提和条件下创造出来的，而"传统"正是这种前提和条件之一。法国著名社会学家埃米尔·涂尔干（Emile Durkheim, 1858—1917, 又译作迪尔凯姆、杜尔干）认为：社会现象是一种不依赖于人的主观意识为转移的客观存在，作为一种社会现象，民间文学不是某一个体的文化创建，而是先于任何个人的社会经验，因此，被视为历史文化的经典而受到崇仰。基于人们对本民族、本地区历史文化传统的眷恋和敬奉，民间文学对人们的精神洗礼和心灵净化的作用是显而易见的，其他娱乐形式是难以企及的。所以恩格斯高度称赞德国民间故事书的重要作用：德国故事书的一个神圣使命，宛如《圣经》一般，强化了农民明确的道德观念，使他意识到自己所拥有的力量、权利和自由，激发他战胜一切困难的勇气并唤起他对祖国的挚爱。在这里，恩格斯将民间文学视为思想启蒙的伟大篇章，赋予了民间文学思想道德教育的神圣使命，极大地提升了民间文学的政治地位。

总之，在新时期的民间文学中，社会主义核心价值观已然被涵化和内在化，从核心价值观的立场展开释听和释读，可以避免价值观宣传中可能产生的空洞与教条。民间文学通过说唱、表演和叙述等途径，将缺乏语境的核心价值观念演绎得真实可感、引人入胜，使社会主义核心价值观与民间及民族传统和日常生活紧密联系在一起。利用民间文学开展培育和践行社会主义核心价值观活动，可以在民间、民族和传统情怀的语境中，引导核心价值观进入人们的生活世界，并且在潜移默化和循循诱导中深入人心。

（原载《新视野》2015 年第 4 期）

民间文学研究者专题

郭沫若的民间文学研究

世界上许多伟大作家都同民间文学有着密切联系。郭沫若在他一生的创作和文学研究生活中，也广泛从民间文学中吸取营养，并且对民间文学提出了许多宝贵意见。郭沫若在这方面的遗产，就其丰富性和深刻性来说，在中国现代文坛，唯鲁迅和茅盾可与其媲美，他为建立具有我国特色的马克思主义民间文学理论体系打下了初步的基础。

一、郭沫若论神话传说

郭老对神话传说的研究是从 20 世纪 20 年代初期开始的。当时，在紧张的革命文化活动中，他一方面积极从中外神话传说中提炼创作素材，熔铸出《凤凰涅槃》《女神之再生》等一首首革命浪漫主义的不朽诗篇；另一方面重视神话问题的研究，发表了《神话的世界》等有价值的专门论文。1928 年，他第一个把马克思论及神话问题的重要著作《〈政治经济学批判〉导言》译为中文，同时开始运用马克思主义观点系统研究中国古代社会，对我国神话传说中的有关问题多有精辟考释。1930 年，郭老写成著名文艺论文《关于文艺的不朽性》，其中论述了马克思主义的神话观，并以之解释有关神话的一些重要理论问题，标志着他对马克思主义思想和方法的掌握、运用达到纯熟的地步。

郭沫若对神话传说的研究，自始至终以马克思主义思想为指导，这主要表现在以下三个方面。

首先，把马克思主义斗争学说运用到神话分析中，认为在神话的传播过程中，不可避免会打上统治阶级的烙印。神话传说的历史是中国神话演变过程中的一个特有现象，郭老将此现象置于奴隶社会和封建社会的大背景中去考察，从而揭示其内在实质。他说："关于神话传说可惜被保存的完整资料有限，而这有限的残存又为先秦及西汉的史学家所凌乱。天上的景致转化到人间，幻想的鬼神变成为圣哲。例如所谓黄帝（即是上帝、皇帝）、尧、舜其实都是天神，却被新旧史家点化成了现实的人物。"[①] 神话传说的历史化是统治阶级史学家有意识进行的。历史化是进入阶级社会以后，统治阶级文人根据其阶级需要篡改、利用神话为其服务的直接恶果。因此，这种形式的异变是对神话本质的异化，是导致中国神话消亡的重要原因。

郭老对中国神话传说中变异性问题的分析，最值得重视的是：他以马克思主义思想做指导具体分析神话传说在阶级社会中变异的复杂现象时，揭示了中国神话传说变异过程中统治阶级和劳动人民之间的尖锐的思想斗争。例如，关于女娲，早期作为母系社会的反映，曾为"至上神的天帝"。但到了封建社会中，在儒家经典里，就只提男性的伏羲而不提女娲了。对这一变异，郭老运用历史唯物主义的观点做出了正确的解释。

---

① 郭沫若：《古代研究的自我批判》，见《郭沫若全集·历史编》第 2 卷，北京，人民出版社，1982。

他说：

> 天帝化为夫妇，这是把民间传说和儒家思想杂糅起来了的结果。儒家思想重男轻女，如《周易·系辞传》，《荀子·成相篇》都只提伏羲而不提女娲。南方古代文物，保留着民间传说的成分较多，如《楚辞·天问》与马王堆西汉帛画，便是提女娲而不提伏羲，后来伏羲与女娲并提，是时于儒家思想让了半步。更后全部让步，女娲作为天帝的存在便渺茫了。①

儒家经典所记载的古代神话传说，必然会用儒家思想去改造它，因而表现出重男轻女的思想。而保留民间传说成分较多的《楚辞》及南方古文物，则努力保留了古代神话传说的原始面貌和精神，反映了人民的思想感情。从这里可以看出，我国神话传说的变异大体是沿着两条对立发展的线索——实质是两个阶级思想的对立斗争的线索进行的。郭沫若曾指出："一部文艺史也就是人民文艺与庙堂文艺的斗争史。"② 围绕神话传说变异问题的两个阶级思想的对立斗争，具体地反映了整个文艺史上两个阶级的对立斗争，这是自从"社会上有了统治者与被统治者的分化"以后所无法避免的。

其次，以唯物辩证法为指导，把神话的研究与历史、古文字及出土文物的研究有机结合起来，以历史科学的成果为根据，以出土文物为实证，考辨、阐释神话传说中的问题，从而形成自己独特的研究风格和方法。

关于古代神话传说创生年代的考定，涉及对神话传说内容、性质、真伪等的理解，是古代神话传说研究中一个十分重要的问题，也一直是

---

① 郭沫若：《出土文物二三事》，北京，人民出版社，1972。
② 参见郭沫若：《人民的文艺》，见《郭沫若全集·文学编》第 19 卷，542页，北京，人民文学出版社，1992。

一个难解的问题。郭老把这一问题的解决与历史科学、古天文历史的研究结合在一起，从而使一些难题得到了较好的解决。例如，关于十日传说的创生年代，《淮南子》"定在唐尧时代"。而郭老断定它"必为殷人所创生"。理由是：第一，《山海经·大荒东经》说："有女子名曰羲和，方浴日于甘渊，羲和者帝俊之妻，生十日"。帝俊即帝喾。"帝喾为殷人所自出，则十日传说必为殷人所创生而以之属于其祖者矣。"第二，十日的传说，"必在数字观念已进展于十而后可能"。"古人以三为众，数欲知十，殊非易易（今之野蛮民族中犹有以七为最多者）。"由此也可以看到，有十日迭出的传说，也就会有以十日为一旬的历制。"殷人月行三分制，十日为一旬，……周人月行四分制，曰初吉，曰既生霸，曰既望，曰既死霸，与近人之星期相类。"① 第三，《山海经·大荒西经》说："有女子（名曰常羲），方浴月；帝俊妻常羲，生月十有二。"由此，郭老指出，不仅太阳是帝俊的儿子，月亮也是帝俊的女儿，……准十日为一旬，天上有十二个月亮在轮流值月。这很明显是有了岁月旬日的历术之后，才有这些神话式的传说产生。这就是这个传说产生于殷代的证据。② 郭老关于这一问题的考辨显然是以他关于古代天文历术的研究成果为主要证据的，因而富有科学性，具有很强的说服力。

最后，郭老在神话传说研究中，坚持人民创造历史的唯物主义观念，反对英雄创造历史的谬论。他曾写道：

> 由传说的积极一面的精神来看，它标志着"人定胜天"——人能够和自然界斗争，并矫正自然界的不守秩序。这是自有人类以来的人民创造历史的不断过程，这是可取的一面。但故事却把这种精神归之于"善射"的羿，和有"圣德"的尧，那就是英雄创造历史

---

① 《郭沫若全集·文学编》第 14 卷，374—375 页，北京，人民文学出版社，1982。

② 参见郭沫若：《出土文物二三事》，北京，人民出版社，1972。

的唯心史观了。其实即使羿这个人果真存在，果真善射，他所用的弓矢不是什么"帝俊"所赐，而是劳动人民所创造的，射的技巧也是几十万年来人类在渔猎生活中的经验积累，这些都绝不是一个个人英雄所能独创的。何况征服旱灾是劳动人民的水利工程……浇水、打井、凿塘、筑堰等等的劳绩，也绝不是弓矢所能办到的。①

郭老的这段话是由 1969 年 11 月河南省济源县（现济源市）汉墓中出土的一株陶树及与此有关的射日故事阐发而来的。在此，既充分肯定了这个神话传说所代表的积极精神——"人定胜天"的思想，又批判了其中所宣扬的有才干的英雄个人创造历史的唯心史观，从而剔除了我们所应当批判的思想糟粕。

二、郭沫若论民间文学的价值

1958 年，《民间文学》编辑部就民间文学的搜集整理工作向郭老请示了六个问题，其中有一个就是关于民间文学的价值问题的。

> ……有人认为民间文学的价值主要在于文学方面，有人认为民间文学的价值主要在于科学方面，您看究竟以何者为主？
>
> 答：从文学研究看，是很好的资料；从科学研究来看，也是很好的资料。研究文学的人可以着眼在其文学价值方面，研究科学的人可以着眼在其科学价值方面。可以各有所主，没有一个秦始皇可以使它定于一尊。②

在这里，郭沫若是把民间文学的科学价值和文学价值同等看待的。仅从郭老对我国古代神话传说的研究中便可窥一斑。他把我国古代神话

---

① 参见郭沫若：《出土文物二三事》，北京，人民出版社，1972。
② 《郭沫若全集·文学编》第 17 卷，348 页，北京，人民文学出版社，1982。

传说分为两种：一种是人为的传说，一种是自然发生的传说。人为的传说是后人假造的，"是周秦之际或其后学者们所拟定的一种考古学般的推察"。自然发生的传说"是包含着一定影史的，绝对的年代虽然不能知道，相对的年代则大抵可以征考"。由此他提出："利用传说研究古代不一定是全然悖理的"①。事实上，郭老在他的中国古代社会研究中就是把唐尧禅让的传说当作原始公社制存在的"典型的证据"②，把尧舜禹传说里关于二头政长制的记载，当作氏族社会的影子看待，并以此来证明中国确实有过氏族社会的存在。在《中国古代社会研究》一书里，郭老还以有史以前的传说为证，划分了原始社会婚姻演进的阶段。他写道："中国有史以前的传说，其可信者如帝王诞生之知有母而不知有父，而且均系野合，这表明社会的初期是男女杂交或血族群婚。递降如二女传说则是表明社会已进展到亚血族群婚的阶段。"③ 二女传说讲的是：尧的女儿娥皇、女英为姊妹而以舜为公夫，舜与象为兄弟而"并淫"，反映的就是亚血族阶段的婚姻关系。关于神话传说中对我国上古婚姻习俗的记载，郭老在《甲骨文研究·释祖妣》里更有具体的阐释，由这些分析阐释中，我们可以比较具体地得知中国以至人类婚姻、家庭演进的"邮程"。

我国第一部诗歌总集《诗经》，尤其是《国风》，保存古代社会中的史料最多、最完整。郭老在自己的先秦历史研究中充分利用了这些资料。比如《大雅·生民》是一篇传统史诗，他认为"传说的原始性保存得很浓厚"，虽就能当作历史看，但从有关后稷的传说中却可以看出周初的农业状况，甚至看出"一个原始社会的远景"。经过悉心研究，郭沫若得出周代社会的农业已经相当发达，《诗经》中的周诗歌咏农事的特多，而且都是皇皇巨制。例如，《豳风·七月》等诗反映了农业生产工具的

---

① 《郭沫若全集·文学编》第 11 卷，3 页，北京，人民文学出版社，1982。
② 《郭沫若全集·文学编》第 17 卷，63 页，北京，人民文学出版社，1982。
③ 郭沫若：《五帝时代与彭那鲁亚制家庭》，见《中国古代社会研究》，上海，上海书店，据群益出版社 1947 年版影印。

发达，可以想见当时农业空前的盛况。在《诗经》中还可以看出当时的徭役、兵役、征伐、额外剥削等现实。郭沫若通过这些民间文学材料与《卜辞通纂》《书经》《易经》等古籍一并加以考辨，证明了马克思、恩格斯时代未能涉及的东方奴隶制问题，并对中国历史的断代做出了科学的论断，这就使他的史学研究具有划时代的开创意义。郭老在古代文字资料缺乏，史无征引的情况下，重视并利用民间文学这笔宝贵财富，对中国古代社会历史研究做出了巨大贡献，为后世提供了光辉的典范。

另外，郭沫若还充分认识到民间文学的政治作用。他说："民间文艺是一面镜子，照出政治的面貌来。这个道理，并不是今天才发现的，古人也早已有此见解。据说古代统治者派遣采诗官，采集诗歌在朝廷演奏，借以明了民间疾苦。"① 过去的统治者从巩固自身的统治出发，对民间文学的政治价值的估价确实很高，然而除历史上少有的清明盛世偶有提倡外，绝没有认真地去实行过。要真正认识到民间文学的政治价值，则只有在人民当家作主的新社会才有这种可能。

三、郭沫若论民间文学与作家文学的关系

民间文学和作家文学的关系，是文学理论和文学发展史上的重要问题之一，这个问题具有重要的理论和现实意义，郭沫若对民间文学的论述中这个问题也占有重要地位。

郭沫若在20世纪40年代的许多文章中都论及民间文学和作家文学的关系问题，主要从整个文学发展着眼，对民间文学在文学史上所起的作用给予很高的评价。他指出：在中国文学史上，民间文学是"文艺的主流"，它和人民大众的文艺"始终是浩浩荡荡的主流"，包括各种文艺形式都起于民间。以中国古典诗歌而论，四言、五言、七言等形式，都起于民间，楚辞、乐府、词曲、杂剧以至小说，均由民间形式发展而来。

---

① 郭沫若：《我们研究民间文学的目的》，见《民间文艺集刊》第一集，9页，上海，上海文艺出版社，1981。

他在研究中国文学史中一些带有规律性的特点时，甚至把从《诗经》到《楚辞》的发展称之为"文学革命"。他说："屈原的文学革命便是采用了民间体，扩大了民间体，而形成了一种特殊的形式。"①《离骚》体裁宏大，形式不拘一格，比《诗经》时代古板的四言诗形式更具"革命性""特创性"。据此，郭沫若赞扬屈原说："他解放了中国的诗歌，利用了民间歌谣，创造并完成了中国的一种诗体。这种功绩在历史上真是千古不朽。"②

与此同时，郭老还指出：大凡一种文艺新形式的成熟，艺术上的锤炼、完美，都离不开作家文学对民间文学的"提炼、吸取、综合、创造"。③《诗经》中最有文学价值的是"国风"，"'国风'是当时（春秋末，战国初）的民歌民谣"；屈原写《离骚》是采用了民间的文学形式而又把它发展了的。"两汉遗留给我们的有价值的文学作品是乐府。而乐府正是从民间来的诗歌"。明清小说，如《水浒传》《西游记》《三国演义》《红楼梦》等，"都是承袭了民间传统，如变文、评话等创作出来的中国文学史上的伟大成就"④。鉴于民间文学与作家文学的密切关系，郭老曾大声疾呼：一切人民的作家，要到民间去，向人民学习，学习民间文学的优点，发展创造革命内容与民族形式相结合的"为中国老百姓喜闻乐见的"崭新的人民文艺。

民间文学在形式方面不断为作家文学提供新鲜体裁，这在我国古代文学史上是一个突出现象。这一点一些学者，如胡适、梁实秋等，也是

---

① 郭沫若：《屈原身世及其作品》，见《屈原研究》，上海，新文艺出版社，1953。

② 郭沫若：《屈原的艺术与思想》，《郭沫若全集·文学编》第19卷，北京，人民文学出版社，1992。

③ 郭沫若：《郭沫若全集·文学编》第17卷，154页，北京，人民文学出版社，1989。

④ 郭沫若：《我们研究民间文学的目的》，见《民间文艺集刊》第一集，9页，上海，上海文艺出版社，1981。

承认的。比如胡适就说："一切新文学的来源都在民间。民间的小儿女，村夫农妇，痴男怨女，歌童舞妓，弹唱的，说书的，都是文学上的新形式与新风格的创造者。这是文学史的通例。"① 由此可看出，胡适对民间文学形式在文学史上的作用，评价是很高的，但这评价也仅限于形式，因为他对民间文学的内容是鄙薄的，他所谓"平民文学"也不是从生产者艺术的本质着眼，而主要是看它形式的通俗，这是一些资产阶级文人作家常有的观点。梁实秋在这个问题上说得很露骨，他说："歌谣的采集，其自身的文学价值小，其影响及于文学思想者甚大。"② 这显然是对民间文学的歪曲。郭老和他们的立场、观点根本不同。即使在形式问题上，郭老也是以阶级分析为依据的，不仅看到文人有取用民间文学形式的情况，而且看到文人作家的阶级立场和文学趣味的影响，他们有扼杀、践踏民间文学的情况。他指出：一种民间文学形式到了贵族文学家手里，无一不被弄得日益没有生气，日趋于没落。例如，由骚体发展而来的两汉辞赋，铺张扬厉，繁文缛节，形式主义发展的结果，最后成了辞藻堆砌的文字游戏，导致汉赋这种形式的枯萎。而"中国的文艺遗产，只要没有脱离人民生活，没有脱离人民言语的那一部分，永远有价值、有生命的精华"③。

郭沫若还以自己的创作实践来论证民间文学与作家之关系。郭老在他的自述中，多次谈到民间文学对自己的影响。根据他的回忆，儿时印象特别深刻的有：田里农夫插秧时唱的秧歌，大渡河上船夫拉纤划船的号子，兄弟姐妹一块儿坐在月夜里唱的儿歌《月儿光光》《月儿走》，皮影《杨香打虎》，童话故事《熊家婆》等。他说：那时的欢乐真如"天国"一般，说白与唱口相合成的"圣俞善书"往往讲得人下泪。这些民

---

① 胡适：《白话文学史》，见《胡适文集》第 8 册，160 页，北京，北京大学出版社，1998。

② 梁实秋：《现代中国文学之浪漫趋势》，载《晨报副镌》，1926 年 2 月 15 日。

③ 郭沫若：《走向人民文艺》，见《郭沫若文集》第 13 卷，316 页，北京，人民文学出版社，1961。

间文学对引导少年郭沫若走上文学道路的作用是毋庸置疑的。另外，他在家塾里所熟读的，如《诗经·国风》《庄子》、屈赋及民间乐府等，那里面就保留了我国古代丰富的民间文学宝藏。这些作品对郭老思想、艺术秉性及民族风格的形成，可以说都起过关键性作用。无怪乎他的诗篇和历史剧往往从我国古代传说或历史故事中吸取英雄的灵感，具有悲壮的气氛。可以说，没有民间文学的滋养和哺育，郭沫若就不可能成为一个具有民族风格的浪漫主义诗人和剧作家。

郭沫若对民间文学的论述十分广泛，这些论述尽管零散地发表在不同的文章中，但总体来看，却存在内在的联系。上面介绍的只是他谈得较多的一些问题，其他像关于文学的民族化、大众化问题，关于收集、保存和发展民间文学，关于在文学创作中如何具体吸收民间文学营养的问题，关于文人著作中记录、采用民间文学往往因润色而失去其本来面目的问题等，他也都提出了很重要的意见。尤其难能可贵的是，在中华人民共和国成立后，他为我国民间文学事业做了许多具体工作，曾担任了全国文联主席兼全国民间文艺研究会主席双重职务。1950 年，郭沫若在全国民间文学研究会上的讲话《研究民间文学的目的》，可以说是当时指导民间文艺工作的重要文献，也是他有关民间文艺理论与经验的概括。郭沫若对民间文学的论述，至今仍是我们研究民间文学时值得加以重视的地方。

（原载《郭沫若学刊》1994 年第 3 期）

试评郑振铎俗文学研究的成就与不足

五四新文学运动的一个根本任务是破除旧文学，开创新文学。如何建立新文学，其途径不外乎两方面：一是向西方学习，一是把不登大雅之堂的而又为广大平民喜闻乐见的文学奉至正统文学的地位，吸取这类文学的营养并为其正名。于是大量搜集民间作品，在创作中有意模仿民间文学，就成为 20 世纪二三十年代强大的文艺思潮。正是在这一文学背景下，"俗文学"的概念应运而生。1938 年上海书店出版了郑振铎《中国俗文学史》，正式建立了中国"俗文学"学科。

"俗文学"学科的建立，是文学运动发展的产物。随着民众意识的觉醒，庙堂文学独霸文坛的"专制"状况必然首先会受到冲击。民众需要自己的文学，那些受到五四民主思想影响的知识分子的目光自然便投向平民文学，平民文学或类似于平民文学的文学纷纷变成铅字，出现于报纸杂志，为整个社会群体所认可。然而，要展示俗文学的实力，必须要有一部俗文学史，郑振铎先生主动承担并完成了这一任务。《中国俗文学史》的诞生，标志着俗文学对庙堂文学的漫长斗争取得了划时代的胜利。这部上下两册的巨著，是当时任何一部正统文学史所无法匹敌的。无怪乎郑先生无比自豪地说："'俗文学'不仅成了中国文学史主要的成分，且也成了中国文学史的中心。"①

郑振铎先生之所以能将俗文学展示得如此宏阔，一方面，是与他对俗文学的酷爱和正确认识分不开的。他在《插图本中国文学史》前言中说："难道中国文学史的园地，便永远被一般喊着'主上圣明、臣罪当诛'的奴性的士大夫们占领着了么？难道几篇无灵魂的随意写作的诗与散文，不妨涂抹了文学史上的好几十页的白纸，而那许多曾经打动了无数平民的内心，使之歌，使之泣，使之称心的笑乐的真实的名著，反不得与之争数十百行的篇页么？"② 这种对俗文学优越性的认识极为深刻，道出了两种不同性质文学的实质区别。另一方面，也与他对俗文学的深入发掘分不开。郑先生是现代文坛最早全面搜集、整理俗文学的人之一。诸如佛曲、弹词及鼓词之类，一直未引起文人的注意，郑先生首先将其纳入俗文学，并予以高度评价。他在《西谛所藏弹词目录》一文开头便说："为弹词作目录，恐将以此为第一次。弹词的重要，决不下于小说与戏曲，其中几部著名的作品也可与小说戏曲中之最好者相提并举。"郑先生对俗文学许多领域的研究都具有开拓性意义。

通过对中国文学发展史全面系统的考察，郑振铎先生认识到作家文学在艺术形式上无一例外地都来源于民间文学。就小说而言，"它一开头就不是由几个有才能的文人创作出来的，而是从民间来的，是口头流传的，它最早是群众文娱活动的一种"；如今精致的戏曲也是从"民间粗

---

① 郑振铎：《中国俗文学史》，1页，北京，中央编译出版社，2013。
② 郑振铎：《插图本中国文学史》，"前言"2页，北京，北京出版社，1998。

野的戏曲"演变来的;① 诗歌更是如此,作为中国古典诗歌两大起点的《诗经》和《楚辞》,前者采用长江以北的人民的歌谣,后者则运用了楚国人民口头歌唱的形式。一般认为"词"属文人的创造,而郑先生不以为然,他认为"词就是诗的一种体裁",是必须按谱(曲)填写的,而词曲的主要来源之一为"民间歌谣如刘禹锡、白居易的《杨柳枝》《竹枝词》"②。关于这一点,郑先生在另一处说得更明白:"许多的正统文学的文体原都是由'俗文学'升格而来的。像《诗经》,其中的大部分原来就是民歌。像五言诗原来就是从民间发生的。像汉代的乐府、六朝的新乐府、唐五代的词,元、明的曲,宋、金的诸宫调,哪一个新文体不是从民间发生出来的。"③ 俗文学就是这样源源不断地向作家文学灌输着新的血液。若没有俗文学的滋养,中国作家文学就不可能取得辉煌成就。这一点,郑先生看得非常清楚,他说:"有一个重要的原动力,催促我们的文学向前发展不止,那便是民间文学的发展。"④

郑振铎先生在俗文学领域的贡献,不仅在于他以俗文学的"实力"为其在整个文坛争取了一席之地,还在于他对俗文学内部因素的认识。他说:"原来民间文学这个东西,是切合于民间的生活的。"郑先生在 20世纪 30 年代初期就已看准了俗文学与其他文学的根本区别,抓住了俗文学最为本质的特征,这就是说俗文学是切合民间生活的,与广大劳动人民的生产斗争和劳动生活紧密相连。在后来的《中国俗文学史》中,郑先生又把"大众的"视为俗文学的第一大特征。他说,"俗文学是出生于民间,为民众所写作,且为民众而生存的。她是民众所嗜好的,所喜悦的;她是投合了最大多数的民众之口味的。故亦谓之平民文学。其内容,不歌颂皇室,不抒写文人学士们的谈穷诉苦的心绪,不讲论国制朝

---

① 参见郑振铎:《接收遗产与戏曲改进工作》,载《光明日报》,1950 – 11 – 27。

② 同上。

③ 郑振铎:《中国俗文学史》,1 页,北京,中央编译出版社,2013。

④ 郑振铎:《插图本中国文学史》,10 页,北京,北京出版社,1998。

章，她所讲的是民间的英雄，是民间少男少女的恋情，是民众所喜听的故事，是民间的大多数人的心情所寄托的"①。这种对俗文学内容方面特征的理解，即使在现在看来，也是极为精确而深刻的。

郑振铎先生还致力于俗文学本体论研究，对俗文学的外部特征有精辟论述，表明他对俗文学的范围已有了清晰的界定。在《中国俗文学史》的"第一章"，他说，俗文学"是无名的集体的创作。我们不知道其作家是什么人。他们是从这一个人传到那一个人；从这一个地方传到那一个地方。有的人加进了一点，有的人润改了一点。我们永远不会知道其真正的创作者与其正确的产生的年月的。也许是流传得很久了；也许是已经过了无数人的传述与修改了。到了学士大夫们注意到她的时候，大约已经必是流布得很久、很广的了"②。在这里，郑先生阐明了俗文学创作方式上的集体性及匿名性特征，肯定了俗文学由集体创作、集体流传，为集体服务并为广大人民所共有，广大民众既是俗文学的作者，又是传播者和享受者。紧接着，郑先生又说：俗文学"是口传的"。"她从这个人的口里传到那个人的口里，她不曾被写了下来。所以，她是流动性的；随时可以被修正，被改样。"③ 这段文字道明了俗文学的两个基本特征，即口头性和变异性。关于变异性，郑先生在另一处也有说明："随了时代的进展，他们（俗文学）便也时时刻刻的在进展着。他们的形式，便也是时时刻刻在变动着，永远不能有一个一成不变后永久固定的定型。而民众的生活又是随了地域的不同而不同的，所以这种文学便也随了地域的不同而各有不同的式样与风格。"郑先生的这些观点与现今我们对民间文学特征的认识是大体一致的。在 20 世纪 30 年代，还没有哪位作家和学者对俗文学的特征阐述得如此系统、明确和有深度。无疑，现今对民间文学的认识和界定，在很大程度上是建立在此基础上的。在

---

① 郑振铎：《中国俗文学史》，2 页，北京，中央编译出版社，2013。
② 同上书，2 页。
③ 同上书，3 页。

中国民间文学研究史上，郑振铎先生应占有重要的一章。

在五四时期，当其他学者正努力搜寻俗文学材料的时候，郑振铎先生已注意到研究俗文学的方法问题，在《研究中国文学的新途径》一文中，把方法比作农民种田用的"镰刀与犁耙"，强调说："我们对于中国文学的研究，如果没有镰刀与犁耙，那便无从动手。"① 他提出研究要走新途径，必须走两段路，即"归纳的考察"和"进化的观念"。"归纳的考察"的条件是有足够的材料依据，"等到证据或材料归纳得有一个结果了，于是他的定论才可靠成立，他的研究才可告终结"。郑先生潜心《中国俗文学史》的写作，除了要向世人展示中国俗文学的久远和丰厚外，大概还有另一个目的，就是要向大家提供研究的依据，为"归纳"提供前提。"归纳的考察"方法至今仍有用武之地，还有许多俗文学资料必须去发掘，已发现的需要我们去整理，去做"史"的探索。任何一门学科要能立得住，就必须有自己的历史。"进化的观念"是指文学现象是一个不断演变的过程，它有自身的发展历史。基于这一种认识，郑先生往往采用类比和溯源的研究手法，探寻某些具体的俗文学作品的演进轨迹及同类故事间的互相影响。郑先生在 1932 年写了一篇极有趣味的论文《蝴蝶文学》，在这篇文章中，作者对包含有灵魂化蝶情节的许多中日民间故事进行了比较研究，揭示了中日民间普遍的蝴蝶为魂所化的思维定式和蝶与灵魂崇拜的密切关系。1929 年郑先生在《小说月报》上发表了《老虎婆婆》一文，他说："《小红冠》式的猛兽，变了人——常常是老太婆——去吃小孩子的故事，是世界各处都有存在着的。中国式的《小红冠》故事，与欧洲式的《小红冠》故事其间区别得很少。不过欧洲式带些后来附加上去的教训意味，中国式则无之，而欧洲式的小孩子为一人，中国式的小孩子常为二人而已。"作者不仅比较中外"狼外婆"故事的异同，还稍稍梳理了此类故事的演变脉络。郑先生的这类论

---

① 郑振铎编：《中国文学研究》，6 页，上海，上海书店，1981。

文，开创了民间文学比较研究法的先河，也为"AT"分类法的产生提供了具体依据。在《孟姜女》一文中，郑先生通过考察万喜良姓名的来历，总结了民间传说演变过程中的一个常见现象，他说："如果我们肯费了一番工夫，去搜寻各地的民间传说，一定更可以得到无数的由古书中所叙的短故事蜕化出来的传说。（这个工作我觉得是很有趣味的，不知各地有人高兴去做否？）由此可知，民间传说的一部分，固然常被文人采取而写在纸上，却同时也有许多书籍上的故事，被民间所流传，辗转重述，而成为传说的一部分。"可惜我们现在很少有人继续从事这方面的研究。郑先生还曾对著名的中山狼故事的变异过程进行考察，为了昭示这一故事因为地方的不同，是如何变异的，他还将所知各地流传的这个故事的概要，列了一张表。这种图解的研究手段在当时还很少有人使用。这篇文章的最后，郑先生欣喜地说："把中国各地传说依同样的方法去研究其根源与变异，那不是一件很伟大很有趣的工作么？"他的"进化的观念"在俗文学作品的研究中获得了具体显现。

1927 年，郑振铎曾编集了一部论文集《中国文学研究》，其中的论文有相当一部分是关于俗文学的。例如，刘经庵的《中国民众文艺之一斑——歌谣》，汪馥泉的《民歌研究的片面》，褚东郊的《中国儿歌的研究》，徐傅霖的《中国民众文艺一斑——滩簧》，钟敬文的《中国疍文学一脔——咸水歌》等，郑先生自己的论文绝大多数也是对俗文学的微观阐释。可见，郑先生在写《中国俗文学史》之前，就有意识地在倡导和组织对俗文学的研究，试图建立一个俗文学的理论体系。

郑先生对俗文学的研究，主要集中于二三十年代，由于时代的局限，其俗文学的理论难免有不足之处。当时文坛，俗文学、平民文学、民间文学、大众文学、通俗文学及"野草"文学等之间并无明确界定，常常混为一谈。郑先生自然也不例外，他不可能超越时代而把俗文学从民间文学中分离出来；加上为俗文学立身的需要，这类文学被当作反抗正统文学的工具，为壮大其声势，人们也无意去辨识它们之间的微妙区别。

正如郑先生在《中国俗文学史》"第一章"说的，"中国的'俗文学'，包括的范围很广。因为正统的文学的范围太狭小了，于是'俗文学'的地盘便愈显其大，差不多除诗与散文之外，凡重要的文体，像小说、戏曲、变文、弹词之类，都要归到'俗文学'的范围里去"。郑先生从文体上把"俗文学"分成五大类：第一类，诗歌（包括民歌、民谣、初期的词曲等等）；第二类，小说（指"话本"，即用白话写成的小说）；第三类，戏曲（戏文、杂剧、地方戏）；第四类，讲唱文学（也就是现在所说的说唱文学，包括变文、诸宫调、宝卷、弹词、鼓词等）；第五类，游戏文章。

按现在的观点，这一框定显然太宽泛，把俗文学和通俗文学等同起来了，甚至把士大夫阶级、上层贵族创作的带有民歌风味和以白话写成的志怪、志人小说及游戏文章也包括在内。这样尽管壮大了"俗文学"的队伍，但也给研究带来了困难。郑先生在《中国俗文学史》"第一章"，对俗文学下了这样的定义："'俗文学'就是通俗文学、民间的文学，也就是大众的文学。"只要是通俗的、下里巴人的，皆可纳入俗文学，故而郑先生将神话排除于俗文学领域之外。单凭"通俗"来确定一个学科的内容和范围是不够的，况且"通俗"本来是一个软指标。譬如神话，在滋生神话的原始时代必然是通俗的，现在却艰涩难解。再如地方戏，其通俗性也只能就地域而言。

任何一门学科，如果没有明确或比较明确的范围，便失去了其存在的价值，也就不可能得到发展。这就是通俗文学学科研究一直停滞不前的原因。事实上，"俗文学"这一概念并未获得普遍接受和运用，郑振铎自己在以后的文章中也很少提及。相反，由于"民间文学"这一名词的使用频率极高，其内涵及外延越来越明确，民间文学便淹没了俗文学的地位，成为大众文学中的一门独放异彩的学科。

1983年全国俗文学学会成立后，俗文学研究工作有了一定进展。但仍有不少学者认为俗文学从属民间文学，是民间文学的一个分支，这实际是在重蹈郑振铎等前辈的覆辙，取消俗文学作为一门独立学科的价值。郑先生受当时社会条件和学术状况的种种限制，尤其是民间文学的研究还处于初期阶段，他只能给俗文学下一个广义的定义。毋庸讳言，我们现在对俗文学、民间文学及通俗文学的界定也是不明晰的，这说明它们之间确有许多相通之处。然而毕竟现在学科设置越来越趋于精密，民间文学作为一门独立学科的地位早已确立。俗文学应是与其并存的一个学科。事实上，在与正统文学并立的、为广大人民喜闻乐见的文学中，除了那些集体创作并口耳相传的民间文学外，还有许多是作家创作或改编的书面文学，如明清时代的"三言""二拍"以及《桂枝儿》《山歌》《聊斋弹词》等。这类通俗易懂，主要供广大百姓消遣的文学，就应属俗文学。《今古传奇》《传奇故事》《章回小说》《通俗小说选》等刊物登载的作品即为此类。除小说以外，还包括各地民间的演唱形式、通俗歌曲，以及相声、小品的脚本，等等。

要确立俗文学的学科地位，就要划清它与民间文学的界线。首先，民间文学所包蕴的文化内涵往往是传统的，其内容情节有较大的稳定性，即便有变异，"主干"依然如故；而俗文学更多的与社会思潮、民众心理密切相关，因此，俗文学表现的内容往往更现实些。我们开展对俗文学探讨研究的意义，也主要体现于能揭示改革开放浪潮中民众普遍的思想活动、心态及观念之嬗变和弘扬民族文化等方面。这也符合郑振铎先生所谓的"进化的观念"。

其次，这两种文学流传的地域不同，前者主要兴行于乡村，乡村是我国民间文学产生和传播的最大市场，民间文学是广大农民生产和生活的有机组成部分。目前各省编集的《中国民间文学三套集成》中的绝大部分作品就来自乡村。后者则主要遍布于城镇，在广大市民中流传。俗文学之"俗"，除了有通俗义外，还含世俗、俗气之义；俗气者，小市民也。故而俗文学的绝大部分读者是市民阶层。他们与"土"文学——民间文学的读者群构成了我国最大的文学创作与接受群体。

一般说来，城市较之乡村，更易接受新事物。各个城市由于所处地理位置不一，有的在内陆，有的在沿海，有的为全国政治文化中心，有的为经济中心，有的以古都著称，有的以商业发达闻名，如此等等，这就使得俗文学与民间文学一样，具有鲜明的地域性特征，不同的城市因其环境（自然的、人文的）差异，导致其居民观念、心态、生活习惯、风俗等的不同，这些都会在俗文学中表现出来。另外，城市居民的文化素养比乡村农民普遍要高，因此他们的审美趣味就超出了"土"的层次，已不是纯粹的"下里巴人"了。

我们对俗文学的研究，从郑振铎先生到现在，中间有一大的断层。在相当长的一段时期，俗文学被认为是资产阶级的东西而无人敢问津。文艺理论工作者只视民间文艺是劳动人民喜闻乐见的，而视俗文学于不顾。迄今为止，中国俗文学研究的重要成果，除郑先生的《中国俗文学史》及20世纪40年代杨荫深的《中国俗文学概论》外，几乎是空白。然而，没有研究或缺少研究并不等于俗文学就没有发展。俗文学自身的发展一直没有中止。尤其是在改革开放后，俗文学的发展更为繁荣。因此，我们不仅要加强对古代、近代俗文学的研究整理，对现当代俗文学的研究也应成为一个主要任务。相对民间文学而言，俗文学更贴近时代脉搏，变化更频繁，也更易失传，这给搜集工作带来一定困难。既然郑振铎先生为我们开创了这门学科，并给我们的研究指明了方向，并做了许多具体示范，那么，我们就有信心弘扬我们的俗文学事业。

（原载《南昌大学学报》1994 年第 2 期）

钟敬文民间故事研究论析

——以二三十年代系列论文为考察对象

　　早在 20 世纪初叶，钟敬文先生就曾倾心于民间故事的研究，撰写了一系列民间文学方面的经典论文。到了 21 世纪，这些论文仍闪烁着耀眼的学术光辉，其中大部分的论点、论据和论证至今也没有被超越，诸如《中国的天鹅处女型故事》《中国的地方传说》《槃瓠神话的考察》《老獭稚型传说的发生地》《中国的植物起源神话、传说》《中国民间故事型式》《中国的水灾传说》《蛇郎故事试探》《中国民间传承中的鼠》等，目前仍处于学术前沿地位。即便是表述的语言，也未显丝毫的"老态"，依然是那么的"鲜活"，甚至可称得上是"现代"。钟先生自己也说："这里的有些篇章用力颇勤，曾受到国内外学者的注意"，"在杭州、东京时所写作的一些论文，不管结论是否正确，在写作态度上是严肃的，在论证上是比较认真的。这是随着自己学术眼界的扩大和专业知识的增进所带来的一些新成就。"① 下面从三个具体的方面，谈谈钟先生研究民间叙事文学的高超技艺和严谨的治学态度。

一、关注故事类型比较研究中"差异"

民间故事中具有某种雷同或相似因素的各个作品的集合构成了"异文群"，一种异文群可称之为某一故事类型。对故事类型的研究形成一种专门的方法，即"类型学"方法。这是故事学比较研究的基本方法之一。钟敬文先生是我国民间故事类型学研究的开创者，上面列举的他早期的一系列论文，皆可视为运用这种方法的经典之作。

1928 年，钟敬文先生、杨成志先生合译了《印欧民间故事型式表》，1931 年钟先生又撰写了《中国民谭型式》，即《中国民间故事型式》，原计划写 100 个，后因故只做完了 45 个。这 45 个型式的确立，尽管参照了《印欧民间故事型式》，但却是对中国民间故事开拓性的系统的立型归类，在我国故事学研究史上具有划时代的意义。此成果译成日文后，在日本学术界产生了很大的影响。当时，日本的民俗学家也刚刚走上比较故事学研究的道路。钟先生自己也说："我在 30 年代初制作和发表的类型，虽数量不多，在时间上却是领先的。"② 这一基础性的工作也为钟先生本人日后的故事学研究做了良好的准备。当时，钟先生对我国许多著名的故事类型进行了专门的论述，如老獭稚型、灰姑娘型、老鼠嫁女型、天鹅处女型、蛇郎型、田螺精型、呆女婿型等。

故事的类型只是钟先生进入故事研究的起始和前提，或者说钟先生是从"类型"的角度对所考察的故事进行框定的。一个个不同的故事类型构成了钟先生故事研究的具体的目标和对象。每个故事类型都有自己

---

① 季羡林主编：《民间文艺学及其历史》，"自序"6、11 页，济南，山东教育出版社，1998。

② 同上书，11 页。

独特的可供阐释的空间，钟先生充分把握并根据这种"独特"，选择和运用了相应的解读故事的方法和手段。可以说，是研究对象即故事类型的差异性导致了研究方法和手段的差异。1996 年 9 月，钟先生在北京师范大学举办的"中国民间文化高级研讨班"上的讲话，有一段话做了个案式的诠释：

> 又如灰姑娘的故事，外国人搜集了很多故事异文，但我若研究这个故事，大概会从社会、家庭来看，它说明了什么，里边透露了什么信息。我初步这样考虑，母亲爱她亲生的女儿，这是血缘关系，再一个是财产分配问题，如果不将非亲生大女儿排除出去，那她也要占一财产份额。当然还不只这两点。这就是我与其他用众多故事比较同异的研究方法不一致之处，我注重从故事所体现的意义上分析，这也是一种思考问题的方法。①

钟先生根据故事类型本身的内容和意义来确定研究的方法及手段。因此，同样是故事类型的研究，方法及手段则呈现极大的差异性和多样性。而且这些方法及手段大多被精彩而又细腻的阐释所掩盖，给揭示和归纳带来一定的困难。

当然，导致这种困难的真正原因还在于钟先生对故事类型内部差异性的关注。根据以往世界故事学的研究途径，如果仅从类型的角度，即从雷同或相似的因素来解读故事，那么在比较研究中可以借助的方法大概也只有故事结构形态分析方法、历史地理学派研究方法以及流传学派的研究方法等数种。毋庸讳言，钟先生曾受到这些流派的影响，并对这些流派的方法加以合理的而非机械的运用。钟先生的故事学研究没有被这些外来的方法所局限，更没有刻意标榜和宣扬自己的研究使用了哪些

---

① 钟敬文：《对当前民俗学一些问题的意见》，见《中国民间文学讲演集》，136 页，北京，北京师范大学出版社，1999。

方法，而是将这些方法渗透于字里行间，为具体的阐释服务。在钟先生的论著里，研究方法不是框框、不是套路，不是表层的和外显的，大多情况下也不是单一的；他的故事学研究不是为了实践某种或几种方法，不是要用中国的民间故事去充实西方有关的理论构架，而是从解读的对象出发，运用多种方法和手段来完成解读的任务。

依据自己长期研究民间故事的经验，钟先生曾特别提醒大家，在比较研究上要注意差异点，他说：

> 过去许多从事民族间民间故事比较研究的学者（包括我自己在内），往往多着重对象的共同点，并在这个界限内做出结论。重视故事间彼此的共同点，自然是对不同民族故事的比较所应取的正当态度。但是，同样重要的，却是对差异点的注意，乃至重视。因为同一类型故事中的差异点，往往正蕴含着那民族特有的文化背景和心理素质，而这对理解、评论民间故事的性质、特点等是至关重要的。忽略了它，那研究的结果，至少是不完全的。①

> 天下有许多事情，是免不了"例外"的，有正面的文章，常有反面的陪衬。故事是民间许多聪明好事的人创作出来，传述开去的。他们对它可以随时增加或减少，变换或粉饰。不但它的外形要因时因地而不同，就是它的内容也要因为他们的口味而改变。如中国最通行的徐文长故事，无论它的方式如何更易，但内容总要是在表现为人的机警、尖刻、恶作剧。可是，事实上，大多数的篇章固然是在表现他的智慧，然而却不免有小部分说他怎样吃亏上当的故事。同样，呆女婿的故事也如是。呆女婿他本来是一切"呆子"的代表，不论他的故事在形态上如何差异，总应走不了愚呆这一点。哪

---

① 钟敬文：《对当前民俗学一些问题的意见》，见《中国民间文学讲演集》，300页，北京，北京师范大学出版社，1999。

里晓得，他在某些地方的故事中出现时，往往却变成很伶俐的好女婿，要使丈人们大大为之称美、惊奇。（这是这个类型故事很值得研究的一个问题，可惜这方面的记录目前还不太多。）①

后一段话出自钟先生《呆女婿故事试说》一文的末尾，以现在的目光审视，似乎没有什么深奥之处，然而其含义却十分丰富和深刻。这段话揭示了文学存在的口头形式和文学书面存在形式的一个本质区别，就是前者呈现出多样性。在口承文学中，一个故事被重复多少次，就会有多少次细微变异。重复的次数无限，变异的数量也无限。因此，各种口承文本之间的相互差异就成为必然。

我们往往关注的是这些异文之间的相同之处，并基于这种相同，提出了为学者们一致认同的"类型"概念，把具有相同情节单元的民间故事放在同一平面加以考察，凸显民间文学研究的个性。但是，类型之中的差异则常常被忽视，钟先生认为这种"例外"是"很值得研究的一个问题"。有的故事为什么会走向同类故事共同趋向的反面？显然这不仅仅与记忆有关，更与方言、民间意象和民间修辞有关。这实际上是民间文学类型的地域性的问题。一个故事类型进入不同的生活区域，肯定会有所"例外"，只是"例外"的程度和方面不同而已。

钟先生所运用的研究材料尽管也是口承文本，但他很注意这些文本的地域性。他认为口承文本都是"地方"的，像国民一样，都是有籍贯的。凡是能指出明确"籍贯"的故事文本，钟先生在论文中都会加以交代。我们常常自省对故事文本的研究缺乏地域性，"例外"即是地域性的产物，对"例外"的关注自然就能进入故事文本的地域性方面。在这方面，钟先生给我们做了绝好的示范。他特别注意收集某一故事类型的不同区域的文本。

---

① 钟敬文：《呆女婿故事试说》，见《钟敬文民间文学论集》（下），239 页，上海，上海文艺出版社，1985。

1932 年秋，钟先生写了《老虎与老婆儿故事考察》一文，对"老虎与老婆儿故事"的地域特征做了精辟的分析。他认为在此类故事中，地域性的显现主要集中于故事异类主角形态的变化。异类主人公的种属有：虎——直隶、闽南、绍兴（浙江）、灌云（江苏）、东莞（广东）等；猪精——梅县、潮州、陆安（皆属广东）；猢狲——？直脚野人——余姚（浙江）；猫精——江苏（？）；狝瓜麻——翁源（广东）；熊——广州（广东）。

由这小小的表看来，说那位想"吃人"而终于"吃亏"的主人公的种属是虎的，较占多数，次之是说猪精的。但这个统计并不全面：第一，收集的地域不够普遍，第二，材料的分配不平均（如占第二位的猪精，其传述地都在广东境内，并且仅限于东江一带）。可是，它对我们也有相当的参考意义，那是：

（一）这区区的十数个同型的故事中，它的主人公竟有七种以上不同的种属。

（二）在将近半数的广东境内所传述的同型故事，（这故事的全数，本十五篇，有一篇说主角是虎的，因地址不明，所以略去。又有一篇是潮州的，说主角是猪哥精，因表中已有全同的，故亦从略。附此声明。）而主人公的种属，竟多至在全表中为四与三之比。

至于这些好吃人的主人公，或为家畜，或为猛兽，或为不经见的动物（如直脚野人，狝瓜麻），这怕多少有点地域及其他的关系使然吧。①

钟先生注意到，这样一个同型故事，主人公种属差异是如此之大，"例外"如此普遍，"怕多少有点地域及其他关系使然"。任何一个民间

① 钟敬文：《老虎与老婆儿故事考察》，见《钟敬文民间文学论集》（下），209—210 页，上海，上海文艺出版社，1985。

叙事文本，都是一个特定地域的"套话"，都会打上地域的烙印。烙印即"例外"，"例外"即烙印，研究民间故事的目的之一，就是要将这些烙印突显出来，从而进行比较分析，清楚"人类文化的递嬗之痕迹"。

现在的故事学家们，在文章中已很少标示故事文本流传的区域，他们热衷于对故事类型进行历时性比较，梳理其演进的历史轨迹，而对其空间横向的差异则熟视无睹。这主要归咎于田野作业本身的地域不够广泛，难于发现大量的"例外"。然而，任何一种民间文学类型都是由许许多多"例外"的形态构成的，差异性是民间故事的常态。对此，钟先生说："如我们所知道的，恐再没有一件事物，比民间的故事，更容易把它的形态分歧得使人难于捉摸的了。（自然在另一方面看来，它还会不全失其'本是同根生'的面目的。）"① 这是民间文学的"在"，是其"在"的方式、规律和魅力。民间故事当然也包括整个民间文学的研究，绝对不能放弃对这种"例外"的热忱，否则，就很可能失去研究的动力和根本。阅读钟先生的论文总会产生这样的感觉：他常常会为获得某种故事类型的异文而狂喜，即便是文章已完稿之后获得的，也要将之作为"附记"挂于文后。钟先生在中国民间故事研究兴起的初期，就清晰地意识到这一点，这是由其强烈的学科意识和高超的学术能力所致。

在《老虎与老婆儿故事考察》一文中，钟先生一再遗憾"这个统计并不全面""收集的地域不够普遍""材料的分配不平均"等，说明他对研究资料的要求是很全面和严格的。只有尽可能多地收集到"例外"的文本、不同地域的文本，充分掌握"差异"，才能使论据得以坚实，论证更有说服力。

二、结尾：寻求不足与问题意识

西方学者说，东方的民俗是"永远讲不完的故事"；同样，对东方

---

① 钟敬文：《老虎与老婆儿故事考察》，见《钟敬文民间文学论集》（下），225页，上海，上海文艺出版社，1985。

民间故事的研究也是无止境的。尽管钟先生在民间故事学方面著述颇丰，但这些著述研究的课题并没有完结，他的论文的结尾几乎都是在自省和前瞻。上面论及的对"例外"的关注，还来自于他严谨的学术态度、对这门学科的执着追求和科学、辩证的治学方法。这些从上述钟先生部分论文的结尾明显体现出来。

《中国的植物起源神话》的结尾：

> 末了，我要再郑重地声明一下。黄先生和我所论述的植物起源神话，都是限于我国前时代所记录的。现在新从民间搜集起来的这种记述，为量固颇丰盈，在质上也很有足供论究之处。关于它的罗列和考察，留等将来有相当机会时再续写吧。当然，关于前代的记录的记述，也希望有个弥补缺漏的机缘。①

《中国的水灾传说》的结尾：

> 本文，要在这里终结了。因为限于时间及精力的关系，使上文的论述，只完成了个草案。材料的搜集，固然有所不周；许多待说的意见，也有些没有表达出来，或表达得非常率略。最感到惭愧的，是有几处地方，应该做个适当的交代，但为了行文的便当，却把它刊落了。这是耿耿于心的事。②

《槃瓠神话的考察》的结尾：

> 本文对于槃瓠神话的考察，应该说还是不够充分的。如对外婚

---

① 钟敬文：《钟敬文民间文学论集》（下），161—162页，上海，上海文艺出版社，1985。另，此处所引"黄先生"指黄石。
② 同上书，190—191页。

制、氏族制及母系制等与图腾主义有关的问题，本来也有一一加以探讨的必要。但是，因为时间、学力等限制，只好等待将来有条件时再续笔了。①

每次读钟先生的这些论文，都有新的收获。而这些论文的结尾更增添了我对钟先生的仰慕之情。这种并非结束的结尾的方式，已成为当时钟先生论文的显著风格之一。文章的结尾，一般是对全文主要观点的概括和总结。可钟先生把结尾的情结放在检讨论文的不足方面，并对此"耿耿于心"，祈望"有个弥补缺漏的机缘"和"再续笔"。这不仅需要学术才华，更需要学术勇气、信心以及对故事学的深切理解。能够对自己的研究成果进行清醒的自我评价，这是实事求是的治学态度，能够把成果的不足袒露出来，这是大师级的风范和气度。我们常常为他严谨的学风、对学术孜孜不倦的追求以及谦逊、永不满足的学术精神而感佩不已。

论文写就，一般的学者都会松一口气，甚至沾沾自喜，可钟先生并没有停止对论文中一些问题的思考，他还在不断提出新的观点，寻找新的材料和证据。人们大都认为，民间口承故事是浅显的，听或读懂了故事，亦即理解了故事的意义，故事的意义外显至可供民众普遍欣赏和接受的层面。其实，民间故事的表层下都掩藏着不能表面化的意义，其意义之隐蔽排除了每个人成为意义揭示者的可能。民间故事并非不需要解释者，而且，它们存在着不断解释的必要和深层空间。或许正是基于这种认识，钟先生不仅给自己提出了进一步的要求，而且也给我们后学供应了新的课题，为我们树立了学术探究永无止境的榜样。

过了半个多世纪，钟先生对当时的论文评价道："我写作这些文章的时期，是我从一个初学者逐渐成为一个专业工作者的那一段，因此，这

---

① 钟敬文：《钟敬文民间文学论集》（下），126—127页，上海，上海文艺出版社，1985。

些文章里有的属于'习作'的东西是不必说的。"①其实，现在回过头来看，这些论文的学术水平已经达到当时学术界的制高点。在钟先生的学术道路上也是第一个高峰期。按钟先生自己的话说，这些论文"比起中大时期所做的急就章，在收集材料和考虑论点上，用力更加勤劬，思索也稍为精细了。这在自己治学的道路上不能不说是一种明显的进境。自然，它距离成熟程度还是有些遥远的"②。写这些论文时，钟先生还只有二三十岁，可已有了攀登学术高峰的远大胸襟。这些论文的发表，在一定程度上坚定了钟先生牢固树立民间文艺学这一学科的决心。但他意识到自己的专业学识和能力还不足于担负起这一伟大的事业，于是他东渡日本，充实自己的专业理论知识。这些已昭示了他必将成为这个学科的大师和泰斗。

按理，钟先生于20世纪八九十年代写的文章早已不是"习作"了，但其间温婉而又谦逊的文风依旧；不仅如此，还保持着年轻时候那种强盛的对真理孜孜以求的学术精神。《洪水后兄妹再殖人类神话》写于钟先生米寿之年，其结尾有这样的话："由于篇幅、时间的限制，也由于个人学力和精力的限制，在意义的发掘、理论的阐述和论据的援引等方面都有些简略，或者不免于疏失。这些缺点，只好等待将来有机会再补正了。……我虽然年龄已经老大，但在有生之年，总要在这种学术园地里竭力去继续耕耘。"③《刘三姐传说试论》"绪言"部分的结尾是这样的："本文因限于时间等，只拈出两三要点加以论述。其他问题，请俟他日再作续篇或补篇，以弥缺陷。"④ 钟先生既是给自己提出了继续研究的具体任务，又为后学们提供了进一步研究的课题，更是在激发我们探索真理

---

① 钟敬文：《钟敬文民间文学论集》（下），"后记"524页，上海，上海文艺出版社，1985。

② 钟敬文：《钟敬文民俗学论集》，"我的学术历程"13页，上海，上海文艺出版社，1998。

③ 同上书，100页。

④ 钟敬文：《钟敬文民俗学论集》，103页，上海，上海文艺出版社，1998。

的强烈欲望以及达到更高学术境界的雄心壮志。

《马头娘传说辨》一文的结尾亦颇有意味：

> 一个人的意见，因种种关系，有时总不免失于疏略或偏颇。我自己就是常常犯着这种毛病的人。沈先生是我们现在文坛上比较肯小心地讨究学问的人。他对于这个相传已久的蚕女神话，突然给以否定，自然这种怀疑的精神，是很勇敢而可佩服的，可是我觉得他的意见，似不免有些流于疏漏或偏激。但我这个很粗心的人，偶尔感到的一点管见，未必比沈先生的更不偏颇。如果有人像我这样不客气地向沈先生请教者启发我，我心里是当要感到很大的欣幸的。①

这是一篇和沈雁冰先生商榷的文章，钟先生提出的论据极其充分，论述有很强的说服力。但钟先生既没有因顾及朋友的情面而不发表自己的观点，也没有因言之凿凿，自以为有理而不顾及朋友的情面，更没有把自己的观点视为绝对的真理，反而认为自己"偶尔感到的一点管见，未必比沈先生的更不偏颇。"这是何等宽大的学术胸怀，这是何等程度的谦逊、求真与好学。

钟先生一向认为，学术上的观点和结论不能太绝对化，太绝对化了反而不科学。因为学术探讨是没有绝对真理的，即便有了99%的证据，也不能忽略和排除1%的"例外"。因此，在文章的结尾，他往往要对所阐述的论点加以适当的检讨，为自己也为他人腾出进一步探索的空间。下面的话语形式在先生的文章中随处可见："在故事产生的初期，或许那丈夫真是一条可怕的大蛇也未可知"；"古今中外，恐怕曾经存在过的民族，能够不经过一个神话时期的是恐怕很少吧"；"把它们（按指老獭稚型传说）共同的起源断说在中国，也都是有很大的可能性的"；"如果我

---

① 钟敬文：《钟敬文民间文学论集》（下），251页，上海，上海文艺出版社，1985。

们精细地加于考察，中国的这传说中（按指老獭稚传说），或许不无一些是较属于后起的成分，但是，从大体上看，中国传说比起朝鲜和越南的，较近于这传说产生时候的形态，这总是可以相对地肯定的"。钟先生在下论断的时候，总是格外的小心谨慎，语言的弹性较大，尽量留有余地，不至于没有退路。这与许多青年学者好下全称和斩钉截铁地判断的做法大相径庭。

三、多种研究方法的运用与研究空间的拓展

方法论是钟先生一直予以重视和关注的，他提出了"方法三层次论"的独创见解。他说："在我们研究的活动上，方法大体可以分为三个层次。第一层次，是世界观或文化观的层次，也可称为哲学的层次。它属于学术活动的最高层，是指导研究者客观地去审察所面对的事物（民俗事象）的根本性质的。""其次，是一般或大部分科学共同使用的方法，例如分析法、比较法、归纳法以及调查法、统计法等。""再次，是某种学科特殊的研究方法。一种学科，大都有它的共性和个性（特殊性），后者就要求一种特殊的研究法。……在民间故事学的研究上，有类型研究法、心理学研究法等，而芬兰学派的历史地理研究法，更是赫赫有名的。""以上三种方法，虽然各有性质、范围，实际上大都是互相联系的，在使用上也往往彼此互相协力。它们并不一定是'楚河汉界'、截然分开的。"①

就钟先生早期研究民间故事的一系列论文而言，已经使用了三个层次的研究方法，按钟先生自己的话说："我从早期开始写作一般文艺论及民俗学（包括民间文艺学）的文章，直到30年代前期，很少自觉地注意到方法论问题。自然，在实际作业中，是不自觉地使用比较法、溯源法、

---

① 钟敬文：《钟敬文民俗学论集》，210—211页，上海，上海文艺出版社，1998。

分析法及归纳法等研究方法的。"① 在第三个层次上，则"是完全运用着人类学派的神话学、故事学观点和方法的。其次，民间故事学上的类型分类及其研究方法"②，也在他的文章里留下了明显的足迹。不仅如此，为了更好地揭示故事的历史文化内涵，他还借助了一些相邻的研究方法，诸如心理学、宗教学、社会学、民族学、历史学以及传播学等。这些文章的"指导思想是颇为复杂的，有英国人类学派的，也有法国社会学派的……总之，是有些杂乱的，而不是统一的"③。

　　钟先生在谈到自己过去的研究方法时，总是持一种谦逊的态度，他说："我接触方法论的著作不可谓不早，对它比较留心学习，也有半个世纪以上的光阴了。但是在作业实践上，到底情形如何呢？稍为回顾一下，我要坦白承认，我在研究工作的进行中，并非经常自觉地选择和善于运用它。至少，一方面我没有很好地运用所具有的知识，换句话说，即没有'物尽其用'；另一方面，又没有处处选择恰当的方法，换一句话说，也就是没有做到'量体裁衣'的地步。"④ 对这段话应该这样理解，钟先生非常注意吸收能够应用于故事学研究的各种方法，但在具体操作上，并不拘一二种方法，即"并非经常自觉地选择"方法，而是对多种方法的综合运用。这样做，主要是由民间故事本身的特质决定的。民间故事是民众生活的一部分，与人们的生产活动、生活习惯、生存环境以及各种意识形态等都有关联。另外，也与钟先生研究民间故事的独特思想有关。他所理解和要求的故事学，应该是研究者联系故事产生和流传的社会生活、文化传承，对它的内容、表现技术以及演唱的人和情景等进行分析、论证，以达到阐明这种民众文艺的性质、特点、形态变化及社会

---

① 钟敬文：《钟敬文民俗学论集》，209 页，上海，上海文艺出版社，1998。
② 钟敬文：《钟敬文民间文学论集》（下），"后记"524 页，上海，上海文艺出版社，1985。
③ 钟敬文：《钟敬文民俗学论集》，206 页，上海，上海文艺出版社，1998。
④ 钟敬文：《钟敬文民间文学论集》，"后记"211—212 页，上海，上海文艺出版社，1985。

功用等目的。基于这种认识和目的，他对某一民间故事类型的解读大多不限于某一侧面，而是多角度和多方位的，可谓是全面的民间故事研究观。这仅从许多论文题目便得以证实，诸如《中国的天鹅处女型故事》《中国的地方传说》《槃瓠神话的考察》《中国的植物起源神话、传说》《中国的水灾传说》《蛇郎故事试探》《中国民间传承中的鼠》等，这些论题都是开放式的，并没有对考察对象做某一方面的限定，也没有指出主要运用了那种研究方法。不仅如此，钟先生还把中国的故事类型置于世界范围内加以考察，更显其学术视野之开阔。

当然，这些论文的阐述并非没有中心论点。以《中国的天鹅处女型故事》为例，主要集中于对此型故事传播情形的探寻；在探寻的过程中，又将整个故事类型分解出十个母题，并从不同的学科角度对十个母题的历史文化内涵做了揭示。这十个母题是变形、禁制、洗澡、动物和神仙相助、仙境淹留、季子胜利、仙女居留人间、缘分、术士的预测、出难题。这是一篇篇幅较长的文章，由于要突出论述的重点，有些方面的论述也只能点到为止，难以展开。而且正如钟先生自己在文章结尾所言："关于这故事中所包含的要素，尚有好些。"解读钟先生的论文，其实是在遭遇学术发散点。在钟先生流畅的字里行间，张扩着一个个奇妙的学术空间，从这一个个空间可以延伸出许许多多的学术生长点，沿着这些生长点，又能砌出一座座高墙乃至大厦。钟先生的学术著作需要我们细细地品味、咀嚼，越嚼越感滋味之浓厚。

作为一个世纪学术大师，钟先生的学术成果不仅给我们提供了研究方法、理论观点和学术思想，而且从微观上看，还给我们提供了研究的素材、基础和出发点。

经过反复研读这些论文，我发现禁忌实际是钟先生关注的一个热点问题。若所遭遇的故事文本中潜藏着禁忌的话，他都会敏锐地将其揪出，并加以剖析。譬如，他明确指出："天鹅处女型故事中的女鸟的羽毛或仙女的衣裳被人所藏匿，便不能不受人的支配。一直到她重得了羽毛或衣裳，才恢复了原来的自由。这是显然的禁制思想的表现。"① 钟先生在清水所编的民间口头叙事文学作品集《太阳和月亮》中，发现里面有 8 篇传说故事包含了禁忌的内容。他说："在这集子中，像聪明的女子，因把污秽的裤裆布披在头上而失掉了她的机智（《头帕》），鲁班师的神奇墨斗，因为被装上尿汁而消失了它的灵力（《杨公先生和鲁班先师》），燕岩的佛像，因被衡量于凡人而不再继续长大（《燕岩的佛像》），以及走石的败于俗言（《猪姆泷的故事》），地灵的制于狗血（《狮形地》）和天子地的坏于回头检物（《天子地》）等，这些，不都是有着深远历史的禁忌观念和行为的反映么？"② 钟先生点到为止，并没有把禁忌作为一个专题进行研究，但在这里，钟先生为我们设置了一条研究路径，禁忌可以说是钟先生为我们锁定的审视民间叙事文学的一个角度。许多民间传承文本，唯有沿着这一路径和角度，才能真正揭示其蕴含的文化内涵。既然如此，难道我们不应该顺应这条钟老开拓的路子走下去？在钟先生的指导下，我的博士学位论文便把民间叙事文学中表现的"禁忌"行为和观念，作为一个"主题"来进行研究。

阅读钟先生的学术论著，我们能够随处发现和享受这种学术思路和机遇。再以《蛇郎故事试探》一文为例，这篇文章完成于 1930 年 9 月。在文章的第 3 和第 4 部分，对故事中的变形情节进行了极为精彩的阐释，揭示了这种变形在故事结构中的逻辑关系。他说："蛇郎妻的冤死变形，是这个故事中极重要的情节"。第一次所变的，差不多无例外地都说是"鸟"；第二次所变的有"树"与"竹"两种；第三次所变的较为复杂，有几处都说是金菩萨。许多地方的说法，故事都已在蛇郎妻第三次变形复仇之后终止了。其有未结束的则于第四次仍变回为人，与蛇郎再为

① 钟敬文：《钟敬文学术论著自选集》，355 页，北京，首都师范大学出版社，1994。

② 钟敬文：《钟敬文民间文学论集》（下），359 页，上海，上海文艺出版社，1985。

夫妇。

钟先生认为，前一处的变形，"似乎不只是平面的形态的差异，或许还当有纵的文化变递的形迹存在"。由于论述侧重点的缘故，钟先生并没有进一步追寻这条"文化变递的形迹"。但他却给我们提供了一个十分值得研究的课题，即民间故事中的灵魂（soul）与鸟（birds）的关系。围绕着灵魂与鸟互变的主题，我们可以搜寻到大量的故事文本和异文。它们涉及民间的思维方式、灵魂崇拜、自然崇拜以及故事内在的讲述逻辑，等等。进一步，传统的古老的社会观念如何由鸟来转换，如何用鸟的声音（sound）以隐喻的形式表达出来。钟先生的思考是极其深刻和前沿的。

在蛇郎故事中，一般是幼女嫁给蛇而获得了幸福，钟先生对此颇感兴趣并给予了极大的关注。他说："如我们所知道，在传说、故事中，谈到兄弟姊妹们，同从事于某一项（或多项）工作，而终局占取胜利者，多是最幼的一个。这是不是偶然的呢？不。据学者们探讨的结果，它是远古制度季子权的倒影。这故事中蛇郎妻子的属于幼女，只是一个类例而已。"在这里，钟先生敏锐地发现远古家庭中的季子权等习俗和观念，深印在一些民间文学，尤其是表现家庭关系的民间叙事文学之中，诸如天鹅处女故事、蛇郎故事、巧媳妇故事、狗耕田故事以及大量其他的两兄弟故事等。钟先生说："中国古代，是否存在过季子相续制（Ultimogeniture），这问题还有待于社会学者们的探讨、证实，但民间故事中这种情节的存在，确乎是无可怀疑的，至少现在口碑中，这种讲述极为丰富。"① 从这些类型故事，我们可以进入文献少有记载的民间传统的财产继承习惯法、家庭成员地位差异、民间家庭伦理和家庭或家族情感移位的领域。实际上，钟先生指出了一条用民间叙事文学来复制和演绎民间家庭生活的广阔的学术路径，或者说这是用民间家庭生活来对民间叙事

---

① 钟敬文：《钟敬文民间文学论集》（下），68页，上海，上海文艺出版社，1985。

文学的表现空间进行扩张和延伸，将民间生活和民间叙事加以贯通、互诠的文学解读方式。

钟先生的著述或显露或隐含了相当广阔的学术空间，我们可以在这神圣而又趣味盎然的空间里尽情地遨游。

（原载《北京师范大学学报》2002 年第 2 期）

歌谣学运动的代表性成果

——评钟敬文先生的客家山歌研究

1922 年创刊的北京大学《歌谣》周刊，是我国最早以收集研究歌谣为主的民间文学期刊。它的诞生，标志着一种新的文化思想的崛起。1918 年 2 月 1 日《北京大学日刊》第 6 号上，刊出了由北大教授钱玄同、沈兼士、沈尹默、刘半农共同发起、拟定的《北京大学征集全国近世歌谣简章》中，校长蔡元培刊出了他的《校长启事》，表示积极支持这项。就这样，一向被人视为难登大雅之堂的歌谣，在五四新文化运动前夕，闯入中国最高学府北京大学。《歌谣》周刊成为我国新兴的歌谣学运动的基地和大本营。不仅受到全国各地新文学爱好者、民俗学者、语言学者的热烈欢迎，而且还引起苏、英、法、美、日、德等国学者的注目。近十年中，共征集到各地歌谣 13908 首，有力地推动了我国民间歌谣的搜集研究工作。

在这次影响极其深远的歌谣收集和征集活动中，钟敬文先生对客家山歌的收集和研究具有引领现代民间文艺学学风的开拓意义。下面试图就钟先生在这方面的成就做些评述。

一

在中国现代歌谣学史上，以顾颉刚、刘半农、董作宾和钟敬文的贡献最大。五四时期，吴歌是歌谣征集和研究的宠儿。刘半农于 1919 年 8 月在江阴老家亲自收集了 20 首船歌，后以《江阴船歌》为名发表于《歌谣》周刊第廿四号。受刘半农的影响，顾颉刚当时也投入对家乡苏州吴歌的收集和整理工作中，1926 年出版的《吴歌甲集》共有吴歌 100 首。胡适在此书序言中，将之誉为"真可说是给中国文学史开一新纪元了"。钟敬文先生曾经这样评价顾颉刚的《吴歌甲集》："一个民间文学的资料集有这样的详密注解及辅助的资料和理论，不但在当时是空前的，到现在也没有看到第二部。它的科学性是不容埋没的。"[①] 董作宾先生在歌谣学方面的突出成就，是他于 1924 年 10 月，在《歌谣》周刊上发表了《一首歌谣整理研究的尝试》一文。他从 1 万多首歌谣中选取 45 首同主题民歌"隔着帘子看见她"，加以考察分析、综合，得出风俗、方言、文艺三方面的结论。在当时，这样的研究方法是非常新颖的，而且他总结出来的结论也非常独到，因而具有独特的价值。钟敬文先生认为，董作宾的《一首歌谣整理研究的尝试》是"自北大搜集发表歌谣五年多来，最有分量的理论文章"。它跟顾颉刚的孟姜女研究，先后辉映，"堪称这时期口承民间文艺学上的'双璧'"。[②] 此文的确开了歌谣比较研究的实践先例。

在所有投身于民间歌谣收集和研究的学者中，能够一直坚持下来的

---

① 钟敬文：《民俗文化学梗概与兴起》，107 页，北京，中华书局，1996。

② 钟敬文：《"五四"时期民俗学文化学的兴起——呈献顾颉刚、董作宾诸故人之灵》，见《民俗文化学梗概与兴起》，106 页，北京，中华书局，1996。

并不多，钟敬文先生就是其中之一。钟敬文先生将这方面的精力主要用于对客家山歌的系统搜集和研究上。民间文学研究的一个基本方法是"田野作业"，钟先生学术生涯中田野作业的起步始于对客家山歌的收集。他把当时的收集称为"很初步的、自发的田野作业，或者叫'亚田野作业'"①。首次调查的成果便颇为喜人，1927 年 2 月，北新书局出版了钟敬文编的《客音情歌集》②，收录钟敬文先生收集、整理的客家山歌140 首，是从他三年来收集的四五百首客家歌谣中选取出来的，这应该是我国第一部数量最多的客家山歌专集。

钟先生之所以以收集和研究客家山歌为其学术事业的开端，原因大致有三：一是当时轰轰烈烈的歌谣学运动的驱动。关于此，钟先生在《我学术活动中的两个重要时期——〈民间文艺学及其历史〉自序》中有详细叙述：

> 1918 年春，北京大学文科的一些教授，发起征集中国近世歌谣活动。不久，他们就在《北大日刊》上开辟了《歌谣选》栏目，逐日发表这方面的作品。这种破天荒的文化现象，很快成为国内报刊的一时风气。当时广东省的大报如《群报》及我们家乡的小报《陆安日报》都经常登载一些歌谣。这时我正好在家乡一带从事国民基础教育工作，又耽爱文学，读过《诗经·国风》《古诗源》等作品，稍后还读了郭茂倩编纂的《乐府诗集》——大家知道，它里面保存了不少古代民歌和谣谚，因此，不免"见猎心喜"。于是我就走上探索民间文艺的工作之路了。③

---

① 钟敬文：《从事民俗学研究的反思与体会》，载《北京师范大学学报》，1998（6）。

② 此书于 1991 年 3 月上海文艺出版社影印时，改名为《客家情歌》。

③ 钟敬文：《我学术活动上的两个重要时期——〈民间文艺学及其历史〉自序》，载《文艺研究》，1998（2）。

同时，歌谣较之民间文学其他门类，更早获得钟先生的青睐。他曾经谈到获得杜文澜编纂的《古谚谣》时，"急于需用，又苦找不得，对于它，你差不多绝望了，可是，忽然它却跟你碰起面来。这种欢喜真是永远地留着'余味'的"①。"在'五四'以前，我也曾从古诗的选集上读到一些前代的谣谚，并且情不自禁地喜爱它。"②

二是和钟先生的出生地有关。钟先生的老家广东海丰流行三种方言：本地话（即广东白话）、福佬话、客家话。三种方言都有各自的方言圈，也都有各自的民间文学作品，如民歌方面有用广东话唱的粤讴，用福佬话唱的畲歌，用客家话唱的山歌等，钟敬文对这三种方言的民间文学作品都有涉足。但由于钟敬文的祖先属于客家民系，他小时候读私塾也是用客家话授的课，对客家的传统文化自然格外眷恋。因此，在他收集的近千首歌谣中，客家山歌就占了半数。

三是出于客家山歌"山"的生活语境。钟先生对客家人的生存状况有所考察，他说：

> 至于客家人的生活，因为他们所处的环境的关系，所以每日作业于田野山岭间的，颇占多数，并且男女俱出，没有"男子事于外，女子事于内"之严格差别。至少，我们这一带客家人的情形是如此。他们的气质，大都简朴耐劳，很少慵惰浮夸的恶习，犹保存古代人民的风范。这些，都和他们山歌的产生及内容等有关系。③

客家作为汉族的一个支系，社会生活同样受到礼教的约束，在村落生活中，男女授受关系有严格的界限。所以一进入山间，情思便能得到

---

① 钟敬文：《雪泥鸿爪——钟敬文自述》，20 页，太原，山西人民出版社，1997。

② 同上书，5 页。

③ 钟敬文：《钟敬文民间文学论集》（下），301 页，上海，上海文艺出版社，1985。

适当释放，男女互相倾诉衷曲乃自然之事。

二

　　"忠实记录"是田野作业的基本原则，北大歌谣运动从一开始就对此特别强调。在《北京大学征集全国近世歌谣简章》第七部分"寄稿人应行注意之事项"中明确规定了记录原则，对于方言及过于生僻的字句要求加以解释，记录方言时，"一地通行之俗字为字书所不载者，当附注音字母，能用罗马字或 phonetics 尤佳。"对于有音无字者在原处以"□"表示，而"以罗马字或 Phonetics 附注其音，并详注字义以便考证"。要求"歌词文俗一仍其真，不可加以润饰，俗字俗语亦不可改为官话"①。尽管钟先生当时并没有经过田野作业的系统训练，却能以一个民俗学者的基本立场进入客家山歌的收集活动之中。《客音情歌集》忠实记录了客家山歌传唱的原样，除了根据语气内容添加标点符号以外再无修饰，可谓是田野作业的成功范例。全辑 140 首客家山歌，都是采用通俗易懂的普通话记录，必要的地方保存了客家方言词汇。对第一次出现的方言词汇注音并释义，其中包括一些当地客家地区流传的俗语、俚语。这是详细注释，而非随意标注，力图使客家以外的人都能看懂甚至读出。对于出现频率比较高的、常用的一些客家方言词汇，钟先生在歌谣文本后面特别罗列出《本书重要方言音释》，共 35 条，再次注明读音、含义。这在没有录音设备的时代是唯一严谨的科学方法。当时有人看不起方言，甚至想用"死文学来驾驭活语言"。钟先生以自己的实际行动和业绩，坚守了民间文学田野作业的基本原则，展示出客家山歌的乡土特性。在当时，即已显露出中国现代民间文学学科领航人的风范。

　　钟先生不仅收集、整理客家山歌，而且还潜心研究，1926 年 7 月 2 日写了《客音的山歌》一文，高度赞美客家的山歌艺术魅力。同时期还

――――――――――

　　① 《北京大学日刊》，1918 - 02 - 01。

写了《中国疍民文学一脔——咸水歌》《歌谣的一种表现法——双关语》等歌谣研究文章，也颇多涉及客家山歌。钟先生在他步入老年后，仍时时津津乐道这段遭遇客家山歌的经历。在《从事民俗学研究的反思与体会》《"五四"时期民俗文化学的兴起——呈献于顾颉刚、董作宾诸故人之灵》《我学术活动上的两个重要时期——〈民间文艺学及其历史〉自序》以及他为一些作品所写的序言中，都程度不同地对自己所从事客家山歌方面的收集和研究工作作了反思和总结。

在歌谣的收集和研究方面，顾颉刚、董作宾和钟敬文三位巨匠各有千秋，特点都非常鲜明。顾颉刚先生以苏州地域为中心，收集了当地所有歌谣。他从宏观上对"苏州的唱歌种类"做了全面审视，并概括为 20 个种类，其中包括戏曲、曲艺、民歌、通俗歌曲等，并从中择出吴歌及与之关系最近的五种作为收集的重点，即"（1）儿童在家里唱的歌；（2）乡村女子所唱的歌；（3）奶奶小姐们所唱的歌；（4）农工流氓所唱的歌；（5）杂歌"。在《吴歌甲集》里，第一种类儿歌 50 首，占总数的一半，后四类也是 50 首，内容扩展了很多，其中部分生活歌"都很可以看到社会状况的骨子里去"（《吴歈集录序》）。董作宾先生以一个主题为中心，侧重于方法论上的探讨。他提出"从歌谣中得来的各地风俗，才是真确的材料，因为他是一点点从民众的口中贡献出来的"。"一个母题，随各处的情形而字句必有变化，变化之处，就是地方的色彩，也就是我们采风问俗的师资。""到一地方就染了一层深深的新颜色。以前他处的颜色，同时慢慢地退却。"由此说明"歌谣中一字一句的异同，甚至于别字和讹误，在研究者视之都是极贵重的东西"（《歌谣的比较研究法的一个例》）。这对我国现代早期的民间文学研究方法，起过重要作用。后来，董作宾的《看见她》一文，就是在歌谣领域中实践这种方法的第一个重要成果。也是运用比较方法研究民间文学的成功范例，并从文化发掘和研究方法等方面给后来人以直观的参照。

钟敬文对客家山歌的研究则二者兼顾，同样选取的是自己所熟悉的地域和演唱主体——客家人，围绕一个永恒而更为常见的主题——爱情。《客音情歌集》里的爱情歌谣不仅所占的数量多，而且从艺术的角度讲，也是最高的。对于客家人来说，爱情生活的各个阶段、各个方面几乎都离不了山歌，诸如初识歌、试探歌、赞美歌、迷恋歌、起誓歌、相思歌、送郎歌、苦情歌等，这些在《客音情歌集》里都有涉及。钟先生从文艺学和民俗学两个角度，揭示山歌在客家族群中的生活功能及艺术特色。具体说就是既关注客家山歌本体的特点——内涵的现实倾向性、表现手法的独特个性等，又不是纯文艺学的审视，而是把山歌置于客家人宽广的社会生活中，对山歌在当地社会生活中的生活及文化地位进行认定。

三

在客家山歌本体论研究方面，第一，钟先生特别注重对音韵美和旋律美的欣赏和探究。1926年，他就写有《音乐化的客歌》《特重音调之客歌》，详细分析了客家山歌音韵方面的精妙之处。通过和其他地区的山歌相比较，钟敬文认为客家山歌"象广西、云南、江苏、浙江等省都有。格式略似诗歌中的七言绝句，但首句间或作三言"[1]。山歌为三言的首句，有些可能点出歌咏的人物对象，如"阿妹妹！"；也可能是表明演唱者对所演述内容的态度，如"我晤信——"；还可能是对演唱情景、所处状况的简单交代，如"初来到——"。但更主要的目的，是为演唱定下一个基本的调式，就像唱歌时，领唱者首先唱出的一句一样。

除了七言绝句和"首句间或作三言"的情况之外，还有前两句为五言的。这是更为特殊的格式。钟先生收集的《客音情歌集》中就有一例：

门前种盆花，

日出云要遮。

---

[1]　钟敬文：《钟敬文民间文学论集》（下），302页，上海，上海文艺出版社，1985。

阿哥来比黄蜂样，

要生要死里枝花。①

　　客家山歌的结尾极其悠扬，富有艺术感染力。而这种表演效果的获得，得益于诸如"里，这也"的语气词。钟先生注意到，"客家山歌每首歌词完后，也有另附以尾声的"，他在《客音的山歌》中记载："其尾声，短者如'斐……'，长者如'嗳嗳嵩，乃乃磅，磅隆嵩隆乃嗳哟'等等，不一而足"②。

　　歌谣和其他民间文学体裁的明显区别就是具有音乐美，而当时其他的学者则较少注意到这一方面。钟先生深深意识到，歌谣的采风，仅仅记下歌词是远远不够的，还必须录下歌谱。他本想把这全数的歌词，都附以罗马拼音并标"声调谱"，使读者可以把它的音调如实的歌唱出来，但碍于时间及精力暂时完不成，以后有机会要找一位好助手共做完这宗夙定的工作。1939 年，他在《民间艺术探究的新展开》中强调："歌调正是民间歌谣的生命"。1934—1935 年写的《诗与歌谣》中，认为在歌谣所有的艺术表现形态中，"音节的谐美"至为重要，它是"歌谣打通人们情思的主要力量"。从民间文艺学立场出发，钟先生很早就领悟到歌谣与诗的区别，即歌谣是"唱"出来的，应该从"唱"的角度把握歌谣的艺术魅力。钟先生通过和他曾经收集过的疍民歌——咸水歌相比较，在《中国疍民文学一脔——咸水歌》一文中，钟先生列举了客家山歌和疍民歌各 3 首，同样描写性爱的，疍民歌云：

　　巴豆开花白抛抛，罗，

　　妹当共兄做一头，罗。

────────────

① 里，这也。

② 钟敬文：《客音的山歌》，《钟敬文民间文学论集》（下），302 页，上海，上海文艺出版社，1985。

白白手腿分兄枕，罗，

　　回来相斟舌相交，罗。

客家山歌则云：

　　桐子打花无叶开，

　　叔系嬲连一回来。

　　乳姑①唔系银打个，

　　裤头唔使锁匙开。

　　在音乐风格上，认为咸水歌好似北方的"横吹曲"——企喻歌、捉
搦歌、驰驱歌、柳枝歌等，而客家山歌就是南方的"清商曲"——子夜
歌、懊侬歌、读曲歌等，② 并认为疍民歌过于直率，所以"流弊于鄙野
狠亵"，客家山歌则显得非常质朴、含蓄、委婉，并且婉转、缠绵，具有
音韵上的美感。

　　第二，客家山歌中与音乐美有关的常见表现手法是"起兴"，钟先
生对此颇为关注。他通过对国风、乐府以及自己所采山歌中众多起兴句
相同的歌例，实证性地探讨了"起句相同，而后文各异"篇章手法的成
因，发现客家山歌与"十五国风"的确有某种渊源关系。据罗香林《客
家研究导论》考证："东晋以前，客家先民的居地，北起并州上党，西
界司州弘农，东达扬州淮南，中至豫州新蔡、安丰。换言之，即法水之
东，顾水之西，淮水之北，北达黄河以至上党都是客家先民的居地。"东
晋以后，客家先民因受战乱、饥荒等所迫，才先后经历了几次大迁徙运

---

① 乳姑，乳房也。

② 参见钟敬文：《钟敬文民间文学论集》（下），292 页，上海，上海文艺出版
社，1985。

动，先后由中州一带迁至江淮——闽赣——粤——桂、湘、川、台等省。① 而《诗经》"十五国风"则是在客家先民未经迁徙南下之前就有了，而且其主要流行地区，正好是在客家先民的居地。可想客家先民中流行的民歌，无非就是"十五国风"一类。②

《客音情歌集》中所选的山歌至少有一半运用了兴或比的手法，或者二者兼用。钟敬文认为，"起兴"的手法在客家山歌中有两点不同于其他民歌的特点："一、只借物以起兴，和后面的歌意了不相关的。二、借物以起兴，兼略暗示点后面的歌意。"③ 其中的第二种情况颇有点像比喻，他举了一例：

> 竹筒打水两爿开，
> 问娘转去几时来？
> 三箩冇谷④丢落海，
> 唔得团圆做一堆。

钟先生做了一番分析之后说，这种起兴"不似有意地运用，而只是偶然兴会的话，所以我们仍不妨把它叫作'起兴'。我想，如要恰当一点的说，不如称它做'兴而比也'罢了。"⑤钟敬文这样的分析是比较有道理的，这里的"兴"是用比喻的形式呈现出来的。

第三，钟先生认为客家山歌有一种特异的表现法，"便是好用'双关语'，或曰廋词，又曰隐语。这种双关语，在古代晋、宋南方的民歌中

① 参见罗香林：《客家研究导论》，上海，上海文艺出版社，1992。
② 参见黄马金等主编：《客家风情》，北京，中国社会科学出版社，1993。
③ 钟敬文：《钟敬文民间文学论集》（下），302页，上海，上海文艺出版社，1985。
④ 冇谷，不实的谷子。
⑤ 钟敬文：《钟敬文民间文学论集》（下），303页，上海，上海文艺出版社，1985。

十分盛行，是文艺表现上一种富于意味，而且很有价值的东西。山歌中如：

> 前日与妹一笼鸡，
>
> 今日分做两路啼。
>
> 猪肝心肺落镬煮，
>
> 两副心肚来待我？

"'啼'，作'啼叫'的'啼'解，亦作'啼哭'的'啼'解。'猪肝心肺'，作猪的'心肝肺'解，亦借作人的'心肝肺'解。"①

钟敬文曾专门做过一篇文章《歌谣之一种表现法：双关语》②，其中大部分例子来自《客家情歌》，有假借音近字双关的，如"桔"即"结"；"丝"即"思"，也有假借同体别意字以见意的，如"烟气"的"气"为"怒气"的"气"，"甜味"的"甜"为口舌"甜滑"的"甜"。在这篇文章中，钟先生从《子夜曲》《华山畿》《读曲歌》和自己所采山歌中的众多双关语小结出：民歌中多用双关语，是与歌谣为"口唱的文学"分不开的，而在私情歌中，这种婉转动人的表现手法就更加切用。文中还将双关语细分为三类：异字谐音的；假借"同体别义"的字以见意的；介于双关与隐比法之间的。

（原载《赣南师范学院学报》2007 年第 5 期）

---

① 钟敬文：《钟敬文民间文学论集》（下），302 页，上海，上海文艺出版社，1985。

② 《歌谣》第 80 号，1925 年 3 月 1 日，又收入《民间文艺丛话》，34—40 页及《钟敬文民间文学论集》（下），311—315 页，上海，上海文艺出版社，1985。

体系的建构与理念的践行

——读祁连休先生的《中国民间故事史》

中国故事学之所以方兴未艾，得益于学界一批老前辈对中国古代民间故事学的不断经营。刘守华、祁连休、顾希佳、程蔷等学者一直专注于古代民间故事文本的翻检和爬梳，充分发掘故事文本中的各种学术元素，并给予思想内涵、类型、母题及结构形态等维度的分析，构筑起相当精湛的古代或曰文献故事学大厦。这为中国现代故事学的形成及发展奠定了深厚的基础。

祁连休先生的《中国民间故事史》三卷本，洋洋洒洒百万余字。作为民间文学的一门专门史，可谓鸿篇巨制。如此浩大工程，需要翻检难以胜数的文献资料方能完成。作者在后记中简括了其学术贡献："论述了中国民间故事类型的发展史和中国民间故事的采录史（包括结构模式、异文、讲述人等）、编选史（包括综合性的、专题性的等），在叙述民间故事的发展历史上做了不少新的尝试。"祁先生是从"写"即选取素材、编写体例、阐释立论的角度，或者说从写作的过程和学术追求本身，表达了自己的学术建树的。笔者从"读"的立场对《中国民间故事史》加以评论，采用的是中国民间故事学史的角度，所理解的学术成就自然与作者本人的表述有所不同。

就中国民间故事学本身而言，祁先生这部大作的学术意义主要表现在两个方面：

一方面，建立和完善了中国古代故事学的四个体系。这四个体系的经营，并非作者有意为之，而是作者系统梳理所获得的系统效益。作为一个资深的民间故事学家，不论在感悟方面，还是在理性的钻研方面，都深切地认识到——故事文本本身会说话。祁先生正是怀着对民间故事传统的敬畏，成就了古代民间故事的文本谱系。

一是文本体系。提供了中国古代民间故事最为齐备的文本，包括异文。正如作者所言："征引许多不太受关注的古籍文献，在很大的程度上增加了作品的信息量。"在中国古代，故事文体难登大雅之堂，没有独立的文体地位，故事散见于野史、小说和笔记当中，将其一一翻检出来实属不易，"增加了作品的信息量"原本就是对中国故事学的巨大贡献。其实，这部故事史不是故事文本集成，只是列举了所需要分析的作品文本，却有着最为丰富的文本形态和文本指向。后者，主要是指承载了中国古代民间故事的文献文本。每个故事都罗列出诸多异文的文献出处，异文故事作品文本与故事文献文本组合为中国古代故事学最为完整的文本体系。而且，由于对两千多年间故事文本有着宏观而又具体地把握，祁先生将每个文本纳入溯源、流变，以及文本互文性的视野中进行审视，文本的演进轨迹及文本与文本之间的相互联系被厘析得一清二楚，构建出中国古代故事史上最为完美的文本谱系，及中国古代民间故事文本体系内部的逻辑图式。这种学术力道，需要扎实的文献功力和高超的故事学造诣，是至上境界的学术追求，其学术价值远远超越了一般意义上的故事史研究。

二是类型体系。在已有故事类型的基础上，又创建了许多新的故事类型，构成了中国古代民间故事最为庞大的类型群。而且，所编制的古代民间故事分类体系，区别于"阿尔奈—汤普森体系"，与德国学者艾伯华的《中国民间故事类型》也有所不同，"每一个故事类型的确定，都是以中国古代民间故事类型自身的特点为依据的，其命名也是按照中国人的思维方式并且适当参照中国学界过去的一些做法来确定的"①。可谓具有祁氏特色。每种故事类型不以"情节单元"的面目出现，而是直接陈述故事梗概，保持了中国传统的故事简介的呈现方式。不仅如此，每个故事类型在后世的趋向及存在状况都有所交代，这为探究现代民间故事给予了宝贵的思路和线索，尤其为《中国民间文学三套集成》故事文本的研究，提供了翔实的文献依据和清晰的历史主义维度。就故事学而言，每篇故事只有进入类型体系，才确定了其学术位置；或者说，故事文本只有在文本之间的关系网络当中，才可显现旺盛的学术活力。故事类型的创立及类型体系的建构，其实是拓宽了故事文本的学术空间，使故事文本拥有多种学术可能性。

三是母题或主题体系。在《中国民间故事史》中，主题和母题的边界并不十分明晰，这应该是作者有意为之。譬如"清代的骗子、无赖故事"，骗子和无赖既是主题，也是母题。在具体分析的过程中，祁先生一般侧重于对思想内涵和情节结构的把握，将母题置于整个故事类型的分析之中，没有将母题从故事文本中抽提出来展开专门讨论。譬如，在论及南北朝时期的人鬼交谊故事时指出，"内容除与魏晋时期的作品相似外，又增加了保媒、排险、娱乐、相助、谢恩等母题，更加多样化，更富人情味"。从先秦到清末民初，民间故事的母题数量之多，是不胜枚举的。对母题哪怕是主要母题进行专门分析，委实不现实。尽管如此，《中

---

① 祁连休：《中国古代民间故事类型研究》（上卷），17 页，石家庄，河北教育出版社，2007。

国民间故事史》所释放出来的母题方面的信息依然极其广博，可以说，从中可以找到中国古代民间故事的所有母题，只不过这些母题散落在阐述的字里行间，没有被重点分析而已。祁先生对母题的发掘，大多是不经意的，却由于其深厚的中国故事学涵养，营造出中国古代民间故事最为完备的母题库。

四是体裁体系。祁先生书写《中国民间故事史》，首先是从体裁切入，体裁确立了祁先生学术的基本定位和思维范式。就故事学专门史而言，这部大作集中国古代民间故事体裁之大成，涵盖了中国古代民间故事所有的体裁，可称之为中国民间故事体裁史或体裁志。我们所熟知的民间故事体裁，诸如幻想故事、生活故事、历史人物故事、机智人物故事、巧女故事等都已得到认定，属于中国民间故事体裁中的主干。完整的体裁体系既要有主干，也要有枝丫。体裁并非现成，需要开凿和发现。建立和完善民间故事分类系统一直是民间故事体裁学的核心内容。《中国民间故事史》中体裁划分之细、全面是前所未有的。譬如，民间笑话分成了四种，其中有一种是谐趣笑话，谐趣笑话又分为"以误会法逗趣的笑话""以对比法逗趣的笑话""以巧合法逗趣的笑话"等，共八种。每种体裁的形象都得到十分精心的绘制，难以胜数的鲜活的民间故事体裁形象凸显了出来。

当然，除了以上列举的四个体系，祁先生对故事讲述人也做了专门观照，这在以往的同类著述中并不多见。只不过古代文献所提供的讲述人信息十分有限，而且简陋，难以建构成体系而已。

另一方面，践行了广义故事学的学术理念。这一方面，同样不是笔者刻意的学术追求的结果，而是出自笔者对民间故事的偏爱和故事无所不在的固执理念。笔者从未打算在民间故事和民间传说之间划出一道清晰的界限，相反，却在不经意间抹去了这一界限，让故事的触角伸向古代所有的叙事领域。

众所周知，袁珂先生对中国神话学的理论贡献主要是提出了广义神话的学说，并将这一理论运用到《中国神话传说》一书当中。他说："在经过彻底改写的这本神话里，视野大大地开阔了：不但增加了许多新的神话资料，并且连很多仙话和传说的资料也都运用进去了。这在以前是不敢这么大胆运用的，后来从大诗人屈原的那篇神话、传说、仙话无所不包的汪洋浩瀚的诗篇《天问》中，才悟出神话、传说和仙话实在不应该那么判然地划分，它们在古代人民的口头传说里，实际上恐怕也是彼此包容，划分不了的。"① 袁珂先生的这一理论与实践为中国神话学的可持续发展建立了不可磨灭的学术功勋。相应地，祁连休先生对民间故事的理解也是广义的，尽管他没有专门阐明自己的广义故事论，然而突破狭义故事局限的努力和一些论述却与袁珂先生的学术动机如出一辙。祁先生在《中国古代民间故事类型研究》"绪论"中说："中国古代民间故事与民间传说关系相当密切，倘若说区分两者有一定难度的话，那么要将中国古代民间故事类型与传说类型区分开来就更为困难。"因此，该书所涉及的文本，"兼及民间传说类型"。其实，祁先生将民间叙事体裁打通，并非完全是出于分辨的困难，而是为了维护民间叙事以及表达这种叙事的连贯性，以免因体裁相异而受阻。依据祁先生的学术立场，类型、母题、异文、文本的互文性是重点关注的，而体裁之间的差异则忽略不计。

可以说，《中国民间故事史》是践行广义故事论的一部力作。一个明显的例证是，对每一时期民间故事的论述都列有"讲述人"专节。而讲述人恰恰是民间传说的标识之一。中国古代的典籍所载录的民间传说的数量要远远大于民间故事，《太平广记》就是一个例证。在篇章安排中，作者对学术界已定性为民间传说的文本单独论述，殊不知几乎所有章节都涉及大量的民间传说。由于将民间传说纳入故事史极大地丰富了民间故事的文本形态，也大大弥补了民间故事文体本身的缺陷，故为故

---

① 袁珂：《中国神话传说》，"序言"1页，北京，北京联合出版公司，2016。

事史的书写提供了多向度的视角，诸如故事发生的时间和地点、出场人物和故事讲述人等。

一直以来，为了保持民间故事学的纯粹性，故事研究者们总是要划清民间故事与民间传说之间的边界，将民间传说排斥在故事学之外。在中国民间文学界，建立了具有中国特色的故事学，并没有传说学或者说传说学没有建立起来，何故？因为很难寻求和实施有别于故事学的民间传说研究的理论和方法。故事学剔除民间传说的直接后果，就是民间故事文本的研究正在走向死胡同，即民间故事文本研究成为故事类型的不断复制。

相对于民间故事，民间传说的学术元素更为丰富。祁连休先生以其充分的学术实践，消弭了民间故事与民间传说的文体边界，为民间故事文本研究探索出一条崭新的路径，此等学术意义堪比袁珂先生的广义神话论。在文体的扩张层面，《中国民间故事史》可谓《中国神话传说》的学术思想的延展，有着同等的学术地位。

（原载《西北民族研究》2016年第1期）

民间故事文本类型

蛇郎蛇女故事中禁忌母题的文化解读

在伊甸园里,因受到蛇的引诱,亚当和夏娃被唤醒了性的意识,于是人类有了第一次性交合。蛇的引诱行为实为禁忌,后果是亚当和夏娃被驱逐出伊甸园,并使他们的后代陷入了"原罪"的深渊。或许蛇在目睹了亚当与夏娃的初欢之后,按捺不住油然生发的艳慕之情,纷纷进入民间口头叙事的话语之中,和人类进行交合。它们始为人祖,而后担当起了蛇郎蛇女的角色。蛇作为异类,闯入人类的婚姻生活,这种"越轨"行为亦实为禁忌。于是关于它们与人交配的故事中,便出现了一个个禁忌母题。

一

蛇郎蛇女故事最早的形态与祖先崇拜有关,反映了一些民族在血缘上对蛇的认同。一旦同氏族祖先建立起根深蒂固的渊源关系,其中的蛇便提升至神圣的图腾层次,享受着诸多禁忌的"礼遇"。

怒族蛇氏族传说：母女4人上山打柴，碰到一条大蛇，强迫其中一个姑娘与它结为夫妻。三女儿为保全其母性命，自愿嫁给蛇，生下许多后代，成为蛇氏族。[1] 傈僳族蛇氏族相传古时姐妹两人与巨蛇婚配，所生子女便叫蛇氏族——雷府扒。[2] 白族勒墨人蛇氏族亦有类似传说：一条青蛇强迫与一姑娘婚配，生下的独生子便是蛇氏族的祖先。[3] 以蛇为图腾的侗族传说，其始祖母与一条大花蛇婚配，后来生下一男一女，滋繁人丁，成为侗家祖先。[4]

这些人蛇婚传说表明，"原始人不仅认为他们同某种动物之间的血缘关系是可能的，而且常常以这种动物引出自己的家谱，并把自己一些不大丰富的文化成就归功于它"[5]。弗雷泽亦写道："图腾是野蛮人出于迷信而加以崇拜的物质客体。他们深信在图腾与氏族的所有成员中存在着一种直接和完全特殊的关系。……个体与图腾之间的联系是互惠的，图腾保护人们，人们则以各种方式表示他们对图腾的敬意。"[6] 其中最显要的方式是图腾禁忌。表面上氏族成员是在宣泄对远古生命母体的渴恋，在寻求精神上的皈依，而实际上是对现实生活中的图腾禁忌意识做反复的强化。由对图腾的崇拜，产生对图腾的禁忌。禁忌的设立显然对图腾动物起到保护作用。这也符合崇拜与崇拜对象同在共生，以便精神有所

---

① 参见《民族问题五种丛书》云南省编辑委员会编：《怒族社会历史调查》，103 页，昆明，云南人民出版社，1981。

② 参见云南省民间文学集成办公室编：《傈僳族的氏族图腾崇拜》，载《民族文化》，1981（3）。

③ 参见云南省民间文学集成办公室编：《白族神话传说集成》，37—40 页，北京，中国民间文艺出版社，1986。

④ 参见云南省民间文学集成办公室编：《广西侗族的蛇图腾崇拜》，载《广西民族学院学报》，1982（4）。

⑤《普列汉诺夫哲学著作选集》第 3 卷，386 页，北京，生活·读书·新知三联书店，1962。

⑥ 转引自朱狄：《原始文化研究》，77 页，北京，生活·读书·新知三联书店，1988。

归附的潜在心理。

上述传说中的禁忌母题是处于故事外的，即传说并未确切指明禁忌的内容。然而，禁忌伤害图腾动物为人类最早最重要的禁制之一，这是不言自明的历史事实。传说在为自己的氏族耸起一座高大的图腾巨像的同时，也向全体氏族成员郑重告诫了相应图腾禁忌的"在"及其不可违。或许也可以说，传说是在为图腾禁忌叙说着一个谁也无法拒绝的理由和提供谁也不敢擅自否认的证据。

人蛇婚传说对禁忌母题的有意遗漏，是因为其与现实生活自然生成了一种牢不可破的对应的互动关系。每一则传说的背后，都有活生生的图腾禁忌在为之印证、注脚、支撑。在侗族，按传统习俗，人们对蛇是禁捕禁食的。据说，谁要是违犯禁忌，就要斟酒化纸敬祭祖先，向其赎罪。否则，好端端的鸡鸭孵不出鸡仔鸭仔，甚至猪牛发瘟死亡，人患奇难杂症，不死也会周身脱皮。有时需用蛇肉胆液配药治病，偶尔捕蛇，则须在室外煎食。吃罢，要漱口洗澡去掉腥臊，方可进室祭祖，祈求宽恕，否则捕食者会掉牙腹痛。有的还认为遇见蛇蜕皮、交尾是惹祸损财的凶兆，也要祭祖，才能逢凶化吉。[1] 有些地方的侗族清明扫墓时，如动土垒坟时发现了蛇，便认为这是祖先的化身，不得伤害。[2] 傈僳族蛇氏族上山不捕蛇，不用蛇皮绷三弦琴。[3]

这些生活中的禁忌事项一直在竭力把人蛇婚拽进神圣的殿堂。它们之所以没有进入口头（也包括书面）文本，是因为一方面这类禁忌在人蛇婚传说中一般难以演绎为文学意义上的故事情节；另一方面，作为无外在形体动作的行为，这类禁忌在日常生活中时时刻刻被实施、复制，成为全族民的生活习惯，无须口承文学的刻意提醒。而人蛇婚也永远只

---

[1] 参见陈维刚：《广西侗族的蛇图腾崇拜》，载《广西民族学院学报》，1982（4）。

[2] 参见黄才贵：《侗族原始宗教信仰遗迹》，见《中国少数民族宗教初编》，343 页，昆明，云南人民出版社，1985。

[3] 参见杨毓才等：《傈僳族的氏族图腾崇拜》，载《民族文化》，1981（3）。

能是故事，永远只能以故事的形式走进族民的生活，绝不能以外显的行为或仪式昭示自己的"在"。此类传说和禁忌风俗其实为图腾信仰的两种表现形态，倘若缺一，另一种形态便会因没有传承的依托而渐渐地式微，直至消亡。

当然，图腾禁忌的母题有时也会被直接地表述出来。白族的《三姑娘和蛇氏族》讲道：三姑娘上山割草，嫁给了一条青蛇，生下十几个孩子。后来阿妈帮她带孩子，不小心用开水把这些蛇孩子烫死了。不久三姑娘又给蛇郎生了两个儿子，一个叫李保，一个叫李少。两弟兄都有好几个儿子，他们便是蛇氏族的祖先。为避免发生在祖先身上的悲剧再次发生，蛇族人一概不准壶嘴对着小孩。在这里，水壶嘴不能对着小孩的禁忌母题只是附加的说明，并没有进入整个故事的情节主干，也即是说，将其抽出，故事仍是完整的。而且，水壶嘴不对着小孩的禁忌本来就是现实的"在"，原不一定是人蛇婚传说的一个有机部分。将其缀上故事的尾部，表面上有一明显的因果动机，实质上是有意把现实的禁忌行为置换为传说话语，让禁忌风俗事象和传说在同一话语层面互相印证。然而这样并不一定都能成功。因为人蛇婚本身是一种独立的传说类型，在其流变过程中没有义务另外连带一个尾巴。依因果逻辑，所有的人蛇婚传说都可以拖拉一个表明禁忌的尾巴，但实际并非如此，绝大部分人蛇婚传说的尾部都是干干净净的，在繁嗣完后代之后便随即完结了。

二

人蛇婚传说中的禁忌母题在不断发展，出现了人不愿与蛇继续生活而遭侵害的情节。这是人类图腾观念淡化的结果。再到后来，蛇要想与人成婚，只得设法隐瞒自己的身份，方可达到目的。"山地蛇郎更有一种使女人看不出他是蛇蜕变而成的情郎的手段。可是不幸的遭遇往往会降临到男女两人头上，一旦女人知道他的情男是蛇的化身的时候，马上就使亲家一变而成仇敌。"① "美女蛇"故事中外皆有。有一则传说讲，在近于爱克斯的一个城堡主人叫莱蒙特，他的妻子与他立约永不在她赤裸时相见。结婚好几年之后，有一天，他撕开了她沐浴时所用的幕布，因此，她立刻变成了一条蛇，钻进水中不见了。大家熟知的《白蛇传》中的情节与其有共同点。由于法海挑唆，许仙看见了现形为蛇的白娘子，两人关系骤然恶化，酿成悲剧。

蛇郎、蛇女进入人类生活之中，便埋下了不幸的祸根。它们因本性难移，不得不设置禁忌，千方百计掩盖自己的真面目。这种掩盖实际是为后代凡人的违禁做了铺垫。洪迈《夷坚乙志·杨戬二怪》中的蟒妇被杨戬识破后已无力挣扎，原形毕露。但"未几时，戬死。"说明他仍然难逃"蛇网"。与我国相邻的日本《古事记》中的蛇女故事也流露着人对蛇的恐惧。本年智子与肥长姬结婚，过了一夜，偷看那少女原是一条蛇，王子害怕逃走，肥长姬悲伤地坐船追赶。《日本灵异记》《今昔物语集》的传说中，蛇不仅有着不顾一切的情欲，而且对异性的占有欲极度执拗，一旦真相败露，便转化为不惜代价的报复行为，甚至置对方于死地才罢休。

蛇郎蛇女型故事表现禁忌母题的核心情节是蛇的变形及对变形事实的竭力掩饰（这与天鹅处女型故事不同，天鹅亦变化为人，但这变化的事实并不在意凡人的知晓，没有构成禁忌）。这里的变形显然是上古神话中变形情节的继承，是上古神话思维的延续。德国文化人类学大师恩斯特·卡西尔（Ernst Cassirer）认为人物的变形是神话思维的一个普遍特征。他说：

> 他们（按指原始初民）的生命观是综合的，不是分析的。生命没有被划分为类和亚类；它被看成是一个不中断的连续整体，容不

---

① 娄子匡：《神话丛话》，载《民俗丛书》第15辑，13页，台北，东方文化书局，1970。

得任何泾渭分明的区别。各不同领域的界线并不是不可逾越的栅栏，而是流动不定的。在不同的生命领域之间绝没有特别的差异。没有什么东西具有一种限定不变的静止形态；由于一种突如其来的变形，一切事物都可以转化为一切事物。①

洪荒时代，神话被视为客观真实与信念的记录。它在描述及阐释这个世界的时候，极尽幻想之能事，无视生存环境里现实情理的阻碍，尽泄着创造的天真。而表现、传扬这创造的天真最淋漓尽致的，莫过于神话的变形情节。

神话叙述变形的方式有两种：一是动态的，即以"变"或"化"这两个动词简陋而抽象地概括了变形的全过程。如果说动态的变形太感突然、神速而为人不好把握的话，那么静态的变形则给我们提供了细细品味和思索的机会。《山海经·大荒西经》云："有氐人国（郭璞注：人面鱼身）。炎帝之孙名曰灵恝，生氐人，是能上下于天，有鱼偏枯，名曰鱼妇，颛顼死即复苏。风道北来，天乃大水泉，蛇乃化为鱼，是为鱼妇。颛顼死即复苏。"袁珂先生注征引自《淮南子·坠形篇》："今本云：'后稷垅在建木西，其人死复苏，其半鱼在其间。'"可见，颛顼在死而复苏的过程中，曾呈现一半为人一半为鱼，亦即人面鱼身的形象。这种"人鱼"或"鱼人"的奇特形象之所以形成，无疑有一个"变形"的背景。《山海经》还给我们描绘了许多人兽同体互生的形象，或蛇身人首，或鸟首人身，不一而足。西王母是人形虎齿豹尾，钟山神是人面蛇身，《帝王世纪》《列子》皆记伏羲是蛇身人首，女娲是蛇身人首。这些"变形"在以后的传说、故事中都留下了清晰的遗迹。

就蛇郎蛇女型禁忌母题而言，其直接的原型即伏羲、女娲的蛇身交合。在山东嘉祥县武梁祠东汉画像砖上，就有伏羲、女娲变形的蛇身交

---

① ［德］恩斯特·卡西尔：《人论》，104 页，上海，上海译文出版社，1985。

媾图。蛇化为人，寻求与人间异性的交合，明显是这一交媾图的现代演绎。正因为是"现代"的，披上了一层厚厚的"文明"的外衣，蛇身才不能赤裸裸的袒露出来，倒成为需要始终掩藏而不致被冒犯的禁忌。

　　蛇郎蛇女化为人形后，其自然本性依稀可见。这类幻想色彩极为浓郁的故事中的禁忌母题，倘若没有大量的真实细节为支撑，便成为水中浮萍，失掉应有的艺术及文化价值。在禁忌母题中，蛇郎、蛇女具有双重身份，既是设禁者，又是禁忌的对象，为至关重要的角色。禁忌母题的内涵能否得到充分表达和释放，与它们的可信度的强弱有直接关联。对它们形象的塑造，既离不开现实生活中蛇与人的关系及人对这种关系的感知和认识，又要表现它们在社会关系中的情与态。因为它们毕竟是蛇的人。因而不同社会文化背景下产生的民族心理，必然渗入蛇性与人性统一于一体的过程。且不说白娘子呼风唤雨、驱遣雷电、盗物还物、潜水逃生凝聚着我们民族对身边形形色色蛇的生存状况的长期观察，就是许仙的生活始终不离"药铺"这一点，恐怕也是出于人们对毒蛇药用价值的认识而产生的联想。白娘子十分惧怕的雄黄肯定也可以在许仙的药铺中找到。故事的创作者及传播者们正是抓住蛇形态上的特征、习水性和神秘性、蛇毒的双重性（既可伤人，又可治病）来组织奇异的情节的。既然蛇的影子无所不在，而许仙偶然目睹到蛇的真相，冒犯了蛇的禁忌，便也是迟早的事了。"在结局的处理上，纵使发展到了蛇女仙的阶段，本质上也仍是'人与异类是无法永远共处的'，不管是许仙心生害怕或已愿意接纳蛇妻，基本上都只能在了缘之前继续共聚，而无法长相厮守的。"① 蛇作为大自然中的一个成员，进入人类社会后，又不能尽弃动物性而完全融入其中，人类对其时时设防，又防不胜防。白蛇原本是禁忌物。她是美女与毒蛇的合体。既非完全的动物，又不是纯粹的人类。处于模棱两可状态的物和人都是躁动不安的、痛苦的、不正常的。玛

---

　　① 李丰楙：《白蛇传说的"常与非常"结构》，见《中国神话与传说学术研究会论文集》上册，425页，台北，台湾汉学研究中心，1996。

丽·道格拉斯（Mary Douglas）认为，凡处于模棱两可状态的动物便是不洁的、禁忌的；属于禁忌范围的物体都是带有两义性的，因而是无法明确归类的东西。任何与白蛇善意的接触，最终都导致对禁忌的冒犯。如果许仙目睹白蛇的原形并非出自本意，那么法海之所以要毁掉白娘子，是因为她是异类，并不在于她的善与恶。这说明此故事中的禁忌母题着意揭示的是人与异类（自然或超自然）的矛盾及对立。

三

蛇，俗称长虫，是颇具神秘意义的。人们常对它的来去无踪、脱皮蜕变、水陆两栖、无足无翼而能蹿突腾越感到惊讶和恐惧。对蛇的崇拜几乎遍布各民族、各地区。因而蛇郎、蛇女型故事除了饱含上述意蕴之外，还为我们提供了从宗教的角度进行阐释的可能性。

法国故事《蛇女》说一个骑士打猎时遇到个美女，向她求婚。女人要他起誓星期六不见她，也不要问她干什么去了。骑士答应后，他们结了婚。婚后生活很幸福。骑士的哥哥出于嫉妒，在骑士面前挑拨说弟媳是妖精。骑士违背誓言，星期六跑到古塔偷窥妻子，他妻子正在对镜梳妆，身体自腰部以下是蛇身蛇尾。骑士吓得一声尖叫。与此同时，塔内也传来一声哀鸣，一道白光飞出窗棂。骑士从此失去了爱妻，忧郁而死。故事的主要构架由非常简约的设禁和违禁情节组建，是一个粗线条的普通动物仙妻故事。蛇女与田螺姑娘型故事中的田螺姑娘、天鹅处女型故事中的天鹅女一样，仅是故事中一个非同寻常的角色而已，还没有散发出人为宗教的气息。骑士的哥哥与蛇女为敌，只是出于嫉妒，也没有任何宗教目的。根据民间口头叙事文学的发展由简单到复杂、由没有宗教目的到有意识为某种宗教服务的一般规律，此《蛇女》比起现存书面的蛇女故事来，可能属于更古老的形态。故事中禁忌母题的主角是蛇精，她既是设禁者，又是禁忌的对象。作为一个亦人亦蛇的艺术形象，就令人自然地想到原始宗教中的人首蛇身神。据文化人类学研究的成果，半人半兽产生于原始人类由动物崇拜到社会神崇拜的过渡时期。文物考古与文献记载证明，半人半兽曾盛于世界各地：古埃及，有狮身人面的斯芬克斯、马面人身的河马女神、鹰头人身的学问之神等；中国古籍《山海经》中，半人半兽神不胜枚举，像伏羲、女娲、烛龙、共工、雷泽之神等，都是大家熟知的人首蛇身神。《白蛇传》中的蛇精也是半人半兽。在还不能把自己从动物界分离出来的原始人心目中，人蛇结合并不是不可能的。尽管岁月流逝，时代变迁，蛇精必须完全变为人形才可能与男人结合（这种变化也同样发生在蛇郎故事中），但在特定时空中，她仍须变回蛇形。这显示了她与其祖先人首蛇身神的不可割断的血缘关系。正是这种根深蒂固的关系，使蛇精永远秉承着致命的禁忌：法国的蛇女星期六就变为人首蛇身；中国的白娘子、小青难熬端午时；印度的蛇精吃不了太咸的食物；希腊的拉弥亚怕人叫出她的名字……这些蛇精远不如祖先那样威风荣耀了。它们一出场即携带着禁忌，必须千方百计掩盖自己的真实身份，一旦暴露原形，总是难逃离开凡尘的厄运。

蛇女型故事的禁忌母题昭示了人首蛇身神的降格。这显然与现实生活中女性地位的下降有关。在新石器时代和青铜时代，父权制逐步取代了母权制，女性日益依附于男子，这致使女性神也受到了株连。

随着宗教的出现，特别是三大世界宗教的传播，宗教逐渐渗透到民间文学领域之中。宗教传道者们往往攫取民间故事的禁忌母题，加以改头换面，利用禁忌母题固有的设禁——违禁——惩罚的叙事模式来宣传宗教教义与宗教权威。

在欧洲中世纪，宗教和神学盛行。中世纪流传于欧洲的白蛇传型故事，几乎都带有浓厚的基督教色彩。12世纪时威尔特·迈普（Walter Map）的记录，是一个很有代表性的例子：

> 一个贵族在野外遇到个由女仆陪伴的美女，带回自己的城堡，与她结婚并生有几个小孩。女人虽在各方面都是贤妻良母，但做弥

撒时总是在洒圣水前便离开了教堂。她婆婆起了疑心，在儿媳卧室门上钻个洞，窥探到儿媳与女仆洗澡时变为蛇形。贵族于是请牧师到家中，突然向妻子与女仆洒圣水。她们尖叫着变为蛇飞出了屋顶。

这则故事与法国《蛇女》有明显的渊源关系。那故事中蛇精也生了几个孩子并且也是贤妻良母。起疑心的首先也是男子的亲属，而且每星期也有一天要现原形的禁忌。但禁忌被打破的原因不同：蛇精尖叫着飞走，不是男子听信别人的挑拨违背誓言，犯了禁忌；而是由于她本身致命的禁忌弱点，使其不能完成全部的宗教仪式，导致真相泄露，牧师用具有宗教魔力的法宝来惩罚她。把蛇女型故事中的禁忌母题与宗教信仰糅合在一起，显然是基督徒们有意为之。这样改编之后，故事为宣扬基督教神圣与权威的目的显而易见。

四

较之蛇女故事，蛇郎故事是一个更大的故事家族。娄子匡先生编的《台湾民间故事》中有则蛇郎故事：

蛇郎要到外面去做工，临走时叮嘱妻子千万不要打开内室的房门。他出去后，妻子为好奇心所驱使，把那扇秘密的门打开了，霎时间由内室里爬出大的小的各种毒蛇。她吓得顿时花容失色，夺步而逃。恰巧男人回来，一看事已泄露，非常愤怒。刹那间，自己也现出大蛇的原形，追赶上去。后来在火神的帮助下，她才获救。

这是禁室型蛇郎故事，女主人公偷看了密室里的事物，违背了神怪的禁忌而遭不测。故事里，婚姻维系的必要条件是蛇郎的原形不被暴露（此与蛇女故事相同）。倘若泄密，一对夫妻便成了不共戴天的仇敌，拼得你死我活。这一特点与天鹅处女故事的禁忌母题迥异。在天鹅处女故事里，丈夫知道妻子是雁（或其他物类）变化的，只要不说出来，就是守禁。主要表现了对大雁的崇敬心态，也就是说不能随意伤害雁姑娘。即使男子违禁，天女不得不离去，弥漫着的更多的仍是哀怨和生离死别之情。这说明此故事中的禁忌母题较之天鹅处女故事里的禁忌母题更富"现代"意味，距人类图腾崇拜的时代更为遥远。如果说天鹅处女故事中的禁忌母题为母系氏族社会中原始初民的图腾观念和女性崇拜结合的孑遗的话，那么，蛇郎故事中的禁室型禁忌母题便为父系氏族图腾观念和男根崇拜（蛇为男根的象征）的回光返照。在所有的禁忌母题中，蛇郎故事里的禁室型禁忌母题大概是与原始人类的图腾观有直接关系的最后的一种吧。

禁室型蛇郎故事与其他蛇郎故事有重大差异。其他蛇郎故事，除去蛇变美少年一处细节外，内容并无神奇、幻想的因素，叙述均在现实的基础上展开。嫁给异类——蛇，固然荒诞至极，但故事多有交代，姊妹们以及父亲均感为难，心怀疑虑。这就为这一幻想的细节提供了现实性理解的基础，减少了虚妄的成分。两种蛇郎故事所着力揭示的现实内涵不一致。禁室型的蛇郎故事中的双方仍停留在人类与异类之间。在双方激烈的斗争过程中，人没有借助变形的手段，蛇郎也不再掩饰自己的原形，人就是人，异类就是异类。人与异类的对立争斗、矛盾之不可调和，成为故事唯一要告诉大家的思想。其他的蛇郎故事中的中心主人公，不是蛇郎，而是姊妹俩或姊妹仁。她们作为被害者和谋害者，是真善美和假恶丑的代表，是主要矛盾的两个对立方面。惩恶扬善的现实伦理倾向十分明显。

中国的蛇郎故事异文极多，丁乃通所编《中国民间故事类型索引》中归为"蛇郎"433D型，收录有近百种，均与禁忌无瓜葛。欧洲古代一个很有名的蛇郎故事，叫《丘比特与赛支》，却遗存有禁忌主题。钟敬文先生曾阐述了这一故事：

故事中谓女主人公以美名触怒了女神。父亲为女儿求丈夫于天神。神告以她当穿着丧衣，去嫁给可怕的蛇。后女主人公的两位姊妹见她家很富贵，思谋害她，使偷窥丈夫的脸。这是她丈夫所叮咛禁戒的。约誓既破，他便离去了。她历尽了许多困难，才复得到了他。这故事中虽然说到嫁蛇，但事实上她的丈夫乃是很美丽的爱神丘比特。在故事产生的初期，或许那丈夫真是一条可怕的大蛇也未可知。①

钟敬文先生的这一推断可谓真知灼见。故事情节中，设禁——违禁——惩罚仍处于核心功能的位置。蛇郎尽管已蜕变为美丽的爱神，却禁忌爱人看他的脸。人类与异类的隔阂清晰可见。这明显带有怀旧又革新的过渡特征。

中国的蛇郎故事，在多数情况下，男主人公已经在很大程度上丧失了蛇的特征，尽管在称呼上还习惯地保留着"蛇郎"的叫法。蛇郎不仅落户于凡尘，而且与人类融为一体。自然，故事也就失去了禁忌母题。禁室型的蛇郎故事可以说是蛇郎故事的较原先形态。尽管蛇外化为人形，却丝毫没有蜕净兽性、以人性取而代之的迹象，那丈夫仍是一条可怕的大蛇。从禁忌母题的角度，我们似可以追寻这样一条演进轨迹：禁室式——丘比特与赛支式——近现代流传的大量的蛇郎故事。蛇郎故事主要情节框架为谋害——争斗——惩罚，这显然是设禁——违禁——惩罚的结构形态的相应置换。谋害与设禁都是反角对正角的破坏性行为，争斗与违禁都是正角的反抗性行为。据此，我们捕捉到故事中不变的成分和可变的成分，变化的是登场的角色，但他们主要的行为实质没有变。这两组行为连同后面的惩罚，皆是俄国民俗学家弗拉迪米尔·普洛普所定义的故事中恒定不变的功能。它们在故事中的地位委实重要，通过它们可以深入了解故事，探求故事基本的结构模式及变化规律。

（原载《思想战线》2000 年第 5 期）

---

① 钟敬文：《蛇郎故事试探》，见《钟敬文民间文学论集》（下），205 页，上海，上海文艺出版社，1985。

一场关于人与自然关系的深刻对话

——从禁忌母题角度解读天鹅处女型故事

天鹅处女型（swan—maiden type）故事在全世界流传非常广泛，历来为民俗学家所重视。班尼（Burne Charlortte Sophia）女士《民俗学手册》（*The Handbook of Folklore*）一书所附录的约瑟雅科布斯（Joseph Jacabs）所修正的斯·巴林古德（S. Bring Gould）的《印欧民间故事型式表》① 中，第三种型式即为天鹅处女故事（母题 D361.1）。丁乃通教授在《中国民间故事类型索引》中，仅 313A 型"英雄和神女"中，标明含有天鹅处女母题的异文，就达 40 多篇。我国许多民族的先民，在民间神话故事里，塑造了众多神采各异的既为动物又为"处女"的两栖类形象。比如天上飞的天鹅、孔雀、大雁，

---

① 英文为 *Some types of Indo—European Folktales*。此文为杨成志、钟敬文合译，原由中山大学语言历史研究所于 1928 年印为单行本。

水里的鱼、田螺、青蛙以及陆地上的老虎等，她们与人间好后生邂逅、成婚。我们把这类传说故事称为天鹅处女型故事。

一

此型故事为人兽婚类，只不过"兽"已部分地改换了其本来面目而融合了相当大的人性成分。可以说它是原始人兽婚型神话传说的变体。早在20世纪20年代末，赵景深就依据英国学者哈特兰德（E. S. Hartland）的研究成果明确指出："天鹅处女的童话是表现禁忌的。"① 我国现代民间文学学者也从禁忌母题的角度审视了此型故事。汪玢玲说："在故事中，鹤女在拔掉自己的羽毛织锦时，不许人看，这就是禁忌。被戒者违犯了禁忌，她就再不能以人的形象留在人间。雁姑娘因为丈夫违犯禁忌，委地复变为雁，无论她怎样思念自己的儿女也不能回来，忍不住回来看望一次，便触地而死，她是以自己的生命为代价的。"② 对所有收集到的此型故事仔细分析之后，我们发现，其中有些含存两个禁忌母题。

傣族有一则著名的长篇故事《宝扇》，大意为：王子来到一个风景旖旎的湖畔，看见七位仙女从天而降，脱下衣服裸体在湖里沐浴。他偷偷走出树林取走最小的那位仙女的衣服。仙女无衣不能再返天庭，王子和仙女结为夫妻。同族著名的《召树屯》故事与此雷同。这几乎是所有飞鸟类天鹅处女故事前半部分的基本框架。表面看，似乎无禁忌，其实潜藏着这方面深刻的民俗内容。

仙女脱衣沐浴，不仅出于健康卫生的需要，与后来的宗教上的清除污秽的意义也不尽相同。上面情节，隐含这样一个禁忌母题，即仙女的贴身衣服不能为凡人所触摸。

钟敬文先生曾于1932年对仙女脱衣之根源做了精辟的诠释："我以为鸟兽脱弃羽毛或外皮而变成为人的原始思想，或许由虫类脱蜕的事实

---

① 赵景深：《童话学 ABC》，90 页，香港，世界书局，1929。
② 汪玢玲：《"天鹅处女型故事"研究概况》，载《民间文学论坛》，1983（1）。

做根据而衍绎成功的也未可知。我们故乡，有一个关于'人为什么会死'的解释神话。大意说，人类本来是没有'死'这回事的，到了老年，只要象虫类一般脱了一回皮（即蜕），便又回复少年了。后来，有某人，正在脱皮时期，误被媳妇所窥见（破坏了他的禁戒）。从这以后，人间便永远存在着死神了。这明明是应用虫类蜕化的事实到人类上面来的想法。"① 脱衣类似虫类的蜕皮，是身体变形的"现在进行式"。脱弃羽衣超越了虫类蜕皮更新的"进化"层次，这是一种生命样式向另一种生命样式的转换。其间的行为都是自在的，而且受到一张严密的禁忌网络的掩护，任何惊扰都会阻断仙鸟新的生命样式的呈现。因此，王子的一切举动都是"偷偷"的。倘若他面对眼前美妙绝伦的情景而忘乎所以，那么，故事便停滞了，话语的流动亦戛然中止了。

那么，何以仙女贴身羽衣为人触摸（或取走），她便不得回到天庭了呢？仙女之衣为其上天的"翅膀"，失去它便不能飞上天——这仅仅是故事表面及常理的逻辑。（云南怒江傈僳族一则名为《花牛牛和天鹅姑娘》的故事中，男主人公偷的是仙女的腰带。）"在这里衣服显然已经通过魔力的附加而变成了一种象征。"② "南部斯拉夫人的不孕妇女想怀孩子，就在圣·乔治日前夕把一件新内衣放到果实累累的树上，第二天早上日出之前，去验看这内衣，如果发现有某种生物在上面爬过（按，生物的生殖力互渗到内衣上面），她们怀子愿望就可能在年内实现，她便穿上这内衣，满心相信她也会像那棵树一样子息繁衍。"③ 仙女之衣既为她们的遮体及上天的媒介，同时又是她们抑制情爱萌发的紧箍咒。凡间

---

① 钟敬文《中国的天鹅处女型故事——献给西村真次和顾项刚两先生》一文，收录于上海文艺出版社1985年版的《钟敬文民间文学论集》一书中，这大概是我国最早系统研究这类故事的一篇文章。

② 王霄兵、张铭远：《脱衣主题与成年仪式》，载《民间文学论坛》，1989（3）。

③ ［英］詹·乔·弗雷泽：《金枝》（上册），181页，北京，中国民间文艺出版社，1987。

男子触摸她们的内衣，按弗雷泽接触巫术的原理，是对仙女本人施了魔法，男子强烈的性爱欲望传导给无邪的仙女，使她和牛郎一样亦处于灼热的思春煎熬之中，情窦未开的仙女（因此故事命名为天鹅处女，而非天鹅仙女）顿时促进了男女意识的觉醒。这恰如伊甸园里的亚当和夏娃受蛇的引诱，吃了禁果一样。这样理解，也可解释为什么其他仙女不愿留在凡尘。这是因为他们不像被凡人触了衣服的仙女，未被染上凡俗之气。可见，仙女留恋凡尘，正是王子的行为触犯了仙女的禁忌之故。

禁忌乃是人或物身上的阿喀琉斯之踵（Achilles'heel）。男主人公之所以能知晓仙女的这一弱点并恰到好处地加以利用，达到与仙女结合的目的，往往是因为受了神仙（或神性动物）的指点。神仙实际是充当了向凡尘传报仙女禁忌信息及教唆如何违禁的角色。

二

结合之后便是生儿育女，这是自然规律。然而，人同异类交配本身就是对自然规律的破坏和蔑视。这在富有幻想精神的民间故事中也是不能容忍的。除非异类有充足的理由和不带任何禁忌的变形的本领，而且能完全为世人所接纳，否则，故事绝不会无视这种"畸形"的结合，无视生活常识地让异类永远滞留于凡尘，任其自由自在地繁嗣后代。不然的话，故事就只能用我们从未听说过的语言来表述，文本也只能诉诸我们不能理解的文字。既然人与异类的结合肇起于男主人公的违禁行为，那么，也必然会引发另一违禁行为，导致他们的最终分离。（当然，也可能像伏羲与女娲一样，借助于难题的解决即实质为神判，来寻求圆满的结局。）这就是民间故事的逻辑。民间故事可以让我们为其绝妙的想象力而惊叹，却永远不会让我们苦于匪夷所思。于是，故事又向我们提供了另一个值得细细咀嚼品味的禁忌母题。

我国有世界上最早关于此型故事的文献记载。《搜神记》收录了"毛衣女"故事：

豫章新喻县男子，见田中有六七女，皆衣毛衣，不知是鸟。匍匐往，得其一女所解毛衣，取藏之。即往就诸鸟，诸鸟各飞去。一鸟独不得去。男子取以为妇，生三女。其母后使女问父，知衣在积稻下，得之，衣而飞去。后复以迎三女，女亦得飞去。①

按钟敬文先生的观点，《毛衣女》不但在文献的时代观上，占着极早的位置，从故事的情节看来，也是"最原形的"，至少是"接近原形的。"故事中，男子告诉仙女，"衣在积稻下"，使她得以飞走的禁忌情节，在后来的天鹅处女故事中得到更为明显的强化，发展为不能说某女是某某变的。不许看，不许触动某种事物等，谁说了，看了，摸了，就会给谁带来灾难性的后果。斯蒂·汤普森在《世界民间故事分类学》中也指出，有许多故事讲某个男子娶了一个仙女。有时是男子到仙境去同她生活，有时是男子娶了她并将她带回家去生活。在后一种情况下，他每每有一些要严格忌讳的事情（母题C31），譬如不能叫出她的名字，在某个特殊时刻不能看见她，或在某些琐事上不可得罪她。美国当代著名的民俗学家R. D.詹姆森认为这一禁忌实施的过程，构成了这类故事主要的发展脉络。他说这类故事"描述的是一位神女爱上了一个凡人，神女要求他严格遵守禁令，就同意和他生活在一起。但是他违反了这些禁忌，神女随即就离开了他。他寻了很长时间才找到她"②。

三

这一禁忌母题有很强的适应能力，在此型故事的不同种类中都占据着显要的位置。像田螺姑娘以及丁乃通在《中国民间故事类型索引》一书所列的400D型的全部故事，都是此母题的演绎，只不过女主角的原形

① 见（晋）干宝《搜神记》卷十四。
② ［美］R. D.詹姆森：《一个外国人眼中的中国民俗》，72页，上海，上海文艺出版社，1995。

扩展为田螺、狐狸、虎等，于是羽衣也随之替换成螺壳、狐皮和虎皮，洗澡的情节已失落了。流传于四川省重庆地区的一则传说，可以略述如下：

> 一个名叫杨顺的年轻人偷偷看见了美女从狐皮里现身以及准备饭菜的情景。他藏起狐皮，娶了这美女为妻。一年后生了个小孩。有一天，他与妻子吵嘴，就对孩子说："你妈以前是狐狸精。"妻子很恼怒，要他把证据拿出来看看，杨顺拿出了狐狸皮妻子一看到原先的狐皮，立即裹上它走了。

在江苏省和上海地区流行的故事里，不是狐狸精，而是老虎精，节录如下：

> 兄弟二人住在一起，弟弟还没有结婚。哥哥看见一只雌虎脱去外皮，变成一位美女做好美味的饭菜。他把虎皮藏了起来，姑娘无法恢复原身，不得不成了弟弟的妻子。过了若干年，他们生了一男二女。有一天，哥哥的孩子骂弟弟的孩子，说他的母亲是母老虎。弟弟的孩子回到家里告诉母亲。母亲大怒，催促丈夫把皮拿来还给她。她披上皮，立即变成猛虎，咬死嫂子及嫂子的孩子后，便跑走了。

唐皇甫氏的《原化记》提供了一则"老虎精"故事的古代版本：

> 天宝年中，有选人入京。路行日暮，投一村僧房求宿。僧有在，时已昏黑，他去不得，遂就榻假宿，鞍马置于别室。迟明将发，偶巡行院内。至院后破屋中，忽见一女子，年十七八，容色甚丽，盖虎皮，熟寝之次。此人乃徐行，挈虎皮藏之。女子觉，甚惊惧，因

而为妻。……载之别乘。赴选，选既就，又与同之官。数年秩满，生子数人。一日俱行，复至前宿处……明日，未发间，因笑语妻曰："君岂不记余与君初相见处耶？"妻怒曰："某本非人类，偶尔为君所收，有子数人。能不见嫌，敢且同处。今如见耻，岂徒为语耳。还我故衣，从我所适。"此人方谢以过言。然妻怒不已，索故衣转急。此人度不可制，乃曰："君衣在北屋间，自往取。"女人大怒，目如电光，猖狂入北屋间寻觅虎皮，披之于体。跳跃数步，已成巨虎。哮吼回顾，望林而往。此人惊惧，收子而行。

在浙江绍兴地区还流传"田螺精"故事，简缩如下：

有一个以打柴为生的年轻单身汉，有一天从山上回家的时候，发现有人给他准备饭菜。第二天，他提前回家观察，发现从水缸里跑出一只大田螺，田螺壳张开后，跳出一个十七八岁的美女。年轻人把田螺壳藏了起来，田螺姑娘没办法回去，只好留下与年轻人结婚生子。后来孩子长大后到学校去念书，同学们都知道其母是田螺精，就编着歌来嘲笑他。田螺女知道后非常气愤，向其父索回田螺壳。然后就不见了。

这些故事属天鹅处女型的不同种类，正如日本民俗学者直江广治所言："这是一个可以变化的东西，画中的美女也好，狐狸精也好，都是它的变化而已。"① 而其中深嵌的两个禁忌母题是完全一致的。关于前一使异类"就范"的禁忌，尽管因异类的不同呈现的行为对象不一样——有的是藏羽衣（"毛衣女"），有的是藏狐皮（"狐狸精"），有的是藏虎皮（"老虎精"），有的是藏螺壳（"田螺精"），但禁忌的性质并无差异。对

---

① ［日］直江广治：《中国民俗文化》，7 页，上海，上海古籍出版社，1991。

此禁忌母题我们已做了较详细的阐释。

以往学者从禁忌的角度审视此型故事时，关注的是后一禁忌母题。正如刘守华教授所言："过去有些学者认为它是'表现禁忌的童话'，因为故事里的男子违犯了禁忌，才使女主人公重新获得羽衣，得以飞走。"① 这一禁忌行为的样式有多种，归纳起来为两类：一是无意中让异类知晓羽衣、皮，或壳的藏匿之处，一是有意无意提及从而揭露了异类的真实身份。何以这桩令人艳羡的婚姻会走向悲惨的结局，而背弃国民固有的"大团圆"的喜剧心态呢？沿着这一思路，便可通入禁忌母题的"腹地"。

此禁忌母题显然包括三个恒定不变的情节单元，即设禁、违禁及惩处。人间男子通过触犯异类的禁忌，即藏匿它们的"外衣"，阻断了它们复原"本体"的路径，从而求得结合。而这同时又设下了另一个更为严重的禁忌："外衣"绝对不能为它们所获取。"外衣"是从兽变人或人易兽的唯一媒介。脱去"外衣"，异类浑身便充溢人性，而一旦为"外衣"所包裹，便成为带着仙气的兽。我们再看一则此种类型的故事：

> 一猎人追赶一只美丽的鸟来到池塘边，看到天女在洗澡。于是，他藏起仙女的衣服，二人结为夫妻。过了几年，有一天，天女去洗衣服，出门的时候告诉丈夫不许开锅看。那是只奇妙的锅，打开盖子一看，里边只有一把米，凭着天女的力量，每天不断地做出饭来。可是，由于男子偷看了，以后就不再增多。米柜中渐渐空了，藏在里边的羽衣露了出来，天女穿着羽衣飞回天上去了。②

① 刘守华：《比较故事学》，388 页，上海，上海文艺出版社，1995。
② ［日］君岛久子：《羽衣故事的背景》，见《民间文艺集刊》第八集，296 页，上海，上海文艺出版社，1983。

此故事中，设禁、违禁及惩罚的三个环节十分明显。"不许开锅看"的禁令是由仙女自己发出的，可在前面的例子中，皆没有出现传报禁令信息的角色。俄国民俗学家弗拉迪米尔·普洛普（Vladimir Jakovlevic Propp）认为，禁令和违禁是相互联系的一对功能。没有前者就不可能产生后者，但前者也可能被省略或暗含在叙述中，而不被明确揭示出来。也就是说，设禁的环节往往被省略掉了。

阿伦·邓迪斯（Alan Dundes）说："不仅神话是由组成对立和企图消除对立两方面组成的，而且所有的民间传说形式都是这样组成的。"①在设禁、违禁和惩罚三个情节单元序列中，明显透示了从对立到缓解对立的过程：设禁是对立的开始，违禁是对立的继续，惩罚是违禁的必然后果——只有神女离开凡尘，对立才能最终消解。

这一情节脉络的形成是建立在此故事类型固有的"二元对立"（binary oppositions）结构模式基础上的。首先，故事中两个主要角色分别来自两个不同的种族，一为人类，一为异类；其次，他们的性别不同；最后，他们最终属于不同的生存空间。这三项对立因素包含了人类发展史上两个最基本的，也是无法回避及消除的矛盾，即人与自然，男性和女性。现实世界的这两大矛盾（当然还有众多的次要矛盾）刺激了人类思维的"二元对立"模式的形成。这一模式必然会在作为人类集体思维和智慧结晶的民间口头散文叙事文学中留下深深的印迹。这在神话作品中已得到验证。天鹅处女型故事作为神话后的直接文本，更是将"二元对立"作为故事的基本构架。

在此故事类型中，禁忌无一例外发自异类。禁忌的对象集中显现了异类各自的本性。不能暴露异类的禽、兽身份，不能让它们知道"外衣"（皮、壳及毛羽等）在何处。身份及"外衣"（其实为异类的表征）作为它们或超自然力或天界的象征意义是显而易见的。已化为人形的异

---

① ［美］阿伦·邓迪斯：《结构主义与民俗学》，见《民俗学讲演集》，561 页，北京，书目文献出版社，1986。

类正是靠称呼和外表把自己与人类区别开来的。表面上，设禁是异类为了掩饰自己的弱点，同时保持自己的"神"性不致为人类的"俗"性所浸染。而在更深的层次上，设禁既表明异类欲借助超自然力控制人类的企图，又折射出异类对人、异类无法调和的矛盾有了清醒的认识（实际反映了人类自身的认识水平）。在这里，设禁实为超自然力控制人类言行的隐喻，而禁忌对象则为双方都已理解的象征符号。

四

人是大自然的一部分，又是异于自然存在的文化产物，生而有之的征服自然的欲望，使得人类绝不会屈从于异类身上的禁忌，违禁势在必行。在英雄神话中，英雄行为主要表现为对大自然的抗拒和征服，不要说逐日的夸父，就是娇小可爱的精卫，身上喷发的也是不可摧折的向大自然复仇的力量，她化作鸟，不是化出一腔柔情，而是化出一身侠骨。《山海经》写到的另一些女神，如帝之二女、西王母，都有一种野性强悍、未及爱情的缠绵悱恻。古神话的这种思想倾向在天鹅处女型故事处得到直接承袭，使其在漫长的演进历程中，终究未能成为动人心魄的爱情故事。

在此型故事中，违禁大都是有意为之：或是丈夫和孩子们对异类恶意中伤，在民间现实生活中骂人为禽兽是对人的最大的侮辱；或是对她们的"外衣"不加珍爱，随意外露。在有的故事中，丈夫竟然把妻子的蚌壳翻取出来任意敲打。江西省南丰县城乡流传的《田螺壳》故事说：男的以为这么多年在一起的夫妻，又生儿育女，老婆不会有别的想法，看着扶椅凳学走路的儿子，便拿出当年的田螺壳来，用一支筷子挑起，用另一支筷子一边敲，嘴里一边唱："钉钉磕，钉钉磕，磕你娘的田螺壳。"爷崽俩一心只顾玩得起劲，把什么都忘记了。女的走进来一看，气得一把抓住田螺壳，往身上一套，人就不见了。违禁的人一般都已知晓异类的原形（否则也无从违禁），他们的骨子里视这些异类为禽兽，而绝不是神灵，因为敬畏与崇拜意识早已淡化。在长期狩猎活动中积聚起来的征服自然的潜在欲望，无疑会涌动于人与动物结合的整个过程之中。如果说第一次违禁，使男子拥有占有仙女的权力并取得了控制她们的方法的话，那么，第二次违禁，则是丈夫及子女们对异类厌恶心理的最终流露。倘若摈弃伦理及情感的因素，这是"纯洁"人类的正当行为，与《白蛇传》中法海的除妖举动的性质并无二致。按常理，也只有异类的称呼和"外衣"（原形）才具备禁忌的意义，才会成为凡人铤而走险的诱因。这类禁忌母题，在凡人与凡人之间则难以演绎出来。人和异类为了"故事"的缘故可以暂时组合成一个家庭，但即便在故事里，其间的裂缝也不可能任意弥合。这是人类与整个大自然对话的永恒的定理。

从故事发展的逻辑关系看，设禁之后自然会进入违禁的阶段。也就是说，设禁—违禁构成了一种时序对应关系，即普洛普所说的"功能对"（Function Pairs），它在此类故事的情节构架中起着举足轻重的作用。巴尔特（R. Barthes）说：就功能这大类来说，不是所有单位都具有同样的重要性，有些单位是叙事作品（或叙事作品的片断）的真正铰链，这些功能是基本（或核心）功能。如果仙女下"嫁"人间，其"外衣"又不知在何处之后，故事没有沿着这一线索进展，即设禁之后没有违禁的跟随，设禁作为一个主要的情节单元，就失去了本有的核心功能和真正的铰链的作用。另外，设禁—违禁也符合此种禁忌的本质特征。纯粹由异类建立起来的禁忌，在凡人看来皆为"合理的行为"。倘若自行停止这种"合理的行为"，就预示着人类在某种程度上失去了生活的理性及征服大自然的要求和信心。

违禁便会得到惩处，在此型故事的禁忌母题中无一例外都是这样。违禁（因）—惩罚（果）也是故事中的一个核心功能。缺少惩罚，设禁者和违禁者的结局都无以交代，故事也会变得残缺不全（这在中国故事中是绝对不允许的）。另一方面，惩罚也是设禁者（异类）的必然行为和权力。孤独无援的异类面对凡人的破禁侵害，凭借自身的超自然力

（主要是变形），向违禁者发起了攻击。事态的发展显然是凡人遭受了厄运，真正的悲剧只会在人间上演。男主角重又陷入性饥渴的煎熬之中，幻想着另一次人兽姻缘的到来。至于异类，本就来自一个虚无缥缈的遥远的世界，所设禁忌被破坏后，只是原形毕露，以其本来的面目沮丧地远去，回归原处，终于结束了这次对人间的浪漫而又残酷的造访。

人与大自然关系的真谛隐含于设禁—违禁—惩罚的情节序列之中。人类历史的长河恰恰是这一情节序列的不断重复。另外，这一情节序列也是两性之间相互较量过程及结局的形象描述。两性结合，天经地义，这种结合又是两性间控制（设禁）与反控制（违禁）状况出现的前提。故事中处于同一空间中的两性总是在不断地设禁，不断地违禁。结合，分离，再结合，再分离，这不正是此种禁忌母题对人类两性生活的高度概括和永远的昭示吗？

仅从禁忌母题而言，仙女仅是一个假主角（false hero）。她不过是传报禁忌信息的一个媒介人物。整个故事的重负几乎全部落在男子及其家人身上。他们必须处处小心翼翼来求得家庭的平安和"结合"的延续。他们也成为故事的推动力和焦点，情节的扩展、挺进都取决于其守禁还是违禁。人与异类（自然）关系的问题，是一个纯属哲学的命题，中外思想家一直在为之苦苦思索。禁忌母题竟然摈弃思辨的窠臼，以自己汩汩不断的独特的叙事话语，为此问题提供了简单明了的答案。正如美国人类学家露丝·本尼迪克（Ruth Fulton Benedict）所言："一些被理解为连续性行为组织的文化，与许多只是触及它们高点的文化相比，更能给人以启迪。"① 当然，这确不出于民间故事的创作者及传播者们的初衷和主观意识。

---

① ［美］露丝·本尼迪克：《文化模式》，43—44 页，北京，华夏出版社，1987。

五

刘守华教授认为，中国天鹅处女型故事的内容经历了四个发展阶段：第一代异文是人鸟结合，以某种飞鸟作为始祖来崇拜；第二代异文是人鸟结合的情节得到充实，加上了偷衣服而结婚和仙女找到羽衣后飞返天上；第三代异文增加了丈夫追寻妻子的情节；第四代异文中男女主人公的身份升为王子和公主，在他们的婚姻与悲欢离合中，穿插着战争、宗教冲突等，构成更复杂的情节。

陈建宪认为第二代异文是此型故事的基本原型（archetype）①。而正是第二代异文（以《搜神记》中"毛衣女"为代表）囊括了两个禁忌母题，也就是说此型故事的最基本的形态是以禁忌母题为核心的。只是在之后的演变过程中，原故事因或与"难题求婚"型故事，或与族源传说，或与动物报恩故事相混合，从而使得故事的重心后移。随着故事前半部分篇幅的逐渐缩小，禁忌母题被排挤甚至被遗弃掉了。譬如，与祖源传说联姻后，图腾及祖先崇拜意识骤然膨胀，成为故事表述的主要内容，完全淹没了禁忌观念。异类的"外衣"不再为禁忌的对象，将其焚烧之后，异类永远不会回复原型，却以其神异的"出身"，跃上人类部族始祖的地位。在一则名为《母狐的十个儿子》传说中，青年猎手将狐皮放在火堆上烧掉了，并对狐狸姑娘说："今天天气晴朗，是个好日子，咱俩结成夫妻吧！"这样，他们成为两口子。后来，鄂温克人之中存在一个大的狐狸氏族。无怪乎有人指出："它是一个表现人类爱情婚姻主题的故事，有关禁忌的情节，不过是作品中具有象征意义的情节要素之一。"② 但仅就此型故事的基本形态而言，禁忌母题无疑起到了左右整个

---

① 参见陈建宪：《论中国天鹅仙女故事的类型》，载《民族文学研究》，1994（2）。

② 刘守华：《孔雀公主故事的流传和演变》，见《民间文艺集刊》第八集，67页，上海，上海文艺出版社，1983。

故事思想艺术倾向的作用。事实上，也只有第二代异文才富有天鹅处女的原汁原味；第三、第四代异文，只是女角仍挂着"天鹅"的名分，仙气还未褪尽而已。

阿伦·邓迪斯认为，较长的美国印第安民间故事是由缺乏（L）、缺乏的结束（LL）、禁令、违禁、后果、试图逃避后果六母题（母题）组成的。天鹅处女型故事的基本结构形态正好与这六母题（母题）吻合。故事中，男子没有妻子（L），后由于触犯了仙女的禁忌，迫使仙女与之成婚（LL）。如果他不违反禁忌的话（禁令），他便可永远占有仙女。那位男子不可避免地违反了禁忌（违禁），终于失去了妻子（后果）。丈夫追寻妻子，重新团聚或从此离异（试图逃避后果）。两个禁忌母题就把"六母题"全部包含在内。也就是说，无须其他情节单元的参与，两个禁忌母题就完全可以构成一个完整的"原型式"的天鹅处女故事。当然，作为故事内禁忌母题，其在故事中是顺带的、潜藏的。正因为如此，解读起来才更显兴味。

禁忌母题固定的叙事模式支撑起整个故事（指第二代异文）基本情节的框架。正是因为主人公违犯了禁忌，才使他们的命运发生转折，整个故事更具戏剧性效果。此母题与原始的图腾崇拜、原始思维有关，为原始文化的遗存，只不过这些文化因素为故事本身的逻辑结构覆盖罢了。只有当人们发出疑问：为什么仙女要在脱衣沐浴、"外衣"被藏匿之后，才与男子一见钟情时，其间的禁忌母题方露端倪。

（原载《北京师范大学学报》2000 年第 6 期）

西南民族地区赶山鞭型传说中禁忌母题的文化诠释

赶山鞭型传说又名"迁移型",叙说的是高山大石远距离搬迁的事。在古代社会,生产力低下,面对自然灾害,人们往往束手无策。在这种无奈的情况下,自然会借助想象,祈望万能的神仙赐福人间,帮助身陷绝境的人们移山疏渠。这样,就出现了赶山鞭型传说。显然这是古代劳动人民排山治水现实生活的写照,其中往往伴有禁忌母题出现。这类传说在我国西南少数民族地区有较集中的流布,且多包含一个禁忌母题。下面针对禁忌母题中的几个意象符号进行破译,以图厘清它们之间的相互关系,进而揭示隐寓于禁忌母题后面的文化意蕴。

一

云南路南石林,石峰攒聚,石笋丛集,如剑戟插空,莽莽苍苍。当地彝族民众中有《石林的传说》，大意是：古时有位天神叫有哥，行到路南，见彝族人民生活困苦，便在夜间拿鞭子驱赶石头，亲自肩挑泥土，想在天亮以前赶到长湖，用石头和泥土将长湖拦截起来，这样路南的高山都将化作平地了。殊不知这计划被一个早起磨豆腐的撒尼老母破坏。老母见巨石奔来，骇极，打算呼唤她的女儿。女儿在"公房"（撒尼青年男女聚会的场所）嬉戏未回，留下话说听见鸡叫便回来。老母便敲簸箕逗引鸡，鸡扇动翅膀，开始鸣叫。大石头都站立起来，竖起耳朵听，知道是鸡鸣，便骇得头僵腿硬，不能行步。天神发怒，拿鞭子抽打石头，石头却已经化为石林了。[①]

钟敬文先生曾在《中国的地方传说》一文中，归纳出十个地方传说类型，第一种为"鸡鸣型"。他说："这个类型的故事，大略是以前有人或动物或超自然者，要于一夜内中，完成某项工作（例如建塔、运石、移山等）。刚欲成功的时候，而鸡已报晓。他的业作便因此'功亏一篑'了。这是对于人间某种人工物或自然物之有某部分欠缺者的解释传说。"[②] 上述传说应该亦为典型的鸡鸣型。钟先生是以"鸡鸣"，即中止工作时间作为界定标准的。赶山鞭型传说则是以完成运石、移山工程所用的"鞭"，即劳动工具为认定的识界。

赶山鞭型传说的出现，往往出于人们寻求某一奇特的风物景观的来源这样的心理。在古人看来，大自然中巍然存在的美景皆为神仙所弄。而当人们说，此山此石本不会落在这里，只是由于某某仙人迁移时，恰巧某某俗人道破天机，使山石停在这里不动了。此种想法进入故事的叙事范式之中，自然会引起一个禁忌母题。

任何禁忌母题的产生都以一定的民众心理定式为基础。要使某一禁

---

① 参见李德君、陶学良编：《彝族民间故事选》，90—91页，上海，上海文艺出版社，1981。

② 钟敬文：《钟敬文民间文学论集》（下），87页，上海，上海文艺出版社，1985。

忌事象产生，尤其是持续下去，必定需民众有共同的接受心理，或以远古宗教观，或以伦理道德观念为依据。我们再看另一则彝族的此型传说《大石头》，主要情节是：龙英秀才叫人拿着鞭子赶一块很大的平石头；龙英秀才问一大嫂是否看见一个赶猪的人，大嫂道破天机，石头不再跑动。很明显，故事中的禁忌母题含有父权思想。禁忌风俗中，有相当一部分是针对妇女的。尤其是在只有成年男子参加的大型活动中，诸如大规模的生产、狩猎活动、战争、祭祀礼仪等，禁止妇女在场。俗信妇女为不祥，恐败大事。云南彝族地区，现在仍有不许妇女多说话、管闲事的风俗。

广西壮族民间俗信"寡母婆嘴巴毒，气味毒，凡是好事撞到都要倒霉"。这一观念在当地流传的赶山鞭传说中同样得到体现。河池、南丹一带的《莫一大王》说，山区缺盐，怎么办呢？大家说：盐是用海水制的，那就要造个大海才行。于是大家就共同搬山造海。山那么多，你一锄我一锹的怎么行。莫一大王还是用他那把伞，用伞的尖尖戳起山，然后移到背上。现在许多山都有山洞就是那时候被他的伞把尖尖戳通的。莫一大王嫌背山太慢，就改用伞把当作放牛鞭，把一座座山当作牲畜一样赶。正在这个时候，坏在他那守寡的妈妈身上。原来他妈妈那天在路边放牛，只见这些石山像牛帮马队滚滚而来，要把她的牛群压死了，便叫喊起来：你们这些背时的石山，要把我养的牛群压死了。这些石山一听寡母婆的话，便不再滚动了。所以，壮族地区到处是石山，都挤在一块儿了。

赶山鞭型传说并非专注于对"滩险山危"风光缘起的津津乐道，在其流变的过程中，仍然没有滤漏陈旧的落后意识。移山疏渠本为男性所为，此间男性的优势和力量得到充分展现，与此同时，女性自然就成为被贬低的对象。在传说中，这种贬低的实现来自女性的违禁，也就是说，将这种贬低交付给一个禁忌母题。

二

然而，上面探究的充其量只是此型禁忌母题的表层含义。若要挺入此型禁忌母题的深处，必须对其中的意象符号逐一破译。就这一禁忌母题而言，其意象符号主要为"鞭""石""猪"等。

此型传说在全国各地流布极广，类型多种，其中用鞭赶石在鲁班传说、佛道斗法传说中屡见不鲜，而就流传的深广而言，则不如秦始皇赶山鞭传说。

《古小说钩沉》辑六朝梁殷芸《小说》引《三齐要略》云："始皇做石桥，欲过海观日出处。时有神人，能驱石下海，石去不速，神人辄鞭之，至今悉赤。阳城山上石，皆起立东倾。如相随状，至今犹尔。"南朝梁任昉在《述异记》中也有类似的记载："秦始皇做石桥于海上，欲过海观日出，处有神人驱石，去不速，神人鞭之，皆流血，今石桥其色犹赤。"这可能是最早记载的赶山鞭之原型。

赶山鞭型传说本身昭示了其从北方向南方传播的轨迹，原因正与秦始皇有关。秦始皇是中原王朝最早派兵下岭南的帝王，在南方各民族中有较大的影响。关于他挥鞭赶石的传说，也流传到南方少数民族地区，并和当地文化融合在一起，逐渐形成了赶山鞭型传说。只不过赶山鞭的操纵者已换成少数民族的天神或英雄。

为什么人们会产生"鞭石入海"这一童话式的思维，其依据何在？"鞭"，坚硬也。广西凌云县收集的一则神话故事《布洛陀》，其中就有这么一个细节：布洛陀（男性神）开天辟地、定万物时，把其阴茎化成一根巨大的赶山鞭，把一切都赶得飞跑。[1] 过伟先生于1985年听平果壮族何承文讲述了类似的传说："布洛陀阳具化成赶山鞭，挥鞭赶一群野兽飞跑。米洛甲（女性创世神）蹲在对面山上，阴户化岩洞。野兽躲进岩

---

① 参见过竹：《"葫芦"说》，载《民间文学论坛》，1985（6）。

洞。布洛陀感鞭有刺，挑刺，挑出一株大树，劈成柴。米洛甲用柴烧饭，用了好几天。"① 一些雄性动物的生殖器官干燥之后俗称为"鞭"，有牛鞭、马鞭、驴鞭之谓。在古代，开山运石头的繁重体力劳动是由男性来承担。"鞭"自然就成为强壮体魄及刚毅性格的隐喻。以鞭驱石，正是对男性劳力雄性力量的夸张与神话。

鞭子的出现，与动物的豢养直接有关。豢养成家畜的动物，如马、牛、猪等，人们要驱使它们势必会用鞭子。一般来说使唤牲畜皆为户外的体力劳动，都是男人的活计。因此，鞭子也很容易被认为是男性的象征。

"鞭石"原为一种求雨的巫俗仪式。《水经注·夷水》："夷水自沙渠县入，水流浅狭，载得通船，东径难留城南。城，即山也。独立峻绝，西面上里余，得石穴，把火行百许步，得二大石磧，并立穴中，相去一丈，俗名阴阳石。阴石常湿，阳石常燥。每水旱不调，居民作威仪服饰，往入穴中。旱则鞭阴石，应时雨的；雨则鞭阳石，俄而天晴。相承所说，往往有效，但捉鞭者不寿，人颇恶之，故不为也。"② 又《太平御览》卷五二载："宜都有穴，穴中有二大石相去一丈，俗云其一为阳石，一为阴石。水旱为灾，鞭阳石则雨，鞭阴石则晴，即廪君石也。但鞭者不寿，人颇畏之，不肯治也。"《水经注》指认这种巫俗并非当时新出现的民俗事象，而是往昔民俗之遗韵："昔巴蛮有五姓……"说明"鞭石"求雨仪式十分原始。在民间求雨巫术中，离不开阴阳交合的行为。"在庚子日都必须夫妇交合，两地分居的夫妻，政府还规定官吏的妻子必须探亲同房，以人间的阴阳交合诱使自然界的阴阳和合，从而达到乞雨的目的。"③ "鞭石"是性行为的"隐语"。土家族先民每每举行"鞭石"求

---

① 过伟：《壮族创世大神米洛甲的立体性特征与南方民族"花文化圈"》，载《广西民族研究》，1999（2）。

② （北魏）郦道元撰：《水经注》，539页，长沙，岳麓书社，1995。

③ 陈建宪：《神祇与英雄：中国古代神话的母题》，153页，北京，生活·读书·新知三联书店，1994。

雨巫仪时，总是在阴暗潮湿的洞穴。不言而喻，洞穴是女阴的象征体。这一点，从"阴阳石"又有"禀君石"之称亦可得以佐证。

"鞭石"仪式在被口头叙事文学复制的过程中，逐渐远离了求雨的动机，而与更为现实也更具实际意义的治山理水工程联系起来了。求雨毕竟是短期行为，而兴修水利工程才具有长远的意义。被赋予性巫术魔力的"鞭"，在告别了求雨仪式后，秉承着原有的象征意蕴自然而然地进入赶山鞭型传说之中。

从象征的意义看，赶山鞭与水（不管是江水还是海水）是故事中不可缺少的一对矛盾，代表了阴阳两方面。"我们有理由相信，所谓大沟小沟、大江小江，在《赶山鞭》故事中隐藏的象征意义，即为女性。"① 前面所说的"鞭石"求雨的仪式是在洞穴进行的，也就是说，所鞭之阴阳石皆处于女阴的内部，其所化成的大沟小沟、大江小江理当为女性之象征。鞭石入海（或河、湖），是阳对阴的侵占和征服。"挥鞭"无疑是男性在炫耀雄性的生理优势。女性对此不可能熟视无睹，甘拜下风，抵制势在必行。"秦始皇鞭石入海，惊动了南海乌龙，急忙腾起波浪来堵截。那些入海的巨石，被乌龙涌起的滔天大浪堵在海边，堆积如山，形状嵯峨，就象张开巨吻吞吐海浪的龙头。"② 这段文字虽说加工色彩较重，已经文学化了，但其仍流露出阴阳、雌雄对峙的象征意义。传说中的违禁者皆是女性，女性实际是前面洞穴和阴阳（禀君）石的阴性象征意象的人物化。几乎所有的此型禁忌母题中，女性违禁似乎都是无意识的。其实，这一举动有着深厚的历史传承积淀，具体说是受到了潜在的反抗意识的催使。

三

有趣的是，此型传说中，为避讳，皆称赶石头为赶牲口，而以赶猪

① 徐华龙、王有钧：《山与山神》，14 页，北京，学苑出版社，1994。
② 周春霆编：《秦皇岛的传说》，52 页，上海，上海文艺出版社，1983。

为多。北宋李昉《太平广记》卷七有则《木兰陂》的传说，主要情节为：钱四大娘卖酒积钱，立誓筑陂治洪；木兰陂两次修成，却被龙王太子派水妖撞塌；第三次修陂，鲁班化一老人来包工。他赶来巨石变的母猪，又让母猪繁殖了小猪，使大石头越来越多，最后修起坚固的木兰陂，实现了钱四大娘和当地人民的心愿。

在广西侗乡，特别是侗语南部方言区，一石一木，往往有一段吴勉的传说。传说的核心即是一个禁忌母题：榕江中的礁石是玉皇派雷婆破了吴勉的赶山法而潴留江中的；平辽的吴勉石上的凹坑，是吴勉赶山法被破后，痛心未能为百姓将山赶尽，跪而痛哭所留下的膝印。流传最广的则是《吴勉》传说，故事梗概是这样的：吴勉有神鞭，能鞭石开路。十八岁的时候，黎平大旱，官逼民反，侗家武装抗粮。吴勉率领起义军和皇帝的军队作战，反遭失败。皇帝发十万大军来擒吴勉。吴勉鞭石而行，打算在八洛河上游筑起一道拦河大坝，皇帝军来，便挖开堤坝用水灌冲。殊不知走到信洞，被一个无知的少女一语道破。吴勉说他赶的是猪，少女却说全是石头，这一下所有的石头便都不能动弹了，于是就在那里化作了一座高耸险峻的石山，人称它为"吴勉岩"。

何以以猪称谓石头？前文说过，祈雨鞭"阴"石。猪是地支亥的属相，亥居地支第十二位，止于北方，称作玄武，主黑色（与石色同），属水，也属阴。亥也罢，猪也罢，都是至阴的典型代表。《毛传》郑笺云："豕之性能水。"郑氏注《礼记·月令》："彘，水畜也。"有的传说称所赶为"乌猪"，即毛色呈黑，这与乌黑的降雨云团似有关联。蒂汶岛上的人求雨，向土地女神奉献一头黑猪。"在所有这些情况下，动物的颜色也是求雨巫术的一部分，采用黑色也因天空充满雨云而变黑。"[1] 把黑色作为雨云的象征，在很多民族中是相通的意念。由于"阴"石与猪皆曾用以求雨仪式，以后者置换前者，即有了观念上的依据。贵州三都

---

① ［英］詹·乔·弗雷泽：《金枝》（上册），110 页，北京，中国民间文艺出版社，1987。

县九阡地区祭祀水神"霞神"，偶像是不知何年代何人从何地运至的自然怪石，犹如猪首，有硕大的耳郭，深陷的眼睛和长翘的鼻梁。三都和榕江县交界的系大村所祭的神石，形状也像猪。既然石与猪同为一体，那么石变化为猪，或猪复原为石，便是不难理解的了。

"鞭石"是性行为的"隐语"，以猪替换石，猪还应包含特定的淫欲的意义，否则两者在"鞭赶"的过程中仍缺乏互通。《左传·定公十四年》记："卫侯为夫人南子召宋朝，会于洮。太子蒯聩献盂于齐，过宋野，野人歌之曰：'既定尔娄猪，盍归吾艾豭。'"杜预注："娄猪，求子猪，以喻南子。艾豭喻宋朝。"猪在中国上古文化中具有贪色淫欲之意。《易·姤》："女壮，勿用取女。……初六，……羸豕孚。"《易·姤》卦所言女壮之意，当指女性性欲之亢奋，但它所取之象却是母猪处于发情期时的躁动。古时，羸与娄同音，羸豕即娄猪。

更有趣的是祈雨，"阴"石承受着"鞭"（男根之象征）的性蹂躏。而在贵州水家的"敬霞"降水仪式中，母猪同样遭到松枝（亦为鞭）的性攻击。其时，用重金聘请两名乞丐充当"猪婿"来调戏母猪。在断定"阴"石与母猪可互通的亲缘关系之后，加上"夷水"和水家原本就同处一个文化区域内，便能推测《水经注》所载的"鞭石"巫术与此是一脉相承的。石与猪的相互转换，分别循着两条路径：一是时间的，即赶山鞭型传说的传播过程；一是空间的，即两地的求雨仪式。在它们之间显然有着内在的互动关系，而这一切又是在鞭（男根）的强烈刺激下进行的。或许可以说，正是阴阳交合的作用才使化为猪形的石头欢快地滚滚向前。

（原载《中央民族大学学报》2001 年第 2 期）

日本民间故事中三种禁忌母题的解读

1991 年，钟敬文先生发表了《中日民间故事比较泛说》一文，他强调中国和日本的民间故事具有"亲密关系"，同类型的民间故事非常多。笔者通过翻检日本的民间故事集，发现同中国的民间故事一样，也存在许多禁忌的情节和内容，如两国的仙乡型民间故事、羽衣型民间故事、密室型民间故事等，都拥有鲜明的相同性质的禁忌内容。本文把上面三种日本民间故事中表现的禁忌从作品中提出，作为一个母题（motif）进行专门检讨。我们通过类型分析，深入禁忌母题内部，挖掘每一类禁忌母题深层的文化底蕴。

一、仙乡型禁忌母题："时间差"的确立与消失

在时间改变一切的现实事实下，人们会开始渴望征服或逃避时间的控制，幻想和渴望能有一个没有时间或时间过得极慢的自由世界，

这样就出现了天上与人间的"时间差"。日本学者小南一郎在有关《神仙传》的论述中写道:"更具有象征意义的是,神仙世界的时间结构也与现实世界不同。在神仙世界里,时间的进展被以为较现世为缓,而其迟缓的比例似又没有一定。"①

记得《千首宋人绝句》云:"娟娟红树碧峰前,为爱桃花入洞天,偶逐霓旌才百步,却忧人世已经年。"(陈尧佐《洞霄宫》)这一时间观念早已深入人心,在民间得到广泛的认同,并且成为中日民间故事中一个非常有趣的情节单元。日本学者百田弥荣子经过十多年的研究,从中国北方黑龙江到南方云南的整个中国大地上找到了有关的民间故事,并特作了"天上一日,人间一年"的表格,列举了五十个事例。诸如《七仙女下凡》中的"时间差"是"天上三日,地上三年";《洪水滔天的故事》是"天上三日,人间三十年";《猎人与鱼姑娘》是"海底一日,人间一年";《木偶师傅》是"龙宫半天,人间三年";等等。"这五十个事例中,主题也在很广泛的范围都看得到:天女妻子、龙女妻子、'兄妹'婚型洪水、'后生'天女婚型洪水、兄弟分家、惩罚妖精、寻宝、石头开花、山岳的来历、铜鼓的来历和感恩的动物等多种多样。"② 中国古籍上关于这类型故事的记载,最为我们所熟悉的,是晋朝王质入山采樵,看两位童子下棋,等到棋下完时,他的斧柯已经烂掉。待回到家乡,人间也早换了世代的传述。③ 为此传说,唐代诗人孟郊作《烂柯石》:"仙界一日内,人间千载穷。双棋未遍局,万物皆为空。樵客返归路,斧柯烂从风。唯馀石桥在,犹自凌丹虹。""这在'故事学'上所谓'仙乡时间的超自然的经过'的传说,不但在中国有许多大同小异的形式,而且

---

① [日]小南一郎:《中国的神话传说与古小说》,215 页,北京,中华书局,1993。

② [日]百田弥荣子:《传承曼荼罗的时间概念》,见《亚细亚民俗研究》第 1 辑,北京,民族出版社,1997。

③ 如(南朝梁)任昉《述异记》等书。

也是世界大扩布的民间传承之一。"① 日本的民间故事《甲贺三郎》也明确说道：山洞里三年，人间三百年，是信浓（今长野县）诹访明神和近江（今滋贺县）甲贺郡水口在龙王山大冈寺的观音堂的由来。②

时间即生命，生命即时间，两个不同的时间世界实际演绎着两种不同的生命体验。而且这两个世界是互相隔绝的，一旦两者的界限被洞穿，"时间差"立即消失。

日本作为一个岛国，"仙乡型"的故事自然就比较多，或许就是由中国传到日本去的。"这个具有'时间差的规律'的概念和'神圣的容器'的思想的传承曼荼罗传到了日本，给予日本文化深远的影响。"《万叶集》卷九《咏永江蒲岛子》中即有一则故事，大意说：

> 一个叫墨吉的年轻渔人在海上钓鱼，过了七天还没有回家，原来他是出海到了海宫，在海宫中与仙女成了亲，仙女告诉他在海宫中的人是永远不会衰老、永远不会死亡的，希望渔人墨吉能永远留在海宫里生活，墨吉说他必须回去禀告双亲，于是约好了明日再回海宫。临行仙女给了他一个篮子，告诉他回到人间以后，千万不要打开这个篮子。墨吉回到家里以后，发现自己的屋子已经倒塌，田园也荒芜了，一切都不再是原来的样子，他回想在海宫中也不过是住了三年，怎么一切改变得这么快？他越想越觉得奇怪，就忍不住打开了仙女给他的篮子，一朵白云从篮子飞出，渔人墨吉，突然之间，变成了一个黑皮白发的老人。③

在日本香川县仲多度郡广为流传一则名叫《浦岛太郎》的故事，关

---

① 钟敬文：《钟敬文民间文学论集》（下），508 页，上海，上海文艺出版社，1985。

② 参见［日］百田弥荣子：《传承曼荼罗的时间概念》，《亚细亚民俗研究》第1 辑，245 页，北京，民族出版社，1997。

③ 王孝廉：《中国的神话世界》，88 页，北京，作家出版社，1991。

于此故事，钟敬文先生有这样的说明："因救助海中动物而被邀游龙宫，并得到宝物而归的故事。中国所传，大略相同。"① 故事梗概如下。

　　古时候，在北部地方的大浦湾上，住着一个叫浦岛太郎的人，他救了一只乌龟。海龙王的女儿为报答救命之恩，邀请浦岛太郎做客。不知不觉，一晃就过去了三年，浦岛说："我在这儿待的时间实在太久了，确实该回去了。"来向公主辞行。公主给了浦岛一个镶着宝石的三屉小匣子，还特地关照他说："在你遇到困难不知怎样办时，才可以把这个盒子打开。"然后，又叫浦岛登上来时坐的那一叶轻舟。小船离了龙宫，在海上航行了一阵，到了就像咱们这港湾样的地方，让浦岛太郎上了岸。

　　浦岛沿着海滩，走回自己的家乡。但，山的形状也变了，村的模样也不同了，树也显得稀疏了，而且还有不少枯死了的。浦岛很纳闷，仅仅三年，能变成这样吗？一面想着往家走，看到有一个老头儿在一栋草房门口捶着草。浦岛上前搭话，打听家里的事，问："老大爷，您可知道有个浦岛太郎吗？"那老头儿说："据说，在我爷爷那年代，有过一个叫浦岛的人，被海龙王的女儿请到龙宫里去了，但，压根儿就没回来。"浦岛问："那么，他的老母亲呢？""噢，早就去世了呀！"

　　浦岛来到自己家的遗址。除了洗手的石槽和院子里的几块大石头依然如旧之外，其余什么也没有了。浦岛心情沉重，一时不知自己应该怎么办。突然想起了龙王公主临别送给自己的镶玉宝匣。打开头一个屉子，里面是一片洁白的仙鹤羽毛；打开第二个屉子，升起了一股袅袅的青烟，这烟散去后浦岛变成了老头儿；打开第三屉，

<hr>

① 钟敬文：《中日民间故事比较泛说》，见《民间文艺学及其历史》，183页，济南，山东教育出版社，1998。

里面出来了一面镜子，拿镜子一照，浦岛方知自己变成了老人。①

　　白云、青烟作为主人公的灵魂（生命），被密封在仙人赐予的篋子、宝匣中，也就是将天界的时间扩伸到人间；从天界返回之后的生命实际为天界时期的自然延续。在这些神圣的容器内，凡人的生命被提升到另一个绝对自由的时间里。禁忌是世界"格式化"的最原始、最基本的形式，凡是有神圣与世俗之界限出现的地方，就有禁忌这个忠诚的卫士，在空间领域也不例外。当篋子、宝匣被打开后，禁忌被打破，象征青春（时间和生命）的白云、浓烟和青鸟飞了出去，容器的神秘力量就消逝了，成为越来越陈旧的凡间俗物。于是墨吉和浦岛太郎又回到了现实凡人的生命时间里，必须像所有的凡人一样接受时间的控制，接受新陈代谢的自然规律的支配。

　　作为禁忌对象的神圣容器，犹如希腊神话中潘多拉（Pandora）的金盒子，如果不打开那个金盒子，天下就太平无事，由于犯了禁忌，所以盒子中飞出了疾病、灾难、不幸和痛苦。潘多拉金盒子的打开，是活生生的现实生活使然。同理，人类生命的有限也使得象征时间和生命的神圣容器不可能永远地密封起来。因为没有死亡和衰老的幻想永远不可能在人间得到实现。这就如嫦娥服用了不死药之后不可能在人间实现她的不死（因为这超出了人类所能），她唯有寻求奔向另一星际，在那里以另一种生命样式（蟾蜍）来证明自己的永生。

　　通过违禁，这些故事彻底击碎了人类不死的美梦。禁忌母题借助极富道教意味的"仙乡"题材，对道教竭力宣扬的长生不老观念做了彻底否定。这表现了日本广大民众面对死亡的高度理性，与仙道信奉者们沉溺于飞升成仙的古老梦想形成强烈的对比。

　　"时间差"让神圣容器成为禁忌；同时，倘若故事不特意加以说明

---

① ［日］关敬吾：《日本民间故事选》，400—402 页，北京，中国民间文艺出版社，1982。

的话，便唯有违禁，才能证实"时间差"的存在。"时间差"和神圣的容器是相辅相成的，它们是构筑仙乡型故事中禁忌母题的两块基石。

德国文化哲学大师恩斯特·卡西尔（Ernst Cassirer）说："如果神话世界有什么典型特点和突出特性的话，如果它有什么支配它的法则的话，那就是这种变形的法则。"① 如果说在神话中，变形可以无视现实生活的参照而"随心所欲"的话，那么，在传说故事里，变形则必须在一个特殊的空间内进行。在口承文学中，生命的变形或蜕化（从"仙乡"返回的年轻人的灵魂在盒、篮中变化为青烟、白云）乃是拒绝死亡的主要话语路径。在融入道家的仙乡思想之后，变形即进入一个恒常的时间隧道。在这一时间隧道里，变形可以从从容容地完成。然而，现实中人却为飞逝的时间搅得迫不及待起来，他们按现实的常理推及容器内的情形，甚至不顾异类的劝诫（所有的违禁者事先都得到异类明确的指令），毅然决然用违禁之举，把现实相对的时间引进绝对自由的时间空间。这样，年轻人再不能返回仙境，续延艳情。他们的急剧变老或猝死，既宣告了生老病死的自然规律之不可逆转，同时又似乎抒发了日本民众普遍共有的叶落归根的强烈愿望。

二、羽衣型禁忌母题：人兽的结合与分离

在日本民间神话故事里，塑造了众多神采各异的既为动物又为"处女"的两栖类形象。比如天上飞的天鹅、孔雀、大雁等，她们与人间好后生邂逅、成婚。我们把这类传说故事称为羽衣型故事，日本也叫"天仙妻子"故事。羽衣型（swan—maiden type）故事在全世界流传非常广泛，历来为民俗学家所重视。钟敬文先生在《中日民间故事比较泛说》中指出，日本的"天仙妻子"故事，属于中国的羽毛衣型故事。

中国有世界上最早关于此型故事的文献记载。《搜神记》收录了

---

① ［德］恩斯特·卡西尔：《人论》，104 页，上海，上海译文出版社，1985。

"毛衣女"故事：

> 豫章新喻县男子，见田中有六七女，皆衣毛衣，不知是鸟。匍匐往，得其一女所解毛衣，取藏之。即往就诸鸟，诸鸟各飞走。一鸟独不得去。男子取以为妇，生三女。其母后使女问父，知衣在积稻下，得之，衣而飞去。后复以迎三女，女亦得飞去。①

按钟敬文先生在《中国的天鹅处女型故事》中所提出的观点，《毛衣女》不但在文献的时代观上，占着极早的位置，从故事的情节看来，也是"最原形的"，至少是"接近原形的"。此类故事传到日本后，便广泛传播开来，并出现了许多异文。譬如，日本"鹿儿岛的《天女下凡》故事是羽衣型的故事，主人公掌握了仙女的飞天羽衣，就可以控制住她，但一旦她又拿到飞天羽衣，便又立即飞到了天上，也表现出一种极为古老的观念"②。此故事情节如下。

> 有一个地方，住着一个叫米格朗的年轻小伙子，经常下地种菜，上山打柴，以此度日。这一天，米格朗干完活，要到一个相当开阔的水池子洗澡，脱下衣服，正想下水，忽然看见在水池旁边一棵松树枝上，搭着一件非常漂亮的衣服，便悄悄取了下来。这时候，从米格朗站着的岩石下，打水里出来了一个光着身子的女人，双手合在胸前说："那是我的衣服，对凡人没有用场的飞天之物，请还给我吧。"并伤心地流着泪解释说："我是经常到这里来洗澡的仙女，不是凡界之人。现在，求你把我那飞天衣服交还给我。"可是米格朗却说："不，你跟我回家去，咱们做伴儿一块过日子吧，也不用为了洗

---

① 见（东晋）干宝《搜神记》卷十四。
② 张紫晨：《张紫晨民间文艺学、民俗学论文集》，144 页，北京，北京师范大学出版社，1993。

个澡，费挺大劲儿从天上下来，咱家离这儿也不远，你要想洗澡，随时可以来，不是方便多了吗？"还是没有给她衣服。"米格朗，请你不要这么说，我是天上的仙女，不能过人间的生活。飞天衣服，请你还是还给我吧。"米格朗硬是没有把羽衣裳还给仙女。

仙女心里感到非常难过，但是飞天衣已被拿走，天上是回不去了，只得跟着米格朗回家。就这样，他们生活在一起了。转眼就是七年，他们养下了三个孩子。但是仙女回天之心未死，始终想着倘有机会，我还得回去。平日，也总挂念着，那飞天衣不知让他给藏到哪里去了？这一天，米格朗拿着鱼竿钓鱼去了。仙女像往常一样，把生下不久的小的，背在那七岁的大孩子的背上，让五岁的二孩子拍着小家伙，哄着他玩。自己腾出手干活去了。

仙女到村头的小河去打水，过了一会儿就返回来了。走到门口，就听孩子们在房后唱着：

莫要呜呜哭，莫要哇哇嚷，爹爹捎回的好东西甜又香。

撬开四根柱六根柱的大粮仓，

将那一捆捆粟子大米全搬掉，拿出那会飞的宝羽衣给你细端详。

仙女站着一听，恍然大悟，找了七年的羽衣裳，原来让男人给藏在米楼子上了。仙女趁着米格朗还没有回来，找来梯子架在米楼上，开开门就进去了。她把谷子把、稻子捆扒开一看，果然，这不就是日夜想念的那件飞天衣吗？赶紧取了下来，穿在身上，然后背上大孩子，又把二孩子紧搂在怀里，右手抱起最小的孩子，一扇，升到院里的松树顶；再一扇，升到了半天空的彩云中；第三次扇羽衣裳，到了天穹上。但令人悲伤的是，从云峰穿空而上的时候，没留神把右臂里抱着的三娃娃掉回了地上，没能带了走。①

---

① ［日］关敬吾：《日本民间故事选》，32—34 页，北京，中国民间文艺出版社，1982。

此型故事为人兽婚类，只不过"兽"已部分地改换了其本来面目而融合了相当大的人性成分。可以说它是原始人兽婚型神话传说的变体。早在 20 世纪 20 年代末，赵景深就依据英国学者哈特兰德（E. S. Hartland）的研究成果明确指出："羽衣的童话是表现禁忌的。"①在仙乡型故事中，是凡人去到仙界，而此型故事则是仙女来到人间，时间都不可能是永久的。于是，这两种类型故事便都有了"禁忌"。对所有收集到的日本此型故事仔细分解之后，我们发现，其中有些含存两个禁忌母题。

仙女脱衣沐浴，不仅出于健康卫生的需要，而且与后来的宗教上的清除污秽的意义也大体类似。上面情节，隐含这样一个禁忌母题，即仙女的贴身衣服不能为凡人所触摸。仙女之衣为其上天的"翅膀"，失去它便不能飞上天——这仅仅是故事表面及常理的逻辑。"在这里衣服显然已经通过魔力的附加而变成了一种象征。"② "南部斯拉夫人的不孕妇女想怀孩子，就在圣·乔治日前夕把一件新内衣放到果实累累的树上，第二天早上日出之前，去验看这内衣，如果发现有某种生物在上面爬过，她们怀子愿望就可能在年内实现，她便穿上这内衣，满心相信她也会像那棵树一样子息繁衍。"③ 仙女之衣既为她们的遮体及上天的媒介，同时又是她们抑制情爱萌发的紧箍咒。凡间男子触摸她们的内衣，按弗雷泽接触巫术的原理，是对仙女本人施了魔法，男子强烈的性爱欲望传导给无邪的仙女，使她亦处于灼热的思春煎熬之中，情窦未开的仙女（因此故事命名为天鹅处女，而非天鹅仙女）顿时焕发了男女意识的觉醒。这恰如伊甸园里的亚当和夏娃受蛇的引诱，吃了禁果一样。

结合之后便是生儿育女，这是自然规律。然而，故事绝不会无视这

---

① 赵景深：《童话学 ABC》，90 页，香港，世界书局，1929。

② 王霄兵、张铭远：《脱衣主题与成年仪式》，载《民间文学论坛》，1989（3）。

③ ［英］詹·乔·弗雷泽：《金枝》（上册），181 页，北京，中国民间文艺出版社，1987。此处，某种生物在内衣上爬过喻指了生物的生殖力可渗到内衣上。

种"畸形"的结合，无视生活常识地让异类永远滞留于凡尘，任其自由自在地繁嗣后代。于是，故事又向我们提供了另一个值得细细咀嚼品味的禁忌母题。

《毛衣女》故事中，男子告诉仙女，"衣在积稻下"，使她得以飞走的禁忌情节，在鹿儿岛的《天女下凡》故事中得到更为明显的强化，儿女们唱的一首儿歌告诉了仙女羽衣的下落。斯蒂·汤普森说："有许多故事讲某个男子娶了一个仙女。有时是男子到仙境去同她生活，有时是男子娶了她并将她带回家去生活。在后一种情况下，他每每有一些要严格忌讳的事情（母题 C31），譬如不能叫出她的名字，在某个特殊时刻不能看见她，或在某些琐事上不可得罪她。"① 美国当代著名的民俗学家 R. D. 詹姆森认为，这一禁忌实施的过程构成了这类故事主要的发展脉络。他说这类故事"描述的是一位神女爱上了一个凡人，神女要求他严格遵守禁令，就同意和他生活在一起。但是他违犯了这些禁忌，神女随即就离开了他。他寻找了很长时间才找到她"②。

此禁忌母题显然包括三个恒定不变的情节单元，即设禁、违禁及惩处。人间男子通过触犯异类的禁忌，即藏匿它们的"外衣"，阻断了它们复原"本体"的路径，从而求得结合。而这同时又设下了另一个更为严重的禁忌："外衣"绝对不能为它们所获取。"外衣"是从兽变人或人易兽的唯一媒介。脱去"外衣"，异类浑身便充溢着人性，而一旦为"外衣"所包裹，便成为带着仙气的兽。我们再看一则流传于日本的此种类型故事：

　　一猎人追赶一只美丽的鸟来到池塘边，看到天女在洗澡。于是，

---

　　① ［美］斯蒂·汤普森：《世界民间故事分类学》，296—297 页，上海，上海文艺出版社，1991。

　　② ［美］R. D. 詹姆森：《一个外国人眼中的中国民俗》，72 页，上海，上海文艺出版社，1995。

他藏起仙女的衣服，二人结为夫妻。过了几年，有一天，天女去洗衣服，出门的时候告诉丈夫不许开锅看。那是只奇妙的锅，打开盖子一看，里边只有一把米，凭着天女的力量，每天不断地做出饭来。可是，由于男子偷看了，以后就不再增多。米柜中渐渐空了，藏在里边的羽衣露了出来，天女穿着羽衣飞回天上去了。①

此故事中，"不许开锅看"的禁令是由仙女自己发出的，可在前面的例子中，设禁的环节往往被省略掉了。"男子偷看"，即违背了禁忌，从而导致"羽衣露了出来，天女穿着羽衣飞回天上去了"的惩罚。设禁、违禁及惩罚的三个环节十分明显。

阿伦·邓迪斯（Alan Dundes）说："不仅神话是由组成对立和企图消除对立两方面组成的，而且所有的民间传说形式都是这样组成的。"②在设禁、违禁和惩罚三个情节单元序列中，明显透示了从对立到缓解对立的过程：设禁是对立的开始，违禁是对立的继续，惩罚是违禁的必然后果——只有神女离开凡尘，对立才能最终消解。

在日本此故事类型中，实际上包含双重的结构模式，即设禁—违禁—惩罚和对立—融合—对立—消解对立。米格朗窃取仙女的衣服，使仙女不能上天，只能和他成婚，这是对立的开始；两人生儿育女，是暂时的融合；孩子唱歌（实际是米格朗教的）违禁，仙女取回羽衣，又开始了新的对立；仙女飞回天上，男女双方不在同一空间，对立得以消解。也就是说，故事的结局是回到了原来的起点，故事又可开始新一轮的讲述。

在《古事记》《日本灵异记》《今昔物语集》等古代流传下来的作品

---

① ［日］君岛久子：《羽衣故事的背景》，见《民间文艺集刊》第八辑，295—296页，上海，上海文艺出版社，1983。

② ［美］阿伦·邓迪斯：《结构主义与民俗学》，见《民俗学讲演集》，561页，北京，书目文献出版社，1986。

里，采录了一些来自民间的人兽婚故事。这些故事同样表现了人与兽之间不可调和的矛盾。《古事记》中的蛇妻故事也流露着人对蛇的恐惧。本年智子与肥长姬结婚，过了一夜，本年智子偷看那少女原是一条蛇，王子害怕地逃走，肥长姬悲伤地坐船追赶。《日本灵异记》《今昔物语集》的传说中，蛇不仅有着不顾一切的情欲，而且对异性的占有欲极度执拗，一旦真相败露，便转化为不惜代价的报复行为，甚至置对方于死地才罢休。人和异类为了"故事"的缘故可以暂时组成一个家庭，但即便在故事里，其间的裂缝也不可能任意弥合。这是人类与整个大自然对话的永恒的定理。

三、密室型禁忌母题：仙与俗的界限

日本鹿儿岛县大岛郡流传的民间故事《鱼娘子》，明显呈现出从羽衣型故事向密室型故事的演进过程。

妻子每天都要在正屋中央用屏风隔起来洗澡。她从一开始就和自己的丈夫有约在先，要求丈夫决不能偷看自己洗澡。不料有一天当丈夫的终于克制不住想偷看一眼的好奇心，悄悄用手指沾上唾沫把纸屏风戳了个窟窿并往里瞧了一眼。他窥见自己的妻子变成了一条美人鱼坐在盛满水的木盆里，两手变成了胸鳍。

事出以后，妻子对丈夫说："咱们约好不能偷看可你还是爽约了。既然如此，咱们这辈子的夫妻情分就到此为止。老大老二留给你，我把婴儿带走替你抚养。"说着妻子递给丈夫一只小盒子，千叮咛万嘱咐说切不可打开它，万不得已要打开它时，事先也必须双脚浸在海水里。

……据说这是位美貌绝伦的妻子。妻子离家出走后，丈夫终于耐不住孤独和寂寞，把妻子离开前的告诫忘得一干二净。他打开小盒子，只见里面冒出一股白烟。转瞬之间，这个家又变回了原来的

模样，又穷又破。^①

从禁忌的类型看，这个故事的前半部分为密室型故事，后半部分则为仙乡型故事，以"事出以后"开头的这一自然段为过渡环节。故事里，"不准偷看"这个禁忌两次重复，前一不准看的是密室，后一不准偷看的是一只小盒子，即神圣的空洞物。

密室型故事在日本流传久远，《古事记》中火远理命与丰玉姬的故事是最早的神婚传说之一。海神之女丰玉毗卖临产前在海浪冲击的岸边，用鸬鹚鸟的羽毛作苫房草，盖起了产房。快分娩时嘱咐她的丈夫不要偷看，但她的丈夫火远理命出于好奇，背弃前约，偷看到她变成了七寻鳄鱼，吓得逃开，丰玉毗卖感到羞辱，扔下刚出生的孩子回到海里去了。

日本人兽婚故事大体有两种类型，一种如上面两则传说，不知是异类而成婚，待被看破本相后婚姻失败；另一种是从一开始便知道是异类，于是便想方设法回避成亲。兽妻故事多属前种，而兽夫故事多属后种。如前面所言，故事中的人兽婚（也只能是故事中的）绝没有能逾越禁忌的障碍而善始善终的。禁忌是人与兽本质区别的标志和隐喻。故事的悲剧性结局，表明人类对自己与自然的关系有了清醒而明智的认识。正如日本著名民俗学学者大林太良分析丰玉毗卖生产故事时所言："丰玉毗卖还原为鳄鱼之身分娩时，被其丈夫窥视，结果她一怒之下'越过海界返回龙宫'。由此可见，人们认为海神之国与现世之间是有界限的。"^②

密室型（forbidden chamber type）故事亦属世界范围的一种故事（313B）。^③英国学者哈特兰德（E. S. Hartland）有《童话学》一书，指

---

① 武继平编译：《神秘的日本文化心理》，51—52 页，重庆，重庆出版社，1992。

② ［日］大林太良：《东亚有关海神的民间信仰》，见《中日民俗的异同和交流》，154 页，北京，北京大学出版社，1993。

③ 参见 ［美］斯蒂·汤普森：《世界民间故事分类学》，111 页，上海，上海文艺出版社，1991。

出禁忌主题在童话中大量存在，并将含有禁忌主题的童话分两类：一是丘比特和普绪刻式，一是密室式。赵景深先生1929年出版的《童话学ABC》中，专设"哈特兰德论禁室"一章。① 他说，哈特兰德论这一类的童话极为详细，凡分七式，前四式是女性起好奇心，后三式则是男性起好奇心，其中第一式为"蓝须式"，大意是一个女子嫁给一个妖怪，不听她丈夫临行时的禁令，私自开了一间密室，发现了她以前的女性被害者，室中尽是女尸。她丈夫发现后，正要杀她，却被兄弟和朋友相救。第三式为"马利亚的婴孩式"，说一个樵夫看见圣母，想把独生女送给她，圣母允许了。独生女开了一扇圣母不允许开的门。她不承认，被圣母贬回到人间。第七为"活动画式"，这种型式以印度的故事为代表。一个少年爱上了海里的姑娘，便往海中一跳，到了她的金城，他们就结了婚。她不许他看画，他非要看，画中人便将他一脚踢回陆地去了。杨成志和钟敬文二位先生合译的《印欧故事型式表》中亦列密室类型，所归纳的情节概要如下：

（1）一女子（或男子）与一位地位高等的人结了婚；

（2）新居中有一间房是她（或他）被禁止进入的；

（3）她（或他）进入了密室，发现那里充满恐怖的事物；

（4）配偶发觉了此事，设法惩罚她（或他），却反使自己送了命。

日本著名的《仙鹤妻》故事，主要流行于鹿儿岛县萨摩郡。大意是：

有一个名叫嘉六的中年男子，和七十多岁的老妈妈住在山里。

---

① 参见赵景深：《童话学ABC》，66页，香港，世界书局，1929。

一天傍晚，不知从哪儿走来一位容貌非常秀丽的女子，并和嘉六成了亲。

过了一些日子，媳妇说："把我关到柜橱里，三天以后放出来。但这三天之内，千万记住不能把柜门拉开。"婆婆和嘉六都说行吧，我们照办，就把媳妇关到柜橱里，三天没看没管。第四天头，媳妇从柜里走了出来。她说："嘉六，我在柜里织得一匹绢，请你拿到外面卖两千两银子回来！"随手，从柜里取出绢来。嘉六拿过绢来，到了王爷府。老王爷要求再织一匹同样的送来，并付了六千两银锭。嘉六回家把事情经过一讲，把银子拿了出来问媳妇："你能不能再织一匹同样的，有困难么？""只要多给我些时间，再织一匹吧！不过这次我得在柜里呆七天。这七天之内决不能看。"说完媳妇就进到柜橱里去了。

第七天，嘉六感到不放心，把柜门拉开。一看，一只仙鹤用嘴正把自己身上的羽毛、绒毛拔下来织绢呢，刚好织起了一匹。浑身光秃秃的，仙鹤说："绢已经织好，不过，你已经知道我的底细了，不喜欢我了，今天，就是我们分手的日子。这匹绢，给王爷送去吧。"不多时，西方飞来千只鹤，把无羽毛的鹤围在当中，抬桌飞走了。①

另一则在日本广为流传的故事《报恩的鹤》，与《仙鹤女》故事互为异文。故事梗概如下：

1. 一个叫幼扬的小伙子救了一只仙鹤。
2. 仙鹤变成一位自称教秀的美丽姑娘，嫁给幼扬。
3. 为有钱过年，教秀进到一房间织布，并警告幼扬不能朝屋

---

① ［日］关敬吾：《日本民间故事选》，22—25页，北京，中国民间文艺出版社，1982。

里看。

4. 幼扬卖布获得许多钱，还要敖秀再织一次。幼扬答应了，一再发出同样的禁令。

5. 幼扬往屋里瞧，那只他救了的仙鹤正拔下自己的羽毛，用来织布。

6. 因幼扬违背了诺言，仙鹤飞回天上。①

中国的密室型故事起源也很早，著名的《白水素女》故事②属此型故事。大意是：谢端拾螺，螺女为其守舍炊烹；当螺女灶下燃火之时，谢端窃窥，违犯禁忌，螺女形现，"不宜复留"，临行留壳，"以贮米谷，常可不乏"。螺女使得谢端"居常饶足"，却不能不现形离去，几乎完整地演完了人兽婚中禁忌主题的三部曲。禁忌母题处于故事转折和高潮的枢纽地位。刘守华教授认为，"在所有异类婚故事中，都有不得窥视女主人公原形的古老禁忌。……《白水素女》这一核心母题的记述是忠实于故事的古朴形态的"③。

此类故事亦为人兽婚型，若此类故事有禁忌母题的话，一般与原始图腾崇拜皆有牵连。在人类图腾观念逐渐淡漠之后，由人兽交合神话转化而来的人兽婚的传说故事中，便出现了禁忌母题。鹤等兽类必须隐瞒自己的原形，变成人样，方能与人通婚。密室型故事里，婚姻维系的必要条件便是仙鹤等的原形不被暴露。倘若泄密，一对夫妻便成为不共戴天的仇敌，拼得你死我活。

密室故事中禁忌母题的这一特点与羽衣故事的禁忌母题迥异。在羽衣故事里，丈夫知道妻子为雁（或其他物类）变化的，只要不说出来，

---

① 祁连休编：《外国民间故事选》（2），243 页，沈阳，春风文艺出版社，1983。

② 见（东晋）陶渊明：《搜神后记》卷五，任昉《述异记》、宋代洪迈《夷坚志》和明代《锦绣万花谷》前集卷五引《坡诗注》等均记之，文略同。

③ 刘守华：《中国民间故事史》，156 页，武汉，湖北教育出版社，1999。

就是守禁。主要表现了对仙鸟的崇敬心态，也就是说不能随意伤害鸟姑娘。即使男子违禁，天女不得不离去，弥漫着的更多的仍是哀怨和生离死别之情。这说明密室故事中的禁忌母题较之羽衣故事里的禁忌母题更富"现代"意味，距人类图腾崇拜的时代更为遥远。如果说羽衣故事中的禁忌母题为母系氏族社会中原始初民的图腾观念和女性崇拜结合的孑遗的话，那么，密室故事中的禁忌母题便为父系氏族图腾观念的回光返照。在所有的禁忌母题中，密室型故事里的禁忌母题大概是与原始人类的图腾观有直接关系的最后的一种吧。

密室故事中造成悲剧的直接原因，是"天机"泄露，禁忌被凡间男子触犯。所谓"天机"，即禁忌，显现出一种浓郁的神秘感。而重要的还不在于"天机"不可泄露的神秘感本身，而在于神秘的结局。如果按某些人的说法，人兽相恋是富家女子与人偷情①，那么，"天机"的神秘感就极容易破译了，但如是，则大量美丽动人的人与兽妻的民间话语就被庸俗化。我们认为兽女乃大自然中一切美好事物的象征。一方面，凡人对之只是一味地索取、占有，而不图补偿和报答，甚至无视大自然规律的客观存在（没有把兽妻当作异类对待）。终有一日，大自然的自我防御体系即"天机"或禁忌遭凡人破坏，兽妻便执意索回自己美丽的"外衣"（实际也是为凡人占有过的大自然中美好事物的象征），返回到大自然中。另一方面，兽女作为大自然的一分子，突然降临人类社会，其自然属性不可能完全亡散陨灭（这是禁忌产生的根源）；同时，人类也不能毫无疑虑地将其接纳，纯粹以社会成员待之（这是违禁行为出现的动因）。人与自然这种不和谐的关系通过哀婉动人的人与兽妻的禁忌母题流露出来，从中可见民间故事独具匠心的艺术魅力。

上面三种禁忌母题是笔者在广泛阅读所能收集到的有关文本之后分类、总结出来的，应该说较有代表意义。因为至此为止，在日本民间故

---

① 见《太平广记·序》。

事中，笔者找不到第四种更值得悉心解读的禁忌母题。笔者把这三种禁忌母题不分"轻重"的一并列出并加以详细阐释，从一个特定的角度揭示中日两国民间故事的一致性或相似性及渊源关系，通过文本的个案分析，具体展示了这三种禁忌母题的结构形态和内涵的魅力。

（原载《北京师范大学学报》2003 年第 4 期）

现代民间故事学史

中国现代故事学的滥觞

——20 世纪二三十年代故事学成就评述

中国现代故事学的兴起，得益于功能文化运动的感召。在 20 世纪二三十年代，民间故事被关注，首先在于其能够在儿童教育方面起到作用。这就可以解释何以初期《妇女杂志》每期都刊登数则民间故事了。最早提倡研究童话的周作人，认为童话对儿童的教育作用，有三个方面："（1）使各期之儿童保其自然之本相，按程而进。（2）用以长养其想象，使即于繁复，感受之力亦见敏疾，为后日问学之基。（3）能了知人事大概，为将来入世之资，……多识名物，亦有裨诵习也。"① 民间故事被视为重要的教育资源，以启蒙教育为宗旨的民间故事学应运而生。

---

① 周作人：《童话略论》，载《绍兴县教育会月刊》，第 2 号，1913 - 11 - 15。

除此之外，当时学者还肯定了民间故事的学术价值和认识价值，罗香林在评论林培庐编的《民间世说》① 时，指出："要研究先史时代人们演进状态的问题，是不能不注意他们所遗留的故事与传说的。""要研究漳潮这系汉族的生活背景，和他们所以演进的状态，是不能不注意林先生所收集的这些材料的。"胡鉴民则从社会学和心理学的角度，探讨了民间故事的认识意义。他认为从民间故事中，"不但反映出民间信仰与道德意识，且可窥见社会的背景"②。正是基于对民间故事现实功能比较全面的理解，当时许多学者投身于故事学研究，营造出现代故事学初期的繁荣景象。

一、塑造民间故事的体裁形象

作为民俗学研究对象的民间故事，在中国是一个外来的学术术语。因此，在中国现代民间故事学发轫期，即 20 世纪二三十年代，早期的学者们首先要解决的问题，就是对"民间故事"进行适当解释和规定，这就引发了一系列有关民间故事基础理论的讨论。讨论的中心是对民间故事文体的独立性进行肯定，厘清民间故事叙述话语的个性特征。

对于民间故事的特性问题，学者们大都是通过与其他民间文学样式的比较来阐述的。

周作人通过阐释神话、世说和童话的起源试图回答这个问题：

> 童话（Machen）本质与神话（Mythos）世说（Saga）实为一体。上古之时，宗教初萌，民皆拜物，其教以为天下万物各有生气，故天神地祇，物魅人鬼，皆有定作，不异生人，本其时之信仰，演为故事，而神话兴焉。其次亦述神人之事，为众所信，但尊而不威，

---

① 罗香林：《民间世说序》，载《歌谣》，第 2 卷第 7 期，1936。
② 胡鉴民：《民间故事的学术价值——序张清水先生的〈宝盒〉》，载《民俗》月刊，第 2 卷第 3、4 期合刊，1937。

敬而不畏者，则为世说。童话者，与此同物，但意主传奇，其时代人地皆无定名，以供娱乐为主，是其区别。盖约言之，神话者原人之宗教，世说者其历史，而童话则其文学也。①

张梓生则在《论童话》② 中首次明确地提出了人类学派故事定义，认为童话是"根据原始思想和礼俗所成的文学"。但他的观点并没有超出周作人的学术论述。

赵景深在其著作《童话概要》③ 中也给童话下了一个定义："童话是原始民族信以为真而现代人视为娱乐的故事，亦即神话的最后形式，小说的最初形式。"在另一本专著《童话学 ABC》中，首先阐述了童话与小儿语、童话与小说、童话与神话的不同，然后再次重申了这一定义。

以上三位人类学派倡导者的解释基本相同，但都没有给民间故事这一体裁画出一个明确的面相来。

许地山分析了神话、传说和野乘的异同，对民间故事的特性做了比较全面而明确的论述。他所总结的民间故事的三个特征，真正触及故事体裁的核心，在今天看来也是极为中肯的：

> 故事是从往代传说下来的。一件事情，经十个人说过，在古时候就可以变成一段故事，所以说"十口为古"。故事便是"古"，讲述便是"讲古"。故事的体例，最普遍的便是起首必要说，"从前有……（什么什么）"，或"古时……（怎样怎样）"。如果把故事分起类来，大体可以分为神话，传说，野乘三种。神话是"解释的故事"……传说是"叙述的故事"，它并不一定要解释一种事物的由来，只要叙述某种事物的经过。……术语上的"野乘"是用德文的

---

① 周作人：《童话略论》，载《绍兴县教育会月刊》，第 2 号，1913 – 11 – 15。
② 张梓生：《论童话》，载《妇女杂志》，第 7 卷第 7 号，1918。
③ 赵景深：《童话概要》，上海，北新书局，1927。

Marchen（它包括童话、神仙故事及民间故事或野语三种）。它与英雄故事及英雄行传不同之处，第一点，它不像传说那么认真，故事的主人常是没有名字的……第二点，它是不记故事发生的时间与空间的；第三点，它的内容是有一定的格式和计划的，人一听了头一两段，几乎就可以知道结局是怎样的。传说中的故事，必有人名，时间，地点，并且没有一定的体例，事情到什么光景就说到什么光景。①

这段经典论述涉及民间故事的结构、体裁性质、故事讲述的话语形式等民间故事体裁学的基本问题。作为作家和民俗学学者的许地山，对民间故事体裁的特点有如此深刻的解释，委实令人惊讶和叹服。

民间故事发生的时间、地点及其人物名字是模糊的，这是民间故事区别于其他民间叙事体裁最为显明的外部特征。首先，"故事的主人常是没有名字的"，常常是冠以老大、老二、老三，大姐、二姐、三姐，老头子、老太婆；其他，如苏联的伊凡、法国的汉斯、英国的约翰、日本的太郎等。其次，"故事的体例，最普遍的便是起首必要说，'从前有……（什么什么）'，或'古时……（怎样怎样）'"，这就非常准确地指出了民间故事时间表达的永恒性。故事总是将其发生的时间前推到极远，以使讲述的参与者都清晰地意识到这是在"讲古"。民间故事时间维度的模糊，大概与民间生活节奏的缓慢有关。尤其是农业生产，在乎的是年度周期性的历时段面的时间，满足于"大概"的时间。故事从何时发生从何时开始似乎并不重要，因为生活每天都在重复，周而复始，看不到结束，也不必追求准确的起始时间。最后，"（民间故事）的内容是有一定的格式和计划的，人一听了头一两段，几乎就可以知道结局是怎样的"。这句话实际探入了民间故事结构形态的深层，触及了民间故事情节

---

① 许地山：《孟加拉民间故事研究》，载《民俗》，第 109 期，1930。

结构模式化的特征。民间故事叙述格式化与计划性的提出，可视为中国民间故事形态学的滥觞。

许地山的上述阐释，集中概括了当时学者们对民间故事本体特征的认识。在此后的七八十年间，这些认识并没有被纠正，甚至并没有被超越。但这并不是说此后的民间故事体裁研究没有进展，而是表明当时把握民间故事本体特征是相当到位的。

张清水比照了民间故事与"轶事"的差异，发现了"轶事"（史实）不断向故事演化的口头传承现象，推演出民间故事的虚构性特征：

> "轶事"，太过实在了，我想还是仍用"故事"好。宋湘虽有其人，但是老百姓们所传关于他的故事太多了，其中不无附会、纠缠、借用之处，真实性，着实很少；我们只把它当"传说"看便算了，若把它当作"轶事"以为实有其事，可就错了。①

然而，"张清水虽从真实与虚构的角度指出了'轶事'与'故事'的区别，说明以'轶事'相称不妥，却没有进一步区分'故事'与'传说'的差别"②。因此，他这里说的"故事"还包括了传说，比本文所指的民间故事范围要广一些。

另外，容肇祖和罗香林还就民间故事和历史的关系进行了探讨。既然民间故事是虚构的，其认识价值必然受到质疑。而容肇祖竟然将民间故事和历史联系了起来，肯定了民间故事的学术价值，认为民间故事是人们对"知识与迷信、风俗与习惯等种种"的真实表现，认为，"由这些表现的风俗习惯与心理状况的认识，我们可以说民间故事，就是民间

---

① 清水：《本刊通讯》，载《民俗》，第 65 期，1929。

② 王焰安：《张清水对民间故事、传说的搜集整理与研究》，载《广东技术师范学院学报》，2006（2）。

的历史的断片。"① 罗香林则认为，"一切的故事与传说，皆是有其所以产生或流行的背景与环境或条件的。传说与故事的性质，虽不若'写的历史'的易于推识史事本身的状况，然其所代表的人们的生活过程与背景，或环境与条件，正与'写的历史'大致相同，所谓'查无实据，而事出有因也。'而且以其范围很广，正可以补助'写的历史'所代表的不及"②。民间故事是文学，历史属于社会科学，当时的学者却找到了两者的相通之处。

尽管两位著名学者没有明确提出历史（history）作为"他的故事"之语义学的理解，没有揭示通行于白话文中大量的"故旧""故人""故交""故居''故乡""故国"乃至"故纸"等词汇的语言成分和构词法，但仍可一窥"故事"之本义，已在历史的语境中讨论民间故事了。"写的历史"这一对历史的表述，建构了一个讨论的平台，即可以将历史叙事和民间故事的叙事相提并论，其间充溢了后现代认识论的意味。在中国现代故事学创建的初期，学者们对民间故事体裁特性的认知就达到了相当的高度。这一高起点为 20 世纪中国故事学的繁荣奠定了坚实的基础。

对民间故事体裁特征的初步观照，辨析了民间故事与神话、传说乃至历史的联系与区别，清晰了民间故事在口头散文叙事文体中的独特性与相对的独立性。

二、建立民间故事分类学

从研究的实际状况看，建立民间故事分类学的初期，分为两个层面，一是依据民间故事的内容，确立民间故事文类；二是依据民间故事的情节及其他结构元素，确立民间故事类型。

---

① 容肇祖：《广州民间故事》，载《民俗》，第 64 期，1929。
② 罗香林：《民间时说》，载《歌谣》，第 2 卷第 7 期，1936。

1. 划分民间故事种类

对任何事物的认识，首先需要对其进行分类。现在学者一般认为民间故事包括生活故事、民间寓言、民间笑话、幻想故事、童话等多种形式。这是在民间故事的外延边界比较明确的情况下做出的判断。然而在现代故事学的初期，民间故事与其他民间口头叙事文类仍处于相互混杂的状态，致使分类还不能完全在民间故事的范围内进行。

周作人在 1913—1914 年，连续写了数篇关于童话的论文。① 《童话研究》一文就对童话的定义、产生、特点、演变、种类等基本问题，做了比较科学的论述，对童话中所包含的远古民俗、观念、信仰、制度等做了文化解读。尤其对我国著名的《老虎外婆》《蛇郎》《老虎怕漏》等民间故事与希腊、罗马、德国的同类故事做了比较研究。在中国，"童话"一词是 20 世纪初从日本直译过来的。1922 年初，赵景深和周作人在北京《晨报副刊》讨论童话问题，周作人说："童话这个名称，据我知道，是从日本来的。中国唐朝的《诺皋记》里虽然记录着很好的童话，却没有什么特别的名称，18 世纪中日本小说家山东京传在《骨董集》里才用童话这两个字，曲亭马琴在《燕石杂志》及《玄同放言》中又发表许多童话的考证，于是这名称可以说是完全确定了。"② 童话的名称在中国出现于 20 世纪初，以商务印书馆 1909 年开始编撰出版专门供少年儿童阅读的文学作品集《童话》为标志。周作人在《童话略论》③中将童话分为"二部"：纯正童话（"从世说出者"）和游戏童话（"非出于世说，但以娱乐为用者"）。纯正童话又可分为代表思想者和代表习俗者两类。游戏童话又分为动物谈、笑话和复叠故事三类。从他的分类中可以发现，他所说的"童话"与我们现在说的"狭义的民间故事"很

---

① 周作人的这些论文作于 1913 年，见《儿童文学小论》，儿童书局 1932 年版。
② 原载《晨报副刊》，1922 年 1 月 25 日。引自《童话论集》，57 页，上海，开明书店，1927。
③ 原载教育部《编纂处月刊》，第七期，1913。

相似。童话（多为幻想故事）既有民间口头流传的，也有作家作品。赵景深最早对两者做了区别。① 这一区分是极其必要的，此后对童话的研究，基本上避免了民间童话和作家童话的纠缠。

许地山用图表的形式表述了他对故事的分类。他首先把故事分为"认真说的故事"和"游戏说的故事（庸俗的故事）"两大类。然后把神话和传说归入了"认真说的故事"，而"游戏说的故事"则包括童话、神仙故事和民间故事三类。第二大类"游戏说的故事"与我们今天的狭义民间故事很贴近，而所言的"民间故事"大概指今天所谓的"生活故事"一类。

钟敬文在《闽南故事集》② 一文中也提出了一些看法。他在文中首先介绍了此书的编者黄振碧对所收故事的分类，然后评价说："以上的区分，自然不是很严格的，如卖香屁故事，本来是一则趣事（记者曾记过，收入民间趣事第一集中），但因为这篇所述的中间有'牛死变树'的情节，就把她改进神话类中了。又如活佛升天的故事，是颇带点严肃意味的故事，因'费事'于另标一类，权把她归到趣事里边去了。"他的这一观点与许地山有些相似。但是，从"中国民间传说中，比较纯粹为儿童娱乐而作的童话，据我所见……"这样的言辞中，可以看出，作者当时所用的术语在内涵上是比较含混的，而这句话中的"民间传说"就相当于我们现在广义的民间故事了。

对民间故事种类的划分似乎没有多少学术含量，其实不然。种类的划分是建立民间故事体裁知识谱系的不可缺少的因素，对民间故事的收集、整理有着直接的指导和规范作用。

当时，最先由口头向书面转化的民间故事是童话。《蛇郎》《宝盒》《老虎外婆》《海龙王的女儿》《西天问佛》等童话得到大量采集，促进了这些童话故事的广泛流传。古代典籍中的童话也同时得到关注，《酉阳

---

① 参见赵景深：《研究童话的途径》，见《童话论集》，上海，开明书店，1927。
② 钟敬文：《闽南故事集》，载《民俗》，第 2 期，1928。

杂俎》中的《叶限》等"志怪"被当作童话文本发掘了出来。钟敬文说："代表了极端的智慧机警方面的人性而出现于民间故事中的，在希腊有伊索，在中国有徐文长；代表了极端的愚呆方面的人性而出现于民间故事中的，则是呆女婿了！"① 呆女婿的故事和徐文长的故事同样是民间故事初期写定时的重点，异文众多。其时，这类生活故事和机智人故事被归之为"民间趣事"。在 20 世纪二十年代末三十年代初，上海北新书局出版了一套由林兰女士（李小峰之化名）编辑的民间故事集，近 40 种，分"民间趣事""民间童话"和"民间传说"三个系列。童话、民间趣事等民间故事文类概念的提出并认定，恰恰反映了民间故事田野作业的现实倾向性。

2. 编制中国民间故事类型谱系

故事学中的"类型"，源自芬兰学者安蒂·阿尔图斯·阿尔奈（Antti Aarne，1867—1925）于 1910 年在《民间故事类型》（*The Types of the Folklore*）一书中对各民族民间故事做比较分析时所使用的"type"一词。"一种类型是一个独立存在的传统故事，可以把它作为完整的叙事作品来讲述，其意义不依赖于其他任何故事。当然它也可能偶然地与另一故事合在一起讲，但它能够单独出现这个事实，是它的独立性的证明。组成它的可以仅仅是一个母题，也可以是多个母题。"② 如果几个不同的故事具有相同或相似的母题，这几个故事属同一"类型"，并被看作与历史渊源有关。

"母题"是与"类型"密切相关的另一关键词。"母题（motif）这个词源于拉丁文 moveo，是动机的意思，所以母题的意义与动机有关，可说在叙述情节中，具有动机功能而反复出现的特殊行为、实物、情况等

---

① 钟敬文：《呆女婿故事探讨》，载《民俗》第 7 期，1928。

② ［美］斯蒂·汤普森：《世界民间故事分类学》，499 页，上海，上海文艺出版社，1991。

等。"① 周作人的未刊稿《老虎外婆及其它》，大约写于 1914 年，其中母题概念的使用应该是最早的。10 年后，周作人发表的《关于"狐外婆"》一文中，又使用了母题一词。他说："这些民间故事我觉得很有趣味，是我所喜欢的。倘若能够收集中国各地的传说故事，选录代表的百十篇订为一集，一定可以成功一部很愉快的书。或者进一步，广录一切大同小异的材料，加以比较，可以看出同一的母题（motif）如何运用联合而成为各样不同的故事，或一种母题如何因时地及文化的关系而变化，都是颇有兴趣的事。"② 在这段文字里，尽管没有出现"类型"术语，但中心意思是如何围绕母题展开同一类型文本的收集和比较研究。

中国学者运用类型学研究民间故事与西方几乎同步。1927 年，杨成志、钟敬文合译查·索·班尼《民俗学手册》附录《印欧民间故事的若干类型》，以《印欧民间故事型式》篇名面世。第二年，钟敬文发表《中国印欧民间故事之相似》一文，文中道：

> 近来读英国民俗学会出版的《民俗学概论》中有《印欧民间故事型式表》一文（此文经我和友人译出，收为中山大学语言历史学研究所民俗学会小丛书之一，现已出版），把印度欧罗巴民间故事，归纳成七十式，每式略举其情节，其闻颇多和中国民间故事相似的。兹就一时所觉得的，拈掇出来，不敢谓为严密的比较，只是随便举一二例子而已。③

这是民间故事类型学运用在印欧与中国同类型民间故事比较分析中的最早成果，显示出现代民间故事学强烈的学科意识。也就在这一年，

① ［俄］李福清：《神话与鬼话：台湾原住民神话故事比较研究》，13 页，北京，社会科学文献出版社，2001。
② 周作人：《关于"狐外婆"》，载《语丝》，第 61 期，1926。
③ 钟敬文：《中国印欧民间故事之相似》，载《民俗》，第 11、12 期，1928。

美国学者斯蒂·汤普森（Stith Thompson）修订、补充了芬兰学者阿尔奈的《故事类型索引》，出版了《民间故事类型》。此书所运用的分类编排方法通常被故事学界称为"阿尔奈—汤普森体系"或"AT分类法"。

几乎在"阿尔奈—汤普森体系"颁布的同一时间，钟敬文试图构建中国民间故事的类型谱系，探寻富有中国民间故事特色的分类范式。他完成了《中国民间故事型式》（原作《中国民谭型式》)①，共归纳出中国民间故事的45种型、51个式。此项研究原计划归纳故事型式100个左右，只是由于种种原因仅成了近一半而已。钟敬文在德国学者艾伯华（Wolfram Eberhard，又译作艾伯哈德）《中国民间故事类型》中译本序中，对这段学术经历作了简单追忆："记得1927～1928年，我和顾颉刚、董作宾、容肇祖诸位先生在广州中山大学创立了'民俗学会'，继续进行北京大学歌谣研究会开创的这种学术活动。1927年底，我和同乡青年学者杨成志得到了英国民俗学会出版的《民俗学手册》（1914），我们都觉得书中所附的《印欧民间故事的若干类型》和《民俗学问题格》对我国这方面的研究颇有参考价值，就共同把其中的《印欧民间故事的若干类型》先行译成了中文，并于1928年刊行（稍后，杨成志译出了《问题格》)。这个小册子，一时颇引起了我和同行们的兴趣，接着，我跟赵景深都写了有关类型研究的文章发表。"② 尽管这是初步的尝试，但对建立中国民间故事类型学具有里程碑的意义。

在钟敬文《中国民间故事型式》发表之后的第六个年头，艾伯华在曹松叶的帮助下完成了《中国民间故事类型》。原用德语写成，半个多世纪后才译成中文，于1999年由商务印书馆出版。艾伯华从300多种书刊近3000篇故事中，归纳出300多个类型。所使用的资料多集中于沿海一带的省份，但中国比较常见的故事大多在"类型"之中。此书"首次

---

① 钟敬文：《中国民谭型式》，载《开展月刊》，第10、11期合刊，1931。

② ［德］艾伯华：《中国民间故事类型》，"中译本序"2页，北京，商务印书馆，1999。

展现出中国民间故事艺术世界的整体风貌"①，标志中国民间故事类型谱系基本建立。

艾伯华没有采用"AT分类法"，而是沿袭了钟敬文创造的分类范式。这种分类范式以型态为分类标准，先将每一个故事分析为好几个情节（构成故事的单位要素），再将同类型的故事，依照典故由来、页数、采集的顺序列举出来，接着又依每一情节的区分来详细比较其异同处，并加上注释、历史方面的考察（即探求故事与文献资料的关系），以及这些故事在中国的分布状态等。② 迄今为止，对中国故事类型的划定，实际上有两个系统，即钟敬文系统和"AT分类法"系统。

民间故事类型谱系的编制属于结构层面的故事形态研究，这是民间故事学特有的研究范式。故事学家将情节大同小异的故事文本群，称之为一个故事"类型"。类型是就其相互类同或近似而又定型化的主干情节而言的，至于那些在枝叶、细节和语言上有所差异的不同文本则称之为"异文"。民间故事学考察的对象往往不是单一作品，而是一个群，即某一类型。对民间故事类型（型式）的确立可以有效把握民间故事叙述、传播的规律和结构特征。

然而，当时有些学者对这一研究路径并不十分了解。赵景深不赞成构建故事型式的分类方法，他说："我以为这个工作是很笨的，照他这样做下去，《一千零一夜》就有一千零一式，那还了得么？世界的民间故事无穷，不必这样仔细的分别，像麦苟劳克那样，以童话分为十一系比较妥当。"③ 他还专门撰写了《评〈印欧民间故事型式表〉》④ 一文，表

---

① 刘守华主编：《中国民间故事类型研究》，10页，武汉，华中师范大学出版社，2002。

② 参见［日］直江广治：《中国民俗学》，234页，台南，庄家出版社，1980。

③ 赵景深：《童话学ABC》，5页，香港，世界书局，1929。

④ 赵景深：《评〈印欧民间故事型式表〉》，见《民间故事研究》，上海，上海复旦书店发行，1928。

述了他的修改意见："倘若我们要来修改，又怎么修改呢？我以为应该把神话和历史以及趣事去掉。雅科布斯似乎还不大明白神话历史趣事和民间故事的分别。他的型式是有些混乱的。"

在反对型式表分类方面，顾均正比赵景深更坚决，他在《关于民间故事的分类》一文中很明确地说："对于民间故事的分类问题，我绝不赞成用型式表，因为相同故事只是偶然的，或是由一个故事转变而来的，我们不能说每一个故事都有相同的例子，或每一个故事都有转变。所以我现在主张先把民间故事分为：童话（即含有神异分子的）、传说、故事、寓言、趣话、事物来因故事、地方传说等七大类。然后再把童话照麦苟劳克的分系法分之；把传说依人物或时代分之，或包括在童话里；把故事依人物分之；把寓言依教训的意味分之；把事（物）来因故事依事物分之，或包括在童话里；把地方传说依地域分之；把趣话分成智，愚，吃白食，塾师等等。"①

除此之外，胡愈之、杨荫深、顾均正、谢云生、王任叔、张梓生等人都提出了不同的民间故事分类方式。但当时所提出的其他分类方式都没有真正深入民间故事结构层面，即没有考虑到母题的核心因素。

由于还没有对民间故事的性质范围形成一个统一的基本认识，当时制定的民间故事分类标准是很不一致的，特别是很多学者的论述都将神话和传说囊括其中了。但如果将神话、传说的部分过滤，只考察前辈学者观点中有关狭义民间故事的部分，我们还是可以厘清两种主要的分类倾向的：一种主要根据故事作品的体裁，如周作人、许地山；另一种根据故事的情节单元（母题），如钟敬文、艾伯华。尽管这两种倾向各有利弊，到现在也还同时并存，但后者才属于结构主义民间故事形态学的范畴。

---

① 顾均正：《关于民间故事的分类》，载《民俗》，第 19、20 期合刊，1928。

三、历史地理学派的学术实践

在 20 世纪二三十年代，对民间故事的解读主要采取文化人类学的方式。1871 年，泰勒《原始文化》的发表，标志着进化论学派人类学的创立。这一学派认为人类文化的发展是按照从野蛮时期，半开化时期，再到文明时期的过程进化的。这种进化的过程实际上反映了神话的退化过程，即由野蛮时期的神话退化而为半开化时期的民间故事和传说。民间故事和传说是一种"残余物"。按照文化人类学派的观点，从民间故事这些古代"残余物"中，我们可以重构人类文化及历史的发展阶段。因为，民间故事是在特定的社会环境中产生的，不免会被刻上历史文化的痕迹。基于这种理解，民间故事的演进问题在当时受到重视，展开了极富成效的历史地理学派的学术实践。

民间故事中那些"怪诞"的情节首先引起了学者们对故事流传和演变问题的关注。1913—1914 年，周作人用文言文写的《童话略论》《童话研究》等文章[1]，对安德鲁·兰的神话观点做了相当详细的阐述，是中国最早直接介绍人类学派神话学，并运用它来研究民间童话的重要论文。[2] 周氏认为"故童话者，本于原始宗教以及相关之习俗以成，故时代既遥，亦因自然生诸变化，如放逸之思想，怪恶之习俗，或凶残丑恶之事实，与当代人心相抵触者，自就删汰，以成新式"[3]。认识到民间故事的演变受到不同时代思想文化的制约，同时又承载不同时代思想文化的信息。

张梓生注意到民间故事在流传中遗留下来的"传闻异词的地方"，并在《论童话》[4] 中解释说"童话的流传，不免要受文化的支配，文化

---

[1]　参见周作人：《儿童文学小论》，上海，上海儿童书局，1932。

[2]　参见马昌仪：《人类学派与中国近代神话学》，见《民间文艺集刊》第一辑，上海，上海文艺出版社，1981。

[3]　周作人：《童话略论》，载《绍兴县教育会月刊》，第 2 号，1913。

[4]　张梓生：《论童话》，载《妇女杂志》，第 7 卷第 7 号，1918。

转移，童话也因之变化了"。当时学者不仅讨论民间故事在传承中的变异，而且探寻了变异的历史文化根源。

郑振铎则对诸多故事大同小异的现象颇感兴趣，他先后撰写了《民间故事的巧合与转变》《中山狼故事之变异》和《螺壳中之女郎》等文章。他认为，"一个民间口头传说，流传了数百年乃至千把年，流传到邻近的地区，乃至很远的地区，是十分可能的"①。他用表格的形式比较了7则中山狼故事的5个要素，认为："如非同出一源，必无如是之巧合吧。……于此，我们更可以看出因了地方之不同，而他们是如何的变异。"并说："把中国各地传说依同样的方法去研究其根源与变异，那不也是一件很伟大、很有趣并且很有意义的工作么?"② 在芬兰历史地理学派创立的同时，中国学者已经在运用这一学术方法分析具体的民间故事文本了。

对民间故事演变脉络的研究成绩最为显耀的是顾颉刚。钟敬文说："在中国现代民俗学史和民间文学运动史上最有分量的文章之一，是顾颉刚先生写于1924年的《孟姜女故事研究》。但它不是抄人类学或其他学派的什么东西，而是中国学者自己的创造。在这篇论文中，顾先生第一次使用了历史地理的方法，研究中国的民间传说故事，提出了自成体系的理论。"③ "自成体系的理论"应该就是"历史演变法"。这是顾颉刚借鉴芬兰历史地理学派的方法，结合中国民间故事的特点构建出的。

演变的分析是顾颉刚史学研究和民间文学研究的主要观点和方法，也是《孟姜女故事的转变》的主要价值所在。正如顾颉刚所说："我的唯一宗旨，是要依据了各时代的时势来解释各时代的传说中的古史。"④

---

① 郑振铎：《螺壳中之女郎》，载《小说月报》，第17卷号外，1927。
② 郑振铎：《中山狼故事之变异》，载《小说月报》，第17卷号外，1927。
③ 钟敬文：《建立中国民俗学学派论纲》，载《广西民族学院学报》2000（1）。
④ 顾颉刚：《古史辨》（第1册），"自序"65页，上海，上海古籍出版社，1982。

"历史演变法"的理论支点是历史进化论。

1924年11月23日出版的第69号《歌谣》周刊刊载了顾颉刚的《孟姜女故事的转变》，文章也就是"历史演变法"的具体实施和示范。顾颉刚以时间为序，把从战国到北宋时期的有关孟姜女故事的材料作纵向排列，力求从"断编残简之中把它的系统搜寻出来"①。他爬梳出故事的线索："起初是却君郊吊，后来变为善哭其夫，后来变为哭夫崩城，最后变为万里寻夫。"② 顾颉刚把每一变动都放到特定的社会背景中，力求联系当时的社会、政治、时尚、风俗等种种因素加以综合考虑，尽可能"解释每一次演变的原因"，他在分析孟姜女故事时指出："战国时，齐都中盛行哭调，需要悲剧的材料，杞梁战死而妻迎枢是一个很好的题目，所以就采了过去。西汉时，天人感应之说成为一种普遍的信仰，……杞妻的哭，到这时便成了崩城和坏山的感应，以致避兵而回，因渴泉涌。六朝、隋唐间，人民苦于长期战争中的徭役，……于是把杞梁的崩城便成了崩长城，杞梁的战死便成了逃役而被打杀了。同时，乐府中又有捣衣、送衣之曲，于是她又作送寒衣的长征了。"③ 但他不同于传统学者从史实的视角看待传说故事，而是以故事的眼光加以研究，并且努力分辨出其中的层次，追踪其演变的原因，从而做出更为精当的解析和结论。

当时学者探讨民间故事的演变轨迹，主要受到历史地理学派的影响，同时，又显示了鲜明的中国传统的治学方法，即"考据"。顾颉刚的《孟姜女故事的转变》一发表，刘复就说，"你用的第一等史学家的眼光与手段来研究这故事"④。陈寅恪《西游记玄奘弟子故事之演变》从汉译

---

① 顾颉刚：《孟姜女故事的转变》，见《顾颉刚民俗学论集》，93页，上海，上海文艺出版社，1998。

② 顾颉刚：《古史辨》（第1册），273页，上海，上海古籍出版社，1982。

③ 顾颉刚：《孟姜女故事的转变》，见《顾颉刚民俗学论集》，156页，上海，上海文艺出版社，1998。

④ 刘复：《敦煌写本中之孟姜女小唱》，载《歌谣》周刊八十三号。

佛经中考证出孙悟空大闹天宫、流沙河沙僧故事来源。① 霍世休在《唐代传奇文与印度故事》中考证出唐传奇中的许多故事都源自印度的影响。② 这些成果都是文献考据与历史地理学派方法结合的产物。

（原载《西北民族研究》2008 年第 4 期，与李琼合作）

① 参见陈寅恪：《西游记玄奘弟子故事之演变》，见《历史语言研究所集刊》第 2 本第 2 册，1930。
② 参见霍世休：《唐代传奇文与印度故事》，载《文学》，第二卷第六号，1934。

中国故事学学术史书写评述

学术史是对已有研究的再研究。这项历史书写工作的展开，对进一步推动中国故事学研究具有十分重要的意义：既可以将中国故事学研究引向深入，又能以中国故事学独特的业绩与西方故事学进行对话。然而，翻阅苑利主编的《二十世纪中国民俗学经典·学术史》① 所附的"民俗学学术史研究论文索引"，几乎找不到关于中国故事学学术史方面的论文。在中国民间故事学领域，学术史研究应该是最薄弱的环节。故事学学者们似乎宁愿面对民间故事，却不擅长面对民间故事研究，对研究他人的故事研究感到束手无策。我国对于民间故事研究成果的再研究，虽然自 20 世纪 30 年代开始就有所涉及，但真正从学术史意义上对我国民间故事研究，即有成果的梳理与评述，始于 20 世

① 苑利主编：《二十世纪中国民俗学经典·学术史》，北京，社会科学文献出版社，2002。

纪 80 年代。书写中国民间故事学学术史可以分为对某一时段内所有研究成果的整体再研究和对某个研究领域已有成果的梳理两个大类。20 世纪故事学学术史的书写主要是张开空间和时间两个维度，前者着眼于故事学领域或专题的研究现状，后者着眼于故事学的演进脉络。

一、民间故事领域学术史

20 世纪中国故事学领域包括诸多方面，每一领域都有学者涉足。这些成果亟待分析、归纳和学理整合，以期提供已有研究的经验与教训。但进入故事学学术史书写视域的仅有下面三个方面。

1. 方法论的史学考察

最初引起学者对民间故事学术史兴趣的是故事学方法论。《民间文学论坛》1986 年第 4 期，同时发表了两篇论文：吴一虹的《我国民间故事的分类研究》和月朗的《中国人类学派故事学比较研究发微》。这是目前可见的中国民间故事学术史最早的研究成果。

《我国民间故事的分类研究》对我国民间故事分类研究的情况做了历史回顾。吴一虹以中华人民共和国的成立为时间界限，分两个阶段介绍了我国民间故事分类研究的状况。第一阶段，二三十年代，吴一虹分别列出了胡愈之、杨荫深、周作人、顾均正、谢云生、王任叔、张梓生、赵景深、钟敬文等学者对中国民间故事的分类结果。吴一虹认为，这个阶段，"对故事分类的研究还处在初创时期"，存在分类标准不统一、没有注意民间文学自身内在规律性等问题。第二阶段，中华人民共和国成立以来故事的分类研究。吴一虹列举了钟敬文、匡扶、贾芝、张紫晨、刘守华、天鹰、段宝林、谭达先等学者的分类成果。吴一虹认为，与第一阶段相比，这一阶段的民间故事分类研究"大大有所前进"，表现在"对民间文学的性质、范围有了基本一致的认识，因之，研究的对象亦比较明确"，"研究的脉络，也比前段更为清晰"。在回顾之后，吴一虹也提出了民间故事分类研究的几个问题并发表了自己的看法。

《中国人类学派故事学比较研究发微》则对 20 世纪 20 年代中后期中国民间故事相似性的比较研究进行了评述。月朗把这一时期民间故事相似性问题的比较研究分为前后两个阶段。"前一阶段以周作人主倡比较研究，赵景深介绍人类学派残留物分类法、确立人类学派比较标准为标志；后一个阶段以……钟敬文和杨成志合译《印欧民间故事型式表》、确立情节比较标准为标志。"对于前期的研究，月朗认为："民间故事残留物的比较研究，旨在证明世界各地民间故事所反映出的原始风俗、心理的相同，但是它并没有揭示故事残留物相同的具体社会背景和本质，因而是形式的比较，这是它的局限。"对于 20 年代中后期的民间故事比较研究，月朗给予了比较充分的肯定："打破了以往故事研究的狭小天地，他们把个别故事置身于整个同型故事群体之中，把中国故事放在世界故事的大背景下加以比较考查，并把故事的演变与社会风俗、人类思维的进化联系起来，科学地指出了各地相似故事间的某些联系，初步揭示了故事演变的一般规律"；"比较研究还促进了故事收集工作的科学化"。同时，月朗也指出了这一时期民间故事比较研究的不足之处："只注重故事的共性比较而忽视故事的个性比较"；"比较研究中的形式主义倾向"；"中国人类学派故事学的比较研究，还存在着简单化、片面化的倾向"。

以上两篇文章均是从研究方法的角度，分别总结了分类研究和人类学派比较研究方法在我国故事学中的运用情况及其优劣。分类研究是民间故事研究的一种重要的研究方法，马学良和纳雨族的白庚胜合写了《中国民间故事分类研究的回顾与展望》① 一文，对中国民间故事分类研究在 20 年代初、20 年代后期以及中华人民共和国成立后这三个阶段的情况进行了概括。文章还重点阐释了分类研究的意义、分类研究与形态分析的密切关系以及分类研究与其他研究方法之关系等问题。

除此三篇论文，从研究方法的角度书写民间故事学术史的还有苑利

---

① 马学良、白庚胜：《中国民间故事分类研究的回顾与展望》，载《民族文学研究》，1993（1）。

的文章《进化论与中国人类学派故事学》①、孙正国的《叙事学方法：一段历程，一种拓展——关于 20 世纪民间故事叙事研究的回顾与思考》②。前文对周作人和钟敬文在人类学派进化论思想的影响下的故事研究，做了非常详细的介绍和评价，在肯定这种研究方法的贡献的同时，也指出了这种方法的局限性。孙正国的文章则"通过回顾中外学者研究民间故事叙事性的历程，探讨了叙事学原理作为一种方法对民间故事的有效性及重要意义"。

2. 集中关注学者的研究状态

对某一学术领域重要学者研究成果的评价是学术史书写的重要范式。因为在任何学科领域都有学术带头人，在一定程度上，他们引领着学术发展的指向。考察他们的学术路径，可以达到以点带面的学术史书写效果。

在我国民间故事研究中，刘守华是最孜孜不倦的学者之一，他对中国民间故事学的贡献是有目共睹的。1988 年，出现了两篇讨论刘守华已有贡献的论文。杨育生的文章《走向综合的思考——评刘守华的〈民间故事的比较、研究〉》③，是对他的著作《民间故事的比较研究》的书评，作者对刘守华的这本书大加赞赏，认为"他的这一研究，不仅从故事情节比较着手，而且从思想内容、艺术特色、民俗事象方面开始把民间故事作为真正的文学（而又不是纯文学）加以比较，并且整个比较研究的范围也扩大了，从而拓展了近年来只单纯追求书面文学比较的比较文学领域。"月朗的文章《探索者的足音——评刘守华近年来的民间故事比

---

① 陶立璠主编：《亚细亚民俗研究：亚细亚民俗国际学术大会论文集》（第 2 集），155—169 页，北京，民族出版社，1999。

② 孙正国：《叙事学方法：一段历程，一种拓展——关于 20 世纪民间故事叙事研究的回顾与思考》，载《荆州师范学院院报》，2000（6）。

③ 杨育生：《走向综合的思考——评刘守华的〈民间故事的比较、研究〉》，载《湖北社会科学》，1988（2）。

较研究》①，肯定了刘守华在民间故事研究方面的贡献，并总结了他的比较故事学的四个突出特点：倾向影响研究；侧重书面资料；比较标准宽泛；关注文化背景。2000 年，龚浩群发表了书评《民间文艺学的拓荒之作——评刘守华教授的〈中国民间故事史〉》②，认为此书"取材丰富而精当""体例新颖而周密""研究方法多样而深入"。

另外，1961 年郑振铎逝世 3 周年之际，赵景深写了《郑振铎与童话》③ 一文予以纪念。虽然这是一篇纪念性散文，但作者在回忆自己与郑振铎的交往经历之余，总结了郑振铎在民间童话研究中的成果，认为"他所做的童话工作对于今天仍然是有用的，他提供并介绍了不少西欧童话、传说、寓言甚至神话的作品"。这些总结和评价是值得重视的。万建中也曾发表《试评郑振铎俗文学研究的成就与不足》④一文，结合当时的学术背景，就郑振铎分析具体故事文本的论文做了评价。1929 年郑振铎在《小说月报》上发表了《老虎婆婆》一文，他说："《小红冠》式的猛兽，变了人——常常是老太婆——去吃小孩子的故事，是世界各处都有存在着的。中国式的《小红冠》故事，与欧洲式的《小红冠》故事其间区别得很少。不过欧洲式带些后来附加上去的教训意味，中国式则无之，而欧洲式的小孩子为一人，中国式的小孩子常为二人而已。"郑振铎不仅比较中外"狼外婆"故事的异同，还稍稍梳理了此式故事的演变脉络。郑振铎的这类论文，开创了中国民间文学比较研究法的先河，也为"AT 分类法"的产生提供了中国的例证。此外，郑振铎先生还曾对著名的中山狼故事的变异过程进行考察，为了昭示这一故事"因了地方之不

---

① 月朗：《探索者的足音——评刘守华近年来的民间故事比较研究》，载《民族文学研究》，1988（6）。

② 龚浩群：《民间文艺学的拓荒之作——评刘守华教授的〈中国民间故事史〉》，载《华中师范大学学报》，2000（1）。

③ 赵景深：《民间文学丛谈》，53～56 页，长沙，湖南人民出版社，1982。

④ 万建中：《试评郑振铎俗文学研究的成就与不足》，载《南昌大学学报》，1994（2）。

同，而他们是如何的变异"，他还将所知各地流传的这个故事的概要，列了一张表。这种图解的研究手段在当时还很少有人使用。并且在这篇文章的最后，郑先生欣喜地说"把中国各地传说依同样的方法去研究其根源与变异，那不是一件很伟大很有趣的工作么？"他的"进化的观念"在俗文学作品的研究中获得了具体显现。将郑振铎民间故事研究纳入俗文学的范畴进行审视，更能够把握其故事学研究立场的独异性。

关于钟敬文文化人类学范式下的故事学视域，杨利慧有过十分精当的论述："从二十年代直到八九十年代，他（按指钟敬文）的故事研究关注的核心，经常是这样一些问题：故事的基本型式是什么（从古籍文献和口头记录来看）？最初发源地是哪里？从最初文本发展到今天，故事在形态上发生了哪些规律性的变化？这些变化发生的社会历史原因是什么？故事中的某些情节蕴含了人类社会文化发展历史的哪些文化现象（信仰、社会制度、风俗习惯等）？或者说，故事产生的社会文化史根源是什么？研究故事，对于我们认识和了解人类社会文化史有什么意义？……虽然探讨的专题不同，研究内容也各有差异，但研究的主要思路和方法大都有上述共同点。可以这样说，钟敬文从故事研究中经常看到的，是一幅幅历史上人民生活和思想的图画，是人类社会文化发生和演进的'迁移的脚印'。"[1] 钟先生的这种研究范式对整个 20 世纪中国故事学产生了深刻影响，数量极多的故事类型阐述和比较故事学方面的论文，几乎都是在沿袭钟先生的研究路径。民间故事的文化解读成为几乎所有故事学学者驾轻就熟的论述套路。

3. 故事学专题的学术总结

20 世纪，民间故事体裁、故事类型、故事学形态、故事讲述家等专题都涌现了诸多学术成果，但很少有学者对这些成果进行整体审视和理论提升。专题学术史书写的论文寥寥可数。1983 年，汪玢玲发表的《天

---

① 杨利慧：《钟敬文民间文艺学思想研究》，见《二十世纪中国民俗学经典·学术史卷》，256 页，北京，社会科学文献出版社，2002。

鹅处女型故事研究概观》一文引起了广泛注意。她在分析、考辨已有研究成果的基础上，从民俗学角度考察了故事中反复出现的母题，指出鸟变女人体现先民的接触魔术（巫术）观念；男子受到天上岳父的百般刁难，要求通过砍树林、撒种、拾种等考验，是对古代的服务婚和早期刀耕火种的生产方式的直接指向。① 1993 年，陈岗龙发表了论文《〈尸语故事〉研究概况》②，从版本和出版情况、国外研究概况和国内研究概况这三个方面，对《尸语故事》的研究情况进行了介绍和总结。作者在指出以往研究的不足之处的同时，提出了以后研究需要开展的工作。

二、历时性视角的学术史书写

学术史书写的主要目标是梳理其演进脉络。如果排除涉及民间故事学术史内容的综合性学术史研究，只考察民间故事学术史的专题领域，那我国民间故事已有成果的整体再研究不仅起步较晚，而且数量无几。目前能够搜索到的 2000 年之前的论文仅有两篇。

刘魁立是较早从事这项研究工作的学者。他于 1994 年发表了论文《关于中国民间故事研究》③，对 1979 年末到 1990 年间中国民间故事的收集和研究工作进行了总结。在文中，他首先肯定了这段时间内我国民间故事的收集成绩，并指出，中国大陆围绕编辑"中国民间故事三套集成"而展开的普查工作，是"中国有史以来最大规模的民间故事收集活动"。对这期间中国民间故事的研究工作，他总结出了 6 个较为突出的成果：（1）某些类型的故事以及与故事相关的传说，得到较为深入的挖掘；（2）从比较研究的角度入手写出的论文很多；（3）对于民间故事家的研究，是近年来一直引起广泛注意的课题；（4）对于讲述环境的全面

---

① 汪玢玲：《"天鹅处女型故事"研究概观》，载《民间文学论坛》，1983（1）。

② 陈岗龙：《〈尸语故事〉研究概况》，载《西北民族研究》，1993（1）。

③ 刘魁立：《关于中国民间故事研究》，载《北京师范大学学报》，1994（6）。

分析和研究，也有尝试性的著作问世；（5）有的学者从接受美学、原型批评、结构主义、文化人类学分析等角度，观察和研究民间故事，许多有趣的和颇有新意的文章不断出现；（6）对少数民族民间故事的注意，也是这一领域近年来颇为重要的新特点。

刘守华在 2000 年发表了论文《世纪之交的中国民间故事学》①，着眼于整个 20 世纪中国民间故事的研究，对从"五四"时期到 2000 年间的中国民间故事的研究作了较为清晰的梳理。作者把 20 世纪的中国民间故事研究分为两个阶段进行评述。（1）1911—1979 年。这个阶段又分为两个小阶段：①1911 年—1949 年中华人民共和国成立前，这是中国民间故事研究的早期阶段，重点对周作人、赵景深和钟敬文三个代表人物的研究进行了介绍，并肯定了他们在中国民间故事研究中的启蒙和引导作用。②1949 年中华人民共和国成立—1979 年，民间故事被作为文学读物向大众普及，但对故事的研究不多，且研究范围有限，尚未将故事作为具有相对独立性的一门学科做系统而深入的研讨。（2）1979 年正式开始实施改革开放之后，民间故事研究逐渐繁荣发展起来，并一度成了"仅次于神话学的一个引人瞩目的学术领域"，民间故事学成了具有相对独立性的一门学科。由于第二个阶段的成果最为突出，刘守华着重对这一阶段进行了回顾和评价。对于这一阶段，刘守华首先评述了关于某些故事类型和故事群的研究、对机智人物故事的社会与艺术价值的评说、对新故事的研究和对民间故事的综合性研究四个方面的成果。接着，刘守华指出本时期的故事研究具有方法多样化的特点，并对卓有成效的民间故事比较研究做了详细的介绍。刘守华认识到"中国民间故事三套集成"的重要性，因此，他重点评价了"中国民间故事三套集成"的特色与价值。除此之外，刘守华还对改革开放大潮中中国民间故事学者与外国学者的学术交流活动做了肯定性的评价。很明显，从时段的划分中可以看

---

① 刘守华：《世纪之交的中国民间故事学》，载《华中师范大学学报》，2000（1）。

出，刘守华是从现代学科意义的视角出发审视 20 世纪中国民间故事的研究的。虽然 1949 年前后，随着社会形态的变化，中国民间故事的研究也出现了相应的变化，但是，从学科意义来说，1979 年却是最具划时代意义的一年，因为在此之前，中国民间故事的研究还处于初级阶段，没有形成自足的体系，而 1979 年之后，却逐渐成了具有相对独立性的一门学科。刘守华对时段的划分，具有独到见解。

值得一提的是陈子艾于 1987 年发表的《我国现代民间文艺学的开端》[1] 一文。尽管不是民间故事学术史的专论，但阐述了 1922 年底《歌谣》周刊创刊前 5 年中国故事学的整体状况。中国现代故事学起始于童话的研究，《歌谣》周刊出现之前，故事学领域似乎还没有使用"民间故事"这一体裁的专用名称。何以童话被首先关注，并成为故事学初期主要的考察对象？陈子艾做了令人信服的说明：当时"除少量论及神话外，主要是关于童话的。童话研究在散文体裁作品的研究中，能够首先脱颖而出，除有最为切近的童话研究的传统成果可供借鉴的原因外[2]，是与当时关心儿童解放、重视儿童文学的时代背景分不开的。"接着，文章从以下 5 个方面讨论了当时童话研究的程度：（1）童话的定义和童话与其他种类故事的区别；（2）童话的特点；（3）童话的分类；（4）童话的作用；（5）研究童话的途径和方法。最后评价道："以上五方面的论述……对建设我国现代童话学来说，却具有开拓性意义。它们在当时，向国人宣传了有关童话的理论知识，其中有些见解，至今仍有重要参考价值。"陈子艾的这部分论述，可称之为中国现代故事学的起源史。

在 20 世纪，历时性民间故事学学术史的书写明显存在三个方面的不足：一是对故事学研究的成果没有进行全面而系统的检视，对成果文本

---

① 陈子艾：《我国现代民间文艺学的开端》，《民间文艺学探索》，北京，北京师范大学出版社，1987。

② 如 1921 年张梓生《论童话》一文，即是在周作人写于 1912—1914 年的《童话略论》等三篇童话论文基础上写成的。

的搜寻、解读和消化不够细致和深入，难以把握和理解故事学的整体成就；二是没有将学术视野延展到 20 世纪的两端，历时性的学术范式仅仅限于局部，没有建立真正的历时性的书写立场，没有进入故事学学术史的时间向度；三是书写过于拘泥学术成果本身，缺少应有的学术超越。从历时性的角度看待学术，体现的是叙事者的话语建构。历时性的故事学书写应张开时代和民间文学的学术背景，以展现故事学的学术作用及学术影响。当然，这些不足根源在于，没有真正认识到学术史书写对故事学发展的重要意义。

三、21 世纪初学术史书写态势

很明显，20 世纪的民间故事学术史研究还处于起步阶段，涉及面小，提升学术成果理论层次的力度不足。书写 20 世纪的故事学学术史有相当大的难度，因为处于同时代，故难以拉开距离对研究成果进行全方位多视角的分析和综合把握。另外，学者们对故事学学术史书写的学术意义的认识明显不到位，普遍缺乏书写的学术热情。

进入 21 世纪，学者们可以从容地回过头去清理 20 世纪所有的故事学成果。在 20 世纪学术大反思的声浪中，中国民间故事学术史研究也步入了新的征途，出现了许多可喜成果。从研究方法的角度，有毛洪文、孙正国的文章《近 20 年中国民间故事叙事性研究的探索与缺失》[①]。从著名学者的角度，出现了众多评述钟敬文先生在民间故事研究方面的贡献的文章，如郑土有的《论钟敬文对中国民间故事类型研究的贡献》[②]、贾放的《钟敬文先生对外国民俗学理论译介之贡献谈片》[③]、高木立子的

---

① 毛洪文、孙正国：《近 20 年中国民间故事叙事性研究的探索与缺失》，载《西南民族大学学报》，2004（9）。

② 郑土有：《论钟敬文对中国民间故事类型研究的贡献》，载《广西民族学院学报》，2002（1）。

③ 贾放：《钟敬文先生对外国民俗学理论译介之贡献谈片》，载《民族艺术》，2007（1）。

《钟敬文先生：中日民间故事比较研究的开拓者》①、康丽的《钟敬文先生与中国巧女故事研究》② 等；王焰安则对早期学者张清水和刘万章的民间故事研究做了详细的梳理；刘锡诚在《20 世纪中国民间文学学术史》③ 中，设了"故事学的守护者"专节，肯定了刘守华在故事研究领域的地位和祁连休在机智人物故事研究方面的成果。从故事研究领域的角度，有段宝林的《二十世纪的笑话研究》④、林继富的《"中国民间故事类型索引"研究的批评与反思》⑤、祝秀丽的《中国民间故事讲述活动研究史略》⑥ 和李红武的《中国现代民间故事讲述人研究史略》⑦ 等。在整体性研究方面，有万建中的《近二十年来中国故事学研究评述》⑧ 等。上述研究具有强烈的学术史的书写意识，"史"的概念和书写的目的性十分明确。学者们将比较复杂的故事学现象放置到时间维度中，试图厘清故事学学术范式演变的上下承继关系。

20 世纪中国故事学是由故事学家们这一组建立起来的。同时代的这一群体，有着大体一直的学术取向。与其说是他们选择了民间故事为自己的学术事业，不如说是民间故事选择了他们。中国数千年累积下来的民间故事需要这样一群人去品味和生发学术的光华。一百年来，故事学家们的学术思想薪火相传，承袭发展，他们秉承了值得专门书写的学术

① ［日］高木立子：《钟敬文先生：中日民间故事比较研究的开拓者》，载《民族艺术》，2007（1）。

② 康丽：《钟敬文先生与中国巧女故事研究》，载《民族艺术》，2007（3）。

③ 刘锡诚：《20 世纪中国民间文学学术史》，开封，河南大学出版社，2006。

④ 段宝林：《二十世纪的笑话研究》，载《广西梧州师范高等专科学校学报》，2001（4）。

⑤ 林继富：《"中国民间故事类型索引"研究的批评与反思》，载《思想战线》，2003（3）。

⑥ 祝秀丽：《中国民间故事讲述活动研究史略》，载《民俗研究》，2003（1）。

⑦ 李红武：《中国现代民间故事讲述人研究史略》，载《民俗研究》，2006（1）。

⑧ 万建中：《近二十年来中国故事学研究评述》，载《西北民族研究》，2005（4）。

品格和追求。施爱东的《故事学 30 年点将录》① 一文以研究者，即学者为观照对象，审视中国现代故事学家这一群体，诸如此群体的人员构成、知识背景、学术专长、学术传承、话语风格及其学术动机等；通过阅读他们的学术著述，试图展示近 30 年中国故事学学术队伍的整体面貌和主要学术追求。施爱东尽可能把具有代表性的学者纳入三十年来中国故事学的书写之中，以新颖的笔触描绘了故事学学者们的学术档案。此文为故事学学术史的书写开辟了一个新的领域。

然而，不管是哪一个方面，现有的研究都只触到冰山一角。就以对著名学者已有成果的评价方面为例。第一，对学者已有成果的研究远远少于著名学者的数量及其成果。例如，在早期的民间故事研究中，除了钟敬文、张清水和刘万章，较为突出的还有周作人、赵景深、娄子匡、郑振铎等人，虽然许多著作和论文中都有所涉及，但笔者还未收集到专门评述他们民间故事研究方面的论文。说到当代的学者，又何止刘守华、刘魁立、祁连休三人呢？第二，已有的研究，除对张清水的研究较为全面外，对其他学者，都还有补充研究的必要。如钟敬文的民间故事研究，有的强调类型研究（《论钟敬文对中国民间故事类型研究的贡献》），有的强调比较研究（《钟敬文先生：中日民间故事比较研究的开拓者》），有的只关注了 20 世纪二三十年代的研究（《钟敬文民间故事研究论析——二三十年代系列论文为考察对象》），至今还没有面世能展现钟敬文民间故事研究全貌的著述。刘守华几十年专注于民间故事研究，成果也远远不止于民间故事史和民间故事的比较研究。对其他方面的梳理也存在同样的缺失。因此，中国民间故事学术史研究还有更多的空间等待着学者们的探索。中国民间故事学期待着更加深入、更加系统的学术史书写。

（未刊稿）

---

① 施爱东：《故事学 30 年点将录》，载《民俗研究》，2008（3）。

20世纪机智人物故事研究评述

　　较之其他类型故事，机智人物故事有着显明的文体个性。民众在创作和传播机智人物故事时，其实是在营造一个虚拟的空间来讲述自己的欲求。但这个空间并不是凭空想象的，而是基于现实生活的创造。这一层面的内容是民众的渴求在被严重抑制和禁锢的情况下产生的逆向表达。反差部分所透露出机智人物的反抗或挑战意味，恰恰是民众意志的体现。由此我们可以确定，隐匿在反差背后的就是民众以故事形式表达的希望和期待。由于机智人物故事具有这种民间意识内核，从而自"五四"时期开始，就一直激发着故事学学者们收集和研究的兴致。

　　20世纪机智人物故事研究的历程，大致分为三个阶段：20世纪80年代中期，处于自发阶段的研究，研究的动机是出于机智人物故事本身的吸引力，徐文长和阿凡提等机智人物向学者们发出了强烈的学术感召;1984年"全国机智人物故事"学术研讨会的召开,至80年代末,是真正全面展开研究的时期,学术成果众多,一些有关此故事类型的基本学术问题得到解决;整个90年代,随着故事学整体研究水平的提高,对机智人物故事研究的角度更为新颖,论文质量较之以前有明显改观。

一

机智人物故事的研究始于对民间机智人物的发现。这些代表了民间智慧的机智人物引起了学者们的极大关注。早期民间故事学专注于机智人物的形象,塑造机智人物形象成为当时一些民间文学工作者"到民间去"的重要任务之一。

我国最早被发现的机智人物是徐文长。1933年,周作人在《论笑话》① 中说:"十年前我记录《徐文长的故事》数则,说明中曾云:从道德方面讲,这故事里的确有好些不可训的分子,然而我们要知道,老百姓的思想还有好些和野蛮人相像,他们相信力即是理,无论用了体力、智力或魔力,只要能得到胜利,即是英雄……"可见,早在1913年徐文长的故事就受到了关注。1924年7月12日,《晨报副刊》刊登了三篇署名为林兰女士的《徐文长故事》。此后,上海北新书局出版了林兰女士编辑的故事集近40种,最初推出的就有《徐文长故事》(1927年,共5集)和《徐文长故事外集》(上、下)。钟敬文在《呆女婿故事试说》中也提及徐文长故事,说呆女婿"集合关于人性愚呆方面之故事的大成(是所谓箭垛),正犹如徐文长之集合关于人性尖刻方面之大成一样"。

虽然徐文长是最早被关注的机智人物,但掀起机智人物故事研究热浪的却是阿凡提。1955年7月,《民间文学》开始介绍流传在新疆维吾尔自治区的《纳斯尔丁·阿凡提的故事》,不久,阿凡提就成为全国人

---

① 见《青年界》,第4卷第2号,1933 - 09 - 13。

民喜爱的故事人物了。《民间文学》1956 年 1 月号刊登了贾芝的文章《关于阿凡提的故事》，从而拉开了阿凡提故事研究的序幕。随后，戈宝权发表《关于阿凡提和阿凡提的故事》①，此文颇具学术含量。文章考察了"阿凡提"的突厥语意义，并根据土耳其史料考证了阿凡提的原型，认为他就是生活于 13 世纪的土耳其人霍加·纳斯列丁。还梳理了阿凡提故事的流传情况，认为十世纪巴格达的朱哈的笑话传到了土耳其，成了霍加·纳斯列丁的笑话原型，经过讲述的演变和发展，笑话更加丰富起来。与此同时，朱哈和霍加·纳斯列丁的名字与笑话也混而为一了，然后又通过"丝绸之路"从中亚细亚一带流传到我国新疆。至"文化大革命"前，袁忠岳、张鉴三、卜昭雨、段宝林等人纷纷加入了研究队伍。

"文化大革命"末期，故事研究在经过了 10 年的消歇之后，开始复苏，阿凡提也迅速回到了学者们的视域。受到当时社会环境的影响，这一时期的叙述取向，主要关注故事作品的思想意义以及为阿凡提扬名，如王朝闻的《魔鬼的脸——读阿凡提故事有感》②、朱宜初的《论阿凡提故事的思想艺术特色》③ 等。而段宝林承袭戈宝权有关"阿凡提"之名的思索路径，追寻阿凡提的生活原型，其结论令人耳目一新。他的《阿凡提漫话（四则）》④，虽是四则小散文，但通过叙述作者的几次亲身经历，弄清了两个比较关键的问题："阿凡提"不是人名，而是"老师"的泛称；"纳斯列丁"是维吾尔族常用的名字。

二

进入 80 年代中期，阿凡提故事研究开始步入一个辉煌时期，其标志是 1984 年 6 月 6 日至 13 日在湖北咸宁召开的"全国机智人物故事"学

---

① 戈宝权：《关于阿凡提和阿凡提的故事》，载《民间文学》，1963（1）。
② 王朝闻：《魔鬼的脸——读阿凡提故事有感》，载《新疆艺术》，1982（2）。
③ 朱宜初：《论阿凡提故事的思想艺术特色》，载《思想战线》，1984（3）。
④ 段宝林编：《笑之研究——阿凡提笑话评论集》，19－24 页，乌鲁木齐，新疆人民出版社，1988。

术研讨会。会议主要涉及 4 个方面的问题：机智人物故事的特点；机智人物故事的归类；机智人物故事与笑话的区别；机智人物故事与传说的区别。就一种民间故事类型召开专题学术会议，这在我国尚属首次。会议对以后机智人物故事的研究起到积极的推动作用。

在这一时期，其他各民族的机智人物也逐渐被发掘，但阿凡提仍然是最受瞩目的，阿凡提故事的研究成果也最多。从研究视角上看，故事的思想意义已不再是关注的重点，更多的学者转向了对故事的艺术性和美学价值的发掘。阿凡提人物形象的塑造、故事达到喜剧效果的方式成了学者们探求的学术目标。专注于阿凡提形象研究的文章有段宝林的《论阿凡提的性格特征》①、薛宝琨的《论阿凡提形象》②、傅信和黄泊沧共同执笔的《成年期的史诗——阿凡提的笑话》③ 等。在从美学角度研究的成果中，段宝林的论文《试论民间笑话的美学价值和结构方式》④ 很值得关注。在文中，作者首先指出了"传统美学中戏剧与滑稽概念的严重缺陷"，纠正了戏剧人物都是反面人物的观点，认为阿凡提是一个正面的戏剧人物；然后，作者总结了"斗争笑话"在戏剧结构构成上的 7 种表现方式。何凯歌的《喜剧人物阿凡提——兼评"机智人物说"》⑤ 从"不协调"入手，分析了"阿凡提使人发笑的招数"，颇有见地。黄永林的《笑与机智——浅谈湖北机智人物故事的美学特征》⑥ 一文，以湖北机智人物故事的实例，回答了机智人物身上如何产生"笑"的审美效果这样一个基本问题。

---

① 段宝林编：《笑之研究——阿凡提笑话评论集》，118—133 页，乌鲁木齐，新疆人民出版社，1988。

② 同上书，155—165 页。

③ 同上书，221—235 页。

④ 同上书，87—102 页。

⑤ 段宝林编：《笑之研究——阿凡提笑话评论集》，166—185 页，乌鲁木齐，新疆人民出版社，1988。

⑥ 黄永林：《笑与机智——浅谈湖北机智人物故事的美学特征》，载《黄冈师专学报》，1985（2）。

在这一时期，学者们争论最激烈的有两个问题：阿凡提（及其他机智人物）的角色归属和阿凡提（及其他机智人物）故事的类别归属。关于阿凡提的角色，有的认为是喜剧人物（段宝林、何凯歌），有的认为是笑话人物（贾芝），有的认为是"英雄的伟大人格"（袁忠岳），有的认为是"喜剧的英雄"（戈宝权），有的认为是传说人物（胡振华），有的认为是机智人物（祁连休）。但大多学者认为，通用指称的"机智人物"更为合理。虽然反对者提到有部分故事是嘲笑阿凡提犯傻的，但从总体上来说，阿凡提系列故事的主体意旨是赞叹阿凡提的智慧，"机智人物"一词基本上可以涵盖阿凡提的主要性格特征。日本学者铃木健之就中国民间机智人物身上禀赋的欺骗性格做了专门阐释，指出"机智"这一褒义指称并非全面和合理。① 为了给机智人物故事正名，祁连休专门写了《试评"骗子说"》一文②，着重论述了机智人物故事的"共同特征"，对机智人物文体的主体性因素进行了认定。关于阿凡提故事的类别归属，有的归之为笑话（段宝林），有的归之为传说（胡振华），有的归之为故事。对于这个问题，老彭在《论机智人物的玩世态度和滑稽形象》③ 一文中的意见还是比较中肯的：机智人物故事实际上是民间笑话，但因其集中表现机智人物的才智，与民间笑话"讽世警行"的意旨不同，又可以从一般民间笑话中分离出来，我们可以把它称作"民间笑话里的系列小说"。

1985 年，为满足中国民间故事普查、收集和编撰工作的需要，许钰在全国民间文学集成培训班上做了一次演讲，专门谈民间故事集成的分类问题。他根据故事虚构的不同情况和不同题材，将民间故事分为 6 类：动物故事、幻想故事、生活故事、机智人物故事、寓言和笑话，并陈述

---

① ［日］铃木健之：《"机智人物故事"笔记——试论其欺骗性》，载《民间文学论坛》，1984（2）。

② 祁连休：《试评"骗子说"》，载《民间文学论坛》，1984（2）。

③ 老彭：《论机智人物的玩世态度和滑稽形象》，载《中国民间文化》，1992（2）。本书也已收集。

了对机智人物故事的看法：

> 这类故事往往围绕着一个历史人物或虚构人物形成众多的故事，有的机智人物故事也有一定的民族范围和地方性，但它和严肃的具有一定历史性的传说不同，机智人物故事多是表现一些依据现实生活虚构的戏剧性作品，经常表现主人公和统治阶级进行斗争的智慧。由于口头流传和其他原因，在某个机智人物名下有时出现一些并非肯定他的智慧，甚至是表现他的愚蠢等的作品，这是很值得研究的一种现象，人们正在做出各种解释。①

这段解释既全面又适度，具有足够的权威性，足以消弭以往关于机智人物故事的种种疑虑。

随着民间故事普查工作的深入，越来越多的机智人物故事被发掘出来。学者们开始从更辽阔的视角，把某个区域甚至全国的机智人物故事收入视野，进行整体研究和比较研究。潜明兹的《机智人物故事独特性漫笔》② 是整体研究的力作。文章从 4 个方面描述了机智人物故事体裁的个性形象：①大多数作品主人公都以正面力量的代表出场，并毫无例外地以胜利告终；②不少作品不仅没有受到宗教的污染，甚至还闪烁着反宗教思想的光辉；③主人公的原型，大多数是奴隶、农奴、牧奴、长工及下层其他劳动者，也有一部分是文人、官吏；④艺术上表现为单纯、简洁而凝练的美。巫瑞书在《略谈湖南机智人物故事的类型及特点》③一文中，以湖南机智人物故事为个案，全面讨论了此型故事的分类问题。认为大体可分为四种类型：①劳动者型；②女机智人物型；③知识分子

---

① 许钰：《口承故事论》，287 页，北京，北京师范大学出版社，1999。

② 潜明兹：《机智人物故事独特性漫笔》，载《北京师范大学学报》，1984 (5)。

③ 巫瑞书：《略谈湖南机智人物故事的类型及特点》，载《楚风》，1984 (4)。

型，大多是不得意的文人；④革命人物型。整体研究的论文还有朱宜初的《论阿凡提故事的思想艺术特色》①、祁连休的《汉族机智人物试论》②、肖莉的《论少数民族机智人物故事的本质特征》③、陈立浩的《浅谈各民族机智人物故事》④、刘一沾的《我国少数民族民间文学中机智人物特点初探》⑤ 以及前面提到的老彭的《论机智人物的玩世态度和滑稽形象》等；比较研究的主要成果有白万柱的《〈巴拉根仓的故事〉与〈阿凡提的故事〉比较研究》及其续篇⑥等。

另外，普查工作使学者们逐渐走出书斋，步入田野，直接接触现实生活中的故事。学者们豁然发现，生活中的故事与我们以往接受的故事有着很大的区别，那么，这是怎么造成的呢？20 世纪 80 年代末，反思开始了，故事的流传和变异性得到了重视，人们转向研究机智人物的形成过程。1989 年，张超的论文《也谈阿古登巴其人——兼论民间"机智人物"故事的形成及性质》⑦ 首先触及这个问题。作者发现，人们"依据四十年正式发表、出版的百余篇《阿古登巴的故事》所做的结论"，与他在生活中听到的故事里的人物形象大相径庭。依据发表的故事，阿古登巴是下层劳动人民的杰出代表，而藏区口头流传的故事中，有大量

---

① 朱宜初：《论阿凡提故事的思想艺术特色》，载《思想战线》，1984（3）。

② 祁连休：《汉族机智人物试论》，载《民间文艺集刊》第七集，63—87 页，上海，上海文艺出版社，1985。

③ 肖莉：《论少数民族机智人物故事的本质特征》，载《民族文学研究》，1985（1）。

④ 陈立浩：《浅谈各民族机智人物故事》，载《民族文学研究》，1985（1）。

⑤ 刘一沾：《我国少数民族民间文学中机智人物特点初探》，载《湖北民族学院学报》，1991（Z1）。

⑥ 白万柱：《〈巴拉根仓的故事〉与〈阿凡提的故事〉比较研究》，载《内蒙古民族师院学报（哲学社会科学汉文版）》，1991（4）。白万柱：《〈巴拉根仓的故事〉与〈阿凡提的故事〉比较研究（续篇）》，载《内蒙古民族师院学报（哲学社会科学版）》，1992（4）。

⑦ 张超：《也谈阿古登巴其人——兼论民间"机智人物"故事的形成及性质》，载《西南民族学院学报》，1989（3）。

讲述阿古登巴欺辱弱者、捉弄好人的故事。"显然文人加工的民间'机智人物'与群众口头讲述的同一人物，它们两者无论从内容还是形式，尤其是当中人物形象的稳定性和成熟性都绝不可能等量其观。"作者通过考察阿古登巴故事的口传过程，认为，"机智人物"故事内容是庞杂的、含混的，甚至矛盾的，不可能成为情节稳定、单一，有着一致思想倾向的格式。其人物形象也不可能构成今天人们所臆想的那种平面的，过于理想化的所谓"机智人物"。应该说张超发现了问题，也找到了解决问题的途径，但他的结论却不尽令人信服。与之相比，十余年后田欢的研究更能让人接受和信服。《民族文学研究》2006 年第 1 期刊载了田欢的论文《生成过程中的民间英雄——试述阿凡提形象的变化特征》。在此文中，作者比较了流传于不同国家地区和不同历史时期的阿凡提故事，发现，"这个经典的民间英雄并不是一蹴而就形成的，而是在民间传播过程中，逐渐被加工、改造，慢慢变得完美高大起来。在这个过程中，民间、宗教、政治意识形态及精英知识分子的改变加工都起到不可忽视的作用。"通过分析阿凡提故事流变的原因，作者得出了结论："民间故事主人公的优秀品质往往是在流传中逐渐凸显和集中的，英雄在不断塑造之中趋向完美，这反映了阶级社会条件下，人民对英雄的一种理想化倾向，是一个从非自觉走向自觉的创造过程。"

20 世纪 80 年代，机智人物故事研究的成果还结成了几本论文集，如 1984 年的学术研讨会上部分论文集成的《笑的艺术》① 和《笑之研究——阿凡提笑话评论集》②。在机智人物故事研究方面，祁连休是有较大贡献的学者。"机智人物"这个名称就是他于 1978 年在《少数民族机智人物故事选》③ 的序言中首次提出的，逐渐为学界所接受，并成为一个重要

---

① 中国社会科学院文学研究所民间文学研究室编：《笑的艺术》，南宁：广西民族出版社，1985。

② 段宝林：《笑之研究——阿凡提笑话评论集》，乌鲁木齐：新疆人民出版社，1988。

③ 祁连林编：《少数民族机智人物故事选》，上海，上海文艺出版社，1978。

的民间故事学领域。他还和冯志华一起编著了《中外机智人物故事大鉴》①，为机智人物故事研究提供了丰富的文本资料。"80年代末，作者（指祁连休）又承担了一项以机智人物故事为题目的国家重点研究课题，研究还在进行中。"② 祁连休的机智人物故事研究没有停止，其他学者也仍然关注着这个世界著名的故事类型。

三

较之80年代，90年代机智人物故事的论文数量明显减少，研究势头有所减弱，但一些学者仍保持对机智人物故事的浓厚兴趣，研究视野更为开阔，阐述更加深入。

阿凡提形象依然是关注的焦点，这方面的论文有袁舍利的《阿凡提与有传统幽默性格的维吾尔族人》③、袁志广的《论阿凡提倒骑毛驴形象的文化模式》④、阿扎提·苏里坦的《论阿凡提的艺术形象》⑤ 等。一些论文着重探讨机智人物故事的体裁个性，其中，韩伯泉的《机智人物故事的机智性》⑥，集中讨论了机智人物形象的本质品格；王建章的《论民间机智人物故事之艺术结构及其民俗文化土壤》一文⑦，论述了机智人物故事的叙述风格和产生的民俗文化根源；陈华文的《女性的骄傲——

---

① 祁连休、冯志华编著:《中外机智人物故事大鉴》，北京，知识出版社，1993。

② 刘锡诚:《20世纪中国民间文学学术史》，794页，开封，河南大学出版社，2006。

③ 袁舍利:《阿凡提与有传统幽默性格的维吾尔族人》，载《民族文学研究》，1995（2）。

④ 袁志广:《论阿凡提倒骑毛驴形象的文化模式》，载《新疆大学学报》，1995（4）。

⑤ 阿扎提·苏里坦:《论阿凡提的艺术形象》，载《新疆大学学报》，1997（1）。

⑥ 韩伯泉:《机智人物故事的机智性》，载《民间文学论坛》，1992（1）。

⑦ 王建章:《论民间机智人物故事之艺术结构及其民俗文化土壤》，载《民族文学研究》，1994（4）。

简论畲族机智人物故事》，以畲族同类故事为个案，从女性主义的角度观照此类型故事特有的性别意识。有的学者强调，应该在历史语境和地方语境之中解读此类故事。罗永麟认为，机智人物故事是在特定的历史背景中产生的，阅读这类文本不能脱离时代语境。他说：

> 我国的机智人物故事基本上是封建社会的产物。首先就应了解它的社会历史背景，才能探索其形成的社会根源。中国封建社会的政治经济构架，是建立在儒家以家庭为基础之上的。父为一家之主，地方官僚为一地之长，国君为一国之首，在上者的特权和意志，在下者都必须加以推崇和遵守。……只有少数具有正义感、不畏权势、敢于为民撑腰的人物，在政治与道德的矛盾夹缝中，乘暇抵隙……这种巧设计谋的斗争方式，本为统治阶级所不容，并加禁止。由此可知，如果以超阶级的观点评论机智人物，是会本末倒置的。①

欧以克则强调理解机智人物不能脱离地方语境，各地机智人物的形象面貌并不一致，具体人物具体分析，才能把握机智人物的形象个性。在《论壮族机智人物故事的局限性》② 一文中，他认为，壮族机智人物故事中的机智人物具有"历史的局限性"："救世主的性格特征"；"本质上并不是推动社会变革的动力"；"斗争"活动都是"无领导、无组织、无纪律"的自我宣泄，并非有意识地反抗地方权威。其实，机智人物的"历史的局限性"，恰恰说明了机智人物形象塑造的某种历史真实性。

有的学者以机智人物故事为例，提出了中国特色的民间故事另类分类方式。老彭在《论机智人物的玩世态度和滑稽形象》一文中说，学界

---

① 罗永麟：《机智人物故事的社会功能与艺术魅力》，载《中国民间文化》，1993（3）。

② 欧以克：《论壮族机智人物故事的局限性》，载《广西民族研究》，1993（1）。

所划分的机智人物故事、长工故事、巧女故事和民间笑话之间，往往重叠交叉，边界难以明晰。他主张按故事主人公的性格特征分类，兼顾结构特征。① 可惜这一提议至今未有学者尝试。

　　但总体而言，20世纪末期机智人物故事的研究并不景气。主要原因在于缺乏新的研究视角和研究方法。母题研究、故事形态学、类型学、比较研究、表演理论等时下常用的故事学方法似乎都远离了机智人物故事，致使在方法论上难以形成整体超越。另外，机智人物故事本身主题和形式的单一性似乎也限制了其学术发展空间，现有的故事学范式难以进入机智人物故事领域。不过，值得一提的是，进入21世纪不久，机智人物故事研究状况就得到改变，这就是康丽的博士学位论文《中国巧女故事叙事形态研究——兼论故事中民间女性观念》② 的面世。这是我国第一部以机智人物故事中的巧女故事为研究对象的博士学位论文，在中国故事学上具有开拓与操作的示范意义，标志着机智人物故事研究进入一个新的发展阶段。

（未刊稿）

---

① 老彭：《论机智人物的玩世态度和滑稽形象》，载《中国民间文化》1992（2）。

② 康丽：《中国巧女故事叙事形态研究——兼论故事中民间女性观念》，博士学位论文，北京师范大学，2003。

20 世纪比较故事学发展轨辙

比较方法是各种学术研究通用的方法。就比较文学而言,其起步是始于民间文学的。正如季羡林指出的:"在国与国之间,洲与洲之间,最早流传的几乎都是来源于民间的寓言、童话和小故事。我们甚至可以说,没有民间文学,就不会有比较文学的概念。"① 而民间文学比较研究又一直主要集中在民间故事领域。我国的民间故事研究从一开始就引入这种方法。比较方法的运用,在中国的民间故事研究中,经历了一个从自发到自觉再到理论建构的过程。

一、初始阶段运作的动机

民间故事叙述雷同性的体裁特征必然导致比较的学术诉求。20 世纪初,逐渐掀起了一股收集民间故事之风。当时一些著名媒体均开始

---

① 季羡林:《比较文学与民间文学》,1 页,北京,北京大学出版社,1991。

刊出民间故事作品，而众多外国童话故事也适时地被大量翻译介绍。诸多国内外故事情节惊人相似的现象，引起了学者的兴趣。何以产生这种现象，是当时学者共同热衷讨论的问题。譬如，在《童话研究》中，周作人比较了浙江流行的"蛇郎"故事和欧洲的"美女与兽"的故事，指出"所谓物婚式"故事形成与各民族初始阶段普遍具有的"图腾信仰"有关："蛮荒之民，人兽等视，长蛇封豕，特人之甲而毛者，本非异物，故婚媾可通，况图腾之谊方在民心，则于物婚之事，纵不谓能见之当世，若曰古昔有之，斯乃深信不疑者也。"① 当时进入比较视野的民间故事以幻想性为主，故事学家们认为，中外民间故事之相似，主要是曾经拥有某种共同的信仰心理。

随着人类学派"共同心理说"理论和民间故事型式理论的输入②，民间故事的比较研究从自发走向了自觉。正如钟敬文所说，"民间故事的类似的比较的研讨，是十分有意义的事，近来国内两三位对于这种学问有兴趣的朋友，都颇致力于此点"③。以收集和研究民间故事见长的张清水也表达了对民间故事比较研究的一些理论见解，他说："民间故事的类似的比较地讨论，是十分有意义的事，如能就世界各国的故事传说，作相互比较地讨探，以了解其于同一母题（motif）之下，怎样运用联合而成为各样不同的故事，怎样因'时''地''种族'及'文化'的关系而变化歧异，这都是颇有趣味的事。"④ 可以说，正是比较方法激发了学者们解读民间故事的兴致，甚至也成为钟敬文东渡日本求学的动因之一。他后来回忆说："记得本世纪 30 年代前期，我下决心到东京去学习、研究，当时胸中抱有两个目的，其一就是利用在那里的条件，进行关于中

---

① 周作人：《儿童文学小论》，24 页，上海，上海儿童书局，1932。
② 1928 年，钟敬文、杨成志合译的《印欧民间故事型式表》以单本形式出版。
③ 钟敬文：《波斯故事略窥》，载《民俗》，第 21、22 期合刊，1928。
④ 张清水：《中西民间故事的比较——自序〈海龙王的女儿〉》，载《民俗》，第 65 期，1929。

国和日本（也包括朝鲜）的民间故事的比较探究。"①

在世界民间故事研究史上，"过去研究民间故事的一些流派，如神话学派、进化论学派、流传学派、心理分析学派、结构主义学派、历史地理学派等，其理论和方法各有自己的创见，然而注重比较研究却是一致的"②。中国的情况也是如此，比较方法往往是和其他方法结合使用的，而这一点尤其突出地体现在民间故事学初期的数篇民间故事论文当中。无论是周作人的《古童话释义》，还是赵景深的《民间故事之民俗学的解释》，亦或是钟敬文的《蛇郎故事试探》等，均是用故事中的"残留物"与较为古老的风俗信仰进行比较，以阐释故事中的"不合理"成分。中国民间故事学一开始就确立了比较故事学的学术趋向，只不过不是民间故事文本"内部"的比较，即关注的并非民间故事"异文"或"类型"的结构形态，而是运用多种研究方法，将民间故事文本置于历史文化的语境中进行释读。尤其是寻求民间故事与传统民俗事象互为指向的对应关系，以揭示民间故事结构中隐含的传统文化逻辑。

当时，致力于民间故事比较研究的论文有郑振铎的《中山狼故事之变异》，张清水的《民间文艺掇拾》《中西民间故事的比较》《阿斯皮尔逊的三公主》（化名为愚民），钟敬文的《波斯故事略窥》，赵景深的《中国民间故事型式发端》《中西童话的比较》《中西民间故事的进化》《波斯民间故事研究》《两个民间故事比较谭》，霍世林的《唐代传奇文与印度故事》等。这些论文，有的是对我国范围内同一故事各种异文的比较，如《中山狼故事之变异》，有的是同一故事类型的世界范围比较。这些比较不是简单的文本之间的对照，已显露出明确的方法论意识。

当然，这一时期的民间故事比较研究，存在明显的不足。首先，由

① 钟敬文：《中国民间文学讲演集》，298 页，北京，北京师范大学出版社，1999。

② 刘守华：《比较故事学论考》，"前言" 3 页，上海，上海文艺出版社，1995。

于惊异于不同地区收集的故事情节惊人相似的现象，当时的学者，主要专注于故事共性的比较，而有忽略故事个性的倾向。其次，由于缺乏更多、更深入的理论指导，当时的成果还流于形式、表面及直观的比较，往往只指出某些故事情节的相似之处，或者某个中国民间故事和外国故事型式表中哪种类型相似，多数论文未能深入揭示故事相似的原因。最后，少数学者做出了探索故事相似原因的努力，但却停留于用"心理共同说"理论进行简单的分析，未能张阔比较的维度，忽略了故事背后更深厚的文化意义。

二、寻求比较的多种可能性

20 世纪 80 年代，学者们开始比较故事学的理论构建，使故事的比较研究逐渐拓展成民间故事学里一个相对独立的研究领域。"钟敬文先生为 1982 年《中国百科年鉴》专门撰写的《民间文学理论的发展》一文列有"比较方法的运用"一节，对当时的情况作了很好的说明。"① 80 年代中期，掀起了一阵比较研究方法讨论的热潮，先后发表多篇相关论文，主要有刘守华的《谈民间文学的比较研究》② 和《多侧面扩展民间文学的比较研究》③、郎樱的《比较文学及少数民族文学的比较研究》④、贾芝的《关于民间文学的比较研究法——刘守华〈民间故事比较研究〉一书序言》⑤、罗田汉的《民族民间文学的影响比较研究》⑥ 等。"这些

---

① 刘守华：《比较故事学论考》，119 页，哈尔滨，黑龙江人民出版社，2003。
② 刘守华：《谈民间文学的比较研究》，载《广西民间文学丛刊》，1984（10）。
③ 刘守华：《多侧面扩展民间文学的比较研究》，载《民间文学论坛》，1985（3）。
④ 郎樱：《比较文学及少数民族文学的比较研究》，载《民族文学研究》，1986（1）。
⑤ 贾芝：《关于民间文学的比较研究法——刘守华〈民间故事比较研究〉一书序言》，载《华中师范学院学报》，1985（3）。
⑥ 罗田汉：《民族民间文学的影响比较研究》，载《民族文学研究》，1986（2）。

文章除强调要重视比较研究方法之外，着重提出：一是要多侧面进行比较，运用比较方法全面探讨民间文学作品的思想艺术特征及其传播演化规律，避免将比较研究变成一种单一的模式而失去生机；二是要深化，由民间文学作品表层的异同，深入追溯造成这种异同的历史文化根源，探寻具有规律性的东西；三是在借鉴吸收西方有关学派的理论方法时，要有分析有创造，从中国实际情况出发，创立自己的比较研究方法。"①比较民间文学有了更高层次的学术追求。

在热烈的理论讨论氛围中，民间故事比较研究方兴未艾，在视野的广度和阐释的深度方面，都出现了崭新的景况。首先，跨国比较仍是故事学主要的学术范式，张紫晨的《中日两国后母故事的比较研究》②、阎云翔的《论印度那伽故事对中国龙王龙女故事的影响》③、陈建宪的《女人与蛇——东西方蛇女故事研究》④、刘守华的《蛇郎故事比较研究》⑤等论文将不同国度的同类型故事置于同一平台加以考察，凸显民间故事在巨大时空跨度方面的独特魅力。当然，寻求故事相似性的逻辑关系是其中心论题。以蛇郎故事为例，"由于彼此接壤，居民世代交通往来，特别是由于佛教的流行，造成了纵横交错的文化交流关系。在中国和印度、缅甸的一部分 433 型故事（按指蛇郎故事）之间，存在着'你中有我，我中有你'，互相渗透的情况是不容置疑的"。在仍然坚持跨国比较的情况下，"呈现出由跨国比较向跨民族比较倾斜的倾向"⑥，这是为适应我国多民族共存的实际情况所做的调整，体现了比较故事学的中国特色，

---

① 刘守华：《比较故事学论考》，125 页，哈尔滨，黑龙江人民出版社，2003。

② 张紫晨：《中日两国后母故事的比较研究》，载《民族文学研究》，1986（2）。

③ 阎云翔：《论印度那伽故事对中国龙王龙女故事的影响》，载《民间文艺季刊》，1987（1—3）。

④ 陈建宪：《女人与蛇——东西方蛇女故事研究》，载《民间文学论坛》，1987（3）。

⑤ 刘守华：《蛇郎故事比较研究》，载《民间文学论坛》，1987（3）。

⑥ 刘守华：《比较故事学论考》，121 页，哈尔滨，黑龙江人民出版社，2003。

也展示了各民族文化之间口传交流的历史境遇。这方面的优秀论文有阎云翔的《纳西族汉族龙故事的比较研究》①、何红一的《从幻想故事看各族劳动人民的幸福观》② 等。其次，不再局限于故事之间的比较，触角指向其他领域，进行跨学科比较，如故事与神话的关联（《盘瓠神话与日本犬婿型故事的比较研究》③）、故事中的宗教因素（《民间故事与宗教文化》④）、故事中文学形象的比较（《乌鸦形象之比较研究》⑤）、故事中的民俗文化内涵（《民间故事中的对联艺术及其民俗价值》⑥）。寻求民间故事与相邻学科的衔接点，站在其他学科的立场反观民间故事，极大地丰富了民间故事的学术内涵。再次，"在比较研究的深度上也有了可喜的进步。现在那种只停留在指出作品间的类似之处，将它们归属于某一故事型式的比较研究文章已被学人所摒弃。无论是作影响研究还是作平行研究，大都能从前人已有的模式中解脱出来，就论者掌握的实际材料进行比较分析，做出自己的具有一定学术深度的论断"⑦。如上面提到的《论印度那伽故事对中国龙王龙女故事的影响》和《女人与蛇——东西方蛇女故事研究》。另外，芬兰历史地理学派理论的娴熟使用，也为我国民间故事的比较研究注入了更为浓稠的血液。一些学者开始收集某一类型故事的中外异文，对它们进行比较、辨别和考证，从而探寻这一故事类型的发源地，追溯这一故事类型在生活中的流传历史。白化文的《龙

---

① 阎云翔：《纳西族汉族龙故事的比较研究》，载《民间文学论坛》，1986（1）。

② 何红一：《从幻想故事看各族劳动人民的幸福观》，载《中南民族学院学报》，1987（4）。

③ 郎樱：《盘瓠神话与日本犬婿型故事的比较研究》，载《民间文学论坛》，1985（3）。

④ 陈建宪：《民间故事与宗教文化》，载《民间文艺季刊》，1988（4）。

⑤ 徐华龙：《乌鸦形象之比较研究》，载《民族文学研究》，1986（5）。

⑥ 周红：《民间故事中的对联艺术及其民俗价值》，载《中国民间文化》，1991（4）。

⑦ 刘守华：《比较故事学论考》，123—124 页，哈尔滨，黑龙江人民出版社，2003。

女报恩故事的来龙去脉——〈柳毅传〉与〈朱蛇传〉比较观》① 和李佳俊的《孔雀公主型民间故事的起源和发展》② 两篇文章，分别以扎实的史料，梳理了两种著名故事类型的生活史。

刘守华的专著《民间故事的比较研究》③ 是 80 年代民间故事比较研究的集大成之作。此书收集了作者从 1979 年到 1984 年间撰写的 19 篇文章，涉及比较故事研究的理论和方法；更多的文章，展现了作者从多重角度进行故事比较研究的努力，为民间故事的比较研究开拓了视域，尤其为此后民间故事比较研究理论升华奠定了良好的基础。此专著面世后，好评如潮，近十篇论文做了专门评述，诸如贾芝的《关于民间文学的比较研究法——刘守华〈民间故事比较研究〉一书序言》④、陈珏的《刘守华〈民间故事的比较研究〉浅介》⑤、黄鹤的《多侧面运用比较方法的尝试——读〈民间故事的比较研究〉》⑥、月朗的《探索者的足音——评刘守华近年来的民间故事比较研究》⑦、杨育生的《走向综合的思考——评〈民间故事的比较研究〉》⑧、高丙中的《〈民间故事的比较研究〉评

---

① 白化文：《龙女报恩故事的来龙去脉——〈柳毅传〉与〈朱蛇传〉比较观》，载《文学遗产》，1992（3）。

② 李佳俊：《孔雀公主型民间故事的起源和发展》，载《思想战线》，1985（2）。

③ 刘守华：《民间故事的比较研究》，北京，中国民间文艺出版社，1986。

④ 贾芝：《关于民间文学的比较研究法——刘守华〈民间故事比较研究〉一书序言》，载《华中师范学院学报》，1985（3）。

⑤ 陈珏：《刘守华〈民间故事的比较、研究〉浅介》，载《中国比较文学》，1987（4）。

⑥ 黄鹤：《多侧面运用比较方法的尝试——读〈民间故事的比较研究〉》，载《民间文艺季刊》，1988（3）。

⑦ 月朗：《探索者的足音——评刘守华近年来的民间故事比较研究》，载《民族文学研究》，1988（6）。

⑧ 杨育生：《走向综合的思考——评〈民间故事的比较研究〉》，载《湖北社会科学》，1988（2）。

介》①　等。这些文章一致肯定了刘守华的探索业绩，认为从此以后，中国比较故事学将与刘守华的名字紧紧连在一起。的确，比较的范式给予了刘守华学术荣耀。

三、跨学科比较中的体系建构

步入 20 世纪 90 年代，比较故事学进入一个新境界。这一时期的民间故事比较研究，在延续 80 年代的基础上，运用新近出现的母题学、叙事学、故事形态学、传播学、文化阐释等研究方法，扩大了跨学科跨专业比较的范围，从各种不同角度解读民间故事，突破了以往民间故事研究的学术边界。

拉开这一比较研究序幕的是钟敬文的《中日民间故事比较泛说》②一文。早在留学日本期间，作者就有意进行中日民间故事比较研究。此文的发表，在一定程度上了却了作者半个世纪前的学术夙愿。文章既在宏观上检阅了两国民间故事相似之事实，清点出 53 种同类型的民间故事，又有灰姑娘、老鼠嫁女两种故事类型比较的个案分析，从细微之处寻找两国同类故事迥异的民族特征。在文中，作者还介绍了一个流传于河北邯郸地区的《鼠妈妈选婿》的故事，说鼠妈妈生了一个俊秀的女儿，想嫁给无敌的大英雄，选来选去，选了一只大花猫，结果被抓住吃掉了。将硕大的猫置于欢天喜地的鼠辈迎亲队伍中，显然是在叙事结构中建立起一个二元对立的关系。"文章举重若轻，从历史文化、民族文化、民族心理等许多方面予以比较研究，从中国实际情况出发，又吸收世界同人的成果，从文化史的角度层次展开论述，展现出民间故事的美妙世界。"③

①　高丙中:《〈民间故事的比较研究〉评介》，见《中国文学研究年鉴(1988)》，北京，中国文联出版公司，1992。
②　钟敬文:《中日民间故事比较泛说》，载《民间文学论坛》，1991 (3)。
③　张余:《论钟敬文与民间故事比较研究》，载《广西民族学院学报》，2002 (1)。

在钟敬文学术实践的感召下，20 世纪的最后十年，学者们纷纷投入民间故事比较法则的探求，硕果累累。其中万建中的《中国民间叙事中的禁忌主题与禁忌民俗的关系》①、朱迪光的《狐精故事的演变与佛教文化的影响》②、钟进文的《裕固族与匈牙利民间故事共性特征的文化背景初探》③、刘亚丁的《中俄民间故事比较二题》④、郎樱的《东西方文学中的独眼巨人母题——东方文化的西流》⑤、鹿忆鹿的《难题求婚模式的神话原型》⑥、陈晓红的《不同民族文化区域的神蛙丈夫型故事比较》⑦、王国祥的《论藏族和傣族的同源异流故事》⑧、谭学纯的《一个同源假说及其验证——"难题求婚"故事和"郎才女貌"俗语的深层结构》⑨、钟进文的《匈牙利民间故事中的萨满文化》⑩、色音的《蒙韩民间故事的影响比较》⑪、朱德普的《傣族召武定故事本原和孟定地名历史嬗变考

---

① 万建中：《中国民间叙事中的禁忌主题与禁忌民俗的关系》，载《民间文学论坛》，1991（1）。

② 朱迪光：《狐精故事的演变与佛教文化的影响》，载《衡阳师专学报》，1993（4）。

③ 钟进文：《裕固族与匈牙利民间故事共性特征的文化背景初探》，载《西北民族研究》，1992（2）。

④ 刘亚丁：《中俄民间故事比较二题》，载《外国文学研究》，1992（4）。

⑤ 郎樱：《东西方文学中的独眼巨人母题——东方文化的西流》，载《西域研究》，1993（3）。

⑥ 鹿忆鹿：《难题求婚模式的神话原型》，载《民间文学论坛》，1993（2）。

⑦ 陈晓红：《不同民族文化区域的神蛙丈夫型故事比较》，载《民间文学论坛》，1993（3）。

⑧ 王国祥：《论藏族和傣族的同源异流故事》，载《西藏研究》，1994（1）。

⑨ 谭学纯：《一个同源假说及其验证——"难题求婚"故事和"郎才女貌"俗语的深层结构》，载《民间文学论坛》，1994（2）。

⑩ 钟进文：《匈牙利民间故事中的萨满文化》，载《民间文化论坛》，1994（2）。

⑪ 色音：《蒙韩民间故事的影响比较》，载《西北民族学院学报》，1996（1）。

说》①、王晶的《论缅甸民间故事与我国傣族民间故事审美倾向的一致性》②、日本学者高木立子的《河南省异类婚故事类型群初探——兼及部分类型比较的尝试》③ 等较有代表性。这些论文作者大多并非专门的民间故事研究者，他们各自从自己的学科研究出发，在民间故事领域进行跨学科的对话。多学科的共同参与，使民间故事比较研究突破了原先文学视域单一的窠臼，为民间故事比较研究提供了多种可能性和学术视角。更为重要的是，故事比较话语的跨学科讲述，在广阔的学术语境中确立了民间故事体裁互文性的讨论指向。

90 年代更具学术意义的收获，是刘守华深邃了比较故事学的话语境界。如果说其他学者只是沉溺于比较故事个案分析的话，那么刘守华则在此基础上，展开了较为系统的理论建构。跨学科比较极大地丰富了故事学的学术语汇，为比较故事学的体系化操作提供了必要元素。在《世纪之交的中国民间故事学》一文中，刘守华对比较故事学方法作了系统讨论：

> 民间故事比较研究包含着跨国、跨民族和跨学科（如故事与宗教、故事与民俗等）研究的多项课题，因而它首先意味着扩展文化视野，将民间故事置于民族文化和人类文化的广大时空背景之上进行考察。与之相适应，中国学者在这一研究中所使用的方法也趋于多样化。如探求中印、中日故事的关联，所使用的就是流传学派的方法，属于比较文学中的"影响研究"。从故事中追寻各民族共同的原始信仰与民俗遗存，所使用的则是进化论人类学派的方法；解析故事中人类共通的某些隐秘心理，则借助于心理分析。它们被列

---

① 朱德普：《傣族召武定故事本原和孟定地名历史嬗变考说》，载《中央民族大学学报》，1997（1）。

② 王晶：《论缅甸民间故事与我国傣族民间故事审美倾向的一致性》，载《云南民族学院学报》，2000（2）。

③ ［日］高木立子：《河南省异类婚故事类型群初探——兼及部分类型比较的尝试》，博士学位论文，北京师范大学，2000。

入比较文学中的"平行研究"。此外，被国际学人视为民间文学所特有的一种研究方法——芬兰学派的历史地理比较研究法，在中国故事学家中间就运用得更为普遍了。其特点是：占有丰富异文，从母题（情节单元）、类型入手，联系故事传承的历史地理背景进行比较，深入理解故事的文化内涵，努力追寻它们的"生活史"。①

刘守华不仅先后发表了《比较故事学引言》②、《谈比较故事学的方法》③ 等文，系统阐述比较故事学的理论，还出版了专著《比较故事学》④，"目的在于倡导以更为系统的比较研究的方法来研究中国和世界各国的民间故事，以充实我们对民族文化和人类文化的理解"。这部专著既是对此前研究成果的阶段性总结，又是打造"比较故事学"知识谱系的有益尝试。此书的上编："比较故事学的基本理论和方法"，全面而深入地论述"世界比较故事学的历史与学派"以及"中国比较故事学的建构"；下编是"民间故事多侧面比较研究"的成功实例。作者提出，除进行跨国、跨民族的比较之外，还应进行跨学科比较。他说："我们应当在对民间故事作跨学科比较研究方面进行新的开拓。这就不能停留在只是对民间故事的某些传统形象和情节作民俗学、宗教学解释的水平上，虽然这种解释也是必要的。而要有意识地以比较的观念和方法让两方面互相参照，彼此阐发，现出新的意蕴。"值得特别注意的是，这一时期，"民间故事的比较研究"被"比较故事学"这一称谓取代了，这标志着民间故事的比较研究正式成为一个独立的研究领域。

（原载《民族文学研究》2009 年第 2 期，与李琼合作）

---

① 刘守华：《世纪之交的中国民间故事学》，载《华中师范大学学报》，2000（1）。

② 刘守华：《比较故事学引言》，载《民间文学论坛》，1994（2）。

③ 刘守华：《谈比较故事学的方法》，载《民族文学研究》，1995（3）。

④ 刘守华：《比较故事学》，上海，上海文艺出版社，1995。

中国百年故事学简历

1907 年，鲁迅在日本留学期间，与周作人合译了《红星佚史》（原名《世界欲》），延至1913 年 8 月，周作人在《教育部编纂处月刊》上发表了《童话研究》一文①，正式拉开了我国现代民间故事研究的帷幕。紧接着，一大批人文社会科学的学者们不约而同地共同参与到中国民间故事学的建构中。20 世纪结束，我国现代民间故事研究已经经历了近一个世纪。在这近 100 年的时间里，我国的民间故事研究从稚嫩走向成熟，经历诸多研究方法的实践，发展成为民间文学学科中相对独立的分支。这段历史需要回顾、梳理和总结，在一定程度上，

① 《中国现代儿童文学文论选》（广西人民出版社1989 年版）一书收录了《童话研究》全文，编者王泉根书写的"砚边小记"中有这样的说明："本文原载1913年 8 月北京《教育部编纂处月刊》第 1 卷第 7 期……据资料介绍，本文于《童话略论》最先刊载于1912 年 6 月 6 日、7 日的绍兴《民兴日报》；后经鲁迅推荐，周作人重新修改后，又发表于1913 年的《教育部编纂处月刊》，由此扩大了这两篇文章的影响。从现有资料考察，本文是中国儿童文学史上第一篇探讨童话的论文。"

是中国现代民间文学史的缩影。可以肯定，20 世纪中国故事学是一个层累构建的过程，呈现复数的状态，在不同的学术语境中表现为差序的书写范式。西方故事学理论的不断引入，青年学者纷纷涌现，民间故事文本的大量发掘，致使中国现代故事学研究显示出层层深化的发展态势。

20 世纪民间故事学作为现代民间文学学科的一个有机组成部分，其演进的脉络与中国现代民间文学史是一致的，大略经历了三个阶段。

1. 发生期（1907—1937）

现代意义上的中国民间文学学科的产生，是以刘半农、周作人、沈尹默、钱玄同发起的北大歌谣征集运动为标识的。1922 年，北大研究所国学门成立，沈兼士任主任，北大歌谣研究会归入国学门，由周作人负责。1922 年 12 月 17 日，《歌谣》周刊创刊，并由周作人、常惠任主编。他们在《歌谣》周刊的发刊词中明确指出："本会收集歌谣的目的共有两种，一是学术的，一是文艺的。我们相信民俗学研究在现今的中国是很重要的事业……歌谣是民俗学上的一种重要的资料，我们把它辑录起来，以备专门的研究。"《歌谣》周刊的诞生，标志着一种新的文化思想的崛起，同时，也标志着中国现代故事学的调查和研究工作正式全面展开。伴随歌谣学运动的蓬勃展开，现代民间故事学的序幕也骤然拉升。随即，掀起了民间故事学研究的第一个高潮。

中国现代故事学起始的时间要远早于歌谣学，其正式诞生当以周作人在 1913 至 1914 年于《教育部编纂处月刊》上发表的《童话研究》《童话略论》和《古童话释义》为标志。《童话略论》是我国较早介绍并高度评价英国人类学派民俗学的一篇重要文章，其运用这一学派的民俗学方法解释神话、世说、童话，令人耳目一新。而《古童话释义》是目前所知我国最早的一篇关于民间故事的重要论文，是中国民俗学最早的重要成果。① 翻检美国学者洪长泰的《到民间去——1918—1937 年的中国知识分子与民间文学运动》一书，可以获得下面这些当时关于故事学研究的概述性的句子：孙毓修"最早把大量的西方童话介绍到中国"，"他的开拓劳绩是世所公认的"；周作人"率先翻译了格林童话和安徒生童话等世界名著"；茅盾"也亲自动手翻译过西方童话"。赵景深的"《童话概要》（1927）、《童话论集》（1927）和《童话学 ABC》（1929）等一批专著，奠定了他的学术地位，他是中国现代童话理论体系的少数建构者之一"。《童话学 ABC》被列入世界书局刊行的百科全书式的"ABC 丛书"之一，可说是我国"从民俗学上立论"（作者例言语），运用西方人类学派的研究方法，通过故事文本来探寻远古民间风俗、信仰最早的专著，在当时产生了极为广泛的影响。其他重要的研究者还有"钟敬文、郑振铎、叶绍钧"。"在系统收集传说故事方面，用力最勤者，当数李小峰（笔名林兰）"，他编辑的《徐文长的故事》《朱元璋故事》《历代名人趣事》《历代文人的故事》等，"对于研究中民间文学，真是无价之宝"。"当时民间故事和民间传说研究高潮的到来，主要表现在两个方面：一是期刊杂志上登载的这类成果日益增多，二是相关研究著作的大量出版。"②

　　人们习惯把1937 年以前的中国民俗学划分为北京大学时期、中山大学时期和杭州时期。相对而言，北京大学时期的学术用力主要在歌谣方面，民间故事没有得到重视。到了中山大学时期，对民间故事的重视逐渐超过了歌谣，"综观此期间《民俗周刊》的成绩，……其中以故事的报告资料较多，以《文昌县故事三则》为例，在此报告中，一篇就叙及

---

　　① 参见刘锡诚：《中国民俗学的滥觞与外来文化的影响》，见《中国俗文学七十年——"纪念北京大学〈歌谣〉周刊创刊七十年暨俗文学学术研讨会"文集》，16—17 页，北京，北京大学出版社，1994。
　　② ［美］洪长泰：《到民间去——1918—1937 年的中国知识分子与民间文学运动》，134、136、217—219 页，上海，上海文艺出版社，1993。

三个故事。因此，如果只就统计数目而言，故事是相当多的"①。1930年，钟敬文与钱南扬、娄子匡、陶茂康等在杭州创立了中国民俗学会，在故事学研究方面取得了喜人的成绩，娄子匡的《巧女与痴女的故事》，刘大白的《坛子的故事》，钟静闻（敬文）的《老虎外婆故事集》《中国民间故事型式》等均为重要之作。

纵观 20 世纪二三十年代民间故事领域的实绩，大概主要体现在如下四个方面。

一是收集整理和出版数量众多，水平极高。如果说，当时民间故事研究范式处于邯郸学步层次的话，民间故事写定的理念和水平则达到相当高的程度，如今的许多民间故事记录文本与之相较，也是望尘莫及的。诸如林兰编的故事集 40 本、谷万川编的《大黑狼的故事》、娄子匡编的《巧女和呆娘的故事》、钱南扬编的《祝英台故事集》、刘万章编的《广州民间故事》、刘大白辑录的《故事的坛子》、孙佳讯编的《娃娃石》等等，都是民间故事由口头语言转化为书面语言的经典。

当时的民间故事记录文本之所以保存了比较浓郁的地方色彩，是因为记录者所记录的大多是家乡的民间故事。比如广东揭阳的林培庐，潮汕民间文学研究的先驱之一，收集出版了著名的《潮州七贤故事》（包括《潮州前七贤故事》《潮州后七贤故事》《潮州历代文人故事》）。该故事集由著名民俗学研究专家容肇祖、周作人、赵景深等为之作序。容肇祖在"序言"中写道："捧诵之余，钦佩无量。故事之造成，地方风俗之习惯与崇尚，即可于说话之间，粗得一些梗概。"由于记录者谙熟当地方言和地方文化传统，写定故事文本自然可以力求原汁原味。

二是民间故事类型谱系的确立与故事类型研究。自杨成志和钟敬文翻译出版了《印欧民间故事型式表》之后，学者们纷纷投入中国民间故事类型的发现与研究之中。钟敬文先生身先士卒，收集归纳我国的民间

---

① ［日］直江广治：《中国民俗文化》，183 页，上海，上海古籍出版社，1991。

故事型式，并发表了《中国民谭型式》（《中国民间故事型式》）和其他专题论文。《中国民谭型式》一文，破天荒借用西方批评理论和方法来展开中国故事学研究，这其实就是现代故事学的真正开篇。因为此前所有关于民间故事的讨论都只停留于"什么是民间故事"上，还没有显现现代批评方法的意识，而这篇文章所体现的分析眼光与方法已经开始突破传统批评的框架，表现出钟敬文先生试图借助外力刺激以推进中国故事学发展的学术自觉。如果说周作人和赵景深等早期故事学家是从"教育"的立场进入故事学领域的话，那么，钟敬文先生则开启了纯粹的"学术"境界的故事学。这篇文章在中国故事学史上的地位应该远远高于现有的评价。受钟敬文先生等学者民间故事类型学成果的直接影响，赵景深发表了《中国民间故事型式发端——英国谭勒研究的结果》一文；数年后，德国学者艾伯华完成了《中国民间故事类型》一书，归纳出 246 种故事类型。

"30 年代，是我国民间故事学学术研究的高峰。这一时期，我国故事研究者从各自擅长的角度出发，对民间故事进行了多角度的专题性研究。在这些研究中，从人类学角度用进化论对故事进行专题性研究者，占有突出地位。"① 在具体的民间故事类型方面，除了钟敬文的数篇论文之外，不能不提到美国著名学者 R. D. 詹姆森撰写的三篇论文。1932 年 3 月 21 日、3 月 28 日和 4 月 4 日，他在北平华北协和话语学校做了 3 次演讲，演讲稿当时结集出版，命名为《中国民俗学三讲》②。这三篇经典论文的研究对象都是著名的民间故事类型：即灰姑娘型故事、狐妻型故事和受虐待的皇后型故事。詹姆森以一位西方学者的眼光，运用文化人类学和历史地理学派的分析手段，讨论了这三种故事类型的各种异文，开创了比较故事学的先河。在此书再版的序言中，钟敬文先生说："我们

---

① 范利：《进化论与中国人类学派故事学》，见《亚细亚民俗研究——亚细亚民俗国际学术大会论文集》，155—169 页，北京，民族出版社，1999。

② ［美］R. D. 詹姆森：《中国民俗学三讲》，北京，北平三友书社，1932。

应该诚恳承认，詹教授这部著作，在中国民俗学史上（包括本国学者和外国学者的研究在内）是应该占有一个比较显著的位置的。"①

三是现代故事学理论体系的建构。在民间故事学滥觞之时，当以周作人关于童话的三篇论文为代表，在《童话研究》（1913）、《童话略论》（1913）和《古童话释义》（1914）中，通过神话、传说与故事（童话）三种文体的比较分析，确立了故事（童话）在民间叙事中的独特地位。这三篇文章"各有所重，形成一个互有联系的整体，集中反映了他对童话起源、发展、特征和价值等方面内容的深入探索"②。1932年3月，上海儿童书局出版了他的一本论文集《儿童文学小论》，收录了他发表于绍兴教育专刊的《童话研究》《古童话释义》《儿歌研究》等论文。对应于周作人的"三童"，赵景深积极与之进行直接对话，也出版了"三童"，这是运用早期文化人类学方法解读民间故事代表性成果。其主要贡献在于，打破了当时国外学者在型式研究上把神话、传说、故事混为一谈的非学术倾向，厘清了神话、传说、故事的概念和界限，为故事学的科学化奠定了一块基石③，堪称中国现代故事学的先驱者和开拓者。④

在中国故事学初始期间，一些基本的概念和问题急需讨论，以期获得比较一致的看法和结论。当时出现了一种讨论问题的方便形式，就是书信往来。第一次书信讨论在张梓生和赵景深之间展开。⑤ 主要是赵景深就童话的界定、国外的研究现状等问题，向张梓生咨询，张梓生同样以书信的形式，就赵景深所提出的问题一一做了回复。第二次童话讨论

---

① ［美］R. D. 詹姆森：《一个外国人眼中的中国民俗》，"序言"14页，上海，上海文艺出版社，1995。

② 段宝林编：《笑之研究——阿凡提笑话评论集》，221页，乌鲁木齐，新疆人民出版社，1988。

③ 段宝林：《赵景深先生与民间文学》，载《新文学史料》，2002（1）。

④ 刘锡诚：《中国民间文艺学史上的俗文学派——郑振铎、赵景深及其他俗文学派学者论》，载《广西师范学院学报》，2004（2）。

⑤ 张梓生、赵景深：《童话的讨论》，见《童话评论》，上海，上海新文化书社，1934。

则是在两位当时故事学界重量级人物之间展开的。在 1922 年 1 月 9 日至 4 月 6 日，赵景深和周作人有 9 次通信①，就童话一词的由来，童话的本质、范围、文体特征、传播状态，与民间其他散文叙事文体的关系、在儿童成长过程中的作用、童话世界的艺术魅力等童话学的基本内容进行了十分细致的信息交换。这 9 封书信随即见诸报刊《晨报副镌》，产生了广泛的社会影响，大大促进了中国民间故事学基础理论的建设，也为赵景深日后"三童"的写作奠定了基础。

四是翻译、出版国外童话故事集并积极吸纳西方故事学理论。除了杨成志和钟敬文翻译出版了《印欧民间故事型式表》之外，赵景深还翻译了耶阿斯莱的《童话学 ABC》、麦苟劳克的《民间故事的探讨》及其《童话学》、哈特兰德的《神话与民间故事》;② 1930 年，出版了日本学者卢谷重常的《世界童话研究》③，1935 年出版了日本另一位学者松村武雄的《童话与儿童的研究》④。杨成志所译的英国班恩女士的《民俗学问题格》、江绍原所译英国学者瑞爱德的《现代英吉利谣俗与谣俗学》、李璜所译法国学者葛兰言的《古中国的跳舞与神秘故事》、胡愈之所译法国学者倍松的《图腾主义》、林惠祥根据班尼女士的书并参考其他国外资料写成的《民俗学》⑤ 等，对民间故事的研究都产生了深刻的影响。作为现代民间故事学先驱的周作人曾说："他对民俗学是如此倾心，留学日本时便读过柳田先生的著作，并准备把此研究方法介绍到中国。"⑥ 早期的故事学家们有一共识，便是故事学研究需要理论和方法，理论与方

---

① 赵景深编：《童话评论》，65—73、171—173、237—240 页，上海，上海新文化社，1934。

② 《民间故事的探讨》和《神话与民间故事》均载《童话论集》，上海，开明书店，1927。

③ ［日］卢谷重常：《世界童话研究》，上海，华通书局，1930。

④ ［日］松村武雄：《童话与儿童的研究》，上海，开明书店，1935。

⑤ 林惠祥：《民俗学》，上海，商务印书馆，1934。

⑥ ［日］直江广治：《中国民俗文化》，174—175 页，上海，上海古籍出版社，1991。

法主要依靠引入，而非自产自销。

除了故事学理论的译介外，国外童话故事作品的引入更是成绩斐然。1908 年孙毓修编译的《童话》多属国外。1917 年，周作人发表了《外国之童话》一文，吹响了翻译和研究国外童话的号角。之后，外国童话作品成为故事学理论言说的重要资源。这方面的代表性成果有：夏丏尊的《俄国的童话文学》①、记者的《童话作家爱罗先珂先生》②、鲁迅的《〈爱罗先珂童话集〉序》③、周作人的《阿丽思漫游奇境记》④ 和《王尔德童话》⑤、赵景深的《童话家格林兄弟传略》⑥、戴望舒的《鹅妈妈的故事》⑦、郑振铎的《列那狐》⑧、曹建华的《日本童话》⑨、康同衍的《意大利童话》⑩ 等。1925 年，《小说月报》《京报周刊》（第六种）都开辟了安徒生专栏，掀起了安徒生研究的热潮。西方故事学理论产生于对西方童话的研究，中国学者重蹈这一学术历程，是西方故事学中国化的第一步，也是不能缺少的一个环节。

五是学术队伍比较庞大，当时几乎所有学者都曾涉足故事学领地。北京大学歌谣研究会期间，刘半农、沈尹默、沈兼士、钱玄同、李大钊、周作人、胡适、常惠、顾颉刚、容肇祖、孙伏园等中山大学民俗学会中的顾颉刚、容肇祖、董作宾、钟敬文、江绍原、杨成志等，杭州中国民俗学会的钟敬文、娄子匡、钱南扬、江绍原等都发表过故事学方面的言论。鲁迅、茅盾、赵景深、李白英、钱小伯、胡怀琛、林兰（李小峰）

---

① 夏丏尊：《俄国的童话文学》，载《小说月报》第 12 卷号外，1921。

② 记者：《童话作家爱罗先珂先生》，载《妇女杂志》第 8 卷第 1 号，1922。

③ 鲁迅：《〈爱罗先珂童话集〉序》，上海，商务印书馆，1933。

④ 署名仲密，载《晨报副镌》，1922 - 03 - 12。

⑤ 署名仲密，载《晨报副镌》，1922 - 04 - 02。

⑥ 赵景深：《童话家格林兄弟传略》，载《晨报副镌》，1922 - 05 - 26。

⑦ 戴望舒：《鹅妈妈的故事》，上海，开明书店，1931。

⑧ 郑振铎：《列那狐》，上海，开明书店，1931。

⑨ 曹建华：《日本童话》，上海，商务印书馆，1933。

⑩ 康同衍：《意大利童话》，上海，中华书局，1934。

等则在上海从事故事学活动。这些著名学者有着不同的学科背景，却对民间故事产生了相同的兴趣，共同营造出当时故事学繁荣的气氛和景象。有不少著名学者的文学研究道路肇始于民间童话的研究，譬如，"经过辛亥革命，随着外国童话的介绍和创作的出现，周作人开始了对儿童文学理论的研究，首先是对童话这一文学样式的探索"①。在当时，故事学与歌谣学一样成为"显学"。

一位日本学者指出："中国民间故事研究这一次高潮期的下限是1934年，高潮结束的标志有二；其一是林兰丛书出版完毕。其二是这一高潮的火车头钟敬文于1934年春离开杭州去日本留学。当时民间文学研究的领袖是历史学者顾颉刚，其余还有赵景深，娄子匡等几位年轻的研究者。当然，最受顾颉刚信任的还是钟敬文，他在1928—1934短短几年内，有15篇关于神话、传说、故事等方面的高质量论文陆续发表。"②在成果数量和质量方面都处于领先地位。

中国民间故事学发生期间，学术取向是比较明确的。1928年，张圣瑜总结了当时故事学研究状况："吾人研究，自当先就童话本身确切研究，参证儿童心理，以为化育之具也……"③ 初期的故事学大致围绕三方面展开：一是童话（故事）的本体论；二是针对童话（故事）能够满足儿童的阅读心理，展开讨论童话（故事）与儿童教育的关系；三是确立中国民间故事在世界上的地位。张圣瑜并未谈及后一种学术动机。其实，这是当时涉足故事学领域学者们的普遍心态。比较典型的事例就是"灰姑娘型"和"天鹅处女型"故事最早的记录在中国。这一发现，一直为人们所自豪，且津津乐道。1908年，孙毓修编译了童话集《无猫国》，号称中国第一本童话。1914年，周作人在《古童话释义》中，明

---

① 张香还：《中国儿童文学史》（现代部分），93页，杭州，浙江少年儿童出版社，1988。

② ［日］加藤千代：《两种中国民间故事类型索引简说》，载《民间文学论坛》，1991（5）。

③ 张圣瑜：《儿童文学研究》，72页，上海，商务印书馆，1928。

确否定了这一说法，指出："实乃不然，中国虽无古童话之名，然实固有成文之童话，见晋唐小说，特多归诸志怪之中，莫为辨别耳。"① 民间故事是比较典型的民族传统的历史记忆，世界许多民族都流行一些同类型的民间故事，而西方一贯否认中国民间故事的历史地位。当时的学者们已经具有了民族民间文化的觉醒意识，就是要证实中国民间故事的独特性和原始性。

　　尽管 20 世纪二三十年代故事学成绩卓著，但并没有产生真正意义上的民间故事学家。原因在于许多学者仅仅对民间故事感兴趣，而不是热衷于民间故事学这个学科的建设。正如刘万章在《粤南神话传说及其研究》序言中指出的："文学，教育学，历史学，社会学……借助民俗学的特多……有些成名的民俗学者与其说他是民俗学专家，不如说他是某种目的——他的专门研究目的——的获求，去研究民俗学。文学家会从歌谣故事中得到许多他们的假设的证明。教育家也会在歌谣，故事，传说，风俗中得到他们应用的材料。历史学家会在故事，神话（包括传说）歌谣，风俗中得到他们研究对象的有力证明。社会学家也可以从风俗中得到强有力的证明社会组织和其他。此外研究政治的也可以借助民俗学……因此他给人当作'副业'般的去研究他，到了正目的达到时，或者用不着他来给辅证的时候，他就不大理会他……纯粹为研究民俗学而努力民俗学的同志，是这个工作中不可多得的。"这话虽有点偏颇，也不是针对民间故事学，却反映了长期以来民间故事学学科队伍的实际状况。

　　学者们之所以不愿全身心投入故事学研究，是因为对民间故事认识的偏见。从文学审美的角度而言，人们普遍认为民间故事的审美层次是低级的；从做学问的角度而言，民间故事远离了考据和论证，也缺乏必要的学术传统。一句话，当时的学者们还不承认故事学。

---

　　① 周作人：《古童话释义》，见《儿童文学小论》，39 页，上海，儿童书局，1932。

2. 沉寂期 (1937—1949)

这段时间是抗日战争和解放战争期间,民间故事的研究和调查工作除了上海还在勉强维持外,基本上"由中心大城市为主,转而为边地为主,并呈现出两种状态。西南地区因大学内迁,学者集中,他们继续以人类学、社会学、神话学等现代学术方法坚持研究,成就主要集中在少数民族神话故事方面;西北解放区则因为作家为主,对他们来说,主要的任务是创作新的为中国老百姓喜闻乐见的文艺作品,因而西北的成就主要表现在收集传说故事的作品方面"①。

最早进入前一种状态的是凌纯声先生。他是中国当代著名的民族学家、人类学家,于1930年到松花江下游的赫哲族生活区进行民族调查,其成果《松花江下游的赫哲族》(上、下)为中国民族学田野作业树立了一块儿具有开创性的历史丰碑,堪称中国民族学田野工作的起点。下册记载了19篇赫哲族伊玛堪民间故事,描述甚详,称其"像汉人的北方大鼓,南方苏滩……他们的说法和汉人的唱大鼓书一样,说了一段,唱了一段,而后再说。"接着他又补充说:"所讲的故事很长,一个故事常分做好几天讲……都是空口唱的,无乐器伴奏。他们的故事不是人人能讲,讲得最多的一个人亦只有五六个故事。"这些故事用赫哲语注音,保留了浓厚的赫哲族本土特色,并和邻族民间故事有了类比,属于民族学、比较语言学视野下的书写产品。

1933年5至8月,凌纯声、芮逸夫执行中央研究院社会科学研究所(后并入历史语言研究所)民族学组的计划,到湘西的凤凰、乾城、永绥三县,开展苗族田野调查,其最终成果为《湘西苗族调查报告》一书。② 1939年脱稿,1940年付排,但由于战争而未能出版。书中专列"故事",并分四类:第一类神话;第二类传说;第三类寓言;第四类趣

---

① 刘晔原:《20世纪传说故事研究》,见《现代学术史上的俗文学》,31页,武汉,湖北教育出版社,2004。

② 凌纯声、芮逸夫:《湘西苗族调查报告》,上海,商务印书馆,1947。

事，其中第三、第四类就是一般的民间故事。他们在记录这些故事时，严格地遵循着民族学、民俗学和语言学的规范要求，力求原貌。当然，为了阅读流畅，他们只在文字上略加修正，绝未改动原来的意义。这称得上是中国现代民间文艺学和民俗学建立以来的第一批民间故事的"科学版本"。

《龙州土语》① 是语言学大师李方桂先生早期的一本经典性壮语著作。此书分导论、故事与民歌、词汇三部分，其中壮族民间故事与民歌共有16段，壮语、汉语和英语互相对照，配上2000条壮语词汇，以图构拟出龙州壮语的音系。这一成果是运用民族语言书写民间故事的经典。

这一时期西南地区的民间故事采集活动，不能不提及一次举世闻名的远足。那是1937年秋，北京大学、清华大学、南开大学南迁至湖南成立长沙临时大学。1938年1月，长沙临时大学决定西迁昆明，成立西南联大。其中300多名有志于社会文化考察的师生组成"湘黔滇旅行团"，从长沙步行到昆明。一路上，他们采风问俗，收集了许多包括民间故事在内的民间口头文学。

西北解放区的故事学成就，突出体现在两个方面：一方面是一批文艺工作者深入农村收集民间故事。李季、贺敬之、马烽、康濯、董均伦、李束为、闻捷等在这方面都取得了成绩，先后出版了马烽编的《地主与长工》、张友编的《水推长城》、董均伦改编的《半弯镰刀》、康濯等编的《刨元宝》等民间故事集。② 据李束为回忆："那时晋绥文艺工作者深入到农村，在农村工作中，逐渐地接近了民间故事，采集与整理工作才认真地搞起来。在一九四五年以后，就接续的出版了《水推长城》《天下第一家》《地主与长工》三个民间故事集子。这三个集子中所包括的故事大部分是在当地采集的，一少部分是从其他报刊上选来的。当地采

---

① 李方桂：《龙州土语》，上海，商务印书馆，1940。
② 刘锡诚主编：《中国新文艺大系1937～1949民间文学集》"导言"，北京，中国文联出版公司，1996。

集的故事全部在《晋绥大众报》上发表过。"显然，这些革命作家收集民间故事不是为了学术，而是出于落实毛泽东《在延安文艺座谈会上的讲话》精神及革命教育的需要。因此，他们在发掘和整理民间故事时肯定是持政治立场的，但是，由于他们饱含政治热情和目的深入当地民间，收集和整理民间故事非常认真，并将民间故事文本广泛传播，达到了意义独特的故事学效果。

另一方面是对民间故事的利用和改造。当时影响最大的是将"白毛仙姑"的民间故事改编为后来家喻户晓的歌剧《白毛女》。起初，这则故事传到鲁迅艺术学院后，有人觉得这是一个没有意义的"神怪"故事，有人认为故事具有"破除迷信"的因素，也有人指出这是一个典型的"诱奸故事"。经过反复讨论，最后确立了"旧社会把人变成鬼，新社会把鬼变成人"这一迎合了当时政治风向的主题。"《白毛女》的故事彻底推翻了以往'诱奸故事程式'女主人公遭难、堕落、毁灭的悲剧性命运，而走上了一条阳光明媚的康庄大道——这是因为一种新的政治制度和社会变革给包括受压迫和受凌辱的妇女在内的所有贫苦人民带来的光明前途。"①"白毛仙姑"的民间故事转化为新歌剧《白毛女》，是在政治话语操控下的一个成功范例——民间故事成为红色经典。

在延安，有的作家运用民间故事的叙事方式进行小说创作，以赵树理的成就最大。他的《小二黑结婚》《李有才板话》《李家庄的变迁》等经典作品采取"我讲故事"的叙事策略，从而以或清晰或含蓄的暗示把读者置于一种"你听故事"的规定情境，同时也规定了自己在小说中的身份和位置——"说书人"。赵树理将民间故事"说"和"听"的口头传播方式根植于小说创作之中，造就了特殊政治语境中特殊的故事学范式。

这一时段的各大城市中，大概只有上海的民间故事出版和研究工作

---

① 刘慧英:《社会解放程式：对女性"自我"确立的回避——重谈〈白毛女〉及此类型的作品》，载《中国现代文学研究丛刊》，1989 (3)。

仍在持续。在20世纪二三十年代，上海的民俗学和民间文学曾盛行一时，到了四十年代，得到继续。1943年9月，由李白英、钱小伯发起，成立了中国民俗学社，并借助《学艺》版面，出版《民俗周刊》，共36期。

《民俗周刊》比较注重民间故事的发表，民间故事方面的稿件也相对较多，如第30期，登载的几乎都是民间故事。据钱小伯回忆：当时还出版了专门发表民间故事的刊物叫《七日谈》，每星期一辑，每辑刊登五到八篇民间故事，但只出了六七辑。因为当时的《民俗周刊》容纳不了民间故事的来稿，但民间故事又是广大读者所欢迎的，所以，想通过这样一个小刊物让民间故事得到传播。①

这一时期，民间故事学进入沉寂期的原因大致有两方面：一是处于战争期间，学者们难以潜心研究；二是在"发生期"从事民间故事调查和研究的学者大多已改弦易辙，另谋其他学术之业了。

3. 过渡期（1949—1976）

从1949年至1976年的27年，20世纪中国民间故事学步入了低迷时期。在此时期，尽管成立了中国民间文艺研究会，民间文学课程正式列入教育部学科目录，民间文学课程相继在一些综合性高等院校开设，收集整理和出版民间故事作品的热情持续未减，但是，由于受以阶级斗争为纲的政治思潮左右，民间故事政治思想教育的功能被无限放大，从而在某种程度上沦为阶级斗争的工具。

期间，现代民间故事学初始期引入和运用的西方故事理论和方法被斥为资产阶级的毒草，遭到完全排斥，"许多有特别价值的研究方法被冠以'资产阶级学术'打入冷宫，民间文艺学只剩下'阶级斗争'的主题和'阶级典型'的人物"②。苏联的学术理论取而代之。"问题在于我们对外来的东西缺乏分析，没有进行必要的区别对待。苏联从三十年代起，

---

① 参见王文宝：《中国民俗学史》，251页，成都，巴蜀书社，1995。

② 李稚田：《民间文艺学要有新世纪意识》，载《民间文化论坛》，2005（5）。

理论上的教条主义就已经表现出来，我们不但把它接纳过来，并且使它发展了……缺点、偏向是显然存在的。"① 在政治意识形态为先导的统辖之下，学者们主要关注政治思想意义明显的故事类型，并使之作为思想教育的活教材。有人曾总结了 1949 年至 1964 年民间故事作品发表的情况：据不完全统计，十五年来省市以上出版的民间故事集就有 500 多种。这些故事的题材，主要是反映古代农民起义和近代反帝反封建的革命斗争，歌颂革命领袖、人民军队和一切革命斗争。② 战争和革命斗争的硝烟在当时的民间故事中弥漫，革命英雄主义情结成为民间故事中的鲜明主题。

这些年也出版了几部故事方面的专著，《故事里面有哲学》③ 一书中共包含了 22 篇故事，有"雁还是雁""掩耳盗铃""郭氏种树""囫囵吞枣""唇亡齿寒""刻舟求剑"等。作者运用唯物辩证法分析这些寓言故事，以期说明和宣扬马克思主义的基本原理。这是当时学术界基本的学术路数。刘守华的故事学征程就起始于革命故事，1974 年他出版了学术专著《谈革命故事的写作》④，全书包括"革命故事的兴起及其战斗作用""革命故事的艺术形式""革命故事的人物形象""革命故事的情节结构""革命故事的语言""革命故事的编写"六个论题。可以说，"革命故事"成为那个时代最为耀眼的故事学语汇。当然，"革命故事"不仅以敌我斗争为内容，也包括劳动人民的生产和生活。对这类故事的研究主要采用马克思主义的历史唯物主义和辩证唯物主义的方法，最有成

---

① 钟敬文：《建立具有中国特点的民间文艺学》，载《民间文艺学参考资料》第一集（上，内部资料），92 页。
② 参见集成（王一奇）：《绚丽多彩的百花园——建国十五年来民间文学作品巡礼》，载《民间文学》，1964（5）。
③ 程力群：《故事里面有哲学》，石家庄，河北人民出版社，1958。
④ 刘守华：《谈革命故事的写作》，武汉，湖北人民出版社，1974。

绩的是段宝林对阿凡提的研究和汪玢玲对长白山人参故事的研究。①

民间故事包括生活故事、民间寓言、民间笑话、幻想故事、童话等多种形式，其中的民间笑话在这一期间得到学者们的重视，出现了一系列重要的学术成果。这是很有意味的民间故事学术现象。民间笑话通过辛辣的讽刺或机趣的调侃，一针见血地揭示生活中存在的各种矛盾现象，画龙点睛地凸显了民众的智慧和才干。民间笑话的叙事功能恰好迎合了以阶级斗争为纲和强化敌我矛盾的政治需求。

在中国故事学的发生期，民间笑话研究已经有了丰厚的积淀。20世纪20年代中叶，"徐文长故事""呆女婿故事"和"巧媳妇故事"成为人们话题。1928年赵景深发表了《中国的堂吉诃德先生》一文，专门讨论了中国呆女婿故事的结构形态和呆女婿形象的特征。1926年，钟敬文编辑的《民间趣事（第一集）》，于1926年由北新书局出版。1933年，周作人在北新书局出版《苦茶庵笑话集》，选冯梦龙《笑府》、陈皋谟《笑倒》、石成金《笑得好》三书中的笑话而成，选择的目的是出于理解古代民众生活和思想的需要，但是删了《笑府》中的荤类，美中不足。数年之后，赵景深撰写了《中国笑话提要》，对所辑录到的古代笑话书做了比较详细的介绍与评述。中华人民共和国成立以后，古代笑话的辑录工作仍在持续，以王利器成就最大。1956年，他编辑了《历代笑话集》②，收录了古代笑话书近70种，各有简单的版本考证和收录说明。书中前言有很高的学术价值，是一篇不可多得的古代笑话学术成果。

如果说发生期民间笑话的研究得益于徐文长的被发现，那么，过渡期的民间笑话研究的主要成果则在于阿凡提形象的塑造。新疆的阿凡提故事自20世纪50年代起开始被有组织地收集整理出版，但这些作品中

---

① 刘晔原：《20世纪传说故事研究》，见《现代学术史上的俗文学》，33页，武汉，湖北教育出版社，2004。

② 王利器：《历代笑话集》，上海，上海古典文学出版社，1956。该书"前言"又见《笑话研究资料选》，武昌，中国民间文艺研究会湖北分会编，1984。

阿凡提的形象大多被拔高，成为模式化了英雄典型。对其随即展开的专题研究也同样受到主流意识形态的影响。1956年《民间文学》1月号上发表了贾芝的《关于阿凡提的故事》一文，将阿凡提塑造为劳动人民智慧和勇敢的化身："……最聪明、机智和爱幻想的人；遇事最有办法，回答什么问题时能让对方理穷词绌，又非常逗乐。他为人正直，很有正义感，经常骑着一头毛驴在外面打抱不平，因为敢说话，敢于反抗统治阶级的压迫和剥削，受到群众的尊敬；而同时他又完全像一个老老实实的普通农民，过着勤劳贫苦的生活，性格淳朴善良，憨厚可爱，一句话，他是劳动人民中一个代表正义和富有智慧的典型人物。"① 《民间文学》1956年7月号刊登了袁忠岳的文章《关于阿凡提的傻行为》，认为应该正视阿凡提傻的一面，智慧和傻两者相合才构成了完整的阿凡提。这两篇文章的直接对话，引发了一场关于阿凡提形象本质问题的讨论。

另一话题的讨论则由段宝林发起。1962年1月4日，他在《北京日报》上发表了《阿凡提和他的兄弟们》，率先提出"阿凡提是否真有其人"这一问题。戈宝权在1963年1月号《民间文学》上发表长文《关于阿凡提和阿凡提故事》，详细梳理了阿凡提这个人物形象的演进脉络，对段宝林所提的问题做了回应。这一话题的讨论一直持续到80年代。以上关于阿凡提两个问题的讨论文章均被段宝林收入《笑之研究——阿凡提故事研究集》②。

这一期间有一部专著值得一提，就是日本学者直江广治的《中国民俗文化》。该书第一部分"民间传说"论及"田螺精""猴娃娘""狗耕田""神童诞生"和"过年的故事"等故事类型。作者沿袭了中国20世纪二三十年代故事学的路径，运用文化人类学和比较故事学方法，对这

---

① 贾芝：《关于阿凡提的故事》，见《笑之研究——阿凡提笑话评论集》，1页，乌鲁木齐，新疆人民出版社，1988。
② 段宝林编：《笑之研究——阿凡提笑话评论集》，乌鲁木齐，新疆人民出版社，1988。

几种故事类型做了十分精细的解读和分析，发掘出诸多故事背后的文化意蕴。譬如，在《神童出现的传说》一文中，作者论述道："这个故事里的神童，最初是以鸡蛋的形式出现的，这是特别值得注意的地方。……在中国古代，蛋被视为生命的原质，故有'宇宙混沌如鸡子（蛋）'之说。在中国生孩子也总是把红蛋分送给大家，说明了'蛋'与诞生的联系。"① 类似的阐释俯拾皆是。在中国故事学受所扰而发展的迟滞的情况形势下，国外学者的中国故事研究成果的确弥足珍贵。

这一时期民间故事的研究，时代特征极其显著，主要表现在如下方面。

一是伴随人民当家作主的喜悦和对"极左"思潮的迎合，学者们纷纷利用民间故事抒发对劳动人民的真切情感和对中华人民共和国的美好礼赞。于是，长工斗地主的故事，忆苦思甜的故事、近现代历次革命斗争的故事，歌颂劳动人民生活和智慧的故事等，成为当时民间故事学的宠儿。贾芝的《伟大的革命风格——谈毛泽东的革命故事和传说》②、冯贵民的《长工和地主故事的教育作用和艺术价值》③、吴开晋的《鼓舞人民教育人民的武器——读东北抗日联军故事》④ 等是这类学术成果的代表。"这一时期最时髦的题目莫过于'义和团的反帝斗争'故事和'长工斗地主'的故事，不仅在作品的发表方面有一定的优先权，而且专门为这样的题目召开各种研讨会。当时《民间文学》的编辑部曾有计划地与河北等地联合，对义和团反帝故事进行研究。但是由于极"左"思潮

---

① ［日］直江广治：《中国民俗文化》，上海，上海古籍出版社，1991。该专著1967年初版于日本。

② 贾芝：《伟大的革命风格——谈毛泽东的革命故事和传说》，载《民间文学》，1961（7）。

③ 冯贵民：《长工和地主故事的教育作用和艺术价值》，载《民间文学》，1965（4）。

④ 吴开晋：《鼓舞人民教育人民的武器——读东北抗日联军故事》，载《民间文学》，1965（5）。

的笼罩，以阶级斗争为主要思路，在学术上留下了明显的局限性，如在作品分析中着重分解其中进步的社会意义和审美意义，在主题研究上突显阶级斗争论和社会生活反映论。"① 为了达到民间故事政治化的目的，向民间故事中灌输阶级斗争的意识形态，把原先发生在家庭内部的一些矛盾事件改造为长工斗地主的故事，把传统的识宝故事转化为反帝斗争的故事。

二是在"全面收集，重点整理，大力推广，加强研究"的指导下，再一次掀起收集整理和出版民间故事的热潮。《民间文学》及云南的《山茶》、贵州的《南风》等其他文学刊物大量刊登民间故事，各种民间故事专集如同雨后春笋涌现出来。诸如《石门开》《玉仙园》（董均伦、江源编），《奴隶与龙女》《青蛙骑士》（萧崇素整理）《中国民间故事选》（两集）（贾芝、孙剑冰编），《白族民间故事传说集》（李星华记录整理），《大凉山彝族民间故事选》（四川民间文艺研究会编），《义和团的故事》（张士杰整理）、《泽玛姬》（陈石峻收集整理）等。针对民间故事收集整理和出版的喜人景象，有学者一针见血地指出了所存在的弊端："随着收集工作的开展，在部分收集工作者中间渐渐出现把民间文学作品的教育作用、欣赏价值和科学研究价值对立起来的倾向，于是有的在整理作品时拔高传统故事的思想，有的不作忠实记录，仅根据片断情节就加以发挥，从而在一定程度上混淆了民间作品的记录、整理和改编、再创作的界限，损害了民间故事可贵的科学价值。"②

三是"新故事"叙事形态的兴起。中华人民共和国成立，需要歌颂新时代、新社会、新生活，民间故事被推向了政治舞台。在 20 世纪 50 年代末，为配合社会主义教育运动，人们在政治集会和群体活动中纷纷讲述新故事。新故事是以革命斗争历史、英雄人物和当代社会主义建设

---

① 刘晔原：《20 世纪传说故事研究》，见《现代学术史上的俗文学》，35 页，武汉，湖北教育出版社，2004。

② 许钰：《中国近现代口承故事概观》，载《北京师范大学学报》，1992（5）。

的榜样为主题的"革命故事"。到 60 年代初，以上海为中心，在全国掀起了"大讲革命故事"的热潮。1963 年 12 月 28 日，《人民日报》登载《上海农村广泛开展讲革命故事活动》文章，指出上海的新故事活动始于 1958 年，进入 60 年代，声势逐渐浩大。《故事会》发表了《大力开展讲革命故事活动，占领社会主义思想阵地》一文①，高度赞美了广大群众讲述革命故事的喜人景象。1977 年，还出版了《怎样讲革命故事》②（《农村文化室》辅导丛书）专著，书中就革命故事如何选材、怎样讲好革命故事等问题做了专门辅导。

　　"文化大革命"期间，新故事也难免遭厄运。《故事会》曾一度被迫停刊，直到 1974 年 3 月，更名为《革命故事会》之后才得以恢复。在《革命故事会》创刊号上，发表了"致读者"，明确指出："革命故事是占领城乡思想文化阵地的锐利武器。为适应工厂、农村、部队、学校、街道正在蓬勃开展革命故事活动的需要，进一步繁荣和推动革命故事创作，我们决定不定期的出版《革命故事会》（丛刊）。"正当革命故事成为政治的喉舌而风起云涌的时候，以手抄本为呈现形式的另一类新故事悄然在"地下"流传，其中以《许世友三进故宫》《第十三张美人皮》《一只绣花鞋》《恐怖的脚步声》《绿色尸体》和《梅花党》最为有名。这些故事"在上海几乎每个工厂、每个学校、每个农场、每个集镇、每个街道都有人会说，听到的人那就更是无法计数了"③。以口头和书面相结合的形式在知识青年中广为传播，成为中国现代民间故事史上独特的故事品种。粉碎"四人帮"以后，这些故事才得以整理出版。对这类作品，高有鹏有过公允的评价："一方面它强烈地批判极'左'给我们中华民族所带来的灾难、危害、痛苦，另一方面又体现出对带有'左'的

---

　　① 顾根祥、乔琦：《大力开展讲革命故事活动，占领社会主义思想阵地》，载《故事会》，1964（8）。

　　② 区荣光编写：《怎样讲革命故事》，广州，广东人民出版社，1977。

　　③ 嘉禾：《历史虚无主义和当代怀疑倾向》，见《民间文艺集刊》第二集，234页，上海，上海文艺出版社，1982。

烙印的时代的认同、接受。……如在著名的公案故事中，像《梅花党》，就有丑化党和国家领袖的夫人为美蒋特务及美化造反派等现象。"①

四是故事学理论偏向民间故事的改编和再创作。在当时的故事学学者们看来，大部分民间故事类型都带有封建主义的毒素，不符合政治思想的要求，需要进行改造。为了制作更多的讲述新故事的脚本，一些人提出"改旧编新"论，认为民间故事包含有"四旧"思想，必须"编新"，方可为新时代服务。张弘写出了《黄泥岗群众自发改旧的调查报告》等一系列文章，研究如何对传统民间故事进行改编和再创作。

五是在50年代至60年代中期，少数民族民间故事收集活动非常活跃。调查沿着两条道路进行：以民间故事为主要目的和以少数民族社会形态、民族识别为目的。1958年，中共中央宣传部制订编写"三选一史"（少数民族民间故事选、少数民族民间叙事长诗选、少数民族民间歌谣选、少数民族文学史），一些省（市、区）成立了少数民族文学工作委员会，许多民间文学调查团深入村寨收集民间故事，诸多少数民族民间故事集面世。在调查少数民族社会历史过程中，一些民间故事也被作为辅助材料发掘出来。诸如《鄂温克族社会历史调查报告》《鄂温春族社会历史调查报告》，以及《赫哲族社会历史调查报告》等都收集了一些民间故事。或许是处于边缘地带，偏安一隅，民间故事的收集受政治的干扰相对较少，故事文本基本保留比较原始的本色。

六是民间文化精英参与故事学建设。民间精英最熟悉民间故事，他们对民间故事的生产和流传环节最有发言权。人民当家作主后，他们有机会充分施展自己的才能，加入故事学建设的行列。他们尽管没有学科背景，也没有经历系统学术训练，但他们的意见来自对故事生活的直接感悟，所发表的故事学论文极大地丰富了故事学的理论体系，也突显了故事学学科的特色。

---

① 高有鹏：《关于"文革"时期的民间文学问题》，载《河南大学学报》，1999（2）。

4. 发展期（1976—1999）

"改革开放"至 20 世纪末，20 世纪故事学进入第三个时期。

这个时期的前半段，最值得一提的是民间故事收集整理的全面展开。1979 年至 1989 年，上海文艺出版社出版了《中国少数民族民间文学丛书·故事大系》，按民族立卷，共 29 种。这些故事大都是首次发表，反映了"文化大革命"后中国民间文艺学界采录少数民族民间故事的主要成就。① 1984 年 5 月，文化部、国家民族事务委员会、中国民间文艺家协会联合向各省、市、自治区发出关于编辑《中国民间故事集成》《中国歌谣集成》《中国谚语集成》的通知，全国各县市都成立专门机构，培训骨干，派出专人，拨出专款，发动群众，用两年左右时间完成了普查、收集、整理和编辑任务，并面世了民间故事的县卷本、市卷本和省卷本。与此同时，以刊登民间故事为主的文学刊物大量涌现，其中有中国民间文艺家协会的《民间文学》及许多省民间文艺家协会的刊物，诸如上海的《采风》、浙江的《山海经》、山西的《山西民间文学》、贵州的《南风》、云南的《山茶》、吉林的《吉林民间故事》、河北的《民间故事选刊》等。一时间，民间故事纷纷从田野进入书面，浩如烟海，为新时期民间故事的研究奠定了坚实的基础。

随后，西方各种文学理论思潮大量涌入，令学者们应接不暇。就故事学而言，学者们关注的西方理论，包括 20 世纪二三十年代已经引入的和新引入的两部分，诸如十九世纪上半叶在德国形成的神话学派、以本菲为代表的传播学派、以摩尔根（L. H. Morgan）、泰勒（E. B. tylor）、安德鲁·兰（Andrew Lang）等人为代表的人类学派、20 世纪初产生的历史地理学派（亦称芬兰学派）等。故事学的研究者们已有意识地引入和运用西方一些研究理论和方法，但仍延续了此前"左"倾文艺思想，认为"资产阶级研究民间文学的派别虽然是形形色色的，但大多是建立在唯心

---

① 参见陈建宪：《中国民俗通志·民间文学志》（上），178 页，济南，山东教育出版社，2005。

主义之上的，它们的方法虽有不同，在许多基本点上，是互相吸收，互为补充，甚至是混合不清的"①。学者们主要对革命斗争故事感兴趣，并以阶级性立场解读这类民间故事。另外，学者们还没有完全建立故事学的学术自觉，没有脱离作家文艺理论的窠臼，故事的人物和思想艺术成为讨论的主要目标。

这一过渡时期民间故事研究的基本状态，主要体现于钟敬文先生主编的《民间文学概论》②第八章"民间故事"中。对此，董晓萍有过专门的讨论和评述，她说：

> 在《民间文学概论》中，在对民间叙事学的三个对象的介绍上，与神话和传说相比，故事的研究更为国际化。故事类型分析法还较早地成为西方学界的专业化研究方法，促使故事学的理论也得到较快地更新和发展，在学术成果上也显得更为成熟……《民间文学概论》编写之初，也正是我国实行解放思想政策的初期，这方面的反思和革新意识并存，编者对国外故事学的成果和影响也试图给予适当的介绍，对1949年以后已长期使用和经实践证明适用的苏联民间文艺学故事观中的合理成分也仍在沿用。③

到80年代中后期，钟敬文先生对民间故事学发展方向有了非常明确的阐述，而且这一阐述是建立在对民间故事类型索引或者说类型学反思的基础上的。他认为编制民间故事类型索引，只是故事学的一个侧面，或一个环节。"我们所理解和要求的故事学，主要是对故事这类特殊意识形态的一种研究。它首先把故事作为一定社会形态中的人们的精神产物

---

① 天鹰：《中国民间故事初探》，33页，上海，上海文艺出版社，1981。
② 钟敬文主编：《民间文学概论》，上海，上海文艺出版社，1980。
③ 董晓萍：《现代民间文艺学讲演录》，185—186页，桂林，广西师范大学出版社，2008。

看待。研究者联系着它产生和流传的社会生活、文化传承，对它的内容、表现技术以及演唱的人和情景等进行分析、论证，以达到阐明这种民众文艺的性质、特点、形态变化及社会功用等目的。"① 这段话对以往故事学形式主义的操作范式进行了反驳，将故事学引入生活意义的领域。其中语句中出现的一些关键词，诸如"意识形态""精神产物""表现技术""演唱的人""社会生活""情景""民众文艺"等已经触及现代故事学的所有前沿因素，包括表演理论在内。这段话堪称民间故事学概念的经典表述。

随着民间文学理论体系建构的多元化，人们开始运用多种方法从文化、心理的意义上探讨故事的内涵，有关民众思想方面的专题研究也多了起来。论文的题目如：××类型的心理分析研究、××故事的原型解读、××故事的民俗文化根基，等等，以故事类型为观照对象成为故事学的主潮，所有这些探索都昭示着一个极有前途的方向。② 另外，民间故事学本体论意识明显强化，民间故事是什么，人们讲故事的动机是什么，故事何以得到流传，这些故事学内部的学术问题逐渐成为讨论的焦点，于是形态结构学方法、叙事学方法、传播学方法、功能主义等得到广泛运用，尤其是民间故事体裁的叙事结构形态成为诸多学者的学术兴奋点。

从 80 年代中叶开始，刘守华的故事学研究爆发，1985 年出版的《中国民间童话概要》是我国第一部比较童话学专著，1988 年出版的《故事学纲要》则是我国第一部中国民间故事学专著。"刘先生此书虽以《故事学纲要》命名，可是，在学术容量上，却很丰富，提出了许多新问题，并加以解决。因此是一般纲要式的常见的学术专著难望其项脊的，

① 钟敬文：《中国民间故事类型索引》"序"，见［美］丁乃通：《中国民间故事类型索引》，北京，中国民间文艺出版社，1986。
② 参见周福岩：《民间故事的伦理思想研究：以耿村故事文本为对象》，238页，北京，中国社会科学出版社，2006。

即就书末所用'主要参考书'之多来看，也可见他用功之深。写作这样全面性，概括性的理论书，确是一种崭新的路子。"① 由于民俗学、民间文学触及领域极其广阔，导致学者们的研究方向难以专一，只能任其随波逐流。在学院派民间文学研究队伍中，只有刘守华一直固守故事学岗位，笔耕不息，而且心无旁骛。这委实是中国故事学的幸运！

漆凌云专门统计了1978年至2010年故事学论文数量，并分析了论文数量发生变化的原因："从1981年至1990年间，论文年均发表49.8篇，大大超越改革开放初期3年，属于民间故事论文发表的兴盛期。这10年间，许多高校纷纷开设民间文学课程，北京师范大学、北京大学、华中师范大学等高校和中国社会科学院等研究机构陆续开始招收民间文学方向的研究生，民间文学的二级学科地位得以确立，为故事学的人才培养和研究奠定了基础。随着民间文学三套集成在全国火热开展，《民间文学》《山茶》《南风》等以发表民间文学作品为主的杂志也刊登民间故事研究论文，民间故事研究呈现兴盛之势。1991—2000年，年均发表论文40.5篇，这段时间民间故事论文减少，与民间故事研究队伍不够稳定，不少学者研究转向民俗研究有很大关系。"②

20世纪90年代，中国故事学生产出了近十部高质量的故事学研究专著，诸如《故事学新论》③、《中日民间故事比较研究》④、《中国民间故事形态研究》⑤、《中国民间故事史》⑥、《口承故事论》⑦、《中国寓言

---

① 谭达先：《民间故事学园圃的一朵鲜花——喜读刘守华著〈故事学纲要〉》，载《民间文学论坛》，1992（5）。

② 漆凌云：《中国民间故事论文的文献计量分析（1978—2008年）》，载《民俗研究》2012（2）。

③ ［日］关敬吾：《故事学新论》，沈阳，辽宁大学出版社，1992。

④ 于长敏：《中日民间故事比较研究》，长春，吉林大学出版社，1996。

⑤ 李扬：《中国民间故事形态研究》，汕头，汕头大学出版社，1996。

⑥ 刘守华：《中国民间故事史》，武汉，湖北教育出版社，1999。

⑦ 许钰：《口承故事论》，北京，北京师范大学出版社，1999。

史》①、《中国民间故事类型》② 等。民间故事文本有一个成熟的过程，民间故事学也是如此。时代造就了学问，对于故事学而言，80 年代主要是在积累，满足于故事个案的分析和讨论，只有到了 20 世纪末，上述成果似乎才能被生产出来。这些成果都是系统工程的产物，都为故事学理论体系的建构提供了知识系统的支撑，其对 80 年代超越也是系统的，并且为新世纪故事学的进一步发展给予了系统保障。

（原载《西北民族研究》2011 年第 1 期）

---

① 吴秋林：《中国寓言史》，福州，福建教育出版社，1999。
② ［德］艾伯华：《中国民间故事类型》，北京，商务印书馆，1999。

20 世纪后半叶民间故事体裁学研究鸟瞰

在五四新文化运动的感召下，以启蒙教育为宗旨的民间故事学应运而生。初期的现代故事体裁学在三个方面取得了引人注目的成就：首先，建立了中国民间故事体裁学，明确了民间故事的内涵和外延，对民间故事体裁特征的认识达到相当的高度。其次，初步编制出民间故事分类体系。这一分类体系不同于"阿尔奈—汤普森体系"，具有中国特色。最后，受进化论影响，运用历史地理学派分析方法，深入讨论民间故事演进状态。这些研究涉及民间故事体裁学基本理论的各个方面。虽然有些讨论还比较浅显，也没有形成完全统一的观点，但给 20 世纪后半叶民间故事体裁学的研究工作奠定了坚实的理论和实践基础。

民间故事体裁学的研究贯穿整个现代故事学学术史，但由于受政治环境的严重影响，20世纪四十年代，这方面的成果几乎阙如。在这段时间，故事学研究处于停滞状态。1949 年，中华人民共和国成立以后，百废待兴。由于现代故事学的基础比较夯实，此后 50 年民间故事体裁学的研究硕果累累。

一、五六十年代：研究进入过渡期

20 世纪五六十年代，在以阶级和政治分析为主导的政治环境中，由于民间故事具有幻想性特征，民间故事体裁的正当性受到了一些质疑。在当时，出现了一场为民间故事"证名"的讨论。以此拉开了新中国民间故事研究的序幕。

毛星在《不要把幻想和现实混淆起来——试答关于几篇民间故事的疑问》① 中说："据我看来，对于民间故事的这些怀疑和意见，主要是集中在那些内容是幻想的一类故事的幻想上面。有的同志把幻想和现实混淆起来，或者用现实生活的角度去要求、测量幻想，而且是用对现代人的要求去要求、测量过去人的幻想。于是，问题便发生了。这里联系到文学和科学和政策的区别问题。"对于当时一些人把故事中的某些动物看作作恶的敌人，毛星认为，"不能给它们划阶级定成分，固定把它们看作是作恶的"。最后，毛星总结说："对于那些幻想的民间故事，我们应该去感受那些在故事中跃动的人民的思想和感情，而且是要把它当作人民的幻想看，而不要老老实实认真地去进行'科学'的考究。"参与这场讨论的还有张紫晨、蔚纲、张帆等人。②

另外，在同一时期，一些学者也发出了与以上浓厚政治色彩之讨论不同的声音。部分学者沿着早期学者的脚步，继续讨论民间故事和神话、传说的区别。"在一九五六年陈汝惠写的《民间童话与神话、传说的区别及其传统形象》一文里试图从人物、语言风格及它和儿童读者的关系

---

① 毛星：《不要把幻想和现实混淆起来——试答关于几篇民间故事的疑问》，载《民间文学》，1956（4）。

② 参见中国社会科学院文学所民间文学室、图资室、少数民族文学研究所编印：《中国民间文学论文索引（1949—1980）》（下），374—375 页，1981。

等方面指出它们的联系和区别，提出了一些可贵的见解。一九五九年出版的陈伯吹写的《儿童文学简论》，也对这三种体裁的特点和界限作了详尽的探讨。"① 但以上两篇文章主要是从儿童文学的角度进行的研究，而刘守华的《民间童话与神话、传说》② 则是从民间文学的角度，阐释了三种民间叙事文体形成的历史，从内容、主角的特征和叙述风格等诸方面探讨了这三者之间的区别。

对民间故事的属性和特征形成更确切地统一认识，是在"文化大革命"之后。教育部责成北京师范大学培养民间文学方面的师资，借此机会，培训班的师生共同编写了一部权威性教材——《民间文学概论》③。这本书对民间故事的定义、分类、特征、价值等都做了明确的界定和解释。有些观点时至今日仍然影响着我国的故事学。

二、80 年代：研究步入学术正轨

进入 20 世纪 80 年代，一批受过专业培训的民间文学研究者跃上学术的前台，民间故事本体论的研究工作终于步入了学术正轨。这时，出现了一批较有学术价值的论文，对民间故事的文本特征进行多重视角的理论对话。

同样是对民间故事体裁特征的把握，较之此前，其认识的角度和深度已不可同日而语。杨知勇的《民间故事大同小异的由来》④，归纳出五种民间故事大同小异的原因：一些民族的族源相同；经历过相同的历史发展阶段；基本相同的自然条件和社会现象引起大体相似的联想；各民族创作民间故事的惯用手法；"外界论"和各民族之间相互交流影响。

---

① 刘守华：《民间童话与神话、传说》，见《中国民间文学论文选（1949—1979）》（下），54 页，上海，上海文艺出版社，1980。

② 中国民间文艺研究会上海分会、上海文艺出版社编：《中国民间文学论文选（1949—1979）》（下），50—69 页，上海，上海文艺出版社，1980。

③ 钟敬文主编：《民间文学概论》，上海，上海文艺出版社，1980。

④ 杨知勇：《民间故事大同小异的由来》，载《民间文学》，1981（1）。

此文在研究我国民间故事的流传和变异方面，是一个很大的进步。涂石的《略谈民间故事的语言》① 总结了民间故事语言的五个特点：口语化；形象、生动、富有动作性；人物的语言和叙述人的语言个性化；要有音乐节奏感；要有民族特色。其他代表性的成果还有蒋成瑀的《情节的单纯和描写的详尽》②、锦贻的《民间故事的艺术特点》③、乌丙安的《不胫而走的路——谈故事的流传性》④、程蔷的《关于幻想性民间故事的人物类型》⑤、魏克信的《试谈民间故事语言的两种形式》⑥、郑硕人的《试谈民间故事的特殊性和复杂性》⑦、吴一虹的《我国民间故事的分类研究》⑧ 等。这些论文通过解读不断发掘和记录下来的故事文本，对故事体裁的认识更加全面，极大地丰富了民间故事体裁学的话题。较之现代故事学的初期，审视的角度更加张阔，呈现明显的从宏观向具体和深入的学术发展态势。

更令人欣喜的是，80 年代上半期，还面世了多部民间故事的理论专著。它们是台湾学者谭达先的《中国动物故事研究》⑨、《中国民间寓言研究》⑩ 和《中国民间童话研究》⑪，大陆学者天鹰的《中国民间故事初

---

① 涂石：《略谈民间故事的语言》，载《榕树文学丛刊》，1982（1）。

② 蒋成瑀：《情节的单纯和描写的详尽》，载《故事会》，1980（4）。

③ 锦贻：《民间故事的艺术特点》，载《内蒙古日报》，1980 - 10 - 12。

④ 乌丙安：《不胫而走的路——谈故事的流传性》，载《故事会》，1980（6）。

⑤ 程蔷：《关于幻想性民间故事的人物类型》，载《思想战线》，1982（6）。

⑥ 魏克信：《试谈民间故事语言的两种形式》，载《民间故事》，1983（10）。

⑦ 郑硕人：《试谈民间故事的特殊性和复杂性》，见《民间文艺集刊》第三集，上海，上海文艺出版社，1982。

⑧ 吴一虹：《我国民间故事的分类研究》，载《民间文学论坛》，1986（4）。

⑨ 谭达先：《中国动物故事研究》，台北，台湾商务印书馆，1988。但作者在封三上注明，本书第一次出版时间是 1981 年，地点是香港。

⑩ 谭达先：《中国民间寓言研究》，台北，木铎出版社，1984。但作者在封三上注明，本书第一次出版时间是 1981 年，地点是香港。

⑪ 谭达先：《中国民间童话研究》，台北，台湾商务印书馆，1988。但作者在封三上注明，本书第一次出版时间是 1981 年，地点是香港。

探》①、刘守华的《中国民间童话概说》②。谭达先的三本专著分别从题材特征、分类、主题思想、传统形象、艺术特点等方面对中国的动物故事、民间童话和寓言进行了理论阐释。《中国民间故事初探》一书，总论由四个专节组成，分别对民间故事的源流、特征、方法论和分类问题进行了阐述。尽管带有阶级分析的立场，但对西方一些故事学研究方法的评介和认识是比较中肯的，尤其指出了这些研究方法的致命弱点。《中国民间童话概说》则不仅讨论了这些基本问题，还对收集整理问题等做了较为系统的论述。虽然在今天看来，这些论述还比较浅显，但专著的出现，标志着我国民间故事研究迈出了整体理论建构的步伐。

50 年代至 80 年代初，虽然这些研究都冠以"民间故事"的称谓，也承认民间故事的口头性，但绝大多数学者所接受的学术训练是作家文学的文艺理论，几乎所有的理论话语都出自所谓的"文学概论"。因此，在其学术进程中，并没有从作家文学思路的窠臼中摆脱出来，仍然采用作家文学（或者称"书面文学"）的研究方法来研究民间故事③。"口头性"被理解为民间文学区别于作家文学的一个特性，而没有认识到口头语言所具有的基本的生活状态和生活属性。故而对民间故事体裁的把握没有完全到位。

80 年代中期以后，随着民间故事普查工作的不断深入，学者们越来越重视民间文学的口头特性和表演的性质，在研究上逐渐摆脱作家文学研究的思路，开始用形态结构学方法、叙事学方法、传播学方法等对民间故事体裁的内部结构进行考察。这方面的重要文章有靳玮的《对民间

---

① 天鹰：《中国民间故事初探》，上海，上海文艺出版社，1981。
② 刘守华：《中国民间童话概说》，成都，四川民族出版社，1985。
③ 我们看到，还有少数文章强调了民间故事与作家文学的区别，如郑硕人的《试谈民间故事的特殊性和复杂性》，就明确说："劳动人民口头创作的民间故事，与作家个人的书面散文创作相比较，有许多明显的不同。"

故事三种定式结构的考察》①和《民间故事的叙事结构》②、周隆渊的《论民间故事情节组合的"三段式"》③、刘守华的《民间故事的叙事艺术》④。这数篇论文对民间故事的叙述情节进行了分解，梳理出推动故事向前发展的核心成分，进而厘清民间故事体裁的结构规律。另外，摆脱了"纯文学"的观念之后，学者们开始回到重视民间故事体裁文化含量的研究思路上。运用民俗学、文化人类学方法解读民间故事文本，探讨民间故事所蕴含的民众情感及历史文化内涵，以及故事体裁所释放出的文化讯息。主要论文有陈建宪的《民间故事与宗教文化》⑤、宋孟寅的《民间故事的语言风格与科学价值》⑥、王宵兵和张铭远合著的《脱衣主题与成年礼仪》⑦和《民间故事中的考验主题与成年意识》⑧等。这种研究带有交叉学科的性质，将民间故事置于相关仪式活动中加以理解，可以让民间故事中一些深层的文化积淀浮现出来。

文艺学研究在20世纪80年代曾流行一时，直到现在仍然有学者采用这种方法研究故事。这种研究方法，主要是从文艺学的角度，关注故事的体裁特征，或者揭示民间故事的思想、艺术特色。主要论文有黄书光的《人变动物故事的社会意义和艺术特征》⑨、朱宜初的《论阿凡提故

---

① 靳玮：《对民间故事三种定式结构的考察》，载《民间文学论坛》，1987（3）。

② 靳玮：《民间故事的叙事结构》，载《民间文学论坛》，1988（3）。

③ 周隆渊：《论民间故事情节组合的"三段式"》，载《民族文学研究》，1988（2）。

④ 刘守华：《民间故事的叙事艺术》，载《民间文学论坛》，1988（3）。

⑤ 陈建宪：《民间故事与宗教文化》，载《民间文艺季刊》，1988（4）。

⑥ 宋孟寅：《民间故事的语言风格与科学价值》，载《河北学刊》，1988（6）。

⑦ 王宵兵、张铭远：《脱衣主题与成年礼仪》，载《民间文学论坛》，1989（2）。

⑧ 王宵兵、张铭远：《民间故事中的考验主题与成年意识》，载《民族文学研究》，1989（3）。

⑨ 黄书光：《人变动物故事的社会意义和艺术特征》，载《广西民族学院院报》，1984（4）。

事的思想艺术特色》①、姜典凯的《民间故事中的小农意识》②、马成俊的《浅探瓜女婿故事》③、雍桂英的《回族民间故事中的宗教色彩》④、何红一的《从幻想故事看各族劳动人民的幸福观》⑤、于乃昌的《洛巴族民间故事的审美效应与审美构成》⑥、百万柱的《论〈巴拉根仓的故事〉及其艺术特色》⑦、周爱明的《论狐妻故事中的传统文化精神》⑧ 等。民间故事作为一种文学形态，探讨其本体特征，运用文艺学方法是必要的途径之一。

20 世纪六七十年代，兴起了一种新的故事体裁，即新故事。当时，受"文化大革命"等政治因素的影响和新生活的感染，民众纷纷运用传统故事体裁的形式评论时势和歌颂新人新事。从新故事的思想内容看，主要集中于四个方面：一是批评人民内部不良现象的笑话；二是反映劳动人民道德观念的故事；三是娱乐性很强的故事；四是歌颂老一辈无产阶级革命家的革命业绩的故事。⑨ 80 年代初，出现了一批讨论新故事属性的文章，这一讨论贯穿了整个 80 年代。《民间文学》还召开了"新传

---

① 朱宜初：《论阿凡提故事的思想艺术特色》，载《思想战线》，1985（3）。

② 姜典凯：《民间故事中的小农意识》，载《民间文学》，1987（2）。

③ 马成俊：《浅探瓜女婿故事》，载《青海民族学院学报》，1987（1）。

④ 雍桂英：《回族民间故事中的宗教色彩》，载《青海民族学院学报》，1987（2）。

⑤ 何红一：《从幻想故事看各族劳动人民的幸福观》，载《中南民族学院学报》，1987（4）。

⑥ 于乃昌：《洛巴族民间故事的审美效应与审美构成》，载《民族文学研究》，1988（2）。

⑦ 百万柱：《论〈巴拉根仓的故事〉及其艺术特色》，载《内蒙古民族师院学报》，1989（3）。

⑧ 周爱明：《论狐妻故事中的传统文化精神》，载《民间文学论坛》，1989（4）。

⑨ 参见何承伟：《应该明确新故事的属性》，见《民间文艺集刊》第四集，上海，上海文艺出版社，1983。

说、新故事学术研讨会"①，一时间，民间文学界掀起了一个讨论新故事热潮。这方面的优秀文章有：秦耕的《试论新故事》②、饶明华的《试论新故事的民间文学性》③、任嘉禾的《都市口头文学的崛起》④、潜明兹的《新故事的属性》⑤、李金生的《新故事创作应吸取传统民间故事中"奇"的表现手法》⑥、老彭的《我看新故事的争论》⑦、朱吉成的《关于新故事的思考》⑧ 等。其中，《都市口头文学的崛起》一文首次运用了"都市口头文学"的概念，将民间故事的"民间"从乡村易迁至都市，关注到知识青年成为新故事传播主体这一民间文学活动的新现象。这一现象有别于传统故事一般由年长者讲述，由于年轻一代构成了新故事的群体，故事的风格颇具时代特性。正如魏同贤在《清除新故事领域的极左污秽》一文中所说：新故事是以坚定的立场、正确的观点、鲜明的态度，对现实生活中的一切表达人民群众的看法和态度，既具有强烈的人民性，又具有鲜明的党性。新故事的流行是当代民间生活现象，对新故事的讨论说明学者们关注民间故事的当代叙述，并试图将富有时代气息的故事讲述纳入民间故事学的范畴之中。但讨论的焦点在于新故事的文本特征及民间性，而忽视了故事新体裁是如何被制作和如何进行传播的，

---

① 参见可弓：《本刊召开新传说、新故事学术研讨会》，载《民间文学》，1988（1）。

② 秦耕：《试论新故事》，见《民间文艺集刊》第三集，上海，上海文艺出版社，1982。

③ 饶明华：《试论新故事的民间文学性》，载《上海师范学院学报》，1982（2）。

④ 任嘉禾：《都市口头文学的崛起》，见《民间文艺集刊》第三集，上海，上海文艺出版社，1982。

⑤ 潜明兹：《新故事的属性》，见《民间文艺集刊》第四集，上海，上海文艺出版社，1983。

⑥ 李金生：《新故事创作应吸取传统民间故事中"奇"的表现手法》，见《民间文艺集刊》第四集，上海，上海文艺出版社，1983。

⑦ 老彭：《我看新故事的争论》，载《民间文学》，1988（1）。

⑧ 朱吉成：《关于新故事的思考》，载《民间文学》，1988（1）。

以及故事讲述活动与政治生活的互动关系等根本问题。

这一时期民间故事体裁理论方面最大的成果，是刘守华的《故事学纲要》①。这本书是作为大学本科民间文艺学方面的故事学选修课教材编写和出版的，是我国民间故事学的第一本概论性专著，标志着我国民间故事体裁学臻于成熟。该书分为十章：第一章"民间故事的范围和分类"属于体裁总论，作者明确指出，对于"民间故事"，"在民间文艺学中使用这一概念，还是以狭义更为准确"。② 这和本文对民间故事的认定是一致的。第二、三、四、五章，分别对民间故事体裁的不同门类，即民间童话、生活故事、民间寓言和民间笑话做了专题论述。第六章论述了民间故事的功能。第七章，民间故事的类同与变异。第八章，民间故事的叙事艺术。第九章，从传统故事到新故事。第十章，民间故事的采录。十章的内容呈现了民间故事体裁学的知识形态，作者首次真正以故事学的学术姿态阐释故事体裁的知识分布和知识构成。单从该书的构架上看，就可以得出这样的结论：作者在吸取民间故事研究新成果的基础上，已经构造出一个完备的民间故事体裁学体系。

三、90 年代：研究深入系统

20 世纪 90 年代的故事体裁学主要是 80 年代末的延伸，但研究更为深入和系统。尤其是对民间故事体裁结构形态特征的研究，提升到一个新的学术境界。

在故事学理论方面，主要以许钰和刘魁立为代表。建立和完善民间故事的分类体系一直是民间故事体裁学的核心内容。刘魁立热衷于中国民间故事分类体系的建立，为此做了大量的工作。中国故事学研究要建立自己的研究平台，突出民族性，必须建设一个具有中国特色的分类系统，以便于面对和利用浩如烟海的民间故事资料。基于此，刘魁立在

---

① 刘守华：《故事学纲要》，武汉，华中师范大学出版社，1988。
② 参见刘守华：《故事学纲要》，6 页，武汉，华中师范大学出版社，1988。

《关于中国民间故事研究》① 一文中再次提出编纂具有中国特色的类型索引之必要，"编纂亚洲有关民族的比较索引"尤其必要与适时。有的学者的确提出了中国特色的民间故事类型划分方式，老彭在《论机智人物的玩世态度和滑稽形象》一文中说，学界所划分的机智人物故事、长工故事、巧女故事和民间笑话之间，往往重叠交叉，边界难以明晰。他主张按故事主人公的性格特征分类，兼顾结构特征。② 可惜这一提议至今未有学者尝试。

编制民间故事类型索引，并非只是为了提供研究的工具书，便于查阅故事类型的出处，也不仅仅为故事研究确立明确的对象范围；更为重要的是，强化了民间故事学家们对民间故事体裁特征的认识。一种类型由诸多民间故事文本组成，民间故事的文本都是复数，民间故事文本是无数文本中的一个文本。民间故事的文本之间不断转移、渗透、自相矛盾，甚至颠覆。文本的这种"复数"的特点取消了一切中心和同一，有的只是各种相互关联的文本在流转、扩散、变换和增值。这应该说是20世纪90年代关于民间故事体裁特征的最富有学术意义的活动。

90年代民间故事体裁学研究另一方面的重要成绩，是基本厘清了故事类型与异文的关系。在构建中国民间故事类型学的过程中，学者们注重厘清类型与异文的关系，并且已经有了比较清晰的理解。其实，两者互为指称，类型由数量不等的异文构成，没有异文也就无所谓类型。只不过异文关乎文本之间的联系，而类型则是一个文本群的概念。一种类型被给予了一个特定的指称。类型是就其相互类同或近似而又定型化的主干情节而言，至于那些在枝叶、细节和语言上有所差异的不同文本则称之为"异文"。

《中国民间文学大辞典》对"异文"一词做了解释：由于民间文学

<hr />

① 刘魁立：《关于中国民间故事研究》，载《北京师范大学学报》，1994（6）。
② 参见老彭：《论机智人物的玩世态度和滑稽形象》，载《中国民间文化》，1992（2）。

自身存在的口头性和变动性特点，同一作品流传于不同的国家、民族、地区，会产生这样或那样的变化，形成差异，从而导致一个作品同时以几种不同的形态存在。它们互有差异，各自相对独立，却又是同一作品，因而称之"异文"。① 在1991年，中国民间文学集成总编委会印发了《中国民间故事集成编选工作会议纪要》，从集成作品选取的角度，对"异文"也做出了明确解释：

> 异文是指主题和基本情节相同的同一个故事，在细节上有不同的说法，或不同讲述者的讲述。在一个故事的若干异文中一般选取思想艺术水平最高的一篇作为正文排印，其他各篇中如有水平与正文不相上下，也比较重要而且在某些方面较有特色者，可以作为异文排列在正文之后。
>
> 这里要严格掌握方法，必须是同一故事的不同讲法才能作为异文处理；作品关联的对象物（地方风物、地方特产等）相同而故事情节要素根本不同，不属于异文范围。

研究民间故事的学者都能意识到收集、记录和整理故事异文对类型学研究的重要性，刘魁立在讲到编制亚洲有关民族民间故事的类型索引时说："我们对一个民族的某一民间故事的异文把握得越全面，对这些异文所反映的民族传统体会越深刻，我们在一个民族、一个国家的范围内所概括出来的类型也就越全面、越完整、越体现出它的'独立性'，越有其科学的生命力。"②

许钰在故事学理论方面的建树最为丰厚。他的著作《口承故事论》③

---

① 参见姜彬主编：《中国民间文学大辞典》，上海，上海文艺出版社，1992。
② 见刘魁立：《关于中国民间故事研究》一文，系作者提交1994年3月召开的"亚洲民间叙事文学学会第一届国际学术研讨会"的论文。
③ 许钰：《口承故事论》，北京，北京师范大学出版社，1999。

是一本论文集，收录了 32 篇论文，根据研究对象分为 5 个部分：体裁论、流传演变论、讲述论、采录论和研究史论，几乎囊括了故事学的所有理论问题。许钰在"前言"中说："体裁论"部分各篇文章，"就是关于这方面的一些基本知识和理论。这部分内容，力求从整体上有益于读者对口承故事特点的把握。""本书大多数内容，是关于口承故事本身的，属于本体论性质的研究。"许钰长期从事民间故事的研究，该著作是其对口承故事体裁长期思考的结晶，要全面而深入地理解民间故事的体裁特征，此著作不可不读。

民间故事的内容是通俗的，叙述的结构形式则相当深奥。在 20 世纪 90 年代，一些学者撇开故事文本"叙述了什么"，而专注于解决"如何叙述"的问题，即各种叙述元素是如何装置成一个完整话语体的。这类论文借助当代叙事学的某些理论范式，观照传统民间故事体裁是如何叙事的，大大提升了民间故事体裁学的学术水准和学科对话能力。

民间故事体裁叙事学的研究，其目的主要是探索民间故事体裁的叙事规律。到了 90 年代，我国民间文学学者开始尝试运用普洛普的理论来研究中国的民间故事，李扬的专著《中国民间故事形态研究》[①] 就是一次较为成功的尝试。"它直接运用普氏的《故事形态学》理论探讨中国民间故事的形态结构。它也是新时期以来我国第一部较详细介绍普洛普生平和著述的论著。"[②] 李扬依据普洛普的《民间故事形态学》理论方法，考察从 1931 年至 1986 年期间出版的中国民间故事记录文本中的 50则故事，为每个故事进行"形式提纯"，提供了"功能图式"。这部专著出版以后，更多的学者开始运用这一理论研究中国民间故事了。

民间故事体裁学研究从 20 世纪 90 年代延续到 21 世纪，由于思想更加开放、田野调查的深入和更多外国理论的输入，21 世纪的故事体裁本体理论研究，仿佛是万花筒，呈现出令人意想不到的多姿多彩。形态方

---

① 李扬：《中国民间故事形态研究》，汕头，汕头大学出版社，1996。
② 耿海英：《新时期普洛普的故事学在中国的接受与研究》，载《广州大学学报》，2006（2）。

面的研究有日本学者西村真志叶的《日常叙事的体裁研究——以京西燕家台村的"拉家"为个案》① 等；叙事学方面的研究有周新的《民间故事的叙事方式与语言策略》②，董乃斌、程蔷的《民间叙事论纲》（上、下）③ 等；思想内容方面的研究有周福岩的《民间故事与意识形态建构——对民间故事观念研究的思考》④、张冠华的《扭曲的观念与心态——重新认识中国民间故事的负面价值》⑤ 和《中国民间故事：没有法律观念的艺术世界——中国民间故事的深层结构研究》⑥；传播学方面的研究有王红的《变异的本土化：民间故事跨民族传播研究》⑦；类型学方面的研究有刘守华的《关于民间故事类型学的一些思考》⑧ 等等。这些论文不再热衷于故事体裁特征的论述，而是倾注了明确的方法论意识和问题意识，将民间故事世界袒露于多学科的视野之中，把民间故事体裁学提升到更高层次。

（原载《民俗典籍文字研究》第五辑，北京，商务印书馆，2008，与李琼合作）

---

① ［日］西村真志叶：《日常叙事的体裁研究——以京西燕家台村的"拉家"为个案》，博士学位论文，北京师范大学，2007。

② 周新：《民间故事的叙事方式与语言策略》，载《佳木斯大学社会科学学报》，2000（1）。

③ 董乃航、程蔷：《民间叙事论纲》（上、下），载《湛江海洋大学学报》，2003（2）、2003（5）。

④ 周福岩：《民间故事与意识形态建构——对民间故事观念研究的思考》，载《西北民族研究》，2006（1）。

⑤ 张冠华：《扭曲的观念与心态——重新认识中国民间故事的负面价值》，载《文学评论》，2006（2）。

⑥ 张冠华：《中国民间故事：没有法律观念的艺术世界——中国民间故事的深层结构研究》，载《黄河科技大学学报》，2006（3）。

⑦ 王红：《变异的本土化：民间故事跨民族传播研究》，载《宁夏社会科学》，2006（5）。

⑧ 刘守华：《关于民间故事类型学的一些思考》，载《民族文学研究》，2004（3）。

民间叙事文本

20世纪中国故事学的不足与出路

从研究的对象和方法两方面看，中国故事学都到了非"改革开放"不可的地步，再延续20世纪的路径，只能是苟延残喘。按理，"中国民间故事三套集成"工程结束后，涌现出大量的故事村、故事家及浩如烟海的民间故事文本，为故事学研究提供了前所未有的环境和条件，然而，由于缺乏研究的新视野，新涌现出来的中国故事学成果与以往相比，只是换汤不换药，没有多少新意。当务之急，是必须面对民间故事的生存现状，还原民间故事的生活形态，中国故事学才能焕然一新。

一、20世纪故事学短板

纵观20世纪故事学学术史，明显呈现出以下发展态势及短板。这些短板贯穿故事学学术的始终，极大地阻碍了中国故事学的发展进程。然而，对这些显而易见的短板，故事学家们则视若无睹，不以为然。

短板之一是线条比较明快、单纯。在每一个阶段，学者们讨论的焦点比较集中，研究兴趣和学术指向基本集中于对故事文本类型的关注。短板之二是研究范式表现为顽固的延续性，故事学初期所应用的故事学研究套路和分析方法，到 20 世纪末仍十分流行。每一种研究方法都得到了学者们耐心地深化和拓展。然而，中国现代故事学这种执着的学术继承性和惯制性，极大地阻碍求异创新的学术诉求，缺少活力，多少给人一种沉闷、单调的感觉。短板之三是故事学本体论意识薄弱，学术追求不是完整地把握民间故事体裁，建立故事学理论体系及方法论层面的重构，而是热衷于解读故事文本，属于罗兰·巴特所定义的"评注类型学"。这种"评注"式批判在钟敬文先生着力示范的指引下，一直延续下来，并且发扬光大。它直接来自中国古典小说的"评点"式批评，多义性、非完整性和随意性是其内在特质。短板之四是故事学家们一律放弃了对故事学基本词语概念的梳理，故事学内在的发展道路及其核心内涵未能得到一种应有的呈现，即民间故事学术的独立自主性没有得到强调，民间故事成为学者们把玩与分析的对象，只是将其纳入几种既定的他者的话语体系中，而其自身独特的学术话语一直没能得到真正地表达，其自身的精神世界和生活意义未能得到深度阐释。这也是故事学家们津津乐道于故事形态学、母题（主题）学、比较故事学等，而冷落了麦克斯·吕蒂和瓦尔特·本雅明的原因。短板之五是中国民间故事学一直是技术之学和分析之学，不是感受之学和生活之学。未能理解民间故事在生活中的本质意义，未能从生命哲学的维度思考"我们的生活为什么不能缺少故事"这样一个基本命题。民间故事的生活意义在故事学初始阶段成为中心议题，此后便一直被搁置，很少有人展开专题研究。民间故事蕴含着中国民众的一切生活观念，诸如家庭观、爱情观、教育观、生命观等，尽管中国民间故事不拥有欧美民间故事中纯粹超脱的美感，却特别强调欧美民间故事所淡化的人的最为本质的品格的建构与张扬。如果不在民间故事的生活和精神魅力研究方面凸显中国特色，建立中国故事学诗学，中国故事学就不可能获得真正的历史超越。在 20 世纪 20 年代，有人质疑民间童话在儿童成长过程中的作用，认为向儿童灌输不切实际的幻想对儿童的身心健康有害。时间过了整整 90 年，学者王富仁的话引起了我们对童话世界的深思。他说："如果我们真切实在地想一想，在人类社会上，还有什么能够制约成人欲望的恶性发展呢？如果你不是一个宗教家，不是一个宿命论者，不是一个认为科学万能、知识万能的科学主义者，你就必须承认，恰恰由于一代代的儿童不是在成人实利主义的精神基础上进入成人社会的，而是带着对人生、对世界美丽的幻想走入世界的，才使成人社会不会完全堕落下去。"①

中国民间故事学的领域还有待进一步开拓。民间故事研究基于对民间故事的解读，而民间故事学史的书写则依赖于故事学成果。事实上，有些重要的领域还是空白，一些民间故事现象没有得到应有的关注，突出的有三个方面。一是民间讲故事的艺术一直被排斥在故事学之外，反而是其他学科学者的一些言论给了我们诸多启示。诸如，"'讲故事'是'叙事'这种文化活动的一个核心功能，是一个区域最普通的讲述行为，几乎所有的内容都可以进入故事之中。叙述与故事乃一体两面的共在关系，故事是叙述所述之事，而叙述则是说故事。"② 民间故事的魅力何在？为什么源远流长？因为讲故事的人不是社会学家和心理学家，民间故事不掺杂心理分析，也没有其他学者式的解释，只是融合了讲故事的人自己的生活经验和想象力，为"纯净"的叙事。"讲故事的艺术越是排除了分析与解释，就越能够持久地留在听众的记忆里，故事就越能彻

---

① 王富仁：《呼唤儿童文学——王泉根先生〈现代中国儿童文学主潮〉序》，见《现代中国儿童文学主潮》，重庆，重庆出版社，2000。

② ［英］尼古拉斯·布宁、余纪元编著：《西方哲学英汉对照辞典》"叙述"词项，北京，人民出版社，2001。

底地融入听众自己的经验中，就越想把它转述给别人。"①这些话语都不是出自中国故事学学者之口。中国故事学学者偏好民间故事主要是因为民间故事可以用来做学问。而构建中国民间故事叙事学，才能真正把故事学学问做出来。

二是民间故事的改写或再创作的环节被忽视。安徒生、格林兄弟的早期创作正是源于对民间故事的改写或重写，经过他们改写或重写的民间故事成为世界经典，对欧洲民间文化精髓的传递起到不可替代的作用。在中国，民间故事作为叙事资源被反复运用和再创作的事例也屡见不鲜。近些年，在广大儿童读者群中影响极大的《中国童话》② 就是一个典型的范例。作者将一些家喻户晓的民间故事演绎为适合儿童阅读的小说，对故事发展的环境、气氛、结构、细节进行了大胆补充和扩展，使故事的人物性格更加丰满，故事的诗意也大大增加，更加引人入胜。③ 20 世纪后半叶以来，对传统民间故事进行再创作成为一种十分普遍的民间文化现象，这一民间故事发展的新动向倒是得到了日本学者加藤千代的高度重视，她说："正如我们在运用语言时不能任意改变单词和语法，但却可以灵活地运用语法，从而创造出不同于他人的风格一样，新故事在创作时，是运用了传统故事固有的情节或母题，而变换其原有的组合结构形成新作品的。因此，要分析故事作者的作用，就必须具体分析作者的再创造，也就是情节和母题的重新组合问题。当我们看到一种十分精彩的组合时，不要单纯归功于故事作者个人的 '创作'，同时应当视为当

① 耿占春：《叙事美学：探索一种百科全书式的美学》，24 页，郑州，郑州大学出版社，2002。

② 黄蓓佳：《中国童话》，南京，江苏少年儿童出版社，2004。

③ 参见谭旭东：《重绘中国儿童文学地图》，143 页，西安，西北大学出版社，2006。

代口头文学的新发展而给予积极的评价。"① 另外，在一个特定区域内，一个故事并不专属于某种民间艺术形式，各种民间艺术形式可能表演同一个民间故事。因此，故事是超越民间体裁的，成为其他民间叙事体裁的源泉。各种民间艺术形式在同一空间里可能建构同一故事的共同体。典型的有前面提到的"白毛仙女"故事改编为歌剧《白毛女》的成功个案。

所有这些对传统民间故事的改编行为是民间故事现代性的标志，是民间故事传统再生产的积极意向，也反映了传统民间故事在当下社会的生存趋势。传统民间故事再创作潮流在当前故事学界并未得到应有重视，而在德国、美国及日本等国，早已成为现代民间文学研究的热门。民间故事研究者应该鼓起勇气，大胆介入这一领域。作家文学批评之所以一直处于创新的状态，主要是因为作家文学创作在不断更新。而民间故事文本似乎是一成不变的，面对同样一个文本，要生发出不同的研究花样委实不易。因此，将传统民间故事的改编和再创造纳入故事学视野，是促进故事学焕发当代意义和生命活力的有力举措。

三是民间故事作为一个品种众多的文体，其研究的状况极不平衡，生活故事和幻想故事得到高度关注，民间故事学的研究范式主要围绕这两种故事文类展开，而童话、寓言、民间笑话等的研究则没有步入故事学的现代学术语境，研究套路与其他形式的书面文学如出一辙。在现代故事学初期，童话热闹了一阵之后便寂寞无声。不仅专篇研究笑话的论文及专著屈指可数，而且学术范式单一。早年有周作人的《苦茶庵笑话选·序》②、赵景深的《中国笑话提要》③，中华人民共和国成立以后至

---

① ［日］加藤千代：《新故事与当代传说——试论故事作者的功能》，见《中国俗文学七十年——"纪念北京大学〈歌谣〉周刊创刊七十年暨俗文学学术研讨会"文集》，246 页，北京，北京大学出版社，1994。

② 周作人：《苦茶庵笑话选·序》，天马书局，1934。

③ 赵景深：《中国笑话提要》，见《小说戏剧新考》，世界书局，1939。

改革开放之前，有罗永麟的《谈中国民间笑话在美学上的意义及其他》①、日本学者清水荣吉的《中国笑话研究》②、谭达先的《汉民族民间笑话简论》③、陈戈华的《论笑话艺术》④ 等，进入 20 世纪 80 年代以后，有王捷等的《中国先秦笑话研究》⑤、段宝林的《民间笑话美学意义的新探索——阿凡提研究之一》⑥；另外还有两部专著，即余德泉的《笑话里外观》⑦ 和段宝林的《笑话——人间的喜剧艺术》⑧。关于笑话美学特征和审美情趣的探讨成为其唯一亮点。

自 1902 年林纾翻译《伊索寓言》之后，中国现代故事学便有了第一种故事文体的正式名称"寓言"。1930 年胡怀琛的《中国寓言研究》⑨专著出版，即奠定了此后中国寓言研究的基本基调："史"的梳理与哲理分析。代表性的著述有陈蒲清的《中国古代寓言史》⑩、公木的《先秦寓言概论》⑪、刘城淮的《探骊得珠——先秦寓言通论》⑫、凝溪的《中国寓言文学史》⑬、顾建华的《寓言：哲理的诗篇》⑭，等等。这些专著

---

① 罗永麟：《谈中国民间笑话在美学上的意义及其他》，见《民间文艺集刊》第三集，上海，上海文艺出版社，1955。

② 清水荣吉：《中国笑话研究》，载《天理学报（日本奈良县天理大学人文学报）》，1960（34）。

③ 谭达先：《汉民族民间笑话简论》，见《民间文学散论》，广州，广东人民出版社，1959。

④ 陈戈华：《论笑话艺术》，载《边疆文艺》，四月号，1962。

⑤ 王捷等：《中国先秦笑话研究》，载《民间文学论坛》，1984（1）。

⑥ 段宝林：《民间笑话美学意义的新探索——阿凡提研究之一》，见《民间文艺集刊》第二集，上海，上海文艺出版社，1982。

⑦ 余德泉：《笑话里外观》，成都，四川人民出版社，1988。

⑧ 段宝林：《笑话——人间的喜剧艺术》，北京，北京大学出版社，1991。

⑨ 胡怀琛：《中国寓言研究》，北京，商务印书馆，1930。

⑩ 陈蒲清：《中国古代寓言史》，长沙，湖南教育出版社，1983。

⑪ 公木：《先秦寓言概论》，济南，齐鲁书社 1984。

⑫ 刘城淮：《探骊得珠：先秦寓言通论》，西安，陕西人民教育出版社，1992。

⑬ 凝溪：《中国寓言文学史》，昆明，云南人民出版社，1992。

⑭ 顾建华：《寓言：哲理的诗篇》，北京，北京大学出版社，1994。

都是从寓言文学角度写的，重点在作家作品的分析介绍，很少从民间文学角度专门论述民间寓言。谭达先的《中国民间寓言研究》是专门论述中国民间寓言的，但其内容仍然是对寓言作品、传统形象和艺术特点的思想、艺术分析，理论创新不多。

童话、寓言、民间笑话皆为民间故事中的"大宗"，其研究范式陈旧，成果大都滞留于"基础层面"，直接制约了中国民间故事学的发展。中国民间故事是一块儿极为肥沃的学术土壤，但在许多领域并未得到具有开拓性的耕耘。

在整个 20 世纪，中国民间故事学是一部建构和确立的历史，除了个别学者运用巴赫金理论，颂扬了民间故事讲述的狂欢魅力之外，几乎听不到反思与批判的声音。本来，民间故事鲜活、个别、具体、生动及生活化和地域性等特征，正好可以迎合现代与后现代学术范式的转换，然而，民间故事研究者们对后现代主义思潮置若罔闻，成为在中国嘉年华展演中的看客，始终难以突破传统研究范式的积层。对已有的民间故事研究范式，几乎没有人进行过整体反思，完全失去了学术研究所应有的批判精神。总体而言，20 世纪民间故事学的理论基础并不深厚，这大大影响到 21 世纪故事学的发展。

二、故事学新视野

20 世纪的故事学有着不可磨灭的功绩，但也成为 21 世纪故事学发展的窠臼。应该说，传统的故事学范式已经成为老套，21 世纪的故事学显然需要跳出 20 世纪的框框，才能掀开崭新的一页。在 20 世纪故事学的体系中，民间故事就等于民间故事文本，这完全是基于"文学"的理解。即便关注了讲述人和语境，那也是以讲述的故事文本为出发点的。在以往的故事学研究中，故事文本始终主宰着研究的导向，目的在于使故事文本可以得到更好的阅读和理解。

1. 正视传统故事的变化

继续囿于以往的研究范式显然要陷入窘困，因为民间故事本身在发生变化。如今，在都市里发现传统民间故事是极其困难的，传统的民间故事经典作品在教科书里才能找到。为学者津津乐道的民间故事或因地方及村落色彩太浓的缘故，在都市里没有生存的基础。这种民间故事知识状况与后工业社会信息技术时代有着内在的关联，尤其是互联网媒介技术的急剧扩张，各种数字化了的民间故事通过信息共享的网络资源，以各式各样的方式和渠道，组合衍生，蔓延异文，彻底解构了民间故事地域性讲述模式。如果不对以往研究范式进行解构颠覆，21 世纪的中国民间故事学势必被吞没在现代民间故事内爆的汪洋大海之中。

在非物质文化遗产保护口号的笼罩之下，有学者提出了民间故事生态保护，认为给民间故事传承人和故事村命名的做法是行之有效的生态保护。"首先要在物质生活上给予必要的保障，使其能有较好的条件投入故事传承。但不能以此为满足，还要特别注意按照民间文化生态要求，使他们能在适宜的环境中开讲故事、传承故事。"① 民间故事生态保护实在是学者的一厢情愿，因为民间故事的演述活动正在发生巨大变化，以著名的故事村伍家沟为例，"社会价值观念的转变使伍家沟故事村由繁荣走向衰落。现代化的迅速发展和强劲渗透使伍家沟村自发的故事讲述活动受到了毁灭性的打击，故事讲述传统的'断裂'已经成为一个不争的事实"②。传统民间故事讲述活动的衰落成为极为普遍的现象，也是极为正常的趋势，试图动用政府或学者的力量加以挽救，是徒劳的。正如芬兰学者劳里·航柯所言："把活生生的民间文学保持在它的某一自然状态使之不发生变化的企图从一开始便注定要失败。"③

既然民间故事正在发生剧烈变化，故事学研究的方向必然要做出调整或改变。就传统民间故事的生存现状而言，急需加以抢救。依据劳

---

① 刘守华：《故事村与民间故事保护》，载《民间文化论坛》，2006（5）。
② 周春：《村落讲述传统与社会变迁》，载《民间文化论坛》，2006（2）。
③ ［芬］劳里·航柯：《民间文学的保护》，见《中芬民间文学收集保管学术研讨会文集》，23 页，北京，中国民间文艺出版社，1988。

里·航柯所提供的芬兰经验，主要是通过录音、录像，把民间故事制作成文件由档案馆、博物馆妥善保存，保持其真实面貌，便于广泛使用。可即便是这样一种极为重要的基础性工作，我国故事学界都没有真正展开。可以想象，如果我们的博物馆保存了大量完整的民间故事演述的现场资料，我们就可以身临其境，直接面对声音和画面经营 21 世纪的故事学了。

2. 构建声音故事学

运用口头语言是民间故事生活属性最重要的范式，口头语言即生活语言，亦即说话。理解和研究民间故事，关键是理解和研究各地民间故事的话语形式。没有声音，真正的故事就不存在。民间故事实际上就是口头故事，引起我们兴趣的不是"故事"，而是"口头"。民间故事的呈现方式是"发音"，而不是别的。确立了民间故事的生活属性，就给我们研究民间故事提出了理想的目标。这就是摒弃记录文本而直接对处于"声音"和演说状态的民间故事进行研究。美国民族志诗学的主要代表人物邓尼斯·泰得洛克（Dennes Tedlock）曾调查了祖尼印第安人的口传诗歌，描述当地诗歌演唱的"声音"状态，如音调、旋律、停顿、音量、节奏等等，面对的是"声音"，记录下来的也是"声音"，而不是以往被切割了的"内容"。他的这种研究被称为"声音的再发现"。

在"听"和"说"的情境中考察民间故事是可能的，这对研究者提出了更高的知识和能力的要求，最主要的是应熟悉当地的方言和文化传统。我们呼唤这种生活状态的民间故事研究成果的诞生，它们可能要全面颠覆现有故事学的理论方法和观点。

3. 表演理论的困境

世纪之交，西方"表演理论"传入中国，中国故事学似乎要掀开新的一页。民间故事"作为表演的口头艺术"的观点令人耳目一新，"表演理论"强调，在考察故事文本与表演之间的联系时，不能将两者割裂开来，即分别对待。否则，"表演只能作为分析文本时的背景，从某种意义上来说，还只是被作为附带性的东西来看待的。如果文本就只是文本，演出的状况，或社会、文化脉络就只是作为文本的脉络来加以并列地记述的话，那么，即使记述的范围扩大了，也谈不上是什么方法论上的革新了"①。表演理论的一个重要贡献是将上面三种因素看成一个整体，不是以文本为中心，或者说其他因素不只是文本产生的情境或解释的上下文，而是各种因素呈现为"互为话语"（interdiscourse）的关系。

表演理论的确为中国故事学研究提供了一个全新的立场、视角以及比较明确的奋斗目标和学术行为规程。在故事学界，表演理论已成为人人都在叫喊的极为响亮的口号。但给中国故事学带来变化的仅仅是美好的思路及愿望而已，结果只能是望梅止渴，少有人能将之真正付诸故事学学术实践，而在表演理论操作范式下的民间故事田野作业的成果更是阙如。表演理论未能给中国故事学注入新的生机，原因在于表演理论的操作规程过于烦琐，因而"使故事分析几乎无法操作并有陷于琐细短视的危险"②。另一更为本质的不足，是表演理论仍把民间故事定位在"艺术"视域，"这种艺术方面的侧重自然使表演理论的研究框架对民俗的艺术性格格外强调，即所谓'艺术性的交流'，但也就可能忽视了某一文化其他方面的知识，如政治、经济、社会组织等等，而这些方面其实恰恰是特定情境中的'艺术性交流'的深层基础"③。如此看来，表演理论的"表演"概念同"故事"这一称谓一样会遮蔽我们的视线，其审美特质本身并未从根本上颠覆以往故事学的理论模式。

4. 重新理解民间故事

当故事学家们在访谈故事讲述家、考察故事村、探究故事存在的社会环境、追寻故事产生的原因和过程、揭示故事的现实功能的时候，便

---

① ［日］井口淳子：《中国北方农村的口传文化——说唱的书、文本、表演》，114 页，厦门，厦门大学出版社，2003。

② 周福岩：《表演理论与民间故事研究》，载《鞍山师范学院学报》，2001（1）。

③ 彭牧：《实践、文化政治学与美国民俗学的表演理论》，载《民间文化论坛》，2005（5）。

以为自己已经站在了故事学的前沿，认为故事学的意义就在于故事本身。其实，故事存在于故事的讲述之中，只有关注了故事的讲述者、听众、现场及在场人参与享用的过程，才能理解故事讲述的情感、气氛、价值、态度、愿望和需求，真正领悟民间故事的魅力。当我们把民间故事文本从讲述中脱离出来，它就只是被解读的对象，而失去了"感受"的可能性。

其实，民间故事是"面对面的叙述"和多人参与的共同叙述，是一种出于愉快的交流活动，是人自愿的一种文化行为，一种生活经历。"故事"只是交流的内容或者话题，这种交流与其他形式交流的根本区别在于它是"故事性"的。所谓的故事文本并不重要，它们仅仅是这一交流活动的附属品，或者说是让交流活动持续下去的话语。给在场者带来身心愉悦的并非"故事"，而是"故事性"的交流活动。民间故事并非是一个早已存在的文本，或者可以认定故事文本并不存在，存在的只是一个"生成过程"。即便我们承认故事文本的存在，那也是在场者们共同制作出来的产品，产品结果主要取决于制造的过程，而非我们以前以为的所谓"口头传统"。"民间故事"这一称谓一直让故事学陷入严重的误区，即将民间故事作为文学作品抑或文学活动进行处理。如果民间故事置换为"故事生活"，故事学就可以顺理成章地挣脱既有的学术羁绊，以一种全新的视角考察民间叙事行为。

5."行为视角"的故事学

1969 年，《美国民俗学刊》上发表了一篇开创性论文《迈向对叙事事件的理解》，文中，美国著名学者罗伯特·乔治斯"批判了先前研究的两种假设，一种假设认为'故事是历史遗存的，抑或是传统的语言统一体'，另一种假设认为'通过对故事文本的搜集和研究才能揭示这一统一体的含义和意义'。同时他提出了动态的研究方案，也就是将叙事本身历史性地看作是交流事件和生活经历，其中身份认同和参与者的互动形成了叙事的过程。此外，不仅是语言，连非语言和超越语言的渠道例如手势、面部表情、音调和语调也能传达信息，这些方式对于信息的产生和意义的阐发至关重要"①。这番话为故事学研究重开了一扇天窗。

从"行为视角"进入民间故事，就可以放弃以往民间故事研究的"文学"乃至固有的"民俗学"范式。21 世纪的民间故事学应该转向讨论这种行为的形成、方式、具体状态、在场者身体语汇的表达以及这种活动的生活意义，讨论这种面对面叙述的各种可能性、叙述人身份的确立、叙事的行为。所有参与者都会与民间故事固有的知识、信息、技艺等形成互动。那么在这一过程中，这些人是以怎样的愉悦心态参与互动的，以什么样的互动方式参与故事的制作的？当然还有叙述的竞争意识，因为"故事作为一种显示身份的话语，它的表述形态取决于讲述人在社会空间中位置。而传承的历程也隐含着在村落中为确立身份而竞争的真实轨迹"②。再就是参与者的角色分配。"参与者会从多种可能的选择中设想出特定的社会身份，叙事者和听众有明确的角色划分并配对出现，才使叙事事件有可能产生。"而且社会身份可能被带进叙事场域，影响叙事者和听众对叙事的选择，故事题材起初往往是由在场者的社会身份决定的，而随着讲述行为的展开，社会身份会被叙事事件本身所掩盖。"那些成为叙事者和听众的人都还具有其他的社会身份，这些可能会被带到故事活动中（比如，一个女人——作为一位母亲——给一个女孩讲故事——女孩是她的女儿）；虽然其他的身份和角色起初非常重要，但在叙事事件的过程中叙事者和听众的身份逐渐居于主导地位。"③ 在叙事行为的语境中，民间故事文本的意识形态完全可以被漠视，政治道德教化也可以被搁置，而身体、声音、场景、行为、对话、互动、叙述技艺及民间社会等成为关注的焦点。即便是讨论故事讲述的功能，也应该置于特定

---

① ［美］迈克尔·欧文·琼斯：《手工艺·历史·文化·行为：我们应该怎样研究民间艺术和技术》，载《民间文化论坛》，2005（5）。

② 祝秀丽：《民间故事讲述人传承个性的研究——以辽宁故事家李占春为例》，《民间叙事的多样性》，309 页，北京，学苑出版社，2006。

③ ［美］迈克尔·欧文·琼斯：《手工艺·历史·文化·行为：我们应该怎样研究民间艺术和技术》，载《民间文化论坛》，2005（5）。

场景中的交流和互动。因为功能并非是现成的，也不是一成不变的。如此，民间故事学便可以摆脱民间文学的既定模式，冲破 20 世纪故事学的樊篱，以更为开阔的视野迈向一片崭新的学术天地，真正完成自己的使命。

6. 关注故事文本的制造过程

中国故事学的一个辉煌成就是生产出卷帙浩繁的民间故事文本，人们总是对其津津乐道，然而还有一笔同样十分宝贵的财富，就是生产这些故事文本的过程和记忆。对"中国民间故事三套集成"，"不能一味揭露它有什么不足，不能反复衡量它的科学性或可行度到底有多高，否则，就可能成为'文献考据'。它是在一种'情境'（context）下产生的，可以讨论它如何被'制造'，在什么'规范'下被'制造'，如何被操弄，又是如何被'使用'的，努力发掘其背后的东西。'集成'的工作已接近尾声，其制造过程和使用过程是非常有意思的现象，值得深入研究"①。另外，制作民间故事文本是一个庞大的群体，这些临时组合起来的制造群体，是通过何种方式凝聚在一起的；他们之间构成了一种层级关系，这一层级关系对故事文本的制造产生了何种影响；他们当中相当一部分是地方文化精英，在制作民间故事文本的前前后后，他们的政治和文化地位有哪些变化；作为当事人和参与者，他们是如何理解这段近 20 年的文化经历的。当然，还有许多值得思考以及有助于故事学发展的问题，这一系列问题是以往故事学难以遭遇的，也是具有中国特色的故事学问题；这些问题的考察与解答显然比发掘和阐释一个又一个的故事类型更具时代意义。考察民间故事文本的制造过程，既可以基于历史文化的视角，也可以进入政治、伦理、文化权威、地方利益以及行政体制等社会语境当中，使得中国民间故事学有了些文化社会学的意味。

---

① 万建中：《民间文学引论》，40 页，北京，北京大学出版社，2006。

三、故事学学者任重道远

笔者曾在一部民间文学教材中说过这样的话："'文学理论'不能涵盖民间文学，解决了什么是文学的问题，并不能解决什么是民间文学的问题。事实上，'文学理论'很少也无力顾及民间文学。譬如，苏珊·朗格和伊瑟力的接受美学、英伽登的读者反应批评、伽达默尔的阐释学等理论，强调文学接受者的主体地位，但他们的立场指向文本阅读的读者，民间口头文学的接受主体却在其关注之外"①。民间故事作为文学的一个种类，一直被文学史完全误读和遮蔽。数千种各类文学史中（除民间文学史），几乎没有民间故事的任何位置，甚至没有出现过"民间故事"这个专用名词。民间故事研究也一直被学术界冷待，民间故事研究者难以在学术界立足，更遑论平等对话。民间故事学研究大家刘守华只能是孤独求败。民间文学包括民间故事，是一套不同于作家文学的话语体系，其理论书写只能依赖民间文学的研究者。而民间文学理论批评队伍的构成相对单一，主要出自科研院所和高校，且人数寥寥。在如此逼仄的学术空间和不良的条件下，现代民间故事学仍然取得了令人瞩目的成绩，建立了自己独特的研究范式，这是值得自我欣赏的。

既然我们的生活中不能缺少故事，既然讲故事的民间活动还会一直持续下去，既然讲故事的形式更加丰富多彩，那么民间故事学就需要不断地理论建设和创新，努力克服上面所讨论到的不足。故事学学者们任重道远。

（原载《山东社会科学》2011 年第 11 期）

---

① 万建中：《民间文学引论》，25 页，北京，北京大学出版社，2006。

史诗："起源"的叙事及其社会功能

　　史诗，是集歌唱和叙事于一身的最宏大的文学，也是至今仍在口头演唱的最古老的文学。人类最本原的问题，民族中最重要的历史事件，祖祖辈辈最不能忘却的记忆，都包含在史诗演唱的歌词里面。史诗是人类文化体系中最耀眼的两个字。

　　在人类的早期阶段，一般的民众可以说都是诗人，文学本身也还不具备后来那种美学意义上的含义，而只是人们群体思维的一种特殊的表现形式而已。马克思在谈到史诗存在的历史条件时指出："就某些艺术形式，例如史诗来说，甚至谁都承认：当艺术生产一旦作为艺术生产出现，它们就再不能以那种在世界上划时代的、古典的形式创造出来；因此，在艺术本身的领域内，某些有重大意义的艺术形式只有在艺术发展的不发达阶段上才是可能的。"① 恩格斯也说过:"……荷马的史诗以及全部神话——这就是希腊人由野蛮时代带入文明时代的主要遗产。"马克思和恩格斯在这里明确指出了史诗的不可复制和不可超越性,但两位伟人并没有具体解释史诗何以不可复制与不可超越。尽管后世仍在不断地制造与史诗相关的内容,诸如对世界本原问题的追寻、族源问题的考辨以及各种考古发掘等,但这些"最新"的学术成果再也难以进入史诗的话语体系中。史诗的不可复制和不可超越集中表现在以下三个方面。

一、民族最为宏大的叙事

史诗的篇幅和容量是其他叙事体裁无可比拟的,营造了一种最为开阔的叙事话语。史诗是古代人类的特殊的知识总汇,这是史诗区别于其他艺术形式的显著特点。史诗有外层结构和内层结构,外层结构是史诗赖以生存的环境,包括一个民族的地理环境、经济状况和社会形态,以及语言和各种民间文化传统。这是史诗透露出来的外层的知识信息。内层结构指史诗文本本身的结构。史诗文本的容量巨大,从人类起源到创世,从早期生活到农耕,从迁徙到民族形成等人类社会最基本的"历史"尽在其中。史诗作为一个民族的"根谱",成了一种特殊的知识总汇,被奉为经典。

史诗在叙述事件的同时,包容了一个民族的生活信息和文化信息,汇聚着大量的氏族社会生活的真实图景,诸如议事、选举、征战、赛马、比箭、摔跤、选妃、抢婚以及服饰、饮食、丧葬、祭典等,从中我们可以找到古代历史、地理、军事、医学、天文、早期手工业、萌芽状态的农业,以及早期的体育、音乐等珍贵资料。史诗涉及古代所有的知识体系,几乎所有的学科都可以从史诗中找到自己的源泉。所以,史诗把人

---

① 马克思:《〈政治经济学批判〉导言》,见《马克思恩格斯选集》第二卷,28页,北京,人民出版社,1995。

类的早期所有的经验化为叙述话语，把最丰富的生活世界化为一个个经典符号。史诗是历史，是珍贵的文化遗产，也是古代民众早期生活的百科全书（encyclopedic forms）。①

史诗博大的内容要求其形式也是百科全书式的，内容和形式互相张阔着其自身的容量。在体式上，结合散文体作品的叙事传统和韵文体作品的抒情与格律，构成宏大的综合性叙事形式。这种形式是建立在已有神话、传说等散文体文学体裁，以及已有祭词、祝词、赞词、歌谣、谚语等韵文体裁基础上的。"它是创世神话、编年史、列王记、圣徒传、神谱和家族谱系、箴言、律法、哀歌、颂诗、情歌、民间传说、宗教寓言、虚构故事、书信、预言、随感录、启示录和神学论文的汇编。它体现着一种百科全书式的写作方式，是世界上可能有的最自由、最多样的写作形式的混杂。更不用说，这些百科全书不仅仅是一些知识体系，而是一种或各种信仰体系。"②没有哪种文体能够像史诗一样，包容一个民族几乎所有的表现形式。"把神话、历史、传说、民歌合编在一起的百科全书型的作品，虽然故事是虚构型的，但对它们的收集和编排无疑都是主题型的。古冰岛的散文体《埃达》把诗体《老埃达》的片段的抒情短歌的主题组织到一个联系紧密的叙事系列中。西藏的《莲花生大师传》《格萨尔王》、印度的两部史诗《摩可婆罗多》《罗摩衍那》都在若干个世纪中不断地扩展着。"③ 一部史诗是属于一个或数个民族的，在史诗还没有成为"定本"之前，世世代代的族民不断追加史诗的内容和形式，使之愈来愈像百科全书。这种百科全书式叙述模式又坚固着以民族为单位的文化共同体。"处在这个文化共同体内的人们的生活，与这部百科全书之间是一种互文性关系。"

---

① 参见李惠芳：《中国民间文学》，191 页，武汉，武汉大学出版社，1996。
② 耿占春：《叙事美学：探索一种百科全书式的美学》，64—65 页，郑州，郑州大学出版社，2002。
③ 同上书，65 页。

二、构建祖先的谱系

史诗是"神话思维"的产物，别林斯基说，谁"要是认为古代史诗在我们现代是可能产生的，那荒谬的程度就跟认为我们现代人类能由成年再变为儿童一样"①。既然如此，史诗为何又能得到不断的传唱呢？

一个族群绵绵不断的叙事素材，无一例外都是关于起源的故事。在追溯人类社会或某一个族群历史起源的时候，也同时把世俗权威和世俗权力诞生的基础追溯到创世和初始时期，把某个统治集团或家族世系追溯到上界，把家族的谱系追溯到诸神的谱系。史诗、神话和传说是这类历史叙事的主要类型。彝族史诗《勒俄特依》的标题意为"历史书"。米歇尔·福柯把历史话语理解为"口述或书写的仪式，它必须在现实中为权力做辩护并巩固这个权力"，从第一个罗马编年史家直至19世纪甚至以后的历史，其传统功能就是"讲述权力的权利"并为它们涂上绚丽的光彩。创世史诗、英雄史诗还有迁徙史诗这类种族的历史话语，一方面，通过讲述掌权者的胜利的历史，以便在这种表现之中把掌权者和权力合法地联系起来；另一方面，它也利用光荣、典范和功勋达到使人慑服的效果。米歇尔·福柯写道："法律的桎梏和光荣的闪耀，我觉得正是通过这两个方面历史话语的目标，对准的就是巩固权力这个效果。作为仪式，作为加冕礼，作为葬礼，作为庆典，作为传奇叙事的历史是权力的操纵者和巩固者。"② 在福柯看来，历史话语具有一种谱系学的任务：它必须讲述王国的古老、伟大的祖先、奠基帝国或王朝英雄的丰功伟绩。

而且，这种似乎很遥远的叙事，却将每个时代联系在一起，法国后现代学术大师弗朗索瓦·利奥塔在谈到这种"叙述的语用学礼仪"时写道："一个把叙事作为关键能力形式的集体不需要回忆自己的过去。它不

---

① 《别林斯基论文学》，195页，上海，新文艺出版社，1958。
② ［法］米歇尔·福柯：《必须保卫社会》，60页，上海，上海人民出版社，1999。

仅可以在叙事的意义中找到自己的社会关系，而且也可以在叙述行为中找到自己的社会关系。叙事的内容似乎属于过去，但事实上和这个行为永远是同时的。正是现在的行为一次次地展开这种在'我曾听过'和'你将听到'之间延伸的短暂的时间性。"①的确，后世的人们在不断演唱和倾听史诗，并且将"遥远"的祖先谱系拉近至现在，念念不忘本民族的祖先及祖先的历史。史诗歌手的魅力在于将过去与现在连接，通过聆听故事，人们知道了现在的生活是对过去的延续，更加理解当下生活的意义和合理性。法国著名藏学家石泰安（R. A. Stein）在《西藏史诗和游吟诗人的研究》一书中，强调史诗演唱者是当地传统文化和历史的保护者，是一个民族或族群记忆的保持者。因为史诗属于"过去"或历史，是对过去记忆的意识的母体。他们神圣的责任和目的就是让传下来的意识母体再传下去。

三、权力话语的合法性

当然，谱系学的任务并不只是对它追忆，演唱艺人所讲述的宇宙起源论或一个家族下界到大地上的故事本身并不是目的，以想象的方式叙述的故事，也可以伴以把神话改造成仪轨，在节日或其他隆重的时刻上演，但并非是为了娱乐的目的。重要的是为了使他们来担保延续至今的权力合法性，而且使平常的平庸无奇甚至已经腐朽无比的权力享受者，成为某种既英雄伟大而又无比正义的事业。历史的这个权力的谱系学"必须抬高以前所有的国王和君主的身价"，以便给权力的平庸继任者涂上光辉的油彩。"伴随着对古人的追索，日复一日的年鉴，流传着的典范汇编，仍然是而且永远是权力的表现，它不仅仅是一种形象，而且是刺激人的一套程序。历史，就是权力的话语，义务的话语，通过它，权力使人服从；它还是光辉的话语，通过它，权力蛊惑人，使人恐惧和固化。

---

① ［法］朗索瓦·利奥塔：《后现代性与公正游戏》，168 页，上海，上海人民出版社，1997。

简言之，通过束缚和固化，权力成为秩序的奠基者和保护人……"① 史诗的情节发展脉络是从族群的诞生和起源到历史的延续，叙事不只是或主要不是叙述原初的开创或创世行为，而是阐述历史的合理性和当今权力归属的合法性。

大部分史诗现在仍在口头流传，这是一个极其漫长的传唱过程。时代传唱史诗的目的，并非只是单纯地记忆所谓的历史，实际包含两个具体的又相互联系的社会功能：其一，国际著名史诗理论家劳里·航柯从文化功能的角度阐述了史诗的一般性质，认为史诗是表达认同的故事，正是由于有了这样的功能，它才作为文化群体自我辨识的寄托而成为超级叙事。② 其二，"无论这种讲述神话的或讲故事的方式中包含了怎样的虚构，它毕竟从混沌中建立了最初的人类社会的秩序。它不应当仅仅被理解为一种纯粹的意识形态的欺诈。在这些神话和史诗中，人们理解权威、神灵、人类社会秩序和宇宙秩序的方式毕竟是一致的。这些史诗与神话也是人们力图理解自己生存于其中的世界的一种方式，力图为部族的历史给出一种意义和一种神圣性的努力。当然，这种叙事成为神权政治的合法性的一个主要来源，已是一种历史事实。任何神权统治都要通过对神圣起源的追溯即通过神话叙事和史诗叙述使其现在的权威具有合法性。他们也通过把神话故事仪式化而强化故事神秘的威慑力量，以增加其魔力。无论在这些故事叙述还是在仪轨化的叙事中，'起源'都是一直持续到现在的"③。史诗与其后产生的各种体裁的不同之处，在于史诗是神圣的，正是这种神圣，恰恰可以为当代社会所利用。在认同民族共同祖先的精神需求中，人们的血亲意识得到了又一次坚固。

---

① ［法］米歇尔·福柯：《必须保卫社会》，60—62 页，上海，上海人民出版社，1999。

② ［芬兰］劳里·航柯、孟慧英：《史诗与认同表达》，载《民族文学研究》，2001（2）。

③ 耿占春：《叙事美学：探索一种百科全书式的美学》，185 页，郑州，郑州大学出版社，2002。

民族—国家的认同需要建构神圣的历史，史诗是满足此种建构最好的体裁文本，也就是说史诗是这一历史的合适样式。有了共同的历史，才有认同的基础，进而保障权威的合法性。从另一个方面理解这两段话，也可以解释为何史诗演唱的是神话。

（原载《江西社会科学》2006 年第 5 期）

民间传说的虚构与真实

我们谈论的历史是需要通过与历史有关的话语才能获得的，也就是说任何事件都需要用语言描述。否则，历史的信息就无从表述，也不能获得。历史的遗迹只有进入某种话题才能变成历史的知识。我们已经很难把历史事实和叙述这一事实的语言分开。历史话语是历史学家对所掌握的历史资料的阐释。美国历史学家海登·怀特（Hayden White）在《"描绘逝去时代的性质"：文学理论与历史写作》一文中说："历史话语所产生的是对历史学家掌握的任何关于过去的资料和源于过去的知识的种种阐释。这种阐释可以采取若干形式，从简单的编年史回史实目录直到高度抽象的'历史哲学'。"也可以说，传说也是一种历史话语，是一个特定的群体对所记忆的历史事实的阐释。只不过传说的制造者们并不是历史学家。在这一层面上，才有可能深入探讨传说与历史的关系。当然，

传说毕竟不是历史，传说在不断远离事实，而历史却需要得到不断的
"真实"。

一、传说离不开历史

传说的创作是以特定的历史事件、特定的历史人物或特定的地方事
物为依据的，有些传说往往离开了一般的历史人物或事物，故不能称之
为传说，只能说是民间故事。但是无论如何，传说是口头的文学作品，
它绝对不是历史事实的照抄。有一部分传说，原来可能是有那一度发生
过的事的。但是这种传说，到底是少数，而且在传述过程中，它也不断
受到琢磨、装点，换句话说，受到艺术加工。它跟原来的事实已经不完
全一样了。从这种意义上说，传说大都跟神话和民间故事一样，是一种
虚构性的作品，并不是一种真实的历史事实。它跟那些历史书上记载的
事件显然是有区别的。① 那些原来根据特定的历史事实进行的创作，经
过流传，也往往在传述中受到群众不断的加工、润色，已经不可能是事
实的原貌了。虽然，这样的传说比起神话、民间故事来，历史事实的影
子更明显些，它对于我们认识历史也更有作用些；但是，传说不是历史。
传说是形象思维的，所以它有肉有血、有声有色、形象生动，它往往有
主观的幻想、虚构；而历史却是逻辑思维的，它必须是客观的叙述，它
不允许幻想和虚构，也不主张删减或增添。传说是记忆的叙述，是基于
历史的创作，是不断虚构的过程；而历史却是不断真实的过程，是社会
科学。

顾颉刚先生以孟姜女传说为个案，阐释了传说与历史的联系与区别。
孟姜女传说是中国四大民间传说之一，是讲孟姜女丈夫万喜良被抓去修
长城，她千里寻夫，却无法找到，于是号啕大哭，哭倒了长城的一个角，
或者有的说哭倒了一片长城，露出了她丈夫的尸骨。顾颉刚通过这样一

---

① 参见钟敬文：《民间文艺谈薮》，195 页，长沙，湖南人民出版社，1981。

个传说，为他的"层累地造成的古史"的说法提供了一个非常有力的证据。经过他的考察，他发现在春秋时期孟姜女的原型称作杞梁妻，或者叫杞良妻，即杞良的妻子。杞良本来是杞国的战将，后来在跟莒国作战的时候战死了，国君在野外准备向杞良妻表示哀悼之意，杞良妻拒绝了。因为按照礼仪，不应该在野外悼念，而应该到她家里去悼念。这个故事在一开始并不是一个民众的故事，而是一个贵族的故事，关乎礼制、礼仪。后来到了战国时期，由于齐国是一个鱼盐之地，商业比较发达，从而导致休闲文化的发展，人们开始编故事、编歌、编音乐。杞良妻的这个故事就开始进入歌和音乐。由于要传唱，传着传着就变成了杞良妻会唱歌，而且在哭她丈夫的时候的调就是歌的调，哭腔都有韵律。到了汉代，由于天人感应学说的盛行，故事就发展为杞良妻能哭，就感动了天地，感动天地之后，连城垣都能够因之而崩塌。城中最大的就是长城，所以到了南北朝时期，特别是北齐，正好赶上大兴土木修长城，人们就把杞良妻哭倒塌的城说成长城了。到了唐朝的时候，人们就开始联想，长城是谁开始修建的啊？一想是秦始皇，于是这个故事就跟秦始皇挂上钩了。杞良妻的名字正式命名为孟姜女。实际上"孟姜"在春秋时期是一个美女的代称，不是固定的人的名字。① 顾颉刚先生说道："传说与历史打混，最是讨厌的事。从前的人因为没有分别传说与历史的观念，所以永远缠绕不清，不是硬拼（杞梁妻与孟姜为一），便是硬分（杞梁妻与孟姜为二）。现在我们的眼光变了，要用历史的眼光去看历史（杞梁妻的确实的事实），用传说的眼光去看传说（杞梁妻的变为孟姜），那么，它们就可以'并行而不悖'，用不着我们的委屈迁就，也用不着我们的强为安排了。"② 其实，这是顾颉刚先生的一厢情愿，不论用何种"眼光"，历史和传说的关系总是纠缠不清的。

---

① 赵世瑜：《传说·历史·历史记忆——从 20 世纪新史学到后现代史学》，载《中国社会科学》，2003（2）。

② 顾颉刚：《孟姜女故事研究集》，247 页，上海，上海古籍出版社，1984。

传说不需要历史的真实，但又脱离不了历史，正因为传说获得了某种历史的根据，才使得传说中的故事情节显得真实可信；又因为传说不是历史本身，才使得传说中的人物和事件更典型化，增强了传说的艺术感染力，融入了民众强烈的爱憎和良好的愿望。这就是传说和历史的辩证关系。

二、传说对过去的虚构

传说最主要的意义在于它反映了历史生活与时代面貌，类似于大工匠鲁班师的种种传说、孟姜女哭长城的传说，确实关联着特定的事物——桥和万里长城。但是，这些传说主要是真实地反映了历史的本质面貌，揭示出一般的社会生活现象。它们可以帮助民众透视历史现实。

传说中的事件并不一定是现实中发生过的，传说中的人物也不一定就是现实生活中的人物。有的传说的确是以历史上实有的人物为主人公的，如诸葛亮和鲁班的传说，但传说中的人物与历史上的人物当然不同，传说不能成为研究历史人物的客观材料。

传说和历史不同的原因，具体来说有三个方面：

第一，传说的幻想、夸张、虚构的成分很多，而编写历史却不允许这样。第二，传说可以将几十个人甚至几百个人综合、集中在一个人身上，而编写历史是不能这样的。第三，传说流传的时代较长，它可以将不同时代、不同地域发生的事件黏合在一个时空里，而编写历史不能这样。

民间传说与历史不同，民间传说所反映的事件往往"张冠李戴"，只要达到典型塑造的目的，就可以将不同人物、不同时代的东西概括在一起。它往往只借用某个历史事件或历史人物，从此生发开去，黏合了不同历史时期的类似的东西。民间传说是代代口传下去的，各代都将自己时代的东西黏合上去，形成历史的多层黏合体，就像滚雪球一样，越滚越大。

下面举两个例子来说明传说与历史的区别。

汉、傣民间都流传着诸葛亮设"空城计"的事，但其实诸葛亮并未设过"空城计"，设"空城计"的另有人在：一位是北齐的祖珽，一位是唐朝的张守珪。《北齐书·祖珽传》详细地记载了这次"空城计"，说南陈派兵攻打北齐，徐州刺史祖珽见强敌压境，十分紧急，就用了"空城计"："珽不关城门，守埤者皆令下城静坐，街巷禁断行人，鸡犬不听鸣吠，贼无所闻见，不测所以，疑惑人走城空，不设警备。珽忽然令人大叫鼓噪聒天，贼大惊，登时走散。"这段记载与民间传说和《三国演义》的"空城计"差不多。祖珽之后百余年，吐蕃攻打唐朝边城瓜州，瓜州刺史张守珪也用了"空城计"。这两位历史人物因为不是什么知名人物，所以人们将他们的事附会到以机智出名的诸葛亮身上去了。

鲁班的传说也是如此。汉、白、瑶、壮、布依等族都有鲁班的传说。据史载，鲁班即春秋时代鲁国的名匠公输般，《墨子·鲁问》说："见输子削竹木为鹊，成而飞之，三日不下。"白族传说，鲁班雕的木龙能将兴风作浪的孽龙斗败，使洪水不至于泛滥成灾。鲁班的原型本是汉族的，有些民族深受汉族影响，往往将本民族的名师巧匠，幻想、附会到汉族的鲁班身上去。这也是民间创作的一种不自觉的概括——塑造典型人物的手法。

各民族民间传说中的历史人物，都与真正的历史人物有很大出入。传说中的历史人物经过了后人的概括、虚构夸张、想象，成为艺术典型，他已不是历史上原有的人物了。又由于民间传说是代代相传的，因此传说中的人物就不仅有空间上的综合、概括，还有时间上的综合、概括，人们往往将几百年，甚至几千年的东西综合、概括在一个形象里。比如，建筑上的、工程上的一切成就和工具的发明，都说成是鲁班做的。

传说锯子的发明是鲁班在山上用手抓住野草，被野草划破了他的手，他仔细一看，原来野草生满了排列如锯的细毛，鲁班就仿照那细毛的排列制出了锯子。但其实锯子早在鲁班之前就出现了。又如工程宏伟的赵州桥，其实是隋代民众所造，却被说成是春秋时期的鲁班所造。时代混淆了，它不是历史，而是民间传说。

传说可借一点历史因缘，任意渲染，可以将不同时代的东西，按其特点概括、集中在一个历史人物身上，这实际上也是民众对历史人物期望的反映。这往往使这个历史人物更有典型性、更感人、更真实可信。鲁班这个历史人物之所以感人至深，与民间传说虚构的典型化手法是分不开的，当然，这种典型化手法常常是不自觉的。

有的鲁班传说，很出色的将历史人物与地方风物特色结合在一起，甚至又将木匠的工作特点附会到传说上。由于赵州桥的坚固，又有倾斜处，人们就幻想出下面的情节：鲁班造好赵州桥以后，自以为很牢固。多事的张果老就用他的驴驮了太阳和月亮，还有四大名山，要上赵州桥，并问鲁班，你的桥是否受得住我的毛驴驮的东西？鲁班没看出驴子驮的是什么，就自夸"这小点东西，过得"。但是张果老他们一上桥，桥身就晃得"乍乍"作响，桥身也朝一边倾斜。鲁班一看事情不妙，赶忙跑到桥下用手托住，用身子撑住，才保住了桥，让张果老他们过了桥。但从此桥身也就朝一边倾斜，还传说桥下有鲁班的手印和背靠的印迹。而仙人为了惩罚鲁班"有眼不识泰山"，就罚他吊线时要闭起一只眼睛。所以直到现在，木匠在吊线的时候，都要闭起一只眼睛。这个传说，从赵州桥联想到鲁班，联想到八仙过海的仙人，联想到木匠吊线时闭起一只眼睛，将这些巧妙地组织在一个故事里，显得那么和谐、幽默、机智，给人带来美妙享受。在其中，幻想性、传奇性占了主要的地位，而历史事实的因素却是微乎其微的。

各民族都将自己的英雄人物理想化。汉族、白族说鲁班的墨线能切开石料，他雕的木头人像他自己一样，以致他的女儿都分不出谁是她爸爸。汉族说唐伯虎画的虎跳下来将坏人吃掉，画的纺织娘晚上会叫，画的月亮会有圆有缺，等等。这类民间传说充满了丰厚的幻想，使这些英雄人物、历史人物光彩夺目，这些"神化"了的历史人物都不能将他们与具体历史等同起来，甚至虽然离开了历史真实，却完成了艺术真实，使他更具有艺术典型的感染力。

民间传说显然是虚构的、夸张的和传奇的，但同样也是对过去的一种记忆，是"一种不自觉的艺术加工"。这种加工与其说是艺术的，不如说是历史的，是民众对过去历史的一种处理方法。之所以谓之传说，是因为有了传统历史观念的参照；而所谓的正史，同样也有虚构、夸张和传奇的成分，因为任何叙事都会不可避免地进入虚构的世界。正史典籍常常成为评判是传说还是历史的权威范本，之所以被坚信为真实，是因为史学本身在不断进行考证的工作。其实，从记忆的层面看，传说和历史都是对过去生活世界的重构和组合。

三、被建构的真实

按照"知识考古学"等后现代主义历史思潮的观点，对传统意义上的客观历史的终极追求只是一个梦想，历史客观性只是由话语建构而成的。对传承下来的各种形态的记忆或记录进行真伪考辨，已不是最重要的了，最重要的是"如何"真、伪和"为何"真、伪。正如米歇尔·福柯所说："应当使历史脱离它那种长期自鸣得意的形象，历史正以此证明自己是一门人类学：历史是上千年的和集体的记忆的明证。这种记忆依赖于物质的文献以重新获得对自己的过去事情的新鲜感。"[①] 知识考古学要发掘的东西，就是要揭示各种不同形态的历史话语是如何形成的，即所谓"话语的构成规则"。

从宏观角度看，不论是诸葛亮的传说，还是鲁班的传说，都是历史记忆的一种表达方式，其形成和流传下来绝非都是偶然的。"历史这只'无形之手'实际上可能对林林总总的各种各样的传说进行了某种'选择'，使传说中与实际历史过程相契合的内容，在漫长的流插过程中，得

---

① ［法］米歇尔·福柯：《知识考古学》，7 页，北京，生活·读书·新知三联书店，1998。

以保留下来。在其背后起作用的，实际上是人们对社区历史的'集体记忆'。"① 即便关于诸葛亮、鲁班等历史人物的口头记忆有很多虚构的成分，但这类传说产生和流传的过程恰恰是一个历史真实，就是说人们为什么去创作这个东西，究竟是什么人创造出来的，传说是怎么样出笼并且流传至今的……这些我们所关心的问题，就成了传说文本反映出来的社会舆论，造成这种社会舆论的历史动因，以及后人对此的历史记忆。②

民间传说作为一种集体记忆，当然不能等同于历史事实，但同样可以进入后现代史学的视野之中。民间传说明显的虚构特征，反而让人们认识到历史建构的本质。在现代性的语境或科学主义的话语中，民间传说与历史之间的区别就是虚构与事实之间的差别；而在后现代的语境中，虚构与事实之间的差别是否有边界本身可能就是一种"虚构"。民间传说属于虚构的真实，只是对这种真实的揭示需要运用后现代的方式罢了。"历史记忆研究不是要解构我们既有的历史知识，而是以一种新的态度来对待史料——将史料作为一种社会记忆遗存。然后由史料分析中，我们重新建构对'史实'的了解。我们由此所获知的史实，不只是那些史料表面所陈述的人物与事件；更重要的是由史料文本的选择、描述与建构中，探索其背后所隐藏的社会与个人情境（context），特别是当时社会人群的认同与区分体系。"③

以往研究民间传说，总是一再强调它与历史的不同，认为传说追求的仅仅是艺术的真实，与历史的真实风马牛不相及。其实，任何民间传说都是一个成千上万次被"重复"的过程。讲述传说和听传说的当地人并不会刻意去追问是否真实。我们所有的民间传说不真实的看法，是由传统历史的真实观导致的。许多真实的"业绩"附会在诸葛亮、鲁班等

---

① 陈春声、陈树良：《乡村故事与社区历史的建构——以东凤村陈氏为例兼论传统乡村社会的"历史记忆"》，载《历史研究》，2003（5）。

② 参见赵世瑜：《传说·历史·历史记忆——从20世纪新史学到后现代史学》，载《中国社会科学》，2003（2）。

③ 王明珂：《历史事实、历史记忆与历史心性》，载《历史研究》，2001（5）。

历史人物身上，层累地构建了关于他们的传说。表面上，这些传说充满了时空错置与幻想虚构，但是如果我们不去探究关于他们的事迹真实与否，而是将其视为一种历史信息，那么，就可以解释为何历史要如此记忆和传播，就会对历史有更全面的理解。许多民间传说和神话故事的具体情节或者人物都有可能是虚构的，但是他们所表现出来的历史情境与创作者和传播者以及改编者的心态与观念，却是真实存在的，而我们所要了解的正是这种记忆得以存在、流传的历史情境。从复原历史的条件来说，由于民众话语权的缺失，解析民间传说就是探寻民众的历史记忆的一种较好方式。[1]

四、传说可以进入历史

尽管传说不是历史，严格说，不是史学家们认定的历史，但却反映了民众的历史观念。民众在口述自己的历史的时候，并不要求真实，而在于信念。实际上，民众自己口述的历史，史学家们均视之为传说；历史事件一旦进入民众的口头语言系统中，便被打上了传说的烙印。在民间，传说是当地人的主要历史，即便是历史，也被当作传说来讲述。也就是说，民众并不认为传说和历史之间有什么区别，他们从不担心历史被歪曲或者不真实。考据和求证不属于民间，而是史学家们的生存之道。

按照历史人类学的观点，重要的不是历史叙述的对象，而是史料建构的过程。对同一宗事件，不同的人有着不同的历史叙述，关键在于哪一套历史叙述成为主流，有权力的声音怎样压抑了其他声音。[2] 传说实际上是民间群体通过自己的方式建构起来的地方历史，却被正统的占主导地位的史学家们拒之于历史的门外。问题并不在于传说运用了夸张、

---

[1] 参见户华为：《虚构与真实——民间传说、历史记忆与社会史"知识考古"》，载《江苏社会科学》，2004（6）。

[2] 参见石峰：《在历史、文化与权力网络中的妇女——读萧凤霞"妇女何在？"》，载《广西民族学院学报》，2004（6）。

虚构，是"文学"的，而是传说提供了现实生活必要的历史记忆。这才是最重要的。

在广东西江流域广泛流传关于龙母的传说，其中最原始的记录是：龙母是一个弃婴，被放置在一个大木盆里，从西江上游顺流而下，至悦城河湾被渔翁染三发现、收养，成人后因豢养五龙子，被尊称为龙母。传说她能预卜人间福祸，呼风唤雨，治水防涝，保境安民，遂成为一方的大神。这是传说，不是史学家们定义的历史。但关于龙母信仰的最初的历史没有其他的记录，只有这则传说。传说自然就进入龙母信仰的历史话语之中。而且当地百姓对此坚信不疑，成为支撑龙母信仰的最有力的依据。任何一种故事传说，都不是无缘无故地编造出来的。或解释一句成语，或反映一种风俗，或说明某一风物的成因，其深层必蕴含着一定的意义。龙母传说也是那样。龙母坐着一个大木盆从西江上游漂流而下，这木盆不是中国的挪亚方舟，就中坐着的不是人类遭受灭顶之灾后仅剩的两兄妹，而是一个弃婴，因此它不是创世神话，也不是洪水遗民神话，而是有一定历史依托的民间传说。①

传说和历史的重要边界之一，就是一个是"说"出来的，一个是"写"出来的。在原始社会时期，"说"是唯一的语言表达形式，这种边界自然就不存在。瞿林东先生认为，"原始社会时期的传说与文明时期的史学兴起之间的关系可以概括为：第一，传说可以看作是最原始的'口述史'，先民对于历史的记忆和传播，是通过这种原始的'口述史'来实现的。这里说的传说是最原始的'口述史'，是指它所叙述的内容仍不能完全摆脱虚构的成分，但其中毕竟包含着不少真实的人物和事件；即使是虚构的部分，也并不是完全脱离历史的奇想。……第二，当文字产生以后，这些远古的传说被人们加工、整理和记载下来，乃成为史学家们研究、探索先民初始时期历史的重要资料。……此外传说所反映出

---

① 参见叶春生：《从龙母故事看民间文学传统与现代的关系》，载《广西民族学院学报》，2004（6）。

来的先民对于自然、社会和人及其相互关系的看法，传说所具有的'还不是用文字来记载的文学'之文学的特征，都在相当的程度上影响到文明时代史家的历史观点和史学发展。"① 显然，前文字时代的传说得到史学家们的高度重视，类似的观点也非常多，一般认为："远古的传说，严格地说不算是史学，但传说故事是传播历史知识的一种形式，并已经有了原始的历史观念，所以我国的史学要从追溯远古的传说开始。"② 既然远古的传说能够被纳入史学的话语系统，获得史学界的礼遇，那么同为传说，后世流传的同样也应该进入历史学家的视野之中。口头传说的历史远古存在，而且应该是一直存在。如果我们探询的是"意义的历史"，那么，传说和历史便是一个同义语。

（原载《民族艺术》2005 年第 3 期）

---

①　林东：《中国史学史纲》，117 页，北京，北京出版社，1999。
②　施丁：《中国史学简史》，14 页，郑州，中州古籍出版社，1987。

传说记忆与族群认同

——以盘瓠传说为考察对象

传说是一个社会群体对某一历史事件或历史人物的共同记忆。关于族群（ethnic groups）的概念，以马克思·韦伯所下的定义最为流行，他有一篇较短的文章，题目就是《族群》（*The Ethnic Group*），该文说，"如果那些人类的群体对他们共同的世系抱有一种主观的信念，或者是因为体质类型、文化的相似，或者是因为对殖民和移民的历史有共同的记忆，而这种信念对于非亲属社区关系的延续是至关重要的，那么，这种群体就被称为族群"①。自从挪威著名人类学家弗雷德里克·巴斯编撰《族群与边界》（*Ethnic groups and boundaries*）之后，人类学家们就认识到族群的意义不是关于社会生活或人

---

① 转引自周星、王铭铭主编：《社会文化人类学讲演集》，482 页，天津，天津人民出版社，1997。

类个性的某种基本事实，而是一种社会建构物（social construction），是社会构拟于某一人群的边界制度。族群是一个共同体，内部成员坚信他们共享的历史、文化或族源，而这种共享的载体并非历史本身，而是他们拥有的共同的记忆（shared memories）。传说恰恰是一个族群（并不一定具有血缘关系）对相似性认同的一种主观的信念（subjective belief），一种在特定聚落范围内的共同记忆。本文所讨论的盘瓠传说，并不是关于"殖民和移民的历史"，而是和祖先历史或与祖先生死攸关的历史事件（当然并非历史事实）。

族群认同（ethnic identity）指族群身份的确认。对此，国内学者的意见比较一致："民族（族群）认同即是社会成员对自己民族（族群）归属的认知和感情依附"[1]；"所谓民族认同，是指一个民族的成员互相之间包含着情感和态度的一种特殊认知，是将他人和自我认知为同一民族的成员的认知。"[2] 郝时远先生有数篇论文对"族群"的概念做了辨析，并致力于这一概念运用的本土化，他说："一个族群的自我认同是多要素的，即往往同时包括民族归属感、语言同一、宗教信仰一致和习俗相同等。"[3] 本文所考察的盘瓠传说，神奇般地包含"一个族群的自我认同的多要素"，它同时对苗、瑶、畲等族群、族群历史、族群认同和族群边界进行了建构和解释，并将族群、族群历史、族群认同和族群边界聚合为一个有机整体，不断强化着族群中人的认同和归属意识。

一、盘瓠传说的记忆文本

盘瓠传说最早的文献记载是《风俗通》，其后较详细记载有晋代干宝的《搜神记》及其后的《后汉书·南蛮传》。盘瓠传说在中国许多少

---

① 王希恩：《民族认同与民族意识》，载《民族研究》，1995（6）。
② 王建民：《民族认同浅议》，载《中央民族学院学报》，1991（2）。
③ 郝时远：《对西方学界有关族群（ethnic group）释义的辨析》，载《广西民族学院学报》，2002（4）。

数民族地区广为流传，大意是说：盘瓠本是龙犬，只要罩上金钟，蒸上七天七夜，就永远变成人形。可是高辛王后见婿心切，急于把金钟揭开，因只蒸了六天六夜，盘瓠从足部到颈部已成人形，但头部仍保持着龙犬的原来面目。① 瑶族流传的《盘王的传说》的结尾部分是这样的：

> 犬对妻说："我入蒸笼里蒸七天七夜就可以变成人形。你千万不要中途打开锅盖。"犬入蒸笼。到第六天，犬妻不放心，把锅盖打开了。由于日子不足，犬虽变成人形，但小腿和头顶的毛还未褪净。因此，瑶人有缠头和绑腿的习俗。

瑶族这一传说还出现在汉文文献《过山榜》（又叫《评王券牒》或《盘古圣皇榜文》）中。《过山榜》叙述道：龙犬盘护（即盘瓠）帮助评王，咬死敌对的高王之后，得与评王的宫女结为夫妻，在"青山白云之地"安居，生了六男六女。盘瓠的岳父评王很喜欢这些外孙，赐各人一姓，共十二姓：盘、沈、包、黄、李、邓、周、赵、胡、雷、郑、冯。一天，盘瓠在山里打猎，不幸被山羊用角顶翻落崖身死。他的子女寻找良久，发现父亲的尸体被挂在悬崖的大树上。儿女们攀缘陡壁，砍倒大树。为了祭奠父亲，把树干砍短、掏空作为鼓筒。射杀山羊，剥皮做鼓面，涂上黄泥为的是敲打时更响亮，称为黄泥鼓。祭奠时敲打，作为纪念。后来，这十二姓子女从南京十宝店（殿）乘船迁徙他处。途中遭逢狂风，海浪滔天，姓沈的一船被海浪掀翻吞没，所以至今盘瑶中已无姓沈的人家（另一说包姓被淹死）。其他十一姓人家惊恐万分，便在船头祭祀、祈祷、许愿，希望盘王多多保佑旅途平安。此时，盘王果然差遣五旗兵马暗中保护，十一姓子女才能平安地靠岸登陆。盘瑶认为这是盘王显圣护佑的结果。此后便在广州连州、乐昌等地立庙，把盘王作为神

---

① 参见高明强编：《创世的神话和传说》，127—131页，北京，生活·读书·新知三联书店，1988。

祇，供奉于庙中。

又有传说，盘瑶原来曾居住在叫千家洞的地方，环境很好。千家洞中也建有一座盘王庙，后来因遭官军围困攻打，盘王庙被捣毁，居住在洞内的盘瑶被迫四散迁徙。在大家分别的前夕，将一只牛角截为十二段，每户分执一段，以便他日相会时，以牛角拼凑还原为证，表明大家原是兄弟姐妹或兄弟姐妹的子孙。

钟敬文先生在《槃瓠神话的考察》①一文中，曾转录了两则盘瓠传说，它们分别由怀清及魏人箕收集记录：

昔某皇帝患烂足疾，国内的医生都不能医好。皇帝便下命令谁能够医好烂脚便把皇女嫁他。某天，有一只狗来对皇帝说，你的脚让我舐三天一定会好的。皇帝起初不相信它。后来觉得有点奇怪便让它试试看，却意外地有了效果。因为舐过一次而大大减少了痛苦，便让它继续舐下去。第三天，脚竟完全好了。于是，狗便向着皇帝要求皇女。但是，皇帝和皇女因为它是畜生而不允许它。狗便说："请你把我藏在柜中，49天之后我便成为一个漂亮的人了。"皇帝照着它的话做了。皇女非常懊丧地在第48天就把柜子打开来。这时狗的身体已经变成人样，只有头还没有变成。他因为皇女不守戒约而不能变成完全的人样，所以很恨皇女。这时候皇帝和皇女已经不能找出口实来拒绝他，便招他做了驸马。他们所生的五个孩子由皇帝赐以五姓，即雷、兰、钟、鼓、盘。现在多数的畲民都是从这五人出来的。

从前，某个贤明的国王有一个非常美丽的女儿，国王十分地溺爱她。某一天皇女突然不见了，国王十分焦急地使下臣们各处搜查，

---

① 此处《槃瓠神话的考察》中"槃"为"盘"的异体字，下同。——编者注

但是半个月还一点消息都没有。国王深思之后，帖出一张布告。说是有谁找到了皇女，便招他做女婿。这张布告帖出没几天，某一天黄昏时候，一只壮大的狗带皇女到宫里来。国王大为欢喜，可是，看到带皇女回来的却是一个畜生，不觉烦恼起来。但是因为他不想失信，便对狗说："皇女当然要下嫁给你了，而你又是兽类，怎么好呢？"狗听了频频摇动尾巴对王说："把我放在铜柜内7天，我可以变成漂亮的人。"王就命侍臣照办了。宫女们听说狗要变成人，觉得很奇异，但因为国王的禁令还不敢打开铜柜。到第六天夜晚，一个宫女终于打开来看了。那只狗的身体和手脚已经变成人的样子，只有头还没有变成。因为被人打开来看了，已经不能再变。国王为了履行自己的约言，不得已把皇女给它。狗和皇女就是后来畬民的始祖。①

犬变人形的情节不仅在苗、瑶、畲等西南少数民族盘瓠传说中存在，在其他民族流传的盘瓠传说及异文中也普遍存在。譬如，朝鲜族就流传这样的传说：

从前黄帝轩辕氏有一个最爱的女儿，为了选女婿而用绳作一个大鼓挂在门前，布告说：如果有人打这个大鼓使鼓声传到内庭去便收他做女婿。某一天有了鼓声，出来一看，见是狗在打鼓。叫它再打，它又举起脚来，真的发出像皮大鼓一样的声音。只得依照约言把女儿给了它。狗伴着女子，日里是狗，夜晚就变成美少年，言语应对也和人一样。某天狗对妻子说，明晚为了要完全变做人，须得禁闭在房内。房内如果有痛苦的声音也切不可偷看。第二晚果然房内有痛苦的声音，妻子忘记戒约跑去偷看，狗已经脱去皮毛几乎是

---

① 钟敬文：《槃瓠神话的考察》，见《钟敬文学术论著自选集》，201—202 页，北京，首都师范大学出版社，1994。

完全的人形，但是只有头上还剩有些皮毛，因为被妻子所窥，已经不能再脱了。现在的□□人是他们的后裔，所以头上留长发作标志。①

"盘瓠"融合了龙（蛇）与犬的两种图腾文化，远连高辛帝喾，承接商周英雄传说的精华，成为图腾、英雄和祖先三者的合体。显然，它是传说，是信仰，不是这些民族史实的复述。盘瓠传说实际上就是盘瓠部族共同体设立的社会契约，是圣经，它成为连接盘瓠部族各个支系的纽带。既然他们的祖皇履行了契约，将自己的女儿许配给了盘瓠（狗），那么作为盘瓠部族的后裔，更应该一如既往地崇拜盘瓠，并以"缠头和绑腿""留长发"等做标志。

二、祖先历史的口承延续

盘瓠传说不仅维持了关于族源的记忆，而且尽到了为族源信仰进行诠释（事实上所有的族源信仰都需要诠释）的义务。在盘瓠传说中，其后代试图将盘瓠由犬体变为人形，显然，这是图腾观念淡化后所萌生的思想。盘瓠传说中的犬变人形的情节在图腾信仰盛行的时代是不可能被编制的。

随着人类控制自然能力的逐步增强，原始图腾观必然会发生变化：人们已不再盲目地祀奉龙犬图腾，竟然发展到对它品头论足起来。一方面，传统的图腾观以其神圣的不容怀疑的传播形式流布下来，这主要得力于祭祀仪式和民俗惯性；另一方面，龙犬又毕竟为异类，奉其为祖先，这对已成为大自然主人的瑶、苗、畲等民族来说，委实难以接受。传说使这一矛盾得到圆满化解，它让族民们轻而易举地达至心理的平衡和满足：他们的祖先本可以成为地道的神人，只是由于凡人不听从神犬的告

① 钟敬文：《槃瓠神话的考察》，见《钟敬文学术论著自选集》，202—203 页，北京，首都师范大学出版社，1994。

诚，冒失的行为中断了神转化为人的进程，祖先为犬的形象才一直延续下来。故而龙犬——盘瓠理应受到尊敬。这充分展露了古人在刚刚取得了支配自然地位之后，图腾和祖先观念上的尴尬心态。

关于犬的故事，民间极多，干宝《搜神记》有"义犬冢"条，狗对主人的忠诚曾为其赢得极高的声誉。但晚近以后，狗的形象被极度丑化。此传说在一定程度上还可抵御外族对犬祖先的鄙夷和敌视。这也诠释了何以其他以动物为图腾的民族没有刻意让动物化人并在其间穿插传说故事的原因。

以口承文本的形式来清除后人可能产生的对盘瓠始祖不敬的邪念，从而坚固全族族民祖先信仰的支柱。这凸显了族民们在精神生活方面的睿智，也充分显示了他们利用传说来强化信仰观念的天赋。在这里，传说已不仅是对现实生活中同类习俗的观照，更是族民们信仰活动中不可或缺的口头叙事范式。这种范式在其他信仰活动中有时也被恰到好处地利用。此种口承文本有效地消解了瑶、苗、畲等族的后世族民对始祖盘瓠"出身"及长相的忧虑和失望，从而保持了对犬祖先的接受和认同。

不同族群的盘瓠传说或多或少有些差异，口耳相传的过程本身也会产生差异，但传说的基本情节是完全一致的，因为它们都释放出诠释和认同的双重功能。关于神圣祖先的历史，是不能有多种说法的，否则，因其不确定性便会导致"祖先"不断遭受质疑，传说所承受的诠释和认同功能就不可能得到落实。尽管盘瓠传说的汉文本早已被制造出来，但当地族民并不依据这些文献文本来演述传说，更何况像《过山榜》这样的文献，过去密藏在少数个人手里，被视作是祖传下来的一件重要遗物而加以保管，不给人看。盘瓠传说在漫长的流传过程中，形成了自足、自控又自动的运动形态。而且，盘瓠传说的演述是一种集体行为，演述者的任何增删和修改都会得到及时的纠正，因为盘瓠传说早已完成了自我纠正的过程。我们现在见到的文本，也是最终定型的文本，是族民集体创造的产物，得到了祖祖辈辈的认定。故此，它具有相对的稳定性，是族民共享的关于祖先的口述史，我们似可称之为口头凝固的文本。

　　传说记忆并非只存在于大脑中，也外显于表演仪式中，或者说是不断重复的表演仪式让族群中人获得了连续的传说记忆。传说记忆实在就是仪式行为。我国瑶、苗、畲许多族群的先民视盘瓠为始祖，认为自己是盘瓠的后代。这种观念在这些民族祭祀盘瓠祖先的仪式中亦有反映。瑶族每年旧历十月十六日为盘王节。三年一小祭，五年一大祭。大祭之时，举寨出动，数百名瑶族男女击盘鼓跳舞，唱《盘王歌》。此外，每年正月岁旦还要举行祭盘瓠的仪式。据刘锡蕃的《岭表纪蛮》曰："正月家人负狗环行炉灶三匝，然后举家男女向狗膜拜。是日就餐，必扣槽蹲地而食，以为尽礼。"在《查亲信歌》中瑶族唱道："五家七姓龙犬子，同支宗祖一家亲。"长期以来，毗邻而居的茶山瑶人、壮族和汉族，都把狗肉视为美味，而盘瑶等直到如今还保留不食狗肉的禁忌。"瑶族各群体共同禁忌是吃狗肉，其故有三：（1）狗肉是族内图腾，（2）吃狗肉者死后不能升天，（3）吃了狗度戒作法时不灵。"① "对槃瓠的图腾崇拜，还表现在'跳盘王'的祭神仪式上。中华人民共和国成立前，在未婚青年男女协助巫师娱神祀祖的歌舞表演中，人们要穿上有狗尾巴的花衣，甚至伴有狗的种种模拟动作，以祈求图腾物保佑民族人丁兴旺。"② 畲族过去也有祭盘瓠的仪式，每三年一祭，祭祀仪式上悬挂画有盘瓠犬形象的"祖图"，供"狗头杖"，参加祭典仪式的人戴狗头狗尾帽，唱"狗皇歌"。苗族祭盘瓠的历史也有千余年之久，据汉文史料记载，唐代苗族就盛行盘瓠祭，历经宋、元、明，一直延续至清朝。视犬为他们的祖先或与他们的祖先有血缘联系，他们对犬的膜拜自然是无条件的，任何对犬不恭的想法和行为，都是对祖宗的亵渎，要受到惩罚。

---

　　① 李远龙：《广西防城港市的族群认同》（上），载《广西民族学院学报》，1999（1）。

　　② 蓝翔等主编：《华夏民俗博览》，851 页，西安，陕西人民教育出版社，1991。

为了保持不食狗肉和任何对犬不恭的想法和行为这类文化符号的神圣性及神秘性，人们让它附会在一个"真实可信"的传说之上，并成为口述史世代传播下来。传说诠释了禁忌的起源，并纳入深入人心的祖先崇拜的意识。这样，已具威慑力和权威性的传说便成为族群内成员相互（主要是年长的对年轻的）训诫的宗教式话语。超越了祖先崇拜辐射的区域，这话语便不起作用。甚至还有这样的情况，尽管族群成员的理性与智慧的程度足以使他们认识到触犯禁忌（吃狗肉）绝不会招致事实上的惩罚，但他们对祖先生而有之的情感及敬畏也足以使他们负担不起亵渎祖先的罪名。如果说禁忌本身带有宗教性，那么，其与祖先的附合则肯定使这种宗教意味得以强化。将禁忌的动因置于祖先身上，从而使传说成为族源史并获得巨大的成功，这是长期以来族群成员集体智慧和愿望的结晶。

三、口传记忆的认同功能

盘瓠传说所构拟的祖先的"历史"，属于美国人类学者凯斯（Charles F. Keyes）指称的"民间历史"（folk histories），即韦伯所谓的"共同记忆"（shared memories）的一部分。这一特定的民间历史显然是由认同的需要设定的。凯斯认为，文化认同本身并不是被动地一代一代传下来的或者以某种看不见的神秘的方式传布的，事实上是主动地、故意地传播出去的，并以文化表达方式不断加以确认（constantly revalidated in cultural expressions）。在这里，祖先的历史并不要求局外人看中所谓的"客观与真实"，重要的是形成了源远流长的社会记忆。在瑶、苗、畲这些族群内的人的意识中，这段构拟的历史是值得崇信的，并一代一代深深地镌刻在族民们的脑海中，在对祖先共同的追忆中延续着族群的认同。

20世纪下半叶，族群认同理论出现了根基论观点（即原生论，Pri-mordialisms），主要代表人物有希尔斯（Edward Shills）、菲什曼（Fish-masn）、格尔兹（Cliford Geertz）等人。根基论认为，族群认同主要来自天赋或根基性的亲属情感联系。对族群成员而言，原生性的纽带和情感是与生俱来的、根深蒂固的。最能够激发这种根基性亲属情感和先祖意识的莫过于族群起源（ethnogenesis）的传说，这种传说让族内人在对祖先共同的依恋中构成了强烈的集体意识。族群认同是以族源认同为基础的，是以对相同族源的认定为前提的。族源是维系族群成员相互认同的"天赋的联结"（primordial bonds）。"祖先崇拜被解释为一种政治制度，通过向宗族成员灌输有关意识而获得社会整合与团结的效果。"① 瑶、畲、苗等族群组织一直强调共同的继嗣和与盘瓠的血缘关系，有了共同的祖先、历史和文化渊源，便容易形成凝聚力强的群体。耐人寻味的是，瑶、畲、苗等族群生活之地，绝大多数村寨并没有共同的祭祀盘瓠的神庙，都在各家堂屋内供奉一个盘王神位。据说，这与他们原本为游耕民族有关。于是，祭祀盘瓠的集体活动主要就是口承传说的流传。通过盘瓠传说的演述，瑶、畲、苗等族民众坚守着自己是盘瓠子孙的信念。在瑶族内部，《过山榜》声称十二姓瑶人本是一家，"正是树开千枝，如木皆本［乎根］，如水［之］分派，万派本乎源"②，这对不同支派、不同姓氏的瑶人保持共同的族群认同有莫大的帮助。盘瓠传说在回答"我是谁""我从哪来"等本原问题的时候，也充分展示了其在凝聚族群认同及维持族群边界中的重要功能。有趣的是，西南少数民族的族源认同的功能也受到弗雷德里克·巴斯（Fredrik bath）的关注，他在《族群与边界》（*Ethnic Groups and Boundaries*）一书的"序言"中说："瑶族是位于中国南部边区的许多山区民族中的一个。……认同和识别在复杂的仪式用语中表达出来，尤其明显地包含在祖先崇拜中。"

不仅如此，传说还为这些族群的祖先——盘瓠，构拟了一段"坎坷"的带有传奇色彩的经历。传奇性是民间传说在艺术上最突出的一个

---

① 金光亿：《文化与政治》，见《社会文化人类学讲演集》，375 页，天津，天津人民出版社，1997。

② 黄钰辑注：《评皇券牒集编》，22 页，南宁，广西人民出版社，1990。

特点，能使作品产生一系列悬念，以层出不穷的期待来激发听众的好奇心。盘瓠传说以曲折离奇、变幻莫测的故事情节，唤起人们去猜测在一件事结束之后将会有什么新的事件和人物出现，引起人们的期待之情。然而，偶然、巧合的情节又不断地使事情的发展产生各种使人难以意料的波折，出现种种复杂的纠葛。在这一系列的变化中，人们的好奇心时而被激起，时而得到满足，听众的心被牢牢地扣住。这正是盘瓠传说能为代代族民既可"传"又能"说"的主要原因。仅仅标榜盘瓠为自己族群的祖先或提供某种祖先意象是远远不够的，民间口述史的话语形式拒绝刻板的记录，必须要有引人入胜的翔实说明，即历史事件，因为后代族人会不断地追问。于是，传说的叙事魅力正好满足了人们探询的欲望并一代一代流传了下来。"任何事物都不能从人类文化中彻底消除记忆存储和口传传统。……除非人类丧失听说能力，否则，书写文本或印刷文本不可能取代口传传统。"[1] 而每一次演述传说，都使这一共同的记忆得以强化，传说圈内的族民在社会化的过程中，逐渐获得了他们所出生的族群的历史和渊源。这个族群的历史和文化将会控塑他们的族群认同意识。

演述传说的主体是老年人，他们最拥有建构和传播本族群历史的话语权力和权威。在这共同记忆的情境之中，"祖先""族源"和"老人"等观念有着举足轻重的认同功能。"因为老人是作为'久远的话语和习俗'的传递者，经由他们的经验，'历史'也蕴含着'传承'与'改变'并存的性质。换言之，他们所认为的历史是具有政治的权威与权力的过去事物，而愈是久远的历史则愈具有权威与权力。但这种权威与权力的基础，则来自其文化上对于祖先、起源、老人等概念所赋予的价值。"[2] 老年人是以见证人的身份叙述祖先历史的，他们用第一人称的口吻叙述事情发展的经过，绘声绘色，手舞足蹈，似乎说的就是历史本身，

---

[1] ［美］爱德华·希尔斯：《论传统》，126 页，上海，上海人民出版社，1991。

[2] 黄应贵：《时间、历史与记忆》，载《广西民族学院学报》，2002（3）。

说话本身就是历史，俨然就是祖先历史的重现。与其说老年人是在演述，不如说是在主持追念祖先、强化族群记忆和"族别维护"（boundary maintenance）的仪式。

为什么以狗作为始祖，而不以其他动物或植物作为始祖呢？《盘村瑶族》一书是这样解释的："盘瑶世世代代居住在深山里，人烟稀少，野兽经常出没，不论出猎、采集，还是在家，都需要狗的保护。狗能保护他们的生命安全，也能保障他们取得食物——兽肉、野生植物。在实际生活中，狗是他们的保护者。"① 或许正是在对狗顶礼膜拜、不食狗肉这一点上，当地人发现了与周边的差异，于是构建出关于狗的传说，并使之与祖先联结起来，成为族群共同记忆。传说和狗肉的食用禁忌是指示或指明族群成员身份的显性要素，成为族群中人认定或表达自己身份的重要方式，即族群象征（symbolic ethnicity），或称为族界表识（ethnic boundary markers）；两者共同使一族群与另一族群判然有别。这些不食狗肉的族群认定盘瓠是他们各自的祖先，他们皆归属于远古的盘瓠部族，遗留着"缠头和绑腿""头上留长发"和不食狗肉等独特的族群文化表征，而且，文化表征又最容易为族外人所注意和认可。可以说，传说是族群在认同过程中找到的最佳的文化表现方式之一，它最大的作用就是支持对于族群的认知。不食狗肉的习俗是一个外显的极易辨认的文化符号，它使得传说有了坚实的现实生活基础，拉近了祖先传说与现实生活之间的距离。

传说和习俗的关系是互动的，它们互相印证，构成了一个有机的统一体，为族群的自我认同提供了基础，如归属感、表达记忆的口承文本、认同共同的祖先和一致的禁忌习俗，等等。"如果我们将 ethnic group 的识别纳入到'民族共同体'这一范畴，我们也就找到了'族群认同'的最基本要素或基础，而其他要素只是基于这一基础来强化和表现其外在

---

① 胡起望、范宏贵：《盘村瑶族》，238 页，北京，民族出版社，1983。

特征的成分。"①"民族共同体"的构成"必须同时具有并表现出四种特征：1. 相信他们唯一归属；2. 相信他们有共同的血统；3. 相信他们的文化独特性 4. 外人根据上述条件（不论真假）看待该聚集体及其成员。因此，除非这四个条件同时具备，并且对成员或非成员都有效，否则就不能把一个集体或聚集体称为'民族'（ethnic），'民族性'的概念也不适用于该集体或聚集体及其成员。"② 盘瓠传说及其所宣扬的习俗恰恰满足了上述四个方面的要求，为"民族共同体"的形成和维护起到了其他文化形态难于胜任的作用；它是瑶、畲、苗等族群对他们之所以共享裔脉（share descent）的理解或文化阐释，而这，恰恰是维系族群的意识系结（ideological knot）。

（原载《广西民族学院学报》2004 年第 1 期）

---

① 郝时远：《对西方学界有关族群（ethnic group）释义的辨析》，载《广西民族学院学报》，2002（4）。

② ［美］M. G. 史密斯：《美国的民族团结和民族性——哈佛的观点》，载《民族译丛》，1983（6）。

论民间童话的叙事形态

　　民间童话是流传民间的儿童故事。法国童话女作家多尔诺瓦夫人于 1752 年出版了一本童话集，封面上首次出现了"fairy tale"的名称，此后便成为一个专用名词流传开来。这个名称表明，凡有精灵或仙女参与的故事，便可视为童话，或者说，仙女、精灵、妖怪等是童话故事的一个标识。

　　和其他民间叙事种类相比，民间童话具有独特的叙事形态，迎合了儿童的接受心理并满足了他们的精神需求。这种叙事形态特征是显而易见的，即便不是童话学学者也能道出一二。根据美国学者斯蒂·汤普森在《民间故事——活的艺术》中的说法，大概有以下九个方面：

　　（1）一个童话不能以最重要的活动部分作为开端，也不能突然就结束，它需要一个从容的介绍。故事要超过高潮向轻松、安定的方面变动。

（2）重复是普遍存在的，这不仅使故事有了悬念之觉，而且也使故事展开得更充分，由此构成了故事的骨架。这种重复大多数是三叠式。尽管在一些国家，由于其宗教传统的象征性，这种重复也可能是四叠式。

（3）一般地说，只能两个人同一时间出现在一个场景里。如果有更多的人，他们中只有两个人是同时行动的。

（4）对立的角色互相发生冲突——英雄和反派人物，好人和坏人。

（5）如果两个人以同样的角色出现，再被描述得十分弱小，他们通常是双胞胎。当他们变得本领高超时，他们就可能变成敌对者。

（6）在一个群体中，最弱小或最差的一方转变为最占优势的一方。最小的弟弟或姐姐常常是胜利者。

（7）性格是单纯的，正是这种特点的直接影响，人们注意到，故事里的人物没有任何生活以外的暗示。

（8）情节简单而从不复杂化。一个故事一次能讲完。如故事情节有两个或更多的枝节的话，这必定是填充了的文学迹象。

（9）每件事情都尽可能简单地处理，同类事件尽可能描述得接近，不要试图使事件复杂化。

将上述特征进一步归纳，值得阐释的民间童话叙事形态，主要表现在以下三方面。

第一，情节结构的简单化处理。

童话总是从一个孩子的角度讲述的，而不是从父母的角度讲述的。童话适合儿童的趣味，是对儿童进行教育的良好形式，中国无数优秀的传统民间童话经过长期流传，在思想和艺术上均达到很高水平，常常使人在童年时期听了终生难忘。这种艺术效果的产生，主要得益于童话对情节结构的简单化处理。

一方面，童话在漫长的演进过程中渐离神话，渐近传说，成为一种吸纳了神话特点与传说特点的独特文体。它从神话中获得神思妙想，又从传说中吸取了叙述故事的写实手段，是一个弹性极大的叙事范式。童话中最常用的艺术手法是幻想和拟人化。幻想特点主要是通过"距离"体现的。这从童话的开头方式得以表现。童话一般以"从前"开头。这两个字确定了过去与讲述时的距离，说明故事发生在一个遥远的世界，一个远离儿童所处的世界，当然，也是一个并不存在的世界，一个幻想的世界。"从前"的叙述方式将故事从现在、从儿童的日常生活中分离出来。儿童沉溺于幻想，也善于幻想，童话所构建的幻想世界正好满足了他们的心理需求。童话一般以男主人公或女主人公的胜利结尾，并且保证"从此以后他们过着幸福的生活"。这也同样造成了距离，将故事带到了结尾。罗马尼亚民俗学家米哈依·波普提出，童话的开头将儿童从现实引进非现实之中，而童话的结尾则把他们从非现实带回现实之中。[①] 童话中拟人化手法的表现形式有三：以动物拟人；以精灵拟人；以神魔拟人。

首先，以动物的形象拟人，符合儿童的审美和接受习惯。在动物与人物之间建构某一方面的对应关系，利用动物的自然属性特点（外表、本性）来表现人物性格的某一方面，形成了童话思维的特有范式。动物一出现，儿童便能识别它们，并且理解它们被赋予的象征性意义。

其次，精灵相对于一般的动物，更拥有超自然力，这种超自然力不仅能够激发民众尤其是儿童的想象力，而且本身就是他们的心理期待。在浙江绍兴地区流传一则"田螺精"故事，简缩如下：

有一个以打柴为生的年轻单身汉，有一天从山上回家的时候，发现有人给他准备饭菜。第二天，他提前回家观察，发现从水缸里跑出一只大田螺，田螺壳张开后，跳出一个十七八岁的美女。年轻人把田螺壳藏了起来，田螺姑娘没办法回去，只好留下与年轻人结婚生子。后来孩子长大后到学校去念书，同学们都知道其母是田螺

---

① 参见［美］阿瑟·阿萨·伯格：《通俗文化、媒介和日常生活中的叙事》，南京，南京大学出版社，2002。

精，就编着歌来嘲笑他。田螺女知道后非常气愤，向其父索回田螺壳。然后就不见了。

在田螺姑娘故事中，一般情爱的故事应有的缠绵情调还未酿成，两性的结合及对立皆处于一种较原始的状态。娶仙女为妻本应是一个要多浪漫就有多浪漫的话题，在这里竟然无缘无故地失去了谈情说爱的时空。而唯一能让听众感受到一点家庭气氛的，是田螺仙女大多可以弄出一桌好菜。但这与其说是仙女对丈夫的温柔与体贴，不如说是民间男子对食欲虚幻的满足。美女和佳肴在现实生活中大多是可遇而不可求的。色与食这两大人类的本性却被有机地嵌入此型故事之中，并获得画饼充饥式的宣泄。

最后，民间童话中神魔威力无比，诸如蛇妖、山神、雷神、水怪等等魔怪，保持着凶恶的外形和可怕的魔力，是令人恐惧但又必须面对的对象。

以蛇郎、蛇妻童话为例，因蛇的雌雄二性而形成的蛇郎蛇女童话故事，被民间文学研究者列入世界民间故事索引中。蛇郎童话故事除 AT 分类法的 433 型"蛇王子"及 433A、433B、433C 三亚型外，丁乃通又另列出 433D，刘守华还补上了 433E、433F；而蛇女童话故事则属 AT 分类的 507C。

蛇郎、蛇妻进入人类生活之中，便埋下了不幸的祸根。它们因本性难移，不得不千方百计掩盖自己的真面目。这种掩盖实际是为后来凡人不幸做了铺垫。洪迈《夷坚乙志·杨戬二怪》中的蟒妇被杨戬识破后已无力挣扎，原形毕露。但"未几时，戬死。"说明他仍然难逃"蛇网"。日本《古事记》中的蛇妻故事也流露出人对蛇的恐惧。本年智子与肥长姬结婚，过了一夜，偷看那少女，才得知她原来是一条蛇，王子害怕地逃走，肥长姬悲伤地坐船追赶。《日本灵异记》《今昔物语集》的童话中，蛇不仅有着不顾一切地情欲，而且对异性的占有欲也极度执拗，一旦真相败露，便转化为不惜代价的报复行为，甚至置对方于死地才罢休。

另一方面，童话中的人物一出场，就像贴了标签，极易识别，性格非常鲜明、单一。童话常常运用夸张和对比手法来突出人物性格中的某一方面，用极度夸张的美和丑的形象使人判别人物的善与恶。在童话中，恶与善无所不在，两者之间泾渭分明。几乎在每一个童话故事里，善与恶都以某些人物及其行动的形式体现出来。善与恶又是以一系列的对比母题凸显的。诸如禁止/违背、需要/帮助、任务/完成、绑架/营救，等等。在这里，普洛普的系列"功能"转化为二元对立的结构范式。

和其他故事体裁相比，童话的显著特点是有一个明显的善恶（好坏）对立的两极结构，诸如美和丑、勤劳和懒惰、勇敢和怯懦、诚实和欺骗、正直和自私、骄傲和谦虚等之间的差别，"金斧头""灰姑娘"等童话，安徒生改写的大克劳斯小克劳斯等，都属于这类。这种两极对立反映了儿童对问题的看法。在儿童的思维中，非好即坏，因为他们还不能理解模棱两可的事物。正如伯格所说："童话使儿童们认识到问题最基本的形式，而较为复杂的故事却可能使他们感到迷惑不解。童话故事还使一切情景都简单化。童话中的人物都描绘得很清晰，大多数细节，除非是非常重要的细节，都被省略了。因此，童话中的人物都是典型的，而不是唯一的。因此，童话的简单化帮助缺乏理解矛盾和模棱两可事物能力的幼儿能理解故事所谈论的问题的本质，并认同故事中的男女主人公。"①

第二，"三段式"的叙述范式。

民间童话叙述范式分析属于情节分析，"情节分析是叙事理论的比较解剖学：它向我们展示了相似的故事所共有的结构特征。也许，我们研究这种骨架是因为这就是口头故事被印刷成书时所留下的一切。被丢掉的是讲故事人与听众之间的复杂的相互影响，这一点人类学家们近来

---

① ［美］阿瑟·阿萨·伯格：《通俗文化、媒介和日常生活中的叙事》，96 页，南京，南京大学出版社，2002。

才刚刚开始着手探寻。"①

（1）"三段式"的结构形态。

在民间童话中，幻想性强的故事和生活故事都经常采用"三段式"（或称"三迭式""三段论"）复合式的结构手段，通过它来编排情节，形成布局。所谓"三段式"，是指类似情节反复三次或多次。这类似的三件事情可以是一个人做的，也可以是三个人做的。每件事情实际构成了一个相对完整的情节序列（sequences）。

三段论原理的结构：将一个事件沿着发端、过程、解决这三个阶段来讲述。三段论原理不仅在外部结构或事件的过程中体现出来，而且在主人公的心理上也有体现，有时候便采用正直、自满、后悔的推进形式。有时，发端常常是象征性地讲述，叙述的中心却是在中间的过程，把中间讲述的一切事件总归于终结，最终走向幸福的解决。事件的过程是采用对立原理组成的朴素的辩证统一的结构。事件具有三个阶段的变化，同时出现三个兄弟、三个新郎、三只动物（《桃太郎》)）、三种危险（《牛方山姥》）、三个问题（《下雨姑娘》）、三个谜（《话千两》）、三年又三个月、三天三夜，或同样的叙述反复三次，《猴新郎》《三个兄弟》《三个新郎》等都是这种典型形式。② "一切情节都是由已出现过的情节所引起的"③，在这种情节与情节的因果关系中，故事不断向前推进。

民间童话大都具有相对稳定的结构形式：线索单一的是"单纯式故事"；由几个故事组成的，是复合式故事。"复合式"故事又分"三段式"复合式和"连缀式"复合式两种。"连缀式"复合式结构的故事又叫"框套故事"（frame-tale），其结构形态为一个故事衔接着另一个故事，

———————————

① ［美］华莱士·马丁：《当代叙事学》，101 页，北京，北京大学出版社，2005。

② 参见张士闪、清水静子：《关敬吾论日本传统故事的类型与结构》，载《西北民族研究》，2003。

③ ［法］茨维坦·托多洛夫：《诗学》，见《符号学文学论文集》，215 页，天津，百花文艺出版社，2004。

"前一个故事的结尾包容并引出后一个故事的开头，首尾相接，环环相扣，大故事里边套着小故事，小故事中孕育着大故事"①。

印度的《五卷书》(*Panchatantra*) 约成书于公元 2 世纪至 6 世纪，被称为世界上出现最早、影响最大的一部寓言童话集。全书由《绝交篇》《结交篇》《鸦枭篇》《得而复失篇》《轻举妄动篇》五部分组成，有 78 个故事，还有一个交代故事由来的《楔子》。季羡林先生在分析它的结构时说，它最惹人注意的就是"连串插入式"：

> 全书有一个总故事，贯穿始终。每一卷各有一个骨干故事，贯穿全卷。这好像是一个大树干。然后把许多大故事一一插进来，这好像是大树干上的粗枝。这些大故事中又套上许多中、小故事，这好像是大树粗枝上的细枝条。就这样，大故事套中故事，中故事又套小故事，错综复杂，镶嵌穿插，形成了一个像迷楼似的结构。从大处看是浑然一体。从小处看，稍不留意，就容易失掉故事的线索。②

《五卷书》采用了大故事套小故事的框架结构，使 78 个故事环环相扣，既相对独立，又相互联系。印度的《故事海》《伟大的故事》《僵死鬼故事》《宝座故事》《鹦鹉故事》等著名世俗故事集，也均采用的是故事套故事的框架式结构。《故事海》成书于 11 世纪，被誉为"印度古代故事大全"和"一部中产阶级史诗"，是印度文学取之不尽的创作源泉。全书围绕主干故事插入了大小三百五十多个故事。这种由大故事套小故事，小故事里面又有故事的"连环套"，既可以反复阐明中心故事的主题，又能够造成种种悬念，具有很强的艺术感染力。这种叙事结构直接承袭于印度两大史诗，史诗在展开情节时，常常插入许多和情节关系不

---

① 李惠芳：《民间文学的艺术美》，62 页，武汉，武汉大学出版社，1986。
② 《五卷书》，"再版后记"，北京，人民文学出版社，1981。

大的大小故事，形成所谓的插话。《五卷书》等的框架故事结构一直延续到阿拉伯民间童话《一千零一夜》《天方夜谭》）和它的姐妹篇《一千零一日》，意大利薄伽丘的《十日谈》，英国乔叟的《坎特伯雷故事集》，意大利斯特拉帕罗拉的《滑稽之夜》，法国玛格丽特·德·昂古莱姆的《七日谈》，意大利巴塞勒的《五日谈》，以及德国豪夫的《童话年鉴》等作品。

三段式本身又有三种形式。一种是纵的三段式，即时间关系上的三段式。比如在我们曾提到的长工和地主的故事里，地主三次为难长工，第一次要长工晒地板，第二次是让长工把大缸装进小缸，第三次是地主问长工自己的头有多重，这三次刁难，是有先后顺序的。一种是横的三段式，即空间关系上的三迭式。三兄弟型的故事就属于这一类。第三种是纵横结合的三段式，也就是以上两种的综合。这种形式的三段式最为常见。

（2）"三段式"结构范式的成因。

实际上，所有的民间叙事一般都依循三段式的叙述结构，就本原叙事的创世神话而言，各民族神话史诗都以创世、洪水灾难和文化创制三个时序构成了三段式的叙述结构。神话史诗中的三段式结构是一种普遍的结构范式，"是由最高本源演化成天地，天地间某物或神又生成万物，生成人类和文化的本体论思想的逻辑关系呈现"①。那么，何以民间叙述（故事）基本的结构范式为三段式的呢？

"三"是人们心目中足够大的一个独立的数量单位。加拿大学者诺斯洛普·弗莱在《实用想象》一书中说："在我们想象的仙境中，钟鸣三下——还有三个愿望、三个儿子、三个女儿等等。'三'是我们在叙述作品中期待与满足的一部分，是我们心理学中的一项基本事实。三个圆点，心理学家告诉我们，是每个人作为一个单位来看出的最大的数。

---

① 王四代：《西南少数民族神话史诗中的时空观》，载《民间文学论坛》，1998（4）。

再加上一个圆点，许多人就会将其看成为两个单位，每个单位两个圆点。"三"牢牢地固定在我们的观察与思考之中。我们理想的家庭只有妈妈、爸爸和我。所有的生活都有开端、中场和结局。我们所处的世界是一个三维结构。"① 运用口头叙事对这个世界的重新建构，同样也应该是三维结构。

民众在民间童话中创造和采用三段式的手法，是基于忠实民间童话演说实际的原则，出于表现生活的需要。也就是说，它是民间创作家从民间童话演说的需要中总结出来的。"作为一种故事的结构方式，三迭式在情节开展中的作用当然不可忽视。它一方面使故事显出分明的层次，情节发展起伏有致、步步深入；另一方面又使故事主线突出，事件发展在时间、空间上联系紧密。这种在结构安排方面的规则性和紧密性是民间故事艺术形式上的一个特点，它对于口头讲说的散文类的作品的流传和保存来说，是有很大的优越性的。理由很明显，因为容易听明白，也容易记得住。"②

归纳起来，"三段式"成为民间童话稳固结构的原因有三：一是口头文学基本特征的要求，重复起到强化人们对口耳相传的故事记忆的作用，也符合接受者尤其是儿童的接受需求；二是编排故事情节的需要，是设置悬念和揭开谜底的一整套创作范式。同时，一波三折的故事情节、不断遭遇"悬疑语码"（hermeneutle code）也符合讲述心理和接受心理；三是民间把"三"作为带有可靠性的保险数字，故有"事不过三"之说，这是数字观念在民间童话结构中的反映。

情节昭示事件的发展，而发展都是有一个过程的。善恶要反复地较量，人物思想的转变也要经过反复的实践。因此，纵的三段式是对事物发展过程的一种艺术的概括形式。另外，一个事物又和周围事物有多方

---

① 转引自傅修延：《说"三"——试论叙述与数的关系》，载《争鸣》，1993（5）。

② 屈育德：《神话·传说·民俗》，141 页，北京，中国文联出版公司，1988。

面的联系。世界上的事物是千差万别的，同类事物（比如兄弟姐妹之间）也良莠不齐，把它们并列起来加以比较，是分辨是非善恶的有效方法。因此，横的三段式就是对客观事物复杂联系的一种艺术的概括形式。三次重复、三方展开有助于表现生活的深度和广度，而在情节进展上呈现出规则整齐的形态。

不论纵的三段式还是横的三段式，都是重复叙事。重复叙事克服了叙事时间上的有限性，能够满足听众对永恒时间的体验。通过三段式的叙事，民间童话总是让叙事变得绵绵不绝，似乎没有时间的开始与结束。民间童话在一切发生和过去之后，仍旧给我们展示了一个永恒的世界——"他们一直在这里生活下去"；"他们得到了应得的财富，从此过上了幸福的生活"；"从此，老两口过着安宁的日子而且长寿"。而传说中的一些形象常使我们感到时间的有限和时间的流逝；传说的单线叙事和叙事节奏的急促，以及相对固定的时空坐标，似乎在提醒我们日子一去不复返。民间童话的人物就像山里面那个老和尚一样，永远在讲"从前有座山，山里面有座庙……"是一种感性时间（故事时间）对理性时间（实际时间）的超越。

正因为三段式是一种表现力较强且具有自身的形式美的艺术手法，同时还符合演说和记忆的规律，所以被民间创作家广泛运用和长期传承。

（3）对故事意义的适度强化。

民间童话是有意义的，故事中的意义只有得到适度强化才能产生艺术撞击。故事既要提供一定的"量"（人物、事件等）以满足听众的接受欲，同时又不能逾度，避免听众陷入厌倦状态。"叙述实际是一种传播，传播需要有接受的对象，在传播中存在着这样一对矛盾：没有反复刺激，接受对象对传播的信息不会留下深刻的印象；但是，过量的重复信息又会使接受对象厌倦，产生抗拒心理。因此，叙述中对'度'的掌握是一项关系重大的学问。选择'以三为度'是在矛盾中保持巧妙的平衡，既维持一定的刺激量，同时又不至于把读者赶跑。"① 在民间口头叙事文学中，"三段式"对意义的强化是最有"度"的。

其一，三段式有利于充分展示现实生活中的矛盾，突出事物的本质，即有助于表现艺术的真实。在长工和地主的故事中，二者之间的反复较量说明剥削和反剥削之间的斗争是必然要进行的。三个回合，一个比一个激烈，最后地主一败涂地，他的贪婪、蛮横而又愚蠢的本性得到了充分的揭露。

其二，三段式使所述的故事染上了抒情的色彩。因为在事物的反复和并列之中，都深深寄寓着作者的爱憎和褒贬之情。它可以是一种强调（例如，长工与地主的故事就说明善一定要战胜恶），也可以是一种评判（例如，前面我们提到的"三兄弟型"故事，说明坐享其成不如手提锄头）。总之，通过三段式，明确地、着重地表现了民众的意志和愿望。

第三，情节或人物的相似性。

童话学家将情节或人物大同小异的童话故事文本群，称之为一个故事"类型"。类型是就其相互类同或近似而又定型化的主干情节而言的，至于那些在枝叶、细节和语言上有所差异的不同文本则称之为"异文"。类型之所以存在，是因为"人类生活环境的限制及其基本情境的相似的故事"。"它们在一切重要的结构方面都是十分相像的，它们像罐子、锄头或者弓和箭一样，有着人类文化的确定形式和内容。这些叙事作品的若干形式被相当普遍地使用。"②

民间童话的篇幅有限、情节简单、人物性格单纯，人们在创编和传讲故事的过程中，往往展示故事人物性格中最主要的一面，像阿凡提、刘三姐、韩老大和五娘子等，都是被人们固定化的机智人物形象，而对于他们性格中的其他方面，故事一般都不提及。英国著名文学批评家

---

① 傅修延：《说"三"——试论叙述与数的关系》，载《争鸣》，1993（5）。

② ［美］斯蒂·汤普森：《世界民间故事分类学》，7页，上海，上海文艺出版社，1991。

E. M. 福斯特在《小说面面观》一书中，把人物分为扁形人物和圆形人物。在 17 世纪的欧洲，扁形人物叫作"脾性"，或"类型"或"漫画"。当扁形人物以最纯粹的面貌出现的时候，他们表现出单一的品质和思想。这类人物大多可以用一句话来概括。民间童话中的人物一般属于扁形人物，小说中的人物大多属于圆形人物。因此，单篇故事往往缺乏表现力，难以达到"类型"的程度，也难以为人们所记忆。而许多同类故事不断积累，构成一个群体，便扩大了故事的容量、延长了故事的讲述时间，因为在演说的时候，一个故事往往会引出其他同类故事。这样，使以说为主的比较单一的民间童话的表演，增添了互动的效果和表演的情趣，也强化了民间童话的表现力，还为学者开拓了研究的空间。

在童话学上，"一个母题是一个故事中最小的，能够持续存于传统中的成分。要如此它就必须具有某种不寻常的和动人的力量"①。"母题"也可译作"情节单元"。苏联著名的民间文艺学家李福清就说："我研究的方法有一个特点：从作品最小的情节单元入手，作系统性的研究。"②台湾学者金荣华对情节单元有过比较详细的解释：

在民间童话的研究方面，针对其人、时、地都可变异的特性、类型发展出了以结构为主的类型（type）分类；又在内容分析界定了以事件为主的"情节单元"（motif）。……"情节单元"是英文或法文中"motif"一词在民间文学里的对应词，指的是故事中小到不能再分而又叙事完整的一个单元。这里所谓的"情节"，是指在生活中罕见的人、物或事。所谓"单元"，就是扼要而完整地叙述了这罕见的人、物或事。例如："有一只生了角的兔子"是一个情节

① ［美］斯蒂·汤普森：《世界民间故事分类学》，499 页，上海，上海文艺出版社，1991。
② ［苏联］李福清：《中国神话故事论集》，"作者自序"9 页，北京，中国民间文艺出版社，1987。

单元，这是静态的；"那个大力士单手拖动了一架飞机"也是一个情节单元，这是动态的。……所谓史诗，所谓民间童话，本质上都称之为叙事文学；它们的差异只在于形式：一个是韵文叙事，一个是散文叙事。使用情节单元分析故事时，不会因其形式不同而有所不同。①

对民间童话类型的认定主要依据的是情节单元，它构成了故事类型最稳定的结构，是故事类型的"恒量"，具有国际性。人们常说民间童话具有相似性或雷同性，主要指的就是情节单元。民间童话的"变量"为"情节单元素"（motifish），主要有人物、时间、地点及相关描述等。"一个母题和一个故事类型之间的关键差别之一是，一个故事类型的所有异文被假定在发生学上是相互联系的，也就是说，它们被假定是同源的，而在一个母题名称之下列举的所有叙事可以有联系，也可以没有联系。"②

那么，为什么世界各地的不同民族有众多的相同类型的童话出现呢？一般有两种解释：一是"同境说"，认为因各国各地社会生活的相似而形成类似的故事；一是"同源说"，认为同一类型的各个故事有一个共同的来源，是因民族分化和民众交往而将一个故事传到各地的。的确，相对于神话和民歌，民间童话更容易从一个民族传到另一个民族。这两种学说都有道理，但不能一概而论，应对各种故事进行具体的分析和比较研究，找出它们情节的异同，从中可以发现故事的民族特色和地方色彩，也可以考证故事流传发展的线索。研究故事与社会生活的联系，进行比较故事学的研究，有助于各民族文化的交流。

---

① 金荣华：《"情节单元"释义——兼论俄国李福清教授之"母题"说》，载《湖北民族学院学报》，2001（3）。

② ［美］阿兰·邓迪斯：《母题索引与故事类型索引：一个批评》，见《民俗解析》，48 页，桂林，广西师范大学出版社，2005。

芬兰学派坚持"一源论"（monogenesis）的观点，即世界各地属同一类型的民间故事都源于某一地区，然后呈波浪式向各地传播。譬如，《灰姑娘》的结构包含 5 个基本情节：女主人公受到虐待；得到仙子的帮助；与王子相会；被王子追寻；以美好的婚缘告终。1893 年，英国民俗学者玛丽安·柯可斯就在《灰姑娘传说》一书中列出符合上述结构的345 种不同形式，传布的时间起于 1544 而迄于 1892 年，范围从中国到欧、美和非洲。有人指出，许多在欧洲流传的童话，早在古埃及已有了它们的雏形。德国学者本法伊又在 1859 年提出欧洲童话来源于印度的理论。

但是，这种研究方法过于机械，忽视了影响故事发展变动的诸多因素。美国学者布鲁范德（Jan Harold Brunvand）就历史地理学派的方法曾有这样的评述："这种方法的终极目标是写出各故事的'生命历史'，重建故事的'原型'，或其最初的假设形态。这种方法基于这样一种假设：复杂的民间故事都有共时、同地点的单一起源（而非多元的），然后它的发源地自动扩散，从一个人传给另一个人，并不需要大规模的移民来传播之。""尽管运用历史—地理学派方法的学者们从未能够确定无疑地指出某个故事的起源地，但他们认为印度有可能是最重要的故事扩散中心。"① 中国故事学家的观点则更为客观、全面："历史地理学派的方法强调搜求大量异文，在进行分析比较又十分重视相关历史地理因素的考察，尽管操作方法过于琐细，构拟原型时往往难以避免主观附会性，但他们所做的考察与推论仍以基础坚实受人称道。由于他们重在探索情节型式的生活史，对那些有血有肉的故事文本所涵盖的生活思想内容、叙事美学特征，以及同传承者之间的联系等便较少涉及，这些显而易见的

---

① ［美］布鲁范德：《美国民俗学》，112—113 页，汕头，汕头大学出版社，1993。

不足之处有待学人改进。"①

　　各地一些民间文学作品的确有一个共同的源头，季羡林先生在《从比较文学的观点上看寓言和童话》一文中指出："不论中间隔着多大的距离，只要两个国家都有同样的一个故事，我们就要承认这两个故事是一个来源。""我们虽然不能说世界上所有的寓言和童话都产生在印度，倘若说它们大部分的老家是在印度，是一点也不勉强的。"② 譬如，《一千零一夜》在成书过程中曾吸收了不少古代印度的传说故事，自印度佛教传入中国，大量佛经被译成汉、藏文，佛经中的许多故事也随之传入中国，有些阿拉伯故事与中国记载的许多故事颇多相似，很可能脱胎于同一母体，或源于同一国度。但是，我们不能将这一现象扩大化，相似并不都意味着同源；相似是民间故事类型化的突出表征。

（原载《江西社会科学》2007 年第 6 期）

---

　　① 刘守华主编：《中国民间故事类型研究》，25 页，武汉，华中师范大学出版社，2002。
　　② 季羡林：《朗润琐言》，267、268 页，上海，上海文艺出版社，1997。

西部民族歌唱传统的分类何以可能

分类是一项初步规范化和科学系列化的工作，也是面对西部浩瀚的歌唱文化首先需解决的一个实际问题。歌唱文化分类的问题，主要是以什么标准划分的问题。现有的分类体系主要是依据汉民族的歌唱现象建立起来的，并不完全适应西部民族歌唱文化。而针对西部民族歌唱文化的分类体系并未确立，从各民族的歌唱实际出发，认识和理解这些民族歌唱文化的种类特点，承认和利用该民族已有的歌唱品种的分类和指称习惯，是一种比较科学的学术态度和立场。

一、歌唱的多元和独特

在广袤的西部大地，民族之间的自然和人文环境差异巨大，尤其是各民族语言的差别明显，使之形成了各具特色的歌唱传统。蒙古族、藏族、维吾尔族、苗族、壮族、白族等民族民歌的格律和音韵都不一样，蒙古族的歌唱大多押头韵；壮族民歌中"欢"歌，押腰、脚韵；苗族古歌则更为特殊，不押韵，押调，强调声母相谐。所唱第一句结尾音调是阴平，后面各句末尾便都是阴平调。只是用苗族语言吟唱才能产生这种听觉效果。词汇是语言中的核心因素。词汇的多寡和偏向与该民族的生活环境及历史传统有关，游牧与农耕两大族群在词汇的选择与使用方面就存在各自的趋向。有关农事行为、生产过程、植物称谓、岁时节令等方面的语汇，充满了农业民族的民间歌唱，词汇颇为丰富；而游牧民族的民歌中，出现大量与草原、牧场、牲畜、牧民生活习惯等有关的词语，语言简洁明快。①格律和音韵、词汇对西部民族歌唱传统的分类都有直接的关联，许多民族的歌唱都以格律或频繁出现的词语命名。

甚至同一个民族的歌唱也存在各种差异。例如，处于山区的莫力达瓦的民间歌唱，几乎未受外界的侵蚀，原始古朴，韵律淳朴憨厚，仍为原汁原味的达斡尔族音乐情调；而位于松嫩平原的齐齐哈尔周围地区的达斡尔族民歌，显然吸收了汉族音乐语汇，风格细腻婉转，富有表现力。② 同样是蒙古族，"乌审旗的地形忽高忽低。人们骑在马上兴之所至，随口哼唱，歌声便被马蹄的节奏颠得上下直晃，形成急促、起伏的短调。间或唱着唱着，忽然闪过一个大沙坑，又慢慢爬出来，歌声便跟着大起大落，有两个八度的音程大跳。杭锦旗的地形地貌比较平坦，人们骑上骆驼走路（当地盛产骆驼），骆驼步子大，行动迟缓，驼峰上的人'啊'一声便能拖它个十来八里，故而这里的民歌与驼乡阿拉善接近，多舒缓悠长的长调。"③这种细微的差别，局外人难以分辨，只有当地人能够感受和体悟。然而，当地人在充分享受歌唱魅力的时候，并不

① 参见陶立璠：《民族民间文学基础理论》，58—61页，南宁，广西人民出版社，1985。

② 参见张萍：《浅谈达斡尔族民间音乐的艺术特色》，载《黑河学刊》，2011（10）。

③ 郭雨桥：《民歌杂咀》，载《民间文学论坛》，1997（4）。

刻意关注和思考这种差异，而是全身心投入歌唱，歌唱就是歌唱的目的。分类体系的建构和把握却需要细微的分辨，而这是局外人未能达到的。当地人和局外人的双重失位是建立科学、合理的歌唱分类系统的主要困境。

歌唱是一种口头语言的艺术。西部许多民族的口头语言尽管差异明显，但又同属于一个语言系统，相互影响和融合，因此语言样式极为丰富，音调富有变化。撒拉族是一个善于歌唱的民族，撒拉族的语言属于阿尔泰语系突厥语族西匈语支的乌古斯语。撒拉族和汉族、回族、藏族相邻，密切交往，因此歌唱中渗入了大量的汉、藏、回等族的语言元素，民族特色鲜明。大多西部民族的歌唱语言的音调和语汇都是兼容并蓄的结晶，为语言元素的选择提供了多种可能性，极大地拓宽了音乐表现空间。撒拉的"花儿"用汉语歌唱，又加入了撒拉语，曲调也属于撒拉本民族。羽、徵、商作为基本调式，还包含伊斯兰宗教音乐因素，多使用衬句、引句、衬词。有些曲令明显采用了藏族"拉伊"（一种情歌）风格，引句较长。方言作为民歌的声音载体，其地域差异及多样性，使各地的民歌在唱腔、旋律、风格等所有方面都有明显不同。歌唱传统的分类和类型定名主要依据的是语言，西部民族语言的多样性和复杂性给歌唱形式的分类造成相当大的难度。

西部各民族民间歌唱活动的复杂性不仅表现在歌唱形式本身，在歌唱语境方面同样有所反映。除了专门的仪式场合的歌唱表演之外，绝大部分歌唱都没有脱离日常劳动和日常行为。人们无须腾出专门的时间和空间，伴随着生产劳动及其他日常生活，人们载歌载舞，尽情娱乐。达斡尔族能歌善舞，其歌曲种类繁多，主要有达奥、扎恩达勒、乌钦、"对口唱"等。达奥有情歌、四季歌、劳动歌、婚嫁歌、逃难歌、士兵歌、反抗歌等。扎恩达勒，多在野外或旅途中即兴抒唱，属于民间山歌。在达斡尔族，流行最广的是乌钦，是兼具叙事与抒情的说唱活动。节假日和农闲时节的夜晚，乌钦吟诵便在室内或野外展开，艺人们叙述达斡尔族的历史和传说。"对口唱"，顾名思义，就是两人对唱或多人对唱的歌唱形式，一般在妇女当中进行。① 依据场合、功能和参与者的不同，西部民族歌唱传统呈现相异的歌唱形式。这类歌唱形式的定名可能是受到汉族歌唱分类的影响，最接近现有的歌唱分类的定位，也最容易为外界所理解。

相对汉民族歌唱而言，西部民族的歌唱更为随意，即兴演唱极为普遍。这样的演唱摆脱了严格的程式规范和音韵准则，在场者可以依据自己的意愿尽情地发挥。葬礼本为肃穆的气氛所笼罩，即便在这种比较庄严场合的歌唱，同样洋溢宽松和自由气氛。生活在湖北西部清江中游地区土家族特有的丧礼叫"撒尔嗬"。"整个'撒尔嗬'全过程似乎都很乱，歌唱者来去自由，想唱想跳就挤进来，围观者高兴也可唱和，唱的内容也是想唱什么就唱什么，唱腔、曲体、节奏、音乐可随意处理。……人们都在掌鼓歌师的指挥下，以歌赶歌，把歌唱舞蹈推向一个高潮。……'无序'在这里倒是灵活多变，又给整个'撒尔嗬'带来了极为和谐的美。"② 倘若是日常生活中的歌唱，那更是狂放不羁的。即兴和随意使得歌唱往往突破已有的体式、格律。歌唱的自由与随意也直接影响其类型的划分和命名，一个偶然的因素就可能导致歌唱名称的产生。

可见，西部民族娱乐称谓系统非常复杂、多样而又独特，和该民族的历史及文化地理密切相关，与建立在汉民族娱乐文化基础上的歌唱类型系统完全不同。

二、歌唱类型的指称意向

目前，西部民族歌唱分类依旧根据汉民族的划分标准，并未从西部

---

① 参见哈斯朝鲁：《达斡尔族歌舞、建筑艺术浅析》，载《民族艺术》，1993 (1)。

② 田万振：《土家族生死观绝唱——撒尔嗬》，47—85页，北京，中央民族大学出版社，1999。

民族的歌唱实际出发。按歌唱内容，西部民族分为开天辟地歌、万物来源歌、走东歌、坐夜歌、牧羊歌、酒歌、草原歌、船歌、狩猎歌、哭嫁歌、单身歌、情歌、夫妻歌、青春歌、放排歌、还愿歌、哭葬歌、礼赞歌、寓言歌及猜谜歌等；按表现形式，可分为抒情歌和叙事歌；按演唱规模分，又可分为单人唱的小歌，二人二声部合唱的双歌，多人合唱、多声部自然和声的大歌。类分项别，名目繁多，难以卒举。① 这些只是学者们或者是教科书上的分类。这些分类只是为分类而分类，是一种权宜之计，并未触及西部民族歌唱传统的类型实质。在西部，歌唱状态千差万别，难以用民间文学教科书上民歌类型的划分进行框定。

在基诺族，没有"情歌"的概念，只有"巴革勒"。"巴"寓意情、爱，"革勒"即唱歌。"巴革勒"有若干种，根据男女结合的发展阶段和活动内容，巴革勒的演唱分为：①"巴漂"，双方初次见面时互吐爱慕之情的歌唱；②"巴沙"，对对方的深度赞美；③"巴勒"，面对对方的深情告白；④"巴波"，已确定了情爱关系的男女唱的歌。甚至同居与否所唱亦有差异，一般恋爱关系称"巴波科列"，已有同居关系称"巴波烧么博茨"；⑤"巴交"或"巴扑"，婚外恋时所唱的歌；⑥"巴肖交"或"交斯巴得勒"，唱这种歌表明失去了心上人。② 整个婚恋过程伴随着相应的歌唱形式，仪式程序与歌唱构成了一一对应的固定关系，无需对"巴革勒"进行专门分类，在歌唱的实践活动中，自然就形成了"巴革勒"的分类系统。西部作为歌唱文化极为富饶的地区，不同的语境有着相应的歌唱话语，歌唱话语可以满足仪式场合和日常生活中的各种需要。其歌唱的分类项目也更为精细，而这是汉民族不可比拟的。

每个民族和地区都有独特的歌唱传统和民歌表演系统。哈萨克族民间音乐分为"奎依"和"安"两大体系。在哈萨克语中，所谓"安"有

① 参见陈家柳：《侗族歌舞艺术及其整体感》，载《广西民族研究》，1989（4）。

② 参见杨荣：《基诺族音乐》，载《云岭歌声》，2004（4）。

"旋律"之意，广义上泛指歌曲，又根据歌词的规律和意义细分为"安"（狭义）、"月令"和"吉尔"三类。狭义的"安"专指旋律优美、节拍明快并有固定歌词和曲名的歌曲。在不同场合演唱的"安"又分为牧歌、渔歌、狩猎歌、情歌、宗教歌等。"奎依"指由各种乐器演奏出来的乐曲，分别冠以乐器的名称。作为游牧，哈萨克族族民随身携带的乐器主要有冬不拉、斯布孜额和库布孜额，相应地，乐曲便称为"冬不拉奎依""斯布孜额奎依""库布孜额奎依"。① 蒙古族民歌在汉民族地区得到广泛传唱，其分类也深受汉族民歌的影响，多以体裁为准则。诸如狩猎歌、牧歌、赞歌、思乡曲、礼俗歌、短歌、叙事歌、儿歌和摇儿歌等。长调和短调之称谓也得到外界的普遍接受。前者旋律悠长，曲式篇幅较大，常见的有牧歌、赞歌、思乡曲及一部分礼俗歌等；短调结构紧凑，旋律单纯，小幅篇章，常见的有狩猎歌、短歌、叙事歌及一部分礼俗歌。对西部民歌种类的认识不能脱离具体的歌唱语境和历史传统，每个民族歌唱传统都有自己独特的类型样态。

在西部，不仅每个民族几乎都有自己的歌唱传统，而且还自在地建构成独特而又完整的分类体系。因此，不可能以一种标准或模式对西部各民族的歌唱传统进行分类。只有站在"主位"即当地民族的立场上，依据当地人的歌唱实际展开类型分析。譬如，羌族歌舞萨朗的歌唱形式有纳那（山歌）、苕西（情歌）、卡普（颂歌）、热鲁（苦歌）、热米（叙事歌）、直布勒（劳动歌）、喜热木（酒歌）、日瓦热木（婚礼歌）、勒衣布热木（丧祭歌）、节热木（年歌）、迪莎（多声部歌）等。尽管我们可以勉强用汉民族的歌唱类型与萨朗一一对应起来，但毕竟不是十分贴切和到位的，倘若考虑到特定的歌唱语境和抒情功能，便可知晓两者之间的明显差异。羌民族的萨朗歌唱本身就构成一个完整的、与其他民族迥异的、具有相对独立性的音乐系统，因此，要真正理解和表达萨朗

---

① 参见丁晓莉：《论哈萨克族民族音乐》，载《甘肃联合大学学报》，2009（5）。

歌唱的类型，就必须运用萨朗歌唱的音乐语汇构建一套符合萨朗歌唱事实的分类范式。萨朗歌唱是这样，其他西部民族的传统歌唱也是这样。

相对于汉族歌唱而言，西部民族不仅仅是称谓不同，更在于他们各自有着独特的歌唱审美和追求，进而形成了各自自成一体的歌唱分类角度和体系。任何一个民族的歌唱传统分类标准都不能完全适用于其他民族。水语"旭"，可以勉强汉译成"歌""济"，直译为"单"或"奇"，对外统称"单歌"。所谓"单"，独立完整之意，能独立存在，唱一首即可而无须其他。合多在山野所唱，谓之"山歌"，也有因其高亢的特点谓之"大歌"。演唱形式有三：一人独唱或两人对唱，称"单唱"。若为情歌，称"单恋"；两人为一方的对唱谓之"双唱"，若为情歌，称"双恋"；三人以上为一方的对唱谓之"集体唱"，若为情歌，称"集体恋"。"双唱""集体唱"均为一领众合，众合俗称"打和声"。以真嗓演唱，谓之"平腔"；以假嗓高八度喊唱，谓之"高腔"。[1] 其实，"单唱""双唱"和"集体唱"仍为汉族歌曲的套用。水族的"大歌"，并不能真正揭示"大歌"的类型特征。因为这不仅仅涉及歌唱形式，还包括歌唱语境、歌唱功能、歌唱对象和歌唱内容。或许，水族人民从来就不以唱歌人数的多少来对歌唱进行分类。

仫佬族歌唱归为三类："古条""随口答""口风"。"古条"之"古"通"故"，就是歌唱本民族的历史和传说等，"条"由组歌构成，少则十几首，多则数百首。古条包括神话歌，历史、传说、故事歌，风俗歌。[2] 随口答，顾名思义，就是随即开口用唱歌来回答，没有固定的唱词、唱本，而是现场即兴发挥、演唱。生产劳动、婚姻喜庆、赶圩、走坡、访亲寻友以及良辰吉日皆可唱，主要歌式有走坡歌、仪式歌、生活歌、农事歌、谜语歌等。口风分"正口风"和"烂口风"两种，颂词为正口

---

① 参见郑若凡：《水族民间歌曲传统论》，载《艺术探索》，1993（1）。
② 参见唐代俊：《令人迷醉的仫佬族民歌》，载《中国民族》，2008（5）。

风；讽词为烂口风。① 这种以功能定位歌唱传统的方式似乎简便易行，直截了当，也与汉民族民歌划分有些近似。但这样的理解显然是汉族式的，并不一定符合仫佬族歌唱传统的原本状况。

就西部民族歌唱传统而言，其分类具有鲜明的个性化和差异性特征，成为各民族传统歌唱世界的内部知识。民歌的民族内部知识极为广博而深奥，除音乐本身之外，与该民族的语言、社会环境、生产和生活方式、宗教信仰等关系密切。因此，对一个局外人而言，要真正理解一个民族民歌的类型是极其困难的，因为歌唱不仅仅是娱乐的，也是历史的、生产生活的、宗教信仰和生存环境的。西部民族歌唱称谓系统背景驳杂、多样而又独特，与建立在汉民族歌唱文化基础上的歌唱类型系统有着天壤之别。

三、歌唱传统分类的合理定位

西部民族歌唱文化各具特色，千差万别，每一个民族的歌唱都构成了一个相对独立而又完整的种类体系，有着自身独特的分类规定和歌唱品种的称谓，难以用汉民族或其他民族歌唱的划分标准框定一个民族的歌唱形态。同时，相邻民族之间的歌唱文化又有着千丝万缕的联系，在某些方面的一致性极为明显。因此，要构建适合所有西部民族歌唱传统的分类系统是不可能的，也是不必要的。从西部民族的歌唱实际出发，不强求给予普适性的分类标准，而是各民族分别对待，是一种现实而又合理的分类学处理方式。

西部民族歌唱形式现有的名称是歌唱本身的需要而产生的，没有这些歌唱的指称和分类，歌唱活动就难以展开。歌唱之所以能够有条不紊地进行下去，并且满足当地人的各种现实需求，就在于名称对每一种歌唱形式都给予了明确的限定。既有的分类系统规范了什么场合唱什么歌，

---

① 参见滕志朋、刘开城、莫秋：《仫佬族民歌的类型、功能及其意义》，载《广西民族研究》，2011（2）。

什么人唱什么歌，绝不会混淆。每一种名称的背后都有着当地历史文化背景的支撑，积淀了丰富的历史文化信息，也最为直接地揭示了所指称的歌唱形式的特征。可以说，类型学的讨论是进入西部民族歌唱传统的基础性工作，也是关键的一步，因为这些类型和名称对理解西部民族歌唱传统具有至关重要的价值。

其实，在西部各民族的歌唱世界里，由于历史条件和社会条件的限制，对各种不同的民间歌曲尚未形成较确切的歌种类别称谓，大多并没有这些歌唱的称谓和分类系统。每一种旋律音调几乎都可以演唱较广泛的题材内容，但在什么境况中唱什么歌，他们一清二楚，根本不用提示和说明。

譬如，在独龙语中对各种不同体裁的民歌还没有明确的分类和确切的称谓，他们将民歌统称为"门主"，即"歌"，将"唱"叫"哇"，"门主哇"即"歌唱"之意。其实，他们的生产和社会生活的方方面面都有自己歌，而且场景不同，歌式和歌调都有差异。在歌唱过程中，他们无须分类就可以区分和运用这种差异。① 因为他们拥有自己独享的歌唱经验，这种歌唱经验是群体性生活经验的总结。独龙族实际秉持的是经验主义视角的类型观，是基于歌唱生活层面本身的分类，而不是为了基本指称的命名方式。这种分类存在于歌唱者的心中，自然形态的，不是外显的、学术的、分析的，而是出于歌唱实践需要的。这种原生态的分类同样具有谱系性和完整性，却与学者们出于学术需要而制定的分类属于两种完全不同的系统。

西部有些民族的歌唱也难以分类，是一种综合性的娱乐展示，歌、舞、乐、仪式及其语境融为一体，倘若将歌唱单独分离出来，就会变得支离破碎，难以理解。青海省东部土族婚礼，从头至尾都在表演一种"阿里玛"体式的歌舞，成为一套完整的歌舞仪式。"阿里玛"不仅指

---

① 参见杨元吉：《独龙族民间音乐》，载《民族音乐》，2006（5）。

歌，还包括舞、乐和所表现的生产生活。之所以以"阿里玛"命名，是因为所唱的开头或中间都用"阿里玛"做衬词。在婚礼宴席中，土族阿姑们载歌载舞，风趣地模仿着上肥、犁地、下种、摘花、染布、做衣服等生产环节中的每一个动作，甚至是妇女走路的姿态，土族风味十足。西部民族歌唱绝非单纯的歌唱，作为与生产生活融为一体的综合性的表演形式，其分类传统必须得到理解、把握和使用。倘若套用现有的歌唱分类系统，对于西部民族的歌唱行为而言，难免有削足适履之嫌，甚至是张冠李戴。

目前，歌唱传统的分类最为明显的特征是汉语式的，或者说是针对汉族的，分类及种类名称确定话语权皆为汉族学者所掌控，而他们对西部民族歌唱传统知之甚少。这种建立在汉民族歌唱传统基础上的分类成果，显然不适用于西部民族歌唱活动，现有的分类标准和意义难以为西部民族所理解并得到认同。分类和命名是为了理解歌唱活动和这一活动相关的全部内容。显然，就西部民族歌唱传统而言，现有的相关分类系统不可能达到这一目的。不仅如此，使用汉族民间歌唱的分类，在词义本身和方法论意义上都可能造成误解。

每个西部民族的歌唱传统都有自己独特的内在逻辑。学者们要做的是努力把握其中的各种复杂的关联性和文化意义，而不是急于将其纳入某一分类体系。当然，不论是从方法论上，还是从认识论上，展开对西部民族分类学研究都是必要的，但要出台统一的、适合所有西部民族的分类准则的愿望是难以实现的。因此，只有保持最为开放的学术态度，才能真正认识西部民族歌唱传统的独特性，才能对西部民族歌唱传统富有地域特色的类型意义保持探求的兴趣。

就民间文学学科而言，每一种名称和分类体系构建的背后，都包含一个对各种具体歌唱活动的状态和特点进行全面思考的过程，而这个过程对研究本身来说是不可或缺的。在学理层面对西部民族歌唱形式进行分类和类型命名是必要的。因为西部民族歌唱形式的类型指称是属于其民族内部的，只在民族内通行，不为外界所掌握，也不能完全纳入学科语境当中。能否建立既符合学术规范和学科性质，又与西部各民族歌唱实践相吻合的分类系统，便成为问题的关键所在。

对西部民族歌唱传统的理解和阐释需要建立在合理分类的基础上。回归西部民族歌唱传统本身，摆脱现有的民间歌唱的分类框架的樊篱，才能建立西部各民族自己的歌唱类型学。对于西部民族而言，每个民族的歌唱传统都有着自在的相对独立的类型系统，如何依据各民族歌唱传统的语境和独特的音乐语汇，建立符合各民族歌唱历史和现实的分类准则和图式，唯其如此，才能推动西部民族歌唱研究的进一步发展。当然，在如何分类和命名、体验、认知西部民族歌唱之间，我们更应该强调的是后者，对现有分类系统和西部民族本土分类所体现的两种不同意义指向进行比较、思考才是我们更应该做的工作。

（原载《赣南师范学院学报》2016年第1期）

寻求民间叙事

在中国，发达的是以抒情行为及其产品为主要研究对象的诗学。直到 20 世纪七十年代末改革开放后，西方建立在结构主义和现代语言学基础上的叙事学才传入进来。"叙事"又称"叙述"，英文翻译为"narrative"一词。叙事问题是当代人文学科中最具争论性的问题的核心，叙述就是"讲故事"。"'讲故事'是'叙事'这种文化活动的一个核心功能。古往今来的不少批评家都注意到了讲故事作为人类生活中一项不可少的文化活动的意义，不讲故事则不成其为人。"① 民间叙事为何，以下从三个方面进行寻求。

一、叙事与我们

叙事来自民间，即"folk"。可是我们这些

---

① ［美］浦安迪:《中国叙事学》，5 页，北京，北京大学出版社，1996。

所谓有知识的人们却远离了民间，远离了叙事。所以现在需要回过头去讨论民间，讨论民间叙事。记得读小学的时候，语文老师，不只是语文老师时常给我们讲一些民间故事，听完课，同学们都会哀求老师："讲个故事吧！"现在的学生已不屑于听故事了。借助大众传媒，各色各样的新闻将故事谴回到故事的家乡。人们不再对故事津津乐道了。"自从世界大踏步地实现了工业化和技术化以来，个人的事情不再是社会生活的主要现象，代之而起的是技术的和集体的事情。个人之间发生的事情变成了纯粹的私事，也就是说，它们在艺术上再也不能代表和象征时代的根本问题了。"① 显然，较之于个人的事情，技术和集体的事情更难进入叙事或变成故事。

任何口头文学的叙述活动都不是个体的，而是集体的，具有强烈的展示性。过去，叙述表演和叙述力量的释放主要集中在神庙、祭祀场、竞技场等公共场所。人们常常在这些公共场所进行宏大的叙事：表演、祭祀、讲唱、歌舞、庆贺等等民间集体仪式大多在露天举行，在这些公共仪式上，所有人都是仪式的参加者。② 民间口头叙事为集体叙事，民间口头传统通过参加者共同发出的声音，成为一条口耳相传的流动的传播链。口头传统在"声音"中获得生命。随着个人经济主义和私人生活空间的出现，书写语言和书写活动变成"私语"，带上了鲜明的个人色彩和私人经验了。如今的我们都热衷于个人的独创，养成了具有独白性质的思维习惯。我们再也不会重复传统了，再也不擅于在公共场合集体叙述同一个故事。我们已经进入个人化写作的时代，强调一种创造性的书写行为，讲述原本就有的故事不再为我们所能。

在更为遥远的年代，在《太平广记》、阿拉伯的《一千零一夜》或印度的《五卷书》所收录的故事流传于世的时代，还有汉代的史传、六

---

① 王泰来：《叙事美学》，105 页，重庆，重庆出版社，1987。
② 参见万建中：《民俗的力量与政府权力》，载《北京行政学院学报》，2003（5）。

朝志怪、唐人传奇、宋元话本、明清文人笔记等都在说明当时是讲故事的黄金时代。在过去，民间叙事是在民间社会的一所所大学：尽管这是一些难登大雅之堂的"大学"——瓦子里、街巷间、茶馆、烟馆里进行的。在文学、历史、宗教以及哲学、社会学这样一些"文科'成为现代社会大学里的专门知识之前，传统社会里的文化教育以及个人的教养全都是文学或者说是故事性质的。而且对于这个社会中的大多数人来说，所受教育的地方大多是上面所说的休闲与娱乐的地方，而其方式则是听故事的形式。因此，他们的精神世界不仅是用祖先或人类的"过去"所充实的，也是用叙述故事的方式所建造的。我们现在几乎每天阅读大批复制出来的东西，包括报纸、书籍，却越来越不会讲故事了，而这则是已往时代里常见的能力。概念的论说，抽象的思辨，对材料的考据与分析成为我们值得骄傲的才能，而叙事早已不为我们所能，倒成为我们考察的对象。

不论是真实的和虚构的，也不论是发生的和未发生的事情，只要用叙述的方式表达出来，就意味着对所说的事物进入世界的虚构，同时也意味着对说话人的身份进行虚构，使自己变成另一群人或另一种声音。民间口头文学的叙述人不是一般的说话人，即不是正在"说话"的人本身，而是一个秉承了某一地方传统并在传播和演绎传统的人物。一个人一旦进入叙事，他就必须改变自己的身份、角色和角度。叙述人是叙述人所创造、所想象、所虚构的角色。他可以根据需要，用不同的声音和方式进行叙述，并伴以各种形体和表情动作。我们已经很难成为民间口头文学的叙述人，我们的兴趣越来越趋于国际化和公共信息，特定地方的传统不再为我们所拥有。尽管我们也都生活在某一区域，但我们已不再是地地道道的"区域人"，我们不可能像"区域人"那样拥有和享受当地的口头传统。

讲故事实际为一种"话语转述"，因为故事原本就存在，而且讲述者从不追问故事的真假。任何叙事都包含虚构的因素，而我们的当下社会却力图追求知识的客观性，包括人文的知识也被披上科学的外衣，冠之为"人文科学"。我们在不断吸纳和输出既不包含故事叙述又不包括讲故事的人即叙述人这一主观立场的知识或所谓的学问。随着知识客观化的进程，我们学会了计算、分析、推理、归纳、总结、报道和评述等等，而失去了讲故事的能力。于是，叙事这种古老的表现方式逐渐成为作家们的专利，尤其是明清古典小说显示了其无穷的活力和广阔的空间。信息的密集和更替的加速，促使我们需要直接而快捷地领会真理与精髓，于是不得不抛弃叙事，远离情节，神话、传说和故事等逐渐成为古老的传统，成为可供解释的符号。寓言故事中的情节早已被遗忘，凝练为意义深刻而又固定的成语。叙事形式成了累赘，或者成了一种我们在现实生活中无法享用到的奢侈品。

二、口头叙事与记录文本

中国古典小说叙事以及此前的诸多叙事形态，都是建立在某种口头传统基础上的。其他国家的情况也是如此。日本的柳田国南曾对以"声音"来传播民间传统的时代表现出热情的追恋：

> 再以《保元物语》为例，只要是考虑过此种文艺的起源的人就谁也不会否认，从一开始就有默着背诵、嘴上说着、手舞足蹈着的类型和将文字记录记载的东西用眼睛看着读念给大家听的两种不同类型。不言而喻，前者多且属主要。据说，《平家物语》是为盲人而写作的，朗朗上口，从耳可以接受是其特点，至于游方的女子，大约也多属文盲吧。从绘画图册上的风俗画可以看出，将谱台、书架等摆在身前的连一例也没有。即便是女说书家在书桌上放了一本"书"，也仅作为道具，如果她不靠提词就讲不下，便根本无法登台。这一"暗诵"的技能，没有传到冲绳，只有八丈岛局部地区有

些传来的痕迹。①

在过去，声音比书面文字更能占据民间传承的主导地位。"口语文学原较书写文学更为普遍。普遍的意义是双层的：前面曾说过书写的文学是限于有文字的民族，没有文字的民族是不可能有书写的文学的。可是口语文学不但流行于没有文字的民族，同时也流行于有文字的民族，而与书写的文学并存着。在另一方面，书写的文学是属于知识阶级的人所有，而口语文学则不论识字或不识字的人都可以接触到它。"② 书写形式的宋元话本，仍是用一种"说书人"的风格讲述，明清章回小说也常常是以说书人的技巧写成。话本是讲述的蓝本，笔记是讲述的记录，表明叙事来自"听……说"这一公共经验与公共传播领域。一般说来，《搜神记》《聊斋志异》《清平山堂话本》《三国演义》等的每个故事在"写定"之前或"写定"之后，都各有它的作者以及无数的传抄者和讲述者。在相当长的时间里，书写仅仅是对口头叙事的记录、加工和整理。古代的文人和民间艺人之所以从事这种记录工作，是因为有些实际上是出于演说或者说记忆的需要。这是一种尚未与口传文学及其口头传统相脱离的书写活动。在当时，评判那些用纸笔录下原有故事，标准就是接近口头，接近传统，就是记录下来的东西同众多无名的讲故事的人口头表述区别最小，就是好的、受欢迎的。对文人的笔记小说的评判也是如此。

当然，作为民间文学的关注者，我们更留恋口传传统风行的时代；在现代社会，相对而言，乡村保持着更多的口头传统。"在乡土社会中，不但文字是多余的，连语言都不是传达情意的惟一象征体系。"③ 不过，

---

① ［日］柳田国男：《传说论》，110 页，北京，中国民间文艺出版社，1985。
② 李亦园：《从文化看文学》，载《中外文学》，1975（2）。
③ 费孝通：《文字下乡》，见《乡土中国》，8—14 页，北京，生活·读书·新知三联书店，1985。

文化的主要传播方式从口传让位于书写毕竟早已到来了。不论多么"接近","说"与"写"的经验之间始终存在根本的差异。最显而易见的是,民间文学的叙述人在演唱或讲故事时极为自然地把"说"扩展为一种表演、一种戏剧化的形式。叙述者不仅是一个故事的叙述人,他们还身兼数职地模拟故事中不同人物的口吻、音容笑貌、行为动作,以有声有色的方式富有临场感地叙述民间故事或演绎民间口头传统。美国的表演理论大师理查德·鲍曼(Richard Bauman)"所说的'表演',是交流实践的一种模式(one mode of communicative practice),是在别人面前对自己的技巧和能力的一种展示(display)。"① 在上面引述文字里,柳田国南就描述了"暗诵"者是如何借助手舞足蹈的表演方式来说书的。当采风者试图写下这些故事来时,口头语言的千百万化的色调、神韵与情趣便随着听众的缺席而减少了临场感。

一个令人啼笑皆非的常见现象是,一旦采风记录下来一篇作品,这一作品便成为经典,被学者反复引用,学者反而对还在口耳相传的民间叙事的生活形态置之不理。某一民间叙事处于真正的口传阶段,或者说在没有被"写定"之前,任何后续的部分都可能被纳入经典演说的文本。口传中的《摩可婆罗多》《格萨尔王传》《白蛇传》《田螺精》等在传播的过程中,在不断发生变异。但当这些演说、特别是与一个民族的宗教信仰有关的演说被记载下来,由于文字所具有的"圣言"性质,书写比口传代表了更权威的文化形态,也由于文字的确定性,这些文本的更进一步的扩展就可能终止了。即使有后续的口传部分也会被排斥在经典结构之外,以便限定经典文本的含义,而不是使它陷入多义性和歧义性的蔓延。也许这正是以口传为基础的口头叙事和记录文本之间的区别,以及它们对后世影响的差别。

还有,口头传统的记录文本不可能有最好的,于是,学者们就有理

---

① 杨利慧、安德明:《理查德·鲍曼及其表演理论》,载《民俗研究》,2003(1)。

由为同一口头文学制造出不同的记录文本，甚至借助不同的传播媒体提供不同形式的文本，以寻求和展示所谓的民间口头传统的"本真性"。这些不同内容和形式的文本，给学者们提供了比较、鉴别和解读的机会。在这种情况下，书面文本同样不可避免地走向了多义性和歧义性的迷途。而当这些不同的记录文本返回到其口传的故乡，得到广泛阅读的时候，原本处于自然状态下的口头传统必然遭遇破坏。

三、民间叙事的集体性

捷克斯洛伐克的东方学家普实克认为，"在中国的话本小说里，追求不同语言风格的可能性是不存在的。首先，职业说书人所说的故事或小说的概念，就与那种可能性相抵牾，因为它意味着应采取某种公认的风格"①。作为话本小说前身的民间叙事更是如此。民间叙事是集体的，传统的叙述即集体叙事建立在口传叙述的惯例和其线性顺序上，为了一种明确的意义或智慧，即一种可理解性，传统的叙事方式总是力图消除叙述话语中的异质因素。

传统叙事的集体性应该理解为民间叙事的所有活动都不可能超越当地的文化传统。格言、谚语、俗语、传说和故事等固有的叙述模式，使民间话语倾向于成为一种隐去说话人个性的语言，它使说话人得以被认同并且成为一个融合于话语共同体的成员。语言的个性属于共同体（相对于另一话语共同体），而非个别的成员；即便这一共同体是想象的或虚拟的。当地人作为一个集体即共同体，拥有同样的方言、民间艺术的表现形式、表现空间和时间，乃至所要表现的内容，等等，一句话，拥有完全一致的口头传统。民间的口传话语为一个特定区域的人群所掌握和运用、丰富而鲜活，但就其个性化的要求这一新的时代因素来看，民间的口头话语形态又自相矛盾地呈现为程式化与重复。它因其重复而显得

---

① 《中外比较文学译文集》，234 页，北京，中国文联出版公司，1988。

习以为常，成为老生常谈，因其熟悉而显得贫乏。就话语的高度生活化、具象化来看，民间的口头话语的确充满生动和贴切的比喻。这些来自集体经验的鲜活和贴切的比喻，已成为俗话、格言、谚语和成语。任何民间叙事类型都有相对固定的模式，模式普遍存在于各种民间叙事样式之中，"在口头传统中存在着某种叙事的模式，围绕着这种核心模式的故事会千变万化，但是这种模式仍具有伟大的生命力。它在口头故事的文本的创作和传递过程中起到组织的功能"①。所以，普洛普才能建立"故事形态学"，帕里（Milman Parry）和洛德（Alber Lord）才能创设"口头程式理论"。幻想故事和史诗是这样，民间叙事的其他样式也是这样。显而易见，民间叙事的传统模式不是一次性就能被建构出来的，必须在不断的演说中才能形成。这表明口头传统是集体经验，集体智慧与集体想象结晶，脱离了一个特定的群体，口头传统便无从产生，也无从生存。

一个区域的民间叙事风格在一定程度上的陈陈相因，主要是因为口耳相传这一传播方式。在并不强调个体意识、个人经验，以及文化产品的署名权，或者说个人的创造活动只能湮没于集体力量之中的口传文化的领域，所有的民间口头文学，包括民间戏曲、歌谣、寓言、笑话、传说，还有一个部落或一个民族的神话与史诗等等，都是无数代无名无姓的成员共同参与口耳相传这一传播链条的结果。故事的作者是匿名的，或者说一种话语共同体才是其恰当的作者。而每一个听众都是另一次讲述的合法的延续人。共同体成员在口耳相传中分享这一话语共同体所创造的口头传统。

叙事的集体性还体现在叙述的内容方面。叙事素材一般是由与起源、迁徙有关的故事组成的。每个叙述者都声称是由于听到过这个故事，因而才具有了讲述它的能力。他们用第一人称的口吻叙述事情发展的经过，绘声绘色，手舞足蹈，似乎说的就是历史本身，叙述本身就是历史，俨

① 尹虎彬：《古代经典与口头传统》，159 页，北京，中国社会科学出版社，2002。

然就是祖先历史的重现。每个听众都能够以这种方式获得讲述它的权威。叙事被宣布为完全是"转述"的，而且历来都是转述的。这种力量无比的集体性使得叙事具有让"历史"合法化的功能。

于是，来自民间的集体叙事自然为统治者所利用。按照米歇尔·福柯（Michel Foucault）的现代权力观，知识与权力有关，在人文学科里，所有门类的知识的发展都与权力的实施密不可分。① 福柯把历史话语理解为"口述或书写的仪式"，从第一个罗马编年史家直至19世纪甚至以后的历史，其传统功能就是"讲述权力的权利"，并把它们涂上绚丽的光彩。历史是最典型的集体叙事的产物。历史话语在福柯看来，"伴随着对古人的追索，日复一日的年鉴，流传着的典范汇编，仍然是而且永远是权力的表现，它不仅仅是一种形象，而且是刺激人的一套程序。历史，就是权力的话语，义务的话语，通过它，权力使人服从；它还是光辉的话语，通过它，权力蛊惑人，使人恐惧和固化。简言之，通过束缚和固化，权力成为秩序的奠基者和保护人……"② 而历史正是这样一种话语：福柯把它归结为"罗马历史"，即权力神朱庇特的历史。

（原载《民族文学研究》2004年第4期）

---

① 参见［法］米歇尔·福柯：《权力的眼睛》，32页，上海，上海人民出版社，1997。

② ［法］米歇尔·福柯：《必须保卫社会》，62页，上海，上海人民出版社，1999。

图书在版编目（CIP）数据

民间文学的文本观照与理论视野／万建中著．—北京：北京师范大学出版社，2018.7
（中国民间文化探索丛书）
ISBN 978-7-303-23802-6

Ⅰ．①民…　Ⅱ．①万…　Ⅲ．①民俗学－研究－中国
Ⅳ．①K892

中国版本图书馆 CIP 数据核字（2018）第 124430 号

营　销　中　心　电　话　010-57654738　57654736
北师大出版社高等教育与学术著作分社　http://xueda.bnup.com

MINJIAN WENXUE DE WENBEN GUANZHAO YU LILUN SHIYE

出版发行：北京师范大学出版社　www.bnup.com
　　　　　北京市西城区新街口外大街 12－3 号
　　　　　邮政编码：100088
印　　刷：天津旭非印刷有限公司
经　　销：全国新华书店
开　　本：787mm×1 092mm　1/16
印　　张：24.75
字　　数：378 千字
版　　次：2019 年 9 月第 1 版
印　　次：2019 年 9 月第 1 次印刷
定　　价：75.00 元

策划编辑：赵月华　周劲含　　　　责任编辑：王　宁
美术编辑：李向昕　　　　　　　　装帧设计：李向昕
责任校对：段立超　王志远　　　　责任印制：马　洁